U0508763

北大马克思主义研究

主　编／顾海良
副主编／程美东

总第四辑 2015

社会科学文献出版社
SOCIAL SCIENCES ACADEMIC PRESS (CHINA)

2015
（总第四辑）

目　录
CONTENTS

“四个全面”与习近平治国理政思想

中国道路与中国话语

“一带一路”与区域发展

海外研究

“四个全面”与习近平治国理政思想

北大马克思主义研究
（总第四辑）

习近平治国理政思想体系是当代中国马克思主义的新发展

严书翰

摘　要：坚持和发展中国特色社会主义，实现中华民族伟大复兴中国梦和“四个全面”战略布局是习近平治国理政思想体系的主要内容。与此对应，其体系的逻辑结构是由一条“主线”、一个“奋斗目标”、一个“核心”和贯穿其中的马克思主义立场、观点和方法构成的。我们可以从探索和把握中国特色社会主义规律、提出并推进实现国家治理体系和治理能力的现代化以及贯彻以人为本的民生理念和加强民生建设这三个层面，来把握这个思想体系对当代中国马克思主义的丰富和发展。要深刻领会和贯彻落实“四个全面”战略布局及其包含的具有长远意义的指导方针，要在党员干部尤其是中高级领导干部中提倡重点学习当代中国马克思主义。

关键词：习近平治国理政思想体系　“四个全面”战略布局　当代中国马克思主义

作者简介：严书翰，中共中央党校教授，博士生导师。

中国特色社会主义就是当代中国马克思主义。中国特色社会主义理论体系是不断发展的开放的理论体系。党的十八以来，以习近平同志为总书记的党中央站在新的历史起点上，统筹国内和国际大局，科学认识我国经济社会发展的阶段性特征，全面总结历史经验尤其是改革开放以来现代化建设经验，初步形成了以坚持和发展中国特色社会主义为主线，以实现中华民族伟大复兴中国梦为奋斗目标，以协调推进“四个全面”战略布局为核心的治国理政思想体系，从而为中国特色社会主义理论体系增添了时代特色和最新成果，这是当代中国马克思主义的新发展。

一 习近平治国理政思想体系的内涵

从学理研究和理论阐述上看，思想体系的内涵一般是指它的主要内容、逻辑结构和内在联系等。只要我们认真学习、深刻领会十八大以来习近平系列重要讲话精神，尤其是《习近平谈治国理政》一书，就可以清楚地看出，习近平治国理政思想体系主要内容可以用坚持和发展中国特色社会主义这条主线、实现中华民族伟大复兴中国梦的奋斗目标和“四个全面”战略布局加以概括。以下首先分析这三方面内容。

（一）要从史论结合上分析贯穿习近平治国理政思想体系的主线

自从1982年邓小平在党的十二大开幕词中首次提出建设中国特色社会主义之后，这个科学命题就成为我们党和国家全部理论和实践的主题，成为贯穿历次党代会报告的一条主线。从党的十三大到十八大，这六次党代会报告的总题目中都有“中国特色社会主义”这八个字。“中国特色社会主义”是改革开放以来党的文献的核心词、主题词和高频词。习近平在谈到学习贯彻宣传十八大精神时指出，党的十八大精神，说一千道一万，归结为一点，就是坚持和发展中国特色社会主义。他还从史论结合上非常凝练地阐述了这条主线：“坚持和发展中国特色社会主义是一篇大文章，邓小平同志为它确定了基本思路和基本原则，以江泽民同志为核心的党的第三代中央领导集体、以胡锦涛同志为总书记的党中央在这篇大文章上都写下了精彩的篇章。现在，我们这一代共产党人的任务，就是继续把这篇大文章写下去。”① 习近平治国理政思想体系就是续写这个精彩篇章的最新成果。由此可见，坚持和发展中国特色社会主义也是贯穿习近平治国理政思想体系的主线。

（二）要全面把握实现中华民族伟大复兴中国梦的奋斗目标

党的十八大后，习近平在参观《复兴之路》展览时提出，实现中华民族伟大复兴，就是中华民族近代以来最伟大的梦想。这个梦想，凝聚了几代中国人的夙愿，体现了中华民族和中国人民的整体利益，是每一个中华儿女

① 《习近平谈治国理政》，外文出版社，2014，第23页。

的共同期盼。此后，习近平围绕什么是中国梦，怎样实现中国梦，提出了一系列新思想、新观点、新论述，从而使实现中华民族伟大复兴中国梦，成为十八大以来习近平系列重要讲话尤其是习近平治国理政思想的明确目标。

全面把握这个奋斗目标也就是要看到这个奋斗目标是由相互衔接的三个阶段目标构成的。第一阶段是到建党一百周年即2020年，我们将实现全面建成小康社会目标。第二阶段是再过30年到新中国成立一百周年即2050年，我们将基本实现现代化即达到世界上中等发达国家的水平。第三阶段是在上述基础上经过全国各族人民继续努力团结奋斗，我们将实现中华民族伟大复兴，为人类做出更大贡献。实现中华民族伟大复兴中国梦的奋斗目标既鼓舞人心，又充分体现了中国共产党人是基本纲领和最高纲领的统一论者。

贯通于习近平治国理政思想体系的主线即坚持和发展中国特色社会主义以及实现中华民族伟大复兴中国梦的奋斗目标，无疑是对中国特色社会主义理论体系的丰富和发展，是当代中国马克思主义新发展的根本标志。

（三）要深刻领会和把握“四个全面”战略布局这个核心

全面建成小康社会、全面深化改革、全面依法治国和全面从严治党（简称“四个全面”）的战略布局，是习近平治国理政思想体系的最重要内容。笔者认为，如果把习近平治国理政思想看成一个已经初步形成的思想体系，那么这“四个全面”战略布局应是这个思想体系的核心。所谓核心是指它在这个体系中处于总揽全局的地位。虽然“核心”不等于全部内容，但是其他方面内容是围绕着它而展开的。我们可以从以下三个方面来把握这一核心。

第一，“四个全面”战略布局是对党的基本路线的拓展和深化。党的十八大后，习近平强调指出：“党在社会主义初级阶段的基本路线是党和国家的生命线。我们在实践中要始终坚持‘一个中心、两个基本点’不动摇，既不偏离‘一个中心’，也不偏废‘两个基本点’，把践行中国特色社会主义共同理想和坚定共产主义远大理想统一起来，坚决抵制抛弃社会主义的各种错误主张，自觉纠正超越阶段的错误观念和政策措施。只有这样，才能真正做到既不妄自菲薄、也不妄自尊大，扎扎实实夺取中国特色社会主义新胜利。”①

① 《习近平谈治国理政》，第11页。

"四个全面"中的第一个"全面"即全面建成小康社会讲的是发展问题，而在我国发展就是要坚持"以经济建设为中心"。因此，这第一个"全面"与党的基本路线的"一个中心"有内在的密切联系；而"四个全面"中的全面深化改革、全面依法治国和全面从严治党，是实现全面建成小康社会的基本动力、法治支撑和政治保证，这三个"全面"与党的基本路线的"两个基本点"有内在的密切联系，是实现全面建成小康社会目标的根本保证。正是从这个意义上，我们说，"四个全面"战略布局是对党的基本路线的拓展和深化。

第二，"四个全面"战略布局是治国理政的总蓝图。我国改革开放的总设计师邓小平认为，在确立了现代化发展目标后，为确保目标的实现还需要有清晰的蓝图。邓小平多次用"心中有数"来表达这个蓝图思想。比如，1986 年 9 月，邓小平在论述改革的目标和任务时指出，"改革总要有个期限"，并要求党的十三大要拿出改革的"一个蓝图"。

十八大以来，习近平在论述新一届党中央治国理政思想时也体现了同样的大思路。他不但阐述了治国理政的目标和主线，而且非常重视制定治国理政蓝图。在坚持和发展中国特色社会主义全局和深刻分析我国经济社会发展状况以及总结改革开放实践经验基础上形成的"四个全面"战略布局，就是治国理政的总蓝图，也就是现阶段我们搞好各项工作的总方略和总抓手。习近平还反复要求各级领导，有了一张好的蓝图，就要发扬钉钉子精神，要"一干到底，切实干出成效来"。

第三，从《习近平谈治国理政》看"四个全面"战略布局的核心地位。《习近平谈治国理政》一书内容共 18 章。它的逻辑结构是这样的：第一章"坚持和发展中国特色社会主义"，是总论。阐述的是贯穿习近平治国理政思想体系的主线。第二章"实现中华民族伟大复兴的中国梦"，阐述的是习近平治国理政要实现的宏伟目标。从第三章开始，此书整整用了 10 章的篇幅论述"四个全面"战略布局。第四章"促进经济持续健康发展"、第六章"建设社会主义文化强国"、第七章"推进社会事业和社会管理改革发展"、第八章"建设生态文明"和第九章"推进国防和军队现代化"，这五章阐述的是第一个"全面"即全面建成小康社会。第三章"全面深化改革"、第五章"建设法治中国"，阐述的是"四个全面"战略布局中的第二和第三个"全面"即全面深化改革和全面依法治国。第十六章"密切党同人民群众联系"、第十七章"推进反腐倡廉建设"和第十八章"提高党的领导水平"，

阐述了第四个“全面”即全面从严治党。从第十章到第十五章，各章分别论述了“走和平发展道路”等问题。这六章可以看作实现“四个全面”战略布局的外部条件。对于实现“四个全面”战略布局而言，外部条件绝不是可有可无的。外部条件具备或不具备、外部条件发生何种变化，都会对“四个全面”战略布局产生很大影响。所以我们把这“外部条件”归入“四个全面”战略布局的内容。

因此，要准确把握“四个全面”战略布局这个核心，必须同学习和研究《习近平谈治国理政》的内容尤其是它的逻辑结构紧密联系起来。

主要内容与逻辑结构密不可分、相辅相成。当我们全面深入地分析了习近平治国理政思想体系的主要内容后，这个思想体系的逻辑结构也就跃然眼前了。也就是说，坚持和发展中国特色社会主义这条主线、实现中华民族伟大复兴中国梦的奋斗目标和“四个全面”战略布局这个核心，以及贯穿其中的马克思主义立场、观点和方法，构成了习近平治国理政思想体系的逻辑结构。习近平对此有明确的论述。

十八大以来，中央政治局两次集体学习马克思主义哲学。习近平在学习时发表的讲话中指出：“我们党要团结带领人民协调推进全面建成小康社会、全面深化改革、全面依法治国、全面从严治党，实现‘两个一百年’奋斗目标、实现中华民族伟大复兴的中国梦，必须不断接受马克思主义哲学智慧的滋养，更加自觉地坚持和运用辩证唯物主义世界观和方法论，增强辩证思维、战略思维能力，努力提高解决我国改革发展基本问题的本领。”①

习近平要求全党，要学习掌握世界统一于物质，物质决定意识的原理，坚持从客观实际出发制定政策、推动工作；学习掌握事物矛盾运动的基本原理，不断强化问题意识，积极面对和化解前进中遇到的矛盾；学习掌握唯物辩证法的根本方法，不断增强辩证思维能力，提高驾驭复杂局面、处理复杂问题的本领；学习掌握认识和实践辩证关系的原理，坚持实践第一的观点，不断推进实践基础上的理论创新；学习掌握社会基本矛盾分析方法，深入理解全面深化改革的重要性和紧迫性；学习掌握物质生产是社会生活的基础的观点，准确把握全面深化改革的重大关系；学习掌握人民群众是历史创造者的观点，紧紧依靠人民推进改革。

---

① 习近平：《坚持运用辩证唯物主义世界观方法论　提高解决我国改革发展基本问题本领》，《人民日报》2015 年 1 月 25 日。

习近平还深刻指出，坚持马克思主义立场，就是“始终站在人民大众立场上，立党为公、执政为民，把服务群众、造福百姓作为最大责任”；坚持马克思主义观点，就是“自觉运用辩证唯物主义和历史唯物主义的思想武器改造客观世界和主观世界”；坚持马克思主义方法，就是“用唯物辩证、实事求是、群众路线的思想方法和工作方法武装头脑、指导实践，不断提高领导工作水平”。①

分析习近平治国理政思想体系的内在关系，既包括分析上述的主线、奋斗目标和核心之间的关系，又包括分析“四个全面”战略布局之间的内在关系。限于篇幅，本文仅论述后者，即“四个全面”战略布局之间的内在关系。

习近平指出：“这个战略布局，既有战略目标，也有战略举措，每一个‘全面’都具有重大战略意义。全面建成小康社会是我们的战略目标，全面深化改革、全面依法治国、全面从严治党是三大战略举措。要把全面依法治国放在‘四个全面’的战略布局中来把握，深刻认识全面依法治国同其他 3 个‘全面’的关系，努力做到‘四个全面’相辅相成、相互促进、相得益彰。”②

这就是说，在“四个全面”战略布局中全面建成小康社会是战略目标，到 2020 年实现这个目标，我们国家的发展水平就会迈上一个大台阶，当前我们的所有奋斗都要聚焦于这个目标。三大战略举措对实现全面建成小康社会战略目标一个都不能缺。不全面深化改革，发展就缺少动力，社会就没有活力；不全面依法治国，国家生活和社会生活就不能有序运行，就难以实现社会和谐稳定；不全面从严治党，党就做不到“打铁还需自身硬”，也就难以发挥好领导核心作用。

还应该看到，习近平提出“四个全面”战略布局这个续写中国特色社会主义新篇章的行动纲领经历了一个过程。十八大提出了全面建成小康社会的目标。把“建设”改为“建成”，虽然只有一字之差，但却体现了实现全面小康目标的紧迫性和任务的时限性。十八届三中、四中全会先后提出了全面深化改革和全面依法治国，并对此做了全面部署。这两次全会引起了国外

① 习近平：《深入学习中国特色社会主义理论体系　努力掌握马克思主义立场观点方法》，《求是》2010 年第 7 期。

② 习近平：《领导干部要做尊法学法守法用法的模范　带动全党全国共同全面推进依法治国》，《人民日报》2015 年 2 月 3 日。

高度关注。国外舆论普遍认为，这两次全会是中共形成治国理政蓝图的重要会议。2014 年 10 月，习近平在党的群众路线教育实践活动总结大会上提出全面从严治党。这既是对 90 多年来党的自身建设经验的总结，又是新的历史条件下对党的建设的新要求。从 2014 年 12 月开始，正式采用“四个全面”战略布局这一完整提法，充分体现了“四个全面”战略布局是理论逻辑与改革开放历史发展的辩证统一，具有重要的理论价值和实践意义。

二　习近平治国理政思想体系对当代中国马克思主义的新发展

习近平治国理政思想体系，是当代中国共产党人在新的历史起点上续写中国特色社会主义新篇章的最新成果。只要我们把它摆在坚持和发展中国特色社会主义，实现中华民族伟大复兴中国梦的背景下，摆在世界社会主义历史发展的长过程中，我们就能深刻理解它的重要意义，就能清楚地看出习近平治国理政思想体系主要是从以下三个层面上丰富和发展了当代中国马克思主义。

（一）探索和把握中国特色社会主义规律

规律是对事物发展趋势的概括和总结。规律具有必然性、客观性和重复性。因此，从一定意义上说，探索和把握规律就是把实践经验理论化。在延安时期，毛泽东就提出“我们要使中国革命丰富的实际马克思主义化”[①] 这个重要命题，也就是说要总结和把握中国革命规律。党的十八大向全党提出了探索和把握中国特色社会主义规律的要求。

十八大以来，习近平对探索和把握中国特色社会主义规律的新发展，集中体现在他对世界社会主义 500 年历程的论述以及对中国特色社会主义形成和发展规律的揭示。2013 年 1 月 5 日，习近平在新进中央委员会的委员、候补委员学习贯彻党的十八大精神研讨班的讲话（简称《在新进中委班的讲话》）中把世界社会主义 500 年的发展划分为六个时间段：空想社会主义的产生和发展、马克思与恩格斯创立科学社会主义理论体系、列宁领导十月革命胜利并实践社会主义、苏联模式逐步形成、新中国成立后我们党对社会主义的探索和实践、我们党做出进行改革开放的历史决策并开创和发展中国

① 《毛泽东文集》第 2 卷，人民出版社，1993，第 374 页。

特色社会主义。

习近平《在新进中委班的讲话》中强调，我之所以要从世界社会主义思想源头讲起，从中国特色社会主义的历史发展讲起，就是要说明，我们党在推进革命、建设、改革的进程中，是怎样经过反复比较和总结，历史地选择了马克思主义、选择了社会主义道路的；是怎样把马克思主义基本原理同中国实际和时代特征结合起来，独立自主走自己的路的；是怎样历经千辛万苦，付出各种代价，开创和发展了中国特色社会主义的。习近平在这次讲话中明确把中国特色社会主义作为世界社会主义500年发展的六个时间段中的完整阶段，实际上指出了中国特色社会主义是从哪里来，又往哪里去，并且得出一个重要结论："中国特色社会主义，是科学社会主义理论逻辑和中国社会发展历史逻辑的辩证统一，是根植于中国大地、反映中国人民意愿、适应中国和时代发展进步要求的科学社会主义，是全面建成小康社会、加快推进社会主义现代化、实现中华民族伟大复兴的必由之路。"① 习近平《在新进中委班的讲话》是中国版的科学社会主义史论，无疑是对当代中国马克思主义的新发展。

此外，习近平治国理政思想体系还形成了对"三大规律"即共产党执政规律、社会主义建设规律和人类社会发展规律的新认识，这也属于从规律范畴对当代中国马克思主义的新发展。限于篇幅，在此不做详述。

（二）提出并推进实现国家治理体系和治理能力现代化

实现国家治理体系和治理能力现代化是历史发展和伟大事业赋予以习近平同志为主要代表的中国共产党人的重要使命。因而这是习近平治国理政思想体系的亮点。

纵观社会主义发展历史可以看出，怎样治理社会主义社会这样的全新社会，是一个在实践中没有解决好的重大课题。我们这么说，并不是苛求前人，仅仅是指解决这个课题的艰巨性和极端重要性。马克思、恩格斯有许多关于未来社会的科学预测，但是他们没有经历社会主义建设的实践，更没有遇到后来社会主义国家所面临的大范围、全局性、长时间的矛盾和问题。虽然列宁经历了几年领导社会主义建设的实践，他生前已经看到社会主义实践中产生的问题超出了马克思主义创始人的预想，而且在初步探索苏维埃国家

① 《习近平谈治国理政》，第21页。

治理方面也创造性地提出了一些政策措施，但是由于列宁过早去世，没有来得及深入实践和持续探索。后来，苏联对这个问题也进行了探索，取得了一些成功经验，但也犯了严重错误。今天，我们回过头再来分析和总结苏联、东欧失败的教训，可以清楚地看出，由于它们没有解决好国家治理体系和国家治理能力的问题，并且在这个问题上犯了严重错误，这是导致它们国亡政息的重要原因。

我们党在全国执政后，也遇到了如何治理社会主义社会这个问题。在没有现成经验的情况下，我们一度照搬了苏联模式。但很快发现苏联治理社会的模式不适合我国国情，我们较快地做出了调整，进行了积极探索并取得了重要成果。20 世纪五六十年代，毛泽东发表的两部光辉著作《论十大关系》和《关于正确处理人民内部矛盾的问题》，集中体现了这一时期我们党在这方面的探索成果。但是总的来看，改革开放前，我们在国家治理体系上还没有找到一种完全符合我国实际的治理模式。

改革开放以来，我们党开始以全新的角度思考国家治理体系问题。经过 30 多年的改革开放和现代化建设，我们在这方面积累了丰富经验。总的来看，前半程即建立社会主义基本制度并在这个基础上进行改革，我们已经走过；后半程即完善和发展中国特色社会主义制度，为全面建成小康社会和中华民族伟大复兴中国梦提供更完备、更稳定、更管用的制度体系的任务，已经历史地落到了以习近平同志为主要代表的当代中国共产党人的肩上。

十八大以来，习近平在总结新中国成立以来，尤其是改革开放以来的实践经验和汲取其他社会主义国家兴衰成败经验教训的基础上，提出我国全面深化改革的总目标是完善和发展中国特色社会主义制度，推进国家治理体系和治理能力现代化，这无疑是我们党在治国理政理论方面的重大创新。过去我们提出过很多现代化，如农业现代化、工业现代化、科技现代化、国防现代化等，国家治理体系和治理能力现代化还是第一次提出。实现了这个目标就能为党和国家事业发展、为人民幸福安康、为社会和谐稳定、为国家长治久安，提供一整套更完善的制度体系。正如习近平指出的，这是坚持和发展中国特色社会主义的必然要求，也是实现社会主义现代化的应有之义。对于以习近平同志为主要代表的中国共产党人提出的实现国家治理体系和治理能力现代化的重要意义，要予以充分估计，因为这是对“什么是社会主义国家治理体系，怎样治理社会主义社会”的科学回答，是对中国特色社会主义理论体系的丰富和发展。

提出实现国家治理体系和治理能力现代化的创新之处还在于，它是与完善和发展中国特色社会主义制度密不可分的。这两句话构成了全面深化改革总目标。第一句话“完善和发展中国特色社会主义制度”是讲中国特色制度模式选择的根本方向，第二句话“实现国家治理体系和治理能力现代化”是讲中国特色制度模式的内涵和形成路径。两者相辅相成、密不可分，不能只讲其中一句，而不讲另一句。这是因为，第一句话规定了中国特色制度模式选择的根本方向，我们的改革是有方向、有立场、有原则的。正如习近平指出的，我们的方向就是中国特色社会主义道路。如果偏离了完善和发展中国特色社会主义制度，偏离了坚持和改善党的领导，就南辕北辙了。中国是个大国，绝不能在根本问题上出现颠覆性错误，有些不能改的，再过多长时间也不改。第二句话指出了中国特色制度模式的内涵和这个制度模式形成的必经路径。国家治理体系和治理能力是一个国家制度和制度执行能力的集中体现。我国的国家治理体系是在中国共产党领导下管理国家的制度体系，包括经济、政治、文化、社会、生态文明和党的建设等领域在内的一整套制度和制度体系安排；国家治理能力则是运用国家制度管理社会各方面事务的能力，包括改革发展稳定、内政外交国防、治党治国治军等各个方面能力。国家治理体系和治理能力是一个有机整体，相辅相成，有了好的国家治理体系才能提高治理能力，提高国家治理能力才能充分发挥国家治理体系的效能。

习近平还指出，中国特色制度模式中的国家治理体系，是在我国历史传承、文化传统、经济社会发展的基础上长期发展、渐进改进、内生性演化的结果。我们坚持独立自主选择自己的道路，走出了一条不同于西方国家的成功发展道路，形成了一套不同于西方国家的成功制度体系。当然，这并不是说我国治理体系就没有弊端，不需要改革了，治理能力也不需要提高了。但是，怎么改，怎么完善，怎么提高治理能力，我们只能从中国国情出发，走自己的路。我们要吸收借鉴人类政治文明的有益成果，但绝不照搬西方政治制度模式。

（三）贯彻以人为本的民生理念和加强民生建设

马克思、恩格斯在创立自己理论的过程中多次指出，他们的理论是科学性、阶级性和人民性的统一。也就是说一切为了人民、一切依靠人民，是马克思主义的价值理念和政治立场。中国共产党自成立之日起，就以马克思主

义为指导，因此，这个价值理念和政治立场始终贯穿于我们党领导人民进行革命、建设和改革的整个过程中。毛泽东曾经用“全心全意为人民服务”来加以概括，邓小平以“人民拥护不拥护、人民赞成不赞成、人民高兴不高兴、人民答应不答应”作为衡量党的方针政策正确与否的标准，江泽民认为“三个代表”最终要落到代表最广大人民根本利益上来，胡锦涛指出科学发展观的核心是以人为本。

可以这么说，任何政党治国理政的思想或方案都包含民生主张和举措，所不同的是它的真实性或落实状况。我们常常看到西方政党在竞选时也是高举“民生”旗帜的，并且做出种种慷慨的许愿，至于能否兑现，只有这些国家的老百姓最有体会。

习近平治国理政思想体系鲜明体现了以人为本的民生理念，其中还包含大量具体的加强民生建设的举措。2012 年 11 月 15 日，习近平当选为中共中央总书记后在同中外记者见面讲话中，就鲜明表达了新一届中共中央以人为本的民生理念。他说，“我们的人民热爱生活，期盼有更好的教育、更稳定的工作、更满意的收入、更可靠的社会保障、更高水平的医疗卫生服务、更舒适的居住条件、更优美的环境”，期盼“孩子们能成长得更好、工作得更好、生活得更好。人民对美好生活的向往，就是我们的奋斗目标”①。实现全面建成小康社会与全国各族人民的幸福安康息息相关。随着这个目标实现的期限越来越近，人们对它的期盼也越来越强烈。习近平在总结十六大以来全面建设小康社会实践的基础上，用老百姓喜闻乐见的话语，把再过几年我国就要实现的全面小康具体化，回应了人民群众的期盼。习近平指出，我们要建成的全面小康，是“干部清正、政府清廉、政治清明”的全面小康，是“破除城乡二元结构，建设农民幸福生活的美好家园”的全面小康，是“国家物质力量和精神力量都增强，全国各族人民物质生活和精神生活都改善”的全面小康，是“让人民群众在每一个司法案件中都感受到公平正义”的全面小康，是“望得见山、看得见水、记得住乡愁”的全面小康，是“为实现中国梦提供坚强力量支撑”的全面小康等。

十八大以来，从坚持和发展中国特色社会主义战略全局出发，提出并形成协调推进“四个全面”战略布局，是习近平治国理政思想体系的核心。

① 《习近平谈治国理政》，第 4 页。

而这“四个全面”战略布局体现了一切为了人民、一切依靠人民的价值取向和政治立场。全面建成小康社会，是居于引领位置的战略目标，就是把人民过上美好生活的期盼放在首位。全面深化改革，是以促进社会公平正义、增进人民福祉为出发点和落脚点的，要从人民利益出发谋划改革思路、制定改革措施，紧紧依靠人民推进改革。全面依法治国，强调的是人民主体地位。中国特色社会主义法治建设是为了人民、依靠人民、保护人民、造福人民。全面从严治党，是新的历史条件下加强党的建设的指针。其核心是保持党同人民群众的血肉联系，是要下大气力解决党内存在的问题，让人民群众满意。总之，“四个全面”战略布局的出发点和落脚点，鲜明地体现了习近平治国理政思想体系的以人为本的民生理念。

十八大以来，党中央、国务院对我国教育、医疗、卫生、社会保障和食品药品安全、生产安全以及精准扶贫等社会事业和社会管理改革发展，做出一系列具体部署，并要求各级党委、政府要把这些加强民生建设的举措落到实处。《习近平谈治国理政》一书共有 18 章，其中有 3 章即第五章、第七章和第八章是专门论述加强民生建设的思路和举措的，从而使习近平治国理政思想体系的内容更加丰富、更加充实。综上所述，我们至少可以得出两点重要结论。

一是“四个全面”战略布局内含具有长远意义的指导方针。应该看到，“四个全面”战略布局观照的时间节点主要是我们党第一个一百年目标的实现即 2020 年。因此，“四个全面”战略布局无疑是现阶段我们党治国理政的总方略和总抓手。但是我们更应该看到，“四个全面”战略布局中包含的这些重要思想是具有长远意义的指导方针。如，发展是解决中国一切问题的关键、发展仍然是党治国理政的第一要务，改革是我国经济社会发展的动力和活力的源泉，依法治国首先是依宪治国、依法执政首先是依宪执政，坚持党的领导是中国特色社会主义的最本质特征，是实现民族复兴中国梦的根本保证等，这些重要思想仍然对 2020 年之后的改革发展稳定、内政外交国防、治党治国治军起指导作用。

此外，从我们奋斗目标的衔接性上看，全面建成小康社会是实现中华民族伟大复兴中国梦的重要基础、关键一步。全面建成小康社会与民族复兴中国梦，是紧密衔接的先后发展阶段。我们今天为全面建成小康社会而奋斗，就是为实现中华民族伟大复兴中国梦而奋斗。全面建成小康社会，意味着世界上五分之一人口在解决温饱后过上了中等偏上水平的生活，这是中华民族

伟大复兴征程上的一座重要里程碑，是人类社会的伟大壮举。标志着我们向实现中华民族伟大复兴中国梦迈出至关重要的一步。

正是在上述意义上我们说，“四个全面”战略布局适应了时代和实践发展对党和国家工作提出的新要求，“四个全面”战略布局内含我们为实现第二个“一百年”目标而奋斗的具有长远意义的指导方针。

二是要提倡重点学习当代中国马克思主义。我们这个党是以马克思主义理论立党的，历来重视全党特别是领导干部学习理论。党的十八大提出建设学习型、服务型、创新型马克思主义政党，把学习型摆在第一位。十八大以来，习近平多次就全党特别是领导干部的学习尤其是学习马克思主义理论做了重要讲话。应该说从总体上看，我们的党员干部队伍尤其是领导干部学习理论的氛围和态度是好的。但是我们认为，现在不能停留在一般提倡重视学习这个层面上，应当强调要重点学习当代中国马克思主义。之所以强调这一点，首先是由我们“正在进行具有许多新的历史特点的伟大斗争”决定的。因为当代中国马克思主义是在解决我国建设和改革的实际问题中产生和形成的，它又会对进一步解决我国建设和改革中出现的新情况、新问题起指导作用。当前，我国发展中不平衡、不协调、不可持续的问题仍然凸显，城乡区域发展不平衡尤其是城乡差距拉大和居民收入分配不公情况仍然突出，有法不依、执法不严、违法不究等问题仍然存在，党风廉政建设和反腐败形势仍然严峻复杂。解决这些问题，取得具有许多新的历史特点的伟大斗争的胜利，无疑需要当代中国马克思主义的指导。因此，这就迫切需要我们重点学习当代中国马克思主义。

之所以强调要重点学习当代中国马克思主义，也是针对我们党员干部队伍存在的实际情况提出来的。一些党员干部认为，在当前改革发展的形势下，学习首先是学专业知识，甚至片面理解“缺什么补什么”。于是出现了有些党员干部对学习理论不感兴趣，而只对拿 EMBA（高级管理人员工商管理硕士）乐此不疲，推崇西方大学的“案例教学”等等。

邓小平针对一些领导干部对学习马克思主义理论不感兴趣的状况，曾讲过一段语重心长的话：“或者会有同志问：现在我们是在建设，最需要学专业知识和管理知识，学马克思主义理论有什么实际意义？同志们，这是一种误解。马克思主义理论从来不是教条，而是行动的指南。它要求人们根据它的基本原则和基本方法，不断结合变化着的实际，探索解决新问题的答案，从而也发展马克思主义理论本身。”① 习近平也指出，领导干部首先要认真学习马克思主义理论，这是我们做好一切工作的看家本领，也是领导干部必须普遍掌握的工作制胜的看家本领。邓小平和习近平这里讲的马克思主义理论，既指经典马克思主义，又指当代中国马克思主义。当然，今天我们讲的当代中国马克思主义，包括邓小平理论、“三个代表”重要思想、科学发展观和习近平治国理政思想体系。

毛泽东有句名言：“对于马克思主义的理论，要能够精通它，应用它，精通的目的全在于应用。”② 当前，我国全面建成小康社会进入决定性阶段，全面深化改革进入攻坚期和深水区，全面推进依法治国开启新的征程，全面从严治党进入关键阶段。总之，我们现在仍处于大有作为的战略机遇期与矛盾凸显期，处于各种矛盾交织叠加和各种挑战并存的背景下。因此，必须以当代中国马克思主义尤其是习近平治国理政思想体系为指导，解决这些现实问题。正如习近平指出的，学习的目的全在于运用。领导干部加强学习，根本目的是增强工作本领、提高解决实际问题的水平。

① 《邓小平文选》第3卷，人民出版社，1993，第146页。

② 《毛泽东选集》第3卷，人民出版社，1991，第815页。

努力做到“四个全面”相互促进

王炳林

摘　要：正确认识和准确把握“四个全面”的逻辑关系，努力做到“四个全面”相互促进，对推进中国特色社会主义伟大事业具有重要意义。“四个全面”相辅相成，共同形成逻辑严密的战略布局和互为动力的发展机制。其中，全面建成小康社会是我们的战略目标，全面深化改革、全面依法治国、全面从严治党是三大战略举措。全面深化改革与全面依法治国相辅相成、相得益彰，全面从严治党是根本保障。当前，切实推进“四个全面”战略布局，迫切需要全体党员特别是各级领导干部努力践行“三严三实”。

关键词：“四个全面”逻辑关系　相互促进

作者简介：王炳林，教育部高等学校社会科学发展研究中心教授，博士生导师。

2015年初，在省部级主要领导干部学习贯彻十八届四中全会精神全面推进依法治国专题研讨班开班式上，习近平总书记对“四个全面”做了深刻阐释，指出：“党的十八大以来，党中央从坚持和发展中国特色社会主义全局出发，提出并形成了全面建成小康社会、全面深化改革、全面依法治国、全面从严治党的战略布局。这个战略布局，既有战略目标，也有战略举措，每一个‘全面’都具有重大战略意义。”“四个全面”战略布局的提出，表明党和国家各项工作关键环节、重点领域、主攻方向更加清晰，体现了新一届中央领导集体治国理政的总体框架和顶层设计，也是实现中华民族伟大复兴中国梦的战略路线图。正确认识和准确把握“四个全面”的逻辑关系，努力做到“四个全面”相互促进，对推进中国特色社会主义伟大事业具有重要意义。

一 战略目标与战略举措协同推进

习近平总书记明确指出："全面建成小康社会是我们的战略目标，全面深化改革、全面依法治国、全面从严治党是三大战略举措。""努力做到'四个全面'相辅相成、相互促进、相得益彰。"[①]全面建成小康社会的战略目标是我们党树立起的一面旗帜，能够指引方向，凝聚力量。战略目标呼唤着三大战略的协同推进，而每个战略举措之间也形成一种互动推力，改革引领法治，法治护航改革，改革与法治，犹如鸟之两翼、车之双轮，牵引社会走向新辉煌。全面从严治党则提供坚强的政治保障和组织保障。"四个全面"相辅相成，共同形成逻辑严密的战略布局和互为动力的发展机制。

我们党历来重视战略目标的确立，是最低纲领与最高纲领的统一论者。最高纲领是我们党的崇高理想和最终奋斗目标，以实现共产主义社会制度为最终奋斗目标的共产党人，始终坚持自己的最高纲领，并把它作为自己的精神支柱。共产党人在为实现最高纲领而英勇奋斗的历史进程中，始终都能够脚踏实地，为完成党在不同历史阶段的最低纲领而进行艰苦扎实的努力。全面建成小康社会，就是为最高纲领而奋斗的阶段性目标。

众所周知，在改革开放初期，邓小平借用中国古代的"小康"概念来表示中国社会现代化进程中的一个关键阶段，并逐步形成了"三步走"的现代化战略：第一步是从 1980 年到 1990 年，实现国民生产总值翻一番，解决人民的温饱问题；第二步是从 1990 年到 2000 年，国民生产总值再翻一番，人民生活达到小康水平；第三步则是从 21 世纪初到世纪中叶，使人均国民生产总值达到中等发达国家的水平，人民生活比较富裕，基本实现现代化。经过不懈努力，"三步走"战略的前两步已经如期实现。党的十八大报告根据新的实际，提出了全面建成小康社会的新要求。"小康"这一历史概念也不断被赋予新的时代内涵。从"人民生活达到小康"到"全面建设小康社会"，再到"全面建成小康社会"，体现了我们党对小康社会认识的深化过程。小康社会建设的目标也从经济发展和人民生活水平的提高，逐步扩展为包括经济、政治、文化、社会建设、生态文明等各个领域在内的整体发

① 《领导干部要做尊法学法守法用法的模范　带动全党全国共同全面推进依法治国》，《人民日报》2015 年 2 月 3 日。

展目标，使小康社会真正成为一个完整的社会发展阶段。在经济领域里，要使经济持续健康发展；在政治领域里，要使人民民主不断扩大；在文化领域里，要使文化软实力显著增强；在社会领域里，要使人民生活水平全面提高；在生态领域里，要使资源节约型、环境友好型社会建设取得重大进展。而所有这些不同领域的建设目标，都是紧密联系的。要真正实现这些目标，就不能将它们分割开来，片面地加以对待，而必须着眼于它们之间的有机联系，将各个领域的建设协调起来加以推进，使这些目标从整体上得到实现。这一目标的实现，就会使发展改革成果真正惠及十几亿人口，就会为实现社会主义现代化建设宏伟目标和中华民族伟大复兴奠定坚实基础。目标已经确立，就应坚持一张蓝图绘到底，发扬钉钉子精神，不折腾、不反复，切实把工作落到实处，稳扎稳打向前走，不断积小胜为大胜。

战略目标鼓舞人心，实现目标需要协同推进。全面深化改革是全面建成小康社会的根本动力和必然选择。中国改革经过 30 多年，已经进入深水区，容易的改革已经完成，剩下的都是攻坚战。有的牵涉复杂的部门利益，有的在思想认识上难以统一，有的会触动既得利益者，所以要多措并举、多方面配合，只有以更大的政治勇气和智慧、更有力的措施和办法推进改革，才能实现全面建成小康社会的战略目标。全面依法治国是全面建成小康社会的可靠保障。全面建成小康社会对依法治国提出了更高要求。“法令行则国治，法令弛则国乱。”法治是治国安邦的基石，是国家治理体系和治理能力的重要依托。依法治国是解决党和国家事业发展面临的一系列重大问题，构建系统完备、科学规范、运行有效的制度体系，使各方面制度更加成熟更加定型，才能确保党和国家长治久安的根本要求。办好中国的事情关键在党。只有坚持党的领导，才能顺利实现全面建成小康社会的战略目标。打铁还需自身硬，只有从严治党才能更好坚持党的领导。在我们国家，法律是对全体公民的要求，党内法规制度是对全体党员的要求，而且很多地方比法律的要求更严格。我们党是先锋队，对党员的要求应该更严。全面依法治国，必须努力形成国家法律法规和党内法规制度相辅相成、相互促进、相互保障的格局。

二　全面深化改革与全面依法治国相辅相成、相得益彰

党的十八届三中全会审议通过了《中共中央关于全面深化改革若干重大问题的决定》，对经济体制改革、政治体制改革、文化体制改革、社会体

制改革、生态文明体制改革和党的建设制度改革进行了全面部署。党的十八届四中全会审议通过的《中共中央关于全面推进依法治国若干重大问题的决定》，对全面推进依法治国做出了战略部署。全面推进依法治国，总目标是建设中国特色社会主义法治体系，建设社会主义法治国家。具体来讲就是，在中国共产党领导下，坚持中国特色社会主义制度，贯彻中国特色社会主义法治理论，形成完备的法律规范体系、高效的法治实施体系、严密的法治监督体系、有力的法治保障体系，形成完善的党内法规体系，坚持依法治国、依法执政、依法行政共同推进，坚持法治国家、法治政府、法治社会一体建设，实现科学立法、严格执法、公正司法、全民守法，促进国家治理体系和治理能力现代化。党的十八届三中全会《决定》和四中全会《决定》是姊妹篇，体现了“破”与“立”的辩证统一，两者是相互促进、相辅相成的。通过全面深化改革，推进体制机制创新，进一步解放和发展生产力，促进社会公平正义，可以为建设中国特色社会主义法治体系创造条件；通过全面推进依法治国，确保改革沿着法治轨道有序推进，及时巩固、发展改革成果，可以为推进国家治理体系和治理能力现代化提供有力的法治保障。建设社会主义法治国家也是实现国家治理体系和治理能力现代化的必然要求，有利于在法治轨道上推进国家治理体系和治理能力现代化，有利于在全面深化改革总体框架内全面推进依法治国各项工作，有利于在法治轨道上不断深化改革。

做到全面深化改革和全面依法治国相互促进，需要把握好以下几方面的关系：一是深化改革与现行法律法规的关系。经过长期努力，国家和社会生活的各个方面总体上已经有法可依。全面深化改革，要坚持重大改革于法有据，坚持在宪法和法律框架内进行改革，充分利用宪法和法律提供的制度空间和条件，大胆探索和创新。二是深化改革与法律立、改、废的关系。随着时代发展和改革深化，有些法律法规不适应或不符合发展要求的，需要按照实事求是的原则，与时俱进地做好相关法律的设立、修改和废止的工作。三是大胆实验与法律法规及时配套的关系。中国地域广阔，发展不平衡，根据时代发展和形势变化，有些改革实践迫在眉睫，需要先行先试，这就需要按照法定程序做出特别授权，进行大胆改革。这也要求立法部门密切关注改革实践，使立、改、废工作同改革开放不断深化相适应。

坚持重大改革于法有据，要求改革决策必须遵循宪法精神和法治原则，还要坚持改革过程依法办事、遵守法定程序、维护正当权益，把法治方式作

为推进改革的行为准则。习近平总书记指出：“领导干部要把对法治的尊崇、对法律的敬畏转化成思维方式和行为方式，做到在法治之下、而不是法治之外、更不是法治之上想问题、作决策、办事情。”“领导干部要做尊法的模范，带头尊崇法治、敬畏法律；做学法的模范，带头了解法律、掌握法律；做守法的模范，带头遵纪守法、捍卫法治；做用法的模范，带头厉行法治、依法办事。”①

做到全面深化改革和全面依法治国相互促进，要用法律授权明确界定政府职能。“法定职责必须为，法无授权不可为”是法治政府管理经济社会事务的基本准则。转变政府职能是深化行政体制改革的核心。要用法治来规范政府、市场 、社会的关系，即哪些事应该由市场、社会、政府各自分担，哪些事应该由三者共同承担。通过深化改革，在法治的轨道上建设人民满意的服务型政府，是政府更好地发挥创造良好发展环境、提供优质公共服务、维护社会公平正义的职能。

人民群众是改革的主体，也是依法治国的主体。全面深化改革要求政府工作人员依法办事，同时需要每个社会组织和个人不断增强法治意识，自觉维护、捍卫和践行社会主义法治。增强全民法治观念，形成自觉守法、遇事找法、解决问题靠法、化解矛盾用法的良好社会环境，是全面深化改革的重要社会基础。“国无常强，无常弱。奉法者强则国强，奉法者弱则国弱。”② 全面依法治国是国家治理领域一场广泛而深刻的革命，必须从目前法治工作基本格局出发，加强宪法实施，扎实有序推进科学立法、严格执法、公正司法、全民守法等重点任务。宪法是党和人民意志的集中体现，是通过科学民主程序形成的根本法。坚持依法治国首先要坚持依宪治国，坚持依法执政首先要坚持依宪执政。党的十八届四中全会决定，完善全国人大及其常委会宪法监督制度，健全宪法解释程序机制；加强备案审查制度和能力建设，依法撤销和纠正违宪违法的规范性文件；将每年的 12 月 4 日定为国家宪法日；在全社会普遍开展宪法教育，弘扬宪法精神；建立宪法宣誓制度等。这些措施有利于彰显宪法权威，增强全社会的宪法观念和意识。

① 《领导干部要做尊法学法守法用法的模范　带动全党全国共同全面推进依法治国》，《人民日报》2015 年 2 月 3 日。

② 《韩非子校注》，江苏人民出版社，1982，第 41 页。

三　全面从严治党是根本保障

由过去强调“从严治党”到现在提出“全面从严治党”，反映了我们党对中国特色社会主义建设规律、党的自身建设规律认识的与时俱进和进一步深化。从严治党的“全面”二字，至少有三个层面的含义：一是内容的全覆盖，包括党的思想建设、组织建设、作风建设、反腐倡廉建设和制度建设各个领域；二是主体的全动员，党的各级组织都必须贯彻从严治党的要求，切实落实管党治党的主体责任；三是时间的长期性，要把从严治党常态化、制度化。

全面从严治党将成为党的建设新常态。从内容来说，从严治党，一是要从“思想”上严起来。思想松一寸，行动散一尺。要加强思想理论武装，着眼于世界观的改造和党员干部政治素质的提升，紧紧抓住坚定理想信念这个核心，努力在更高更深层次上提高思想理论水平，坚守共产党人精神追求。加强警示教育，划出思想红线、明确行为界限。二是要严明党的纪律。党要管党，从严治党，靠什么管？凭什么治？就是要靠严明纪律。党的纪律是多方面的，其中最重要、最根本、最关键的是政治纪律和政治规矩。要始终把讲政治作为最基本和第一位要求，抓好对党组织和党员干部遵守政治纪律和政治规矩的监督检查，切实做到政治上讲忠诚、组织上讲服从、行动上讲纪律。三是以踏石留印、抓铁有痕的劲头抓作风建设。作风建设的核心是保持党同人民群众的联系。人心向背关系党的生死存亡。在任何时候任何情况下，全心全意为人民服务的宗旨不能忘。党的十八大以来，党中央以作风建设为切入点从严管党治党，打出作风建设“组合拳”，赢得了全党全社会的赞赏与拥护。要建立作风建设的长效机制，自觉接受群众评议和社会监督。要严格党内生活，开展积极的批评和自我批评。四是以零容忍的态度惩治腐败。不论什么人，不论其职务高低，只要触犯了党纪国法，都要受到严肃追究和严厉惩处。党的十八以来，我们党以坚决的态度惩治腐败，坚持“老虎”“苍蝇”一起打，赢得了群众信任。五是严格执行党的制度，使思想建党和制度管党紧密结合。从严治党要突出制度管根本的地位，确保制度面前没有特权、制度约束没有例外。要严格执行党内政治生活的制度，使党内政治生活成为党员干部进行党性锻炼的有效平台；要严格执行干部管理方面的制度，使各级干部自觉履行党章赋予的各项职责；要严格执行党纪党

规，使党员干部严格遵守和坚决维护党的纪律。

全面从严治党，是全体党员的责任，每位党员都应从思想和组织纪律等各个方面重视起来，增强党员意识和责任意识。从严治党是各级党组织的责任，要落实党的建设的党委主体责任，进一步树立“抓好党建是最大政绩”导向，加重对各级各部门党组织负责人的管党治党的考核权重，使从严治党责任得到更有力的落实。当然，全面从严治党，最重要的是抓好领导干部这个“关键少数”。从严治党，重在从严管理监督干部。吏治清明，才能政治清明。对于领导干部，要坚持从严教育、从严管理、从严监督，对干部身上出现的苗头性、倾向性问题要早提醒、早纠正。

党的领导是中国特色社会主义最本质的特征。实现全面建成小康社会的战略目标以及全面深化改革和全面依法治国，都要靠党来把握方向。只有全面从严治党，才能让领导核心壮起来，让各级领导班子强起来，才能牢牢把握改革与法治的方向盘，使全面深化改革和全面依法治国这两个轮子有效地转动起来，从而顺利实现全面建成小康社会的战略目标。所以，全面从严治党，就不是一阵风，不是一场运动，而是一个常抓不懈的伟大工程，保持力度、保持韧劲，善作善成，使党的建设不断得到加强，确保党在发展中国特色社会主义历史进程中始终成为坚强领导核心。

四　践行“三严三实”　切实推进“四个全面”战略布局

习近平总书记指出，作风建设永远在路上，各级领导干部都要既严以修身、严以用权、严以律己，又谋事要实、创业要实、做人要实。“三严三实”的精辟论述，立意高远，寓意深刻，为各级领导干部确立了新的更高标准。在当前，切实推进“四个全面”战略布局，迫切需要全体党员特别是各级领导干部努力践行“三严三实”。

中国传统文化注重以修身为本。以陶冶身心、涵养德性为主要内容的修身，是齐家、治国、平天下的基础。对于共产党人来说，修身也是保持党的先进性，树立良好作风的基础和前提。严以修身，就是要加强党性修养，坚定理想信念，提升道德境界，追求高尚情操，自觉远离低级趣味，自觉抵制歪风邪气。共产党的先进性首先在于广大党员具有崇高的理想信念和高尚的道德情操。信仰的确立来自理论的认知。严以修身，勤于学习，准确把握马克思主义的基本理论，才能使理想信念建立在科学的理论基础之上。如果放松要求，得过且过，就会精神懈怠，就容易被歪风邪气所侵蚀。

执掌政权是当年中国共产党开展革命斗争的重要目的。掌握了政权可以更好地统筹各种资源，组织力量，推动社会发展，为广大人民群众谋福利。但是权力也是双刃剑，如果把握不好，滥用权力，甚至把权力变成牟取个人或少数人私利的工具，就会失去民心，葬送自己。孟德斯鸠说："一切有权力的人都容易滥用权力，这是万古不移的一条经验。"[①]"要防止滥用权力，就必须以权力制约权力。"[②]清醒地认识到权力的腐蚀性，就应该敬畏权力、慎用权力，把权力关进制度的笼子里。严以用权，就要坚持用权为民，按规则、按制度行使权力，任何时候都不搞特权、不以权谋私。

古人讲"君子求诸己""吾日三省吾身"，说的都是要常怀律己之心。领导干部地位特殊、岗位重要，受到的诱惑多种多样。只有常怀律己之心，才能坚守道德防线，永葆政治本色。少数领导干部经受不住权力、金钱、美色的诱惑，放松了要求，结果走上违法犯罪的不归路。"木自腐而后虫生"，剖析那些滑入歧途的领导干部，无一不是从放松自我要求、放纵个人欲望开始的。所以，党员干部特别是领导干部必须时刻注意严格要求自己。严以律己，就要心存敬畏、手握戒尺，慎独慎微、勤于自省，遵守党纪国法，做到为政清廉。这既是对党的事业高度负责，也有利于个人的健康成长。

严字当头是党风建设的必由之路。"三严"为所有领导干部敲响了警钟，既是思想指南，也是实践要求。从思想认识上说，严是一种态度、一种意志，更是一种责任，把"严"字当作修身正己的价值观，就会增强规避违规违纪行为的自觉性。常言道，严是爱，松是害。严明的纪律、严格的要求，对党员干部是一种监督，更是一种爱护。"一处弛则百处懈"，要求一旦放松，标准一旦从宽，自我约束就等于自我放任，制度刚性就变成了"橡皮泥"。好人主义和庸俗作风盛行就会败坏党风、带坏政风、民风。只有从严要求，警钟长鸣，才能防止出现"破窗效应"。在实践上，严是一种标准，一种力量。"三严"为不断取得作风建设新成效提供了动力源。不良作风的形成非一日之功，作风问题具有顽固性和反复性，清除作风之弊更需要严字当头，防止一阵风，防止前紧后松、半途而废。只要依法依规严肃查处，用铁的制度、铁的纪律整治歪风邪气，善始善终、善作善成，就能推动

① 〔法〕孟德斯鸠：《论法的精神》，张雁琛译，商务印书馆，1995，第104页。
② 〔法〕孟德斯鸠：《论法的精神》，第154页。

作风建设不断取得新成效。

全面从严治党是一项系统工程，涉及面广，影响波及大，需要抓好顶层设计，从战略高度进行整体谋划、宏观布局，形成从严治党长效机制。党的十八大以来的从严治党历程，非常注重顶层设计，强化配套衔接，注重发挥制度整体功能，不断推进体制机制改革创新，完善党内制度体系、党内法规体系，并把党内法规体系作为中国特色社会主义法律体系的重要组成部分。

中国共产党是靠革命理想和铁的纪律组织起来的马克思主义政党。全面从严治党，思想建党和制度治党两手都要硬，既要靠教育，也要靠制度。全面从严治党，首先是要铸牢、夯实思想基础这个行为的先导，把好“总开关”，要通过制度设计把思想建党的内容制度化，化理论为制度，化宗旨为规矩，使得加强思想建党的过程成为加强制度治党的过程。要结合落实制度抓教育，抓住主要矛盾，使制度安排的理念导向体现思想建党的要求，使得加强制度治党的过程成为加强思想建党的过程。

习近平总书记强调，抓落实是领导工作中一个极为重要的环节。领导干部要狠抓落实、善抓落实。一分部署，九分落实。既要有严的制度，又要有严的执行。要强化制度的执行和落实。必须增强制度执行力，做到用制度管权管事管人，强化制度建设和监督管理，确保制度面前没有特权、制度约束没有例外，重点抓好领导干部这个“关键少数”，切实推进全面从严治党。只有执行落实，才能确保建的章、立的制落地生根。在制度和规定执行落实过程中，党中央特别注重警示教育，在关键节点上抓负面典型，通过权威渠道对党员领导干部违反中央八项规定情况、反腐败情况进行及时通报，划出思想红线，使“三严三实”真正落到实处。

习近平治国理政的世界观和方法论

黄书进

摘　要： 习近平系列重要讲话，是马克思主义中国化的最新理论成果和我们党治国理政的科学指南。真挚为民的执政情怀、志存高远的理想信念、求真务实的科学态度、不负重托的使命担当、统揽全局的战略智慧，是习近平治国理政的世界观和方法论，集中反映了其治国理政的根本立场、奋斗目标、思想路线、精神动力和科学方法。深刻领悟了这一科学世界观和方法论，就真正把握了其系列重要讲话的理论精髓和治国理政的真谛要义。

关键词： 习近平　系列重要讲话　治国理政　世界观　方法论

作者简介： 黄书进，国防大学教授，博士生导师。

党的十八大以来，习近平围绕坚持和发展中国特色社会主义这一主题，发表系列重要讲话，提出了中国梦的战略目标，凝聚和引领全党全军全国各族人民共同奋斗；提出了总体国家安全观，科学统筹国内国际两个大局、发展安全两件大事、富国强军两个基石、党的事业和自身建设两大工程；提出并形成了协调推进全面建成小康社会、全面深化改革、全面依法治国、全面从严治党的战略布局，确立了新形势下党和国家各项工作的战略目标和战略举措，为实现“两个一百年”奋斗目标、实现中华民族伟大复兴的中国梦提供了理论指导和实践指南。

习近平系列重要讲话，是我们党治国理政实践经验的科学总结，是马克思主义中国化的最新理论成果，贯通哲学、政治经济学、科学社会主义等各个学科，涵盖经济、政治、文化、社会、生态文明、国防和军队现代化建设、祖国统一、国际战略、党的建设各个领域，涉及改革发展稳定、内政外

交国防、治党治国治军各个方面。学习理解和贯彻落实习近平系列重要讲话，既要真学真懂真信真用其基本内容，又要真学真懂真信真用蕴含其中的马克思主义世界观和方法论。

习近平治国理政的世界观和方法论，作为习近平系列重要讲话的理论精髓，创造性地坚持和发展了辩证唯物主义和历史唯物主义，吸收了中华民族的优秀智慧，借鉴了当代世界的文明成果，具有丰富时代内涵、鲜明中国特点和实践指导品格。主要有：真挚为民的执政情怀、志存高远的坚定信念、求真务实的科学态度、不负重托的使命担当、统揽全局的战略智慧。这五个方面，相互联系、内在统一，集中反映了习近平治国理政的根本立场、奋斗目标、思想路线、精神动力和科学方法。深刻领悟了习近平治国理政的这一当代中国马克思主义的世界观和方法论，就真正把握了其系列重要讲话和治国理政的真谛要义。

一　真挚为民的执政情怀，是习近平治国理政的根本立场

真挚为民的执政情怀，是习近平治国理政的根本立场，指明了我们党在新的历史条件下治国理政的根本目的和核心价值。其突出特点是，坚持以民为本、以人为本，把促进公平正义、增强人民福祉作为治国理政的出发点和落脚点，相信人民、依靠人民、为了人民协调推进全面建成小康、全面深化改革、全面依法治国、全面从严治党，创造性地坚持和发展了马克思主义关于人民历史主体地位的基本原理和我们党全心全意为人民服务的宗旨。

习近平指出："中国共产党坚持执政为民，人民对美好生活的向往就是我们的奋斗目标。"他强调我们的人民热爱生活，期盼有更好的教育、更稳定的工作、更满意的收入、更可靠的社会保障、更高水平的医疗卫生服务、更舒适的居住条件、更优美的环境，期盼孩子们能成长得更好、工作得更好、生活得更好。我们的责任，就是要团结带领全党全国各族人民，继续解放思想，坚持改革开放，不断解放和发展社会生产力，努力解决群众的生产生活困难，坚定不移走共同富裕的道路。

习近平明确把实现人民过上美好生活的意愿、促进社会公平正义作为其治国理政的最大政治责任和根本价值取向。

（一）全面建成小康社会，着力保障和改善民生

习近平指出，我们党领导人民全面建设小康社会、进行改革开放和社会主义现代化建设的根本目的，就是要通过发展社会生产力，不断提高人民物质文化生活水平，促进人的全面发展。他强调，在前进道路上，我们一定要坚持从维护最广大人民根本利益的高度，多谋民生之利，多解民生之忧，在学有所教、劳有所得、病有所医、老有所养、住有所居上持续取得新进展；决不让一个少数民族、一个地区掉队，坚决阻止贫困现象代际传递，要让 13 亿中国人民共享全面小康的成果；检验我们一切工作的成效，最终都要看人民是否真正得到了实惠，人民生活是否真正得到了改善，这是坚持立党为公、执政为民的本质要求，是党和人民事业不断发展的重要保证。

（二）全面深化改革，促进社会公平正义、增进人民福祉

习近平指出，人民是历史的创造者，是推动我国经济社会发展的基本力量和基本依靠。今天，我们全面深化改革，依然要充分发挥人民主体作用。为了人民而改革，改革才有意义；依靠人民而改革，改革才有动力。他强调，全面深化改革必须以促进社会公平正义、增进人民福祉为出发点和落脚点，这是坚持我们党全心全意为人民服务根本宗旨的必然要求；必须着眼创造更加公平正义的社会环境，不断克服各种有违公平正义的现象，使改革发展成果更多更公平惠及全体人民；如果不能给老百姓带来实实在在的利益，如果不能创造更加公平的社会环境，甚至导致更多不公平，改革就失去意义，也不可能持续。

（三）全面依法治国，保障和促进社会公平正义

习近平指出，权力是一把双刃剑，在法治轨道上行使可以造福人民，在法律之外行使则必然祸害国家和人民。全面依法治国，必须紧紧围绕保障和促进社会公平正义来进行。公平正义是我们党追求的一个非常崇高的价值，全心全意为人民服务的宗旨决定了我们必须追求公平正义，保护人民权益、伸张正义。他强调，推进科学立法、民主立法，是提高立法质量的根本途径，科学立法的核心在于尊重和体现客观规律，民主立法的核心在于为了人民、依靠人民。

（四）全面从严治党，始终保持党同人民群众的密切联系

习近平指出，密切联系群众，是党的性质和宗旨的体现，是中国共产党区别于其他政党的显著标志，也是党发展壮大的重要原因；能否保持党同人民群众的血肉联系，决定着党的事业的成败。为了解决党内存在的脱离群众问题，习近平主持开展了以聚焦清除“四风”之弊为主要任务的党的群众路线教育实践活动，提出全面从严治党的战略任务，坚持把群众满意作为我们党做好一切工作的价值取向和根本标准，相信群众、敞开大门，让群众参与、让群众监督、诚恳请群众评判。

此外，习近平把真挚为民的执政情怀贯穿于实现党在新形势下强军目标的战略任务之中，强调任何时候任何情况下，都必须铸牢听党指挥这个强军之魂，坚持党对军队绝对领导的根本原则和人民军队的根本宗旨不动摇，坚持党的原则第一、党的事业第一、人民利益第一；将其贯穿于维护总体国家安全的战略原则之中，强调必须坚持以民为本、以人为本，坚持国家安全一切为了人民、一切依靠人民，真正夯实国家安全的群众基础。

总之，真挚为民的执政情怀，是习近平治国理政的根本立场。我们必须深刻领悟并始终坚持这一根本立场，始终把人民的利益、民族的利益高高举过头顶，正确处理公与私的关系，相信人民、依靠人民、为了人民治国理政，永远做人民利益的坚定捍卫者。

二　志存高远的理想信念，是习近平治国理政的奋斗目标

志存高远的理想信念，是习近平治国理政的奋斗目标，指明了我们党在新的历史条件下治国理政的前进方向。其突出特点是，把坚定中国特色社会主义信念和共产主义远大理想辩证统一起来，提出实现中华民族伟大复兴中国梦的奋斗目标，创造性地坚持和发展了马克思主义关于历史发展规律和发展趋势的基本原理以及我们党的奋斗理想。

（一）坚定理想信念是共产党人的精神追求和支柱

习近平指出，马克思主义把唯物主义原则应用于社会历史领域，揭示了人类社会的发展是一个自然历史过程，社会基本矛盾的运动决定了社会主义必然代替资本主义。这个科学理想，是马克思主义政党的灵魂，激励和鼓舞

了世界上一代又一代共产党人为之奋斗、为之流血牺牲。他强调，坚定理想信念，坚守共产党人精神追求，始终是共产党人安身立命的根本。对马克思主义的信仰，对社会主义和共产主义的信念，是共产党人的政治灵魂，是共产党人经受住任何考验的精神支柱。理想信念就是共产党人精神上的“钙”，没有理想信念，理想信念不坚定，精神上就会“缺钙”，就会得“软骨病”。

党的十八大以来，习近平特别强调理想信念问题，有着现实针对性。在改革开放、市场经济条件下，随着一大批学有所成、干有所成的“能人”进入党的队伍和执政集团，既为我们党长期执政注入了生机活力，也因入党动机多样化而给保持党的先进性、纯洁性带来新的挑战。当前，有的党员领导干部丧失理想信念，不信真理信金钱，不信马列信宗教；有的把配偶子女移民国外，随时准备“跳船”；有的甚至变节投敌、窃密卖密。周永康、郭伯雄、徐才厚、苏荣、令计划、谷俊山等高级干部腐化变质，根子就在丧失理想信念。

习近平强调，理想信念是“总开关”，提高干部素质，第一位的任务就是坚定理想信念。如果理想信念不坚定，不相信马克思主义，不相信中国特色社会主义，政治上不合格，经不起风浪，这样的干部能耐再大也不是我们党需要的好干部。只有理想信念坚定，用坚定理想信念练就了“金刚不坏之身”，才能在大是大非面前旗帜鲜明，在风浪考验面前无所畏惧，在各种诱惑面前立场坚定，在关键时刻靠得住、信得过、能放心。

（二）坚定理想信念必须认真学习和掌握人类社会发展规律和发展趋势的理论

习近平指出，共产党员坚定理想信念，必须努力学习和掌握辩证唯物主义和历史唯物主义的强大思想武器，把理想信念建立在科学分析的理性基础之上。现在，我们的一些同志之所以理想渺茫、信仰动摇，根本的就是历史唯物主义观点不牢固，不知道人类是从哪里来的、要到哪里去，不知道历史是怎样走过来的、要怎样走下去，也就不知道自己过去哪些做对了、今后应该怎样做才对。

习近平强调，马克思、恩格斯关于资本主义社会基本矛盾的分析没有过时，关于资本主义必然消亡、社会主义必然胜利的历史唯物主义观点也没有过时。这是社会历史发展不可逆转的总趋势，但道路是曲折的。他强调，要

冷静面对现实，在相当长时期内，初级阶段的社会主义还必须同生产力更发达的资本主义长期合作和斗争，还必须认真学习和借鉴资本主义创造的有效文明成果，甚至必须面对被人们用西方发达国家的长处来比较我国社会主义发展中的不足并加以指责的现实。我们必须有很强大的战略定力，坚决抵制抛弃社会主义的各种错误主张，自觉纠正超越阶段的错误观念。

（三）坚定理想信念就是要努力实现中华民族伟大复兴的中国梦

如何坚定理想信念，我们党既有成功经验，也有挫折教训。习近平总结历史经验教训鲜明指出，一定要看清我们的历史方位，看清我们为之奋斗的现实目标和远大目标。我们处在社会主义初级阶段，要全力为现阶段的目标而奋斗，但如果丢失了我们共产党人的远大目标，就会迷失方向，变成功利主义、实用主义。

习近平特别强调，要正确处理远大理想与现实目标的辩证关系，努力为中华民族伟大复兴的中国梦而奋斗。他指出，没有远大理想，不是合格的共产党员；离开现实工作而空谈远大理想，也不是合格的共产党员。实现全面建成小康社会、建成富强民主文明和谐的社会主义现代化国家的奋斗目标，实现中华民族伟大复兴的中国梦，既深深体现了今天中国人的理想，也深深反映了先人们不懈追求进步的光荣传统。

习近平从实现中华民族伟大复兴中国梦的奋斗目标出发，提出并形成了协调推进全面建成小康社会、全面深化改革、全面依法治国、全面从严治党的战略布局。一是强调全面建成小康社会是实现中国梦的关键一步。习近平指出，中国已经进入全面建成小康社会的决定性阶段，实现这个目标是实现中华民族伟大复兴中国梦的关键一步。二是强调全面深化改革是实现中国梦的强大动力。习近平指出，实现党的十八大描绘的全面建成小康社会、加快推进社会主义现代化、实现中华民族伟大复兴的宏伟蓝图，要求全面深化改革。三是强调全面依法治国是实现中国梦的可靠保障。习近平指出，我们要实现党的十八大和十八届三中全会做出的一系列战略部署，全面建成小康社会、实现中华民族伟大复兴的中国梦，全面深化改革、完善和发展中国特色社会主义制度，就必须在全面推进依法治国上做出总体部署、采取切实措施、迈出坚实步伐。四是强调全面从严治党是实现中国梦的政治保证。习主席指出，我们国家和民族的发展必须有一个主轴，中华民族走向繁荣、富强和文明，必须有一个坚强的领导核心，这个领导核心无可替代，就是执政的中国共产党。他强调，办好中国的事，关键在党，只有从严管党治党，才能确保党在发展中国特色社会主义历史进程中始终成为坚强领导核心。此外，习近平强调，中国梦是强国梦，也是强军梦。国防和军队建设，必须放在实现中华民族伟大复兴这个大目标下来认识和推进，服从服务于这个国家和民族最高利益，为实现中国梦提供坚强力量保证。

总之，志存高远的理想信念，是习近平治国理政的奋斗目标。落实“四个全面”战略布局，必须始终坚定正确方向，努力为全面建成小康社会、实现中华民族伟大复兴的中国梦而奋斗。

三　求真务实的科学态度，是习近平治国理政的思想路线

求真务实的科学态度，是习近平治国理政的思想路线，指明了我们党在新的历史条件下治国理政的客观基点。其突出特点是，强调正确处理社会存在与社会意识关系，以时代眼光、历史方法分析把握我国现时代的社会存在，坚持一切从社会主义初级阶段的客观实际出发规划未来、制定政策、推进事业，坚持用富有时代气息的中国精神凝聚中国力量，创造性坚持和发展了马克思主义世界统一于物质的基本原理和我们党实事求是的思想路线。

（一）社会主义初级阶段是我们认识当下、规划未来、制定政策、推进事业的客观基点

习近平指出，马克思主义哲学强调世界统一于物质，坚持物质决定意识，要求我们一切从实际出发。当代中国最大的客观实际，就是我国仍处于并将长期处于社会主义初级阶段，这是我们认识当下、规划未来、制定政策、推进事业的客观基点，不能脱离这个基点。他特别强调，我们党现阶段提出和实施的理论和路线方针政策，之所以正确，就是因为它们都是以我国现时代的社会存在为基础的。

我国现时代的社会存在，放在世界发展水平看仍然处于社会主义初级阶段，但历史地比较改革开放初期水平又有了重大阶段性特征。习近平指出，既要看到社会主义初级阶段基本国情没有变，也要看到我国经济社会发展每个阶段呈现出来的新特点。准确把握我国不同发展阶段的新变化新特点，使主观世界更好符合客观实际，按照实际决定工作方针，这是我们必须牢牢记

住的工作方法。

一是坚持从我国现时代的社会存在出发，积极推动全面建成小康社会。习近平指出，党的十八大根据国内外形势新变化，顺应我国经济社会新发展和广大人民群众新期待，对全面建设小康社会目标进行了充实和完善；要始终牢牢把握社会主义初级阶段的最大国情，不仅在经济建设中要始终立足初级阶段，而且在政治建设、文化建设、社会建设、生态文明建设中也要始终牢记初级阶段；不仅在经济总量低时要立足初级阶段，而且在经济总量提高后仍然要牢记初级阶段；不仅在谋划长远发展时要立足初级阶段，而且在日常工作中也要牢记初级阶段。

二是从我国现时代的社会存在出发，做出全面深化改革的战略部署。习近平指出，全面深化改革是为了党和人民事业更好发展，而不是为了迎合某些人的掌声和喝彩，更不能拿西方的理论、观点来套在自己身上，要坚持从我国国情出发，从经济社会发展实际要求出发。他强调，党的十八届三中全会对我国全面深化改革做出了总体部署，是从我国现在的社会存在出发的，即从我国现在的社会物质条件的总和出发的，也就是从我国基本国情和发展要求出发的。

三是从我国现时代的社会存在出发，做出全面依法治国的战略部署。习近平指出，面对新形势新任务，我们党要更好统筹国内国际两个大局，更好维护和运用我国发展的重要战略机遇期，更好统筹社会力量、平衡社会利益、调节社会关系、规范社会行为，使我国社会在深刻变革中既生机勃勃又井然有序，实现经济发展、政治清明、文化昌盛、社会公正、生态良好，实现我国和平发展的战略目标，必须更好发挥法治的引领和规范作用。他强调，全面推进依法治国，必须坚持从中国实际出发。

四是从我国现时代的社会存在出发，做出全面从严治党的战略部署。习近平指出，在新的历史起点上坚持和发展中国特色社会主义，我们党面临的执政考验、改革开放考验、市场经济考验、外部环境考验是长期的、复杂的、严峻的，精神懈怠危险、能力不足危险、脱离群众危险、消极腐败危险更加尖锐地摆在全党面前。历史使命越光荣，奋斗目标越宏伟，执政环境越复杂，我们就越要增强忧患意识，越要从严治党，做到“为之于未有，治之于未乱”，使我们党永远立于不败之地。

此外，从我国现时代的社会存在出发，提出党在新形势下的强军目标。习近平指出，强军目标体现了新的形势和任务对军队建设的新要求，是实现中华民族伟大复兴中国梦的必然要求，是适应国际战略形势和国家安全环境发展变化的必然要求，是解决军队建设面临的突出矛盾和问题的必然要求。他强调，要认清国防和军队建设的阶段性特征。

（二）用富有时代气息的中国精神凝聚中国力量

习近平指出，辩证唯物主义并不否认意识对物质的反作用，而是认为这种反作用有时是十分巨大的。我们党始终把思想建设放在党的建设第一位，强调“革命理想高于天”，就是精神变物质、物质变精神的辩证法。我们必须毫不放松理想信念教育、思想道德建设、意识形态工作，大力培育和弘扬社会主义核心价值观，用富有时代气息的中国精神凝聚中国力量。

所谓富有时代气息的中国精神，就是中国特色社会主义基本理论、基本路线、基本纲领、基本经验和基本要求，特别是习近平系列重要讲话精神。习近平强调，必须毫不动摇地坚持党在社会主义初级阶段的基本路线，全面加强党的领导，努力做好党的宣传思想工作，为坚持和发展中国特色社会主义提供可靠的思想基础。

习近平强调，党在社会主义初级阶段的基本路线是党和国家的生命线。我们在实践中要始终坚持“一个中心、两个基本点”不动摇，既不偏离“一个中心”，也不偏废“两个基本点”，把践行中国特色社会主义共同理想和坚定共产主义远大理想统一起来，坚决抵制抛弃社会主义的各种错误主张，自觉纠正超越阶段的错误观念和政策措施。

习近平强调，要毫不动摇地坚持党对全面深化改革、全面依法治国的领导。党的十八届三中全会强调：“全面深化改革必须加强和改善党的领导，充分发挥党总揽全局、协调各方的领导核心作用。”党的十八届四中全会强调：“党的领导是全面推进依法治国、加快建设社会主义法治国家最根本的保证。”习近平指出，全面推进依法治国这件大事能不能办好，最关键的是方向是不是正确、政治保证是不是坚强有力，具体讲就是要坚持党的领导，坚持中国特色社会主义制度，贯彻中国特色社会主义法治理论。

习近平强调，要牢牢把握意识形态工作的主动权。大力加强宣传思想工作，旗帜鲜明地坚持党性原则，树立以人民为中心的工作导向，把增强对中国特色社会主义道路自信、理论自信、制度自信，培育和弘扬社会主义核心价值观作为凝魂聚气、强基固本的基础工程，不断增强阵地意识，敢抓敢管，敢于亮剑，敢于站在风口浪尖上进行斗争，牵涉到大是大非问题、政治

原则问题，不能含糊其辞，不能退避三舍，不能当开明绅士。习近平指出，我国宪法以根本法的形式反映了党带领人民进行革命、建设、改革取得的成果，确立了在历史和人民选择中形成的中国共产党的领导地位。对这一点，要理直气壮讲、大张旗鼓讲。要向干部群众讲清楚我国社会主义法治的本质特征，做到正本清源、以正视听。习近平强调，在走什么样的法治道路问题上，必须向全社会释放正确而明确的信号，指明全面推进依法治国的正确方向，统一全党全国各族人民认识和行动。

习近平强调，要高度关注军队思想政治建设。当前，各种敌对势力对我们搞西化和“颜色革命”，最想的就是从军队打开口子。习近平在全军政治工作会议上指出，国内外形势发生深刻复杂变化，面对深化国防和军队改革这场考试，我军政治工作只能加强不能削弱，只能前进不能停滞，只能积极作为不能被动应对。习近平强调，要抓好全军政治机关和政治干部队伍建设，强化政治意识、阵地意识、大局意识，努力学军事、学指挥、学科技，努力建设对党绝对忠诚、聚焦打仗有力、作风形象良好的政治机关和政治干部队伍。

总之，求真务实的科学态度，是习近平治国理政的思想路线。只有牢牢把握这一思想路线，始终立足我国现时代的社会存在这一客观基点认识当下、规划未来、制定政策、推进事业，坚持用富有时代气息的中国精神凝聚中国力量，才能协调推进全面建成小康、全面深化改革、全面依法治国、全面从严治党，脚踏实地地为中华民族伟大复兴的中国梦而奋斗。

四　不负重托的使命担当，是习近平治国理政的精神动力

不负重托的使命担当，是习近平治国理政的精神动力，指明了当代中国共产党人治国理政的历史责任。其突出特点是，以强烈的责任感和使命感，敢于啃硬骨头，敢于涉险滩，敢于蹚深水区，协调推进“四个全面”战略布局，为实现中华民族伟大复兴的中国梦注入了强大精神动力，创造性坚持和发展了马克思主义关于无产阶级政党的历史使命观。

（一）适应我国社会基本矛盾运动要求，勇于承担全面深化改革的历史担当

习近平指出，中国改革经过30多年，已进入深水区，可以说，容易的、

皆大欢喜的改革已经完成了，好吃的肉都吃掉了，剩下的都是难啃的硬骨头。这就要求我们胆子要大、步子要稳。胆子要大，就是改革再难也要向前推进，敢于担当，敢于啃硬骨头，敢于涉险滩。步子要稳，就是方向一定要准，行驶一定要稳，尤其是不能犯颠覆性错误。他强调，我们提出进行全面深化改革，就是要适应我国社会基本矛盾运动的变化来推进社会发展；制定全面深化改革的方案，而不是只讲经济体制改革，或者只讲经济体制和社会体制改革，是因为解决我们面临的突出矛盾和问题，仅仅依靠单个领域、单个层次的改革难以奏效，必须加强顶层设计、整体谋划，增强各项改革的关联性、系统性、协同性。只有既解决好生产关系中不适应的问题，又解决好上层建筑中不适应的问题，才能产生综合效应。

（二）适应国家治理现代化要求，勇于承担全面依法治国的历史担当

习近平指出，真正实现社会和谐稳定、国家长治久安，还是要靠制度。他强调，要不断完善国家治理体系，提高治理能力，增强按制度办事、依法办事意识，善于运用制度和法律治理国家，把各方面制度优势转化为管理国家的效能，提高党科学执政、民主执政、依法执政水平。他特别强调，领导干部要做尊法学法守法用法的模范，带动全党全国一起努力，在建设中国特色社会主义法治体系、建设社会主义法治国家上不断见到新成效。

适应全面依法治国的总体要求，习近平进一步提出，依法治军从严治军，是我们党建军治军的基本方略。他强调要强化全军法治信仰和法治思维，按照法治要求转变治军方式。努力实现从单纯依靠行政命令的做法向依法行政的根本性转变，从单纯靠习惯和经验开展工作的方式向依靠法规和制度开展工作的根本性转变，从突击式、运动式抓工作的方式向按条例办事的根本性转变，在全军形成党委依法决策、机关依法指导、部队依法办事、官兵依法履职的良好局面。

（三）适应巩固党的长期执政地位要求，勇于承担全面从严治党的历史担当

党的十八大以来，习近平以强烈的历史责任感、深沉的使命忧患感、顽强的意志品质，“踏石留印，抓铁有痕”地全面从严治党。他坚持刀口向内、直面沉疴积弊，主持开展了党的群众路线教育实践活动，大力清除

“四风”之弊；坚持反腐败无禁区、全覆盖、零容忍，严肃查处腐败分子；坚持把思想建党和制度治党紧密结合起来，深入开展理想信念和宗旨教育，筑牢思想上拒腐防变的堤坝，完善党内法规，向制度建设要长效，着力营造不敢腐、不能腐、不想腐的执政生态，初步走出了一条具有中国特色的全面从严治党之路。

（四）适应全面维护国家安全要求，勇于承担实现强军目标的历史使命

当前，我国发展仍处于可以大有作为的重要战略机遇期，但国际战略形势和国家安全环境更趋复杂，维护国家安全和社会稳定的任务更加艰巨。习近平指出，我们既重视发展问题，又重视安全问题，发展是安全的基础，安全是发展的条件，富国才能强兵，强兵才能卫国。习近平强调，现在虽然维护国家安全的手段选择增多了，我们可以纵横捭阖、灵活运用，但千万不能忘记，军事手段始终是保底的手段。习近平以强烈的使命感和担当精神，直面部队思想政治上存在的突出问题，直面部队军事上存在的“两个差距很大”“两个能力不够”的突出问题，直面部队作风上存在的纲纪松散、作风不正现象，提出建设一支听党指挥、能打胜仗、作风优良的人民军队这一党在新形势下的强军目标，努力为实现中华民族伟大复兴的中国梦提供坚强力量保证。他强调，强军的责任历史地落在了我们肩上，要挑起这副担子，必须敢于担当，这既是党和人民的期望，也是当代革命军人应有的政治品格。

总之，不负重托的使命担当，是习近平治国理政的精神动力。面对具有许多新的历史特点的伟大斗争，协调推进“四个全面”战略布局，我们必须深刻领悟和不断凝聚这一精神动力，勇敢地承担起应该担当的历史责任。

五　统揽全局的战略智慧，是习近平治国理政的科学方法

统揽全局的战略智慧，是习近平治国理政的科学方法，提供了协调推进“四个全面”战略布局的“桥”和“船”。其突出特点是，坚持从战略全局高度治国理政，综合运用战略思维、辩证思维、系统思维、创新思维、历史思维、底线思维协调推进“四个全面”战略布局，形成了善于把握大局、科学统筹各方，善于抓住重点、坚持秉纲执要，善于把握规律、勇于开拓创新，善于洞察历史、把握正确方向，善于把握底线、增强战略定力等具体方法。

（一）善于把握大局，科学统筹各方

习近平强调，面对复杂形势和繁重任务，首先要有全局观，对各种矛盾做到心中有数。坚持发展地而不是静止地、全面地而不是片面地、系统地而不是零散地、普遍联系地而不是单一孤立地观察事物。

一方面，必须牢固树立高度自觉的大局意识。习近平指出，党中央从坚持和发展中国特色社会主义全局出发，提出并形成了全面建成小康社会、全面深化改革、全面依法治国、全面从严治党的战略布局。领导干部必须牢固树立高度自觉的大局意识，自觉从大局看问题，把工作放到大局中去思考、定位、摆布，做到正确认识大局、自觉服从大局、坚决维护大局。

另一方面，要对各种矛盾做到心中有数，科学统筹矛盾各方。习近平指出，“四个全面”的战略布局，每一个“全面”都具有重大战略意义。要协调推进全面建成小康社会、全面深化改革、全面依法治国、全面从严治党，努力做到“四个全面”相辅相成、相互促进、相得益彰。

（二）善于抓住重点，坚持秉纲执要

习近平指出，在任何工作中，我们既要讲两点论，又要讲重点论，没有主次，不加区别，眉毛胡子一把抓，是做不好工作的。他强调，既要注重总体谋划，又要注重牵住“牛鼻子”。

其一，要正确处理全面与重点的辩证关系。习近平指出，全面深化改革，既要讲全面，又要抓重点。离开了重点，全面就失却了中心和支点。物质生产是社会生活的基础，社会主义的根本任务是解放和发展生产力。

其二，要善于抓住主要矛盾特别是牵动面广、耦合性强的深层次矛盾。习近平指出，当前，协调推进全面建成小康社会、全面深化改革、全面依法治国、全面从严治党，就是党和国家事业发展中必须解决好的主要矛盾；我们强调不能简单以国内生产总值增长率论英雄，提出加快转变经济发展方式、调整经济结构，提出化解产能过剩，提出加强生态文明建设等，都是针对一些牵动面广、耦合性强的深层次矛盾的。

其三，要善于抓住“关键少数”。习近平指出，各级领导干部在推进依法治国方面肩负着重要责任，全面依法治国必须抓住领导干部这个“关键少数”。领导干部要做尊法学法守法用法的模范，带动全党全国一起努力，在建设中国特色社会主义法治体系、建设社会主义法治国家上不断见到新

成效。

其四，要坚持秉纲执要、抓住根本。习近平在全军政治工作会议上指出：“秉纲而目自张，执本而末自从。发挥政治工作对强军兴军的生命线作用，加强和改进新形势下我军的政治工作，当前最紧要的是把四个带根本性的东西立起来。”即把理想信念在全军牢固立起来、把党性原则在全军牢固立起来、把战斗力标准在全军牢固立起来、把政治工作威信在全军牢固立起来。

（三）善于把握规律，勇于开拓创新

习近平强调，要正确处理实践与理论的辩证关系，善于把握规律，勇于开拓创新，坚持以实践创新推动理论创新，以理论创新引导实践创新，努力实现实践发展与理论创新的良性互动，在这种统一和互动中发展21世纪中国的马克思主义。

其一，习近平强调调查研究是谋事之基、成事之道。他指出，坚持实践第一观点，深入调查研究，结合实际、结合未来发展大胆创新。他强调，我们推进各项工作，要靠实践出真知；没有调查，就没有发言权，更没有决策权。研究、思考、确定全面深化改革的思路和重大举措，刻舟求剑不行，闭门造车不行，异想天开更不行，必须进行全面深入的调查研究，结合实际、结合未来发展不断给出准确、科学的答案。

其二，习近平强调必须始终把改革创新精神贯彻到治国理政各个环节。他指出，要靠通过不断改革创新，使中国特色社会主义在解放和发展社会生产力、解放和增强社会活力、促进人的全面发展上比资本主义制度更有效率，更能激发全体人民的积极性、主动性、创造性，更能为社会发展提供有利条件，更能在竞争中赢得比较优势，把中国特色社会主义制度的优越性充分体现出来。

（四）善于洞察历史，把握正确方向

习近平强调，“历史、现实、未来是相通的。历史是过去的现实，现实是未来的历史”，要以史为鉴、知古鉴今，善于运用历史眼光认识发展规律、认清历史趋势，坚定中国特色社会主义方向，在对历史的深入思考中做好现实工作、更好走向未来。

一方面，习近平运用历史眼光认识人类社会发展规律，深刻阐述了中国

特色社会主义的历史必然性。他指出，中国特色社会主义是在改革开放新时期开创的，也是建立在我们党90多年长期奋斗基础上的，而其思想、理论和实践的源头，则可追溯到更远。从提出社会主义思想到现在，差不多有500年时间。从这个长历史过程来考察中国特色社会主义，就可以更加清晰地看到其思想发展的脉络，更加充分地认识中国特色社会主义的历史必然性和科学真理性。他强调，世界社会主义500年波澜壮阔的历史进程告诉我们：中国特色社会主义是科学社会主义理论逻辑和中国社会发展历史逻辑的辩证统一，是历史的结论、人民的选择。

另一方面，习近平运用历史眼光认识中国文明发展规律，深刻阐述了振奋中华民族精神的重要性。他强调，认识今天的中国、今天的中国人，就要深入了解中国的文化血脉，准确把握滋养中国人的文化土壤，要弘扬中华传统美德，弘扬时代新风，振奋中华民族精神。他强调，中华优秀传统文化已经成为中华民族的基因，实现中华民族伟大复兴的中国梦需要充分吸收中华优秀传统文化的智慧和营养。他强调，我国今天的国家治理体系，是在我国历史传承、文化传统、经济社会发展的基础上长期发展、渐进改进、内生性演化的结果。今天，我们提倡和弘扬社会主义核心价值观，必须立足中华优秀传统文化，从中汲取丰富营养，否则就不会有生命力和影响力。

（五）善于把握底线，增强战略定力

习近平指出，中华民族伟大复兴的中国梦越来越接近我们，但我们的事业越前进，越发展，新情况新问题就会越多，面临的风险和挑战就会越多，面对的不可预料的事情就会越多。他强调要善于运用底线思维的方法，凡事从坏处准备，努力争取最好的结果，做到有备无患、遇事不慌，牢牢把握主动权。

一方面，要善于把握底线，在权衡利弊中趋利避害、做出最为有利的战略抉择。习近平指出，我们要坚持走和平发展道路，但决不能放弃我们的正当权益，决不能牺牲国家核心利益。他强调，最关键的是要高度警惕国家被侵略、被颠覆、被分裂的危险，高度警惕改革发展稳定大局被破坏的危险，高度警惕中国特色社会主义发展进程被打断的危险。

另一方面，必须增强战略定力，做到“千磨万击还坚韧，任尔东西南北风”。一是面对国际格局深刻调整带来的风险挑战，习近平强调要充分认清国际格局战略变化的客观规律，把握好大国关系演变的特点，保持战略清

醒和战略定力；强调走和平发展道路，是我们党根据时代发展潮流和我国根本利益做出的战略抉择，要加强战略思维，增强战略定力，更好统筹国内国际两个大局。二是面对我国国情内涵变化带来的风险挑战，习近平强调我国发展仍处于重要战略机遇期，我们要增强信心，从当前我国经济发展的阶段性特征出发，适应新常态，保持战略上的平常心态。三是面对复杂多变国内国际形势带来的理想信念动摇问题，习近平强调我们必须有很强大的战略定力，坚决抵制抛弃社会主义的各种错误主张，自觉纠正超越阶段的错误观念，始终坚定正确方向，既不走老路，也不走邪路，毫不动摇地走中国特色社会主义道路。

总之，统揽全局的战略智慧，是习近平治国理政的思想方法。面对复杂多变的国内国际形势、艰巨繁重的发展安全任务，必须深刻领悟并善于运用这一思想方法，创造性地协调推进“四个全面”战略布局，努力实现中华民族伟大复兴的中国梦。

习近平“四个全面”战略布局思想对中国特色社会主义的丰富与发展

韩振峰

摘　要：党的十八大以来，以习近平为总书记的党中央从坚持和发展中国特色社会主义全局出发，提出并形成了全面建成小康社会、全面深化改革、全面依法治国、全面从严治党的战略布局。习近平提出的“四个全面”战略布局确立了新形势下党和国家各项工作的战略重点，从多方面丰富和发展了中国特色社会主义，实现了马克思主义与中国实践相结合的新飞跃，丰富和发展了中国特色社会主义理论体系，开辟了中国特色社会主义新境界，是马克思主义中国化的最新理论成果。

关键词：“四个全面”　全面建成小康社会　全面深化改革　全面依法治国　全面从严治党

作者简介：韩振峰，北京交通大学马克思主义学院教授，博士生导师。

习近平在省部级主要领导干部学习贯彻党的十八届四中全会精神全面推进依法治国专题研讨班开班式上的讲话中明确指出：“党的十八大以来，党中央从坚持和发展中国特色社会主义全局出发，提出并形成了全面建成小康社会、全面深化改革、全面依法治国、全面从严治党的战略布局。”① “四个全面”战略布局确立了新形势下党和国家各项工作的战略方向、重点领域、主攻目标，体现了我们党对执政党建设规律、社会主义建设规律和人类社会

① 《领导干部要做尊法学法守法用法的模范　带动全党全国共同全面推进依法治国》，《人民日报》2015年2月3日。

发展规律的新认识，开辟了我们党治国理政的新境界，实现了马克思主义与中国实践相结合的新飞跃，丰富和发展了中国特色社会主义理论体系，是马克思主义中国化的最新理论成果。

习近平提出的“四个全面”战略布局，作为党中央治国理政的一种战略思想，是适应当今时代发展和社会进步的内在需求提出来的，正如习近平所说，“四个全面”的战略布局是从我国发展现实需要中得出来的，从人民群众的热切期待中得出来的，也是为推动解决我们面临的突出矛盾和问题提出来的。[①]“四个全面”战略布局的提出体现了发展中国特色社会主义的新要求。

中国特色社会主义伟大旗帜，是当代中国发展进步的旗帜。改革开放以来我们取得的一切成绩和进步的根本原因，归结起来就是创立并发展了中国特色社会主义道路、制度和理论体系。经过中国共产党成立以来 90 多年、新中国成立以来 60 多年特别是改革开放以来 30 多年的艰辛探索，我们党把马克思主义基本原理同中国实际和时代特征结合起来，开创了一条中国特色社会主义道路，完善了中国特色社会主义制度，创立了中国特色社会主义理论体系。在当代中国，坚持中国特色社会主义，就是真正坚持社会主义。

关于中国特色社会主义道路、制度和理论体系的基本内涵，党的十七大报告和十八大报告都做过明确概括。十八大报告指出，中国特色社会主义道路，就是在中国共产党领导下，立足基本国情，以经济建设为中心，坚持四项基本原则，坚持改革开放，解放和发展社会生产力，建设社会主义市场经济、社会主义民主政治、社会主义先进文化、社会主义和谐社会、社会主义生态文明，促进人的全面发展，逐步实现全体人民共同富裕，建设富强民主文明和谐的社会主义现代化国家；中国特色社会主义理论体系，就是包括邓小平理论、“三个代表”重要思想、科学发展观在内的科学理论体系，是对马克思列宁主义、毛泽东思想的坚持和发展；中国特色社会主义制度，就是人民代表大会制度的根本政治制度，中国共产党领导的多党合作和政治协商制度、民族区域自治制度以及基层群众自治制度等基本政治制度，中国特色社会主义法律体系，公有制为主体、多种所有制经济共同发展的基本经济制度，以及建立在这些制度基础上的经济体制、政治体制、文化体制、社会体制等各项具体制度。中国特色社会主义道路是实现途径，中国特色社会主义

---

① 《习近平同党外人士共迎新春》，《人民日报》2015 年 2 月 13 日。

理论体系是行动指南，中国特色社会主义制度是根本保障，三者统一于中国特色社会主义伟大实践，这是党领导人民在建设社会主义长期实践中形成的最鲜明特色。[①]

改革开放30多年来，我们党正是在这条道路、制度和理论体系引领下，才使我国经济实现了以年均近10%的速度增长，一跃成为世界第二大经济体。与改革开放之初的1978年相比，我国国内生产总值增长了160多倍，进出口总额增长了200多倍，全国城镇居民可支配收入增长80多倍，农民人均纯收入增长近70倍。与此同时，我国民主法制建设也迈出了新步伐，文化建设迈上新台阶，社会建设取得新进步。实践充分证明，只有社会主义才能救中国，只有中国特色社会主义才能发展中国。

在发展中国特色社会主义的关键时刻，习近平适应时代发展和当今中国社会进步的内在需要，适应加快发展中国特色社会主义的现实新要求，适应广大人民群众的新期盼和新期待，明确提出了关于“四个全面”战略布局的重要思想。“四个全面”重要论述是马克思主义中国化理论的新成果，从多方面丰富和发展了中国特色社会主义的科学内涵。

一　“四个全面”深化了中国特色社会主义发展战略

“四个全面”中的“全面建成小康社会”是党中央提出的我国“三步走”发展战略的重要步骤。2002年召开的党的十六大第一次提出了“全面建设惠及十几亿人口的更高水平的小康社会”，2007年召开的党的十七大重申了“全面建设小康社会”战略目标。[②]

党的十八大适应国内外形势的新变化，在十六大、十七大确立的全面建设小康社会目标的基础上提出了新要求，强调要“确保到2020年实现全面建成小康社会宏伟目标”，即经济持续健康发展，人民民主不断扩大，文化软实力显著增强，人民生活水平全面提高，资源节约型、环境友好型社会建

① 胡锦涛：《坚定不移沿着中国特色社会主义道路前进　为全面建成小康社会而奋斗》，《人民日报》2012年11月18日。

② 胡锦涛：《高举中国特色社会主义伟大旗帜　为夺取全面建设小康社会新胜利而奋斗》，《人民日报》2007年10月25日。

设取得重大进展。①

党的十八大以来，习近平围绕“全面建成小康社会”主题先后提出了一系列新思想、新论断和新要求，科学回答了全面建成小康社会面临的一系列重大问题。

首先，中国已经进入全面建成小康社会的决定性阶段。在我们党提出的“两个百年”目标中，全面建成小康社会是关键性步骤，只有实现了这个目标才能为下一个目标的实现奠定坚实基础，正如习近平所说：“中国已经进入全面建成小康社会的决定性阶段。实现这个目标是实现中华民族伟大复兴中国梦的关键一步。”②

其次，全面建设小康社会难点在农村。习近平在基层调研时反复强调：“全面建成小康社会，难点在农村。我们既要有工业化、信息化、城镇化，也要有农业现代化和新农村建设，两个方面要同步发展。要破除城乡二元结构，推进城乡发展一体化，把广大农村建设成农民幸福生活的美好家园。”③他还多次强调，“全面建成小康社会，最艰巨最繁重的任务在农村、特别是在贫困地区”，“没有贫苦地区的小康，就没有全面建成小康社会”“小康不小康，关键看老乡”“不能丢了农村这一头”“决不能让一个苏区老区掉队”等等。

最后，没有全面健康就没有全面小康。习近平总书记多次把人民身体健康看作全面建成小康社会的重要内涵，他指出：“全民健身是全体人民增强体魄、健康生活的基础和保障，人民身体健康是全面建成小康社会的重要内涵，是每一个人成长和实现幸福生活的重要基础。”④“没有全民健康，就没有全面小康。”⑤

习近平关于全面建成小康社会的一系列重要论述，赋予并丰富了全面建成小康社会的科学内涵，深化了中国特色社会主义发展战略，使中

① 胡锦涛：《坚定不移沿着中国特色社会主义道路前进　为全面建成小康社会而奋斗》，《人民日报》2012 年 11 月 18 日。

② 《习近平谈治国理政》，外文出版社，2014，第 314 页。

③ 习近平：《坚定不移全面深化改革开放　脚踏实地推动经济社会发展》，《人民日报》2013 年 7 月 24 日。

④ 习近平：《发展体育运动增强人民体质　促进群众体育和竞技体育全面发展》，《人民日报》2013 年 9 月 1 日。

⑤ 习近平：《主动把握和积极适应经济发展新常态　推动改革开放和现代化建设迈上新台阶》，《人民日报》2014 年 12 月 15 日。

国特色社会主义关于“两个百年”目标的内容更丰富、更具体，更有针对性。

二 “四个全面”强化了中国特色社会主义发展动力

改革开放是当代中国最鲜明的特色，是决定当代中国命运的关键抉择，是党和人民事业大踏步赶上时代的重要法宝，是发展中国特色社会主义、实现中华民族伟大复兴的必由之路。改革开放以来30多年的伟大历程和伟大成就表明，只有社会主义才能救中国，只有改革开放才能发展中国、发展社会主义、发展马克思主义。党的十八大结合当代中国特色社会主义发展实际明确提出了“全面深化改革”的战略任务，党的十八届三中全会审议通过的《中共中央关于全面深化改革若干重大问题的决定》对全面深化改革做出了整体规划和全面部署，强调要通过全面深化改革，让一切劳动、知识、技术、管理、资本的活力竞相迸发，让一切创造社会财富的源泉充分涌流，让发展成果更多更公平惠及全体人民。

党的十八大以来，习近平围绕“全面深化改革”提出了一系列新思想、新论断和新要求，这些新思想、新论断和新要求进一步丰富了全面深化改革的基本内涵和任务要求，强化了中国特色社会主义发展动力。

首先，实践发展永无止境，改革开放也永无止境。习近平在《关于〈中共中央关于全面深化改革若干重大问题的决定〉的说明》中指出：“改革开放是决定当代中国命运的关键一招，也是决定实现‘两个一百年’奋斗目标、实现中华民族伟大复兴的关键一招，实践发展永无止境，解放思想永无止境，改革开放也永无止境，停顿和倒退没有出路，改革开放只有进行时、没有完成时。面对新形势新任务，我们必须通过全面深化改革，着力解决我国发展面临的一系列突出矛盾和问题，不断推进中国特色社会主义制度自我完善和发展。”[①] 只有全面深化改革，才能进一步解放思想、解放和发展社会生产力、解放和增强社会活力，坚决破除各方面体制机制弊端，努力开拓中国特色社会主义事业更加广阔的前景。

其次，全面深化改革的总目标是完善和发展中国特色社会主义制度，推

① 习近平：《关于〈中共中央关于全面深化改革若干重大问题的决定〉的说明》，《人民日报》2014年11月16日。

进国家治理体系和治理能力现代化。《中共中央关于全面深化改革若干重大问题的决定》对全面深化改革的总目标做了明确规定，那就是完善和发展中国特色社会主义制度，推进国家治理体系和治理能力现代化。习近平指出，必须“坚持把完善和发展中国特色社会主义制度，推进国家治理体系和治理能力现代化作为全面深化改革的总目标”。推进国家治理体系和治理能力现代化，“是完善和发展中国特色社会主义制度的必然要求，是实现社会主义现代化的应有之义”。①

再次，全面深化改革必须坚持“三个进一步解放”。习近平指出：“进一步解放思想、进一步解放和发展社会生产力、进一步解放和增强社会活力。全会决定提出的这‘三个进一步解放’既是改革的目的，又是改革的条件。”② 解放思想是前提，是解放和发展社会生产力、解放和增强社会活力的总开关；解放和发展社会生产力、解放和增强社会活力，是解放思想的必然结果，也是解放思想的重要基础。

最后，全面深化改革要坚持正确的方法论。习近平指出，改革开放是前无古人的崭新事业，必须坚持正确的方法论，把握和处理好全面深化改革的一些重大关系。“全面深化改革需要加强顶层设计和整体谋划，加强各项改革的关联性、系统性、可行性研究。我们讲胆子要大、步子要稳，其中步子要稳就是要统筹考虑、全面论证、科学决策。经济、政治、文化、社会、生态文明各领域改革和党的建设改革紧密联系、相互交融，任何一个领域的改革都会牵动其他领域，同时也需要其他领域改革密切配合。”③ 在全面深化改革过程中，如果各领域改革不配套，各方面改革措施相互牵扯就很难推进下去，即使勉强推进，效果也会大打折扣。

习近平关于全面深化改革的一系列重要论述，不仅深刻阐释了全面深化改革的重要性和必要性、全面深化改革应遵循的基本原则，而且也阐释了全面深化改革必须注意坚持的正确方法论。全面深化改革为发展中国特色社会主义提供了持续不断的强大动力。

---

① 习近平：《切实把思想统一到党的十八届三中全会精神上来》，《人民日报》2014 年 1 月 1 日。

② 习近平：《切实把思想统一到党的十八届三中全会精神上来》，《人民日报》2014 年 1 月 1 日。

③ 习近平：《关于〈中共中央关于全面深化改革若干重大问题的决定〉的说明》，《人民日报》2014 年 11 月 16 日。

三 “四个全面”丰富了中国特色社会主义治国方略

依法治国是坚持和发展中国特色社会主义的本质要求和重要保障，是实现国家治理体系和治理能力现代化的必然要求。“全面依法治国”为发展中国特色社会主义提供了重要保障。长期以来，特别是党的十一届三中全会以来，我们党深刻总结我国社会主义法治建设的成功经验和深刻教训，提出为了保障人民民主，必须加强法治，必须使民主制度化、法律化，把依法治国确定为党领导人民治理国家的基本方略，把依法执政确定为党治国理政的基本方式，积极建设社会主义法治，取得了历史性成就。2014 年 10 月召开的党的十八届四中全会审议通过了《中共中央关于全面推进依法治国若干重大问题的决定》，对全面推进依法治国、建设社会主义法治国家做出了整体规划，对全面推进依法治国的指导思想、原则任务等做了全面阐释。

党的十八大以来，习近平总书记围绕“全面依法治国”提出了一系列新思想、新论断和新要求，丰富和发展了中国特色社会主义法治理论，为推进国家治理体系和治理能力现代化、建设中国特色社会主义法治国家指明了方向。

首先，坚定不移走中国特色社会主义法治道路。习近平指出：“在坚持和拓展中国特色社会主义法治道路这个根本问题上，我们要树立自信、保持定力。走中国特色社会主义法治道路是一个重大课题，有许多东西需要深入探索，但基本的东西必须长期坚持。”① 全面推进依法治国，必须坚定不移走中国特色社会主义法治道路，坚决维护宪法法律权威，依法维护人民权益、维护社会公平正义、维护国家安全稳定，为实现“两个百年”奋斗目标、实现中华民族伟大复兴的中国梦提供有力的法治保障。

其次，全面依法治国必须坚持党的领导。党的领导是中国特色社会主义最本质的特征，是社会主义法治最根本的保证。习近平指出：“坚持中国特色社会主义法治道路，最根本的是坚持中国共产党的领导。依法治国是我们党提出来的，把依法治国上升为党领导人民治理国家的基本方略也是我们党提出来的，而且党一直带领人民在实践中推进依法治国。全面推进依法治国，要有利于加强和改善党的领导，有利于巩固党的执政地位、完成党的执

① 习近平：《加快建设社会主义法治国家》，《求是》2015 年第 1 期。

政使命，决不是要削弱党的领导。”[①] 坚持党的领导，是社会主义法治的根本要求，是全面推进依法治国题中应有之义。只有在党的领导下依法治国、厉行法治，人民当家作主才能充分实现，国家和社会生活法治化才能有序推进。

再次，依法治国首先要依宪治国。宪法是党和人民意志的集中体现，坚持依法治国首先要坚持依宪治国，依法执政首先要坚持依宪执政。习近平在庆祝全国人民代表大会成立60周年大会上的讲话中指出：“宪法是国家的根本法，坚持依法治国首先要坚持依宪治国，坚持依法执政首先要坚持依宪执政。我们必须坚持把依法治国作为党领导人民治理国家的基本方略、把法治作为治国理政的基本方式，不断把法治中国建设推向前进。”[②] 全国各族人民必须以宪法为根本的活动准则。

最后，全面依法治国必须抓住领导干部这个“关键少数”。习近平在省部级主要领导干部学习贯彻十八届四中全会精神全面推进依法治国专题研讨班上的讲话中指出：“各级领导干部在推进依法治国方面肩负着重要责任，全面依法治国必须抓住领导干部这个‘关键少数’。”习近平要求各级领导干部一定要“牢记法律红线不可逾越、法律底线不可触碰，带头遵守法律、执行法律，带头营造办事依法、遇事找法、解决问题用法、化解矛盾靠法的法治环境”[③]，不断提高运用法治思维和法治方式深化改革、推动发展、化解矛盾、维护稳定的能力。

习近平关于全面依法治国的一系列重要论述，进一步深化了我们党对中国特色社会主义治国方略的认识，为我们在新的历史条件下更好地坚持和发展中国特色社会主义法治道路、建设社会主义法治国家提供了重要理论支撑和思想遵循。

四 “四个全面”夯实了中国特色社会主义政治保障

“四个全面”中的“全面从严治党”是习近平在党的群众路线教育实践

---

① 习近平：《加快建设社会主义法治国家》，《求是》2015年第1期。

② 习近平：《在庆祝全国人民代表大会成立60周年大会上的讲话》，《人民日报》2014年9月6日。

③ 习近平：《领导干部要做尊法学法守法用法的模范 带动全党全国共同全面推进依法治国》，《人民日报》2015年2月3日。

活动总结大会上的讲话中提出的一个重大战略举措。我们党是一个拥有8700多万党员、在一个13亿多人口的大国长期执政的党，能不能做到从严治党，使党永葆先进性和纯洁性，不仅直接关系党自身的命运，而且直接关系国家的命运、人民的命运、民族的命运。

党的十八大以来，习近平围绕“全面从严治党”提出了一系列新思想、新论断和新要求，进一步丰富和发展了中国化马克思主义党的建设理论。

第一，增强管党治党意识、落实管党治党责任。办好中国的事，关键在党。只有从严管党治党，才能确保党在发展中国特色社会主义历史进程中始终成为坚强领导核心。习近平指出：“从严治党，必须增强管党治党意识、落实管党治党责任”“各级党委要把从严治党责任承担好、落实好，坚持党建工作和中心工作一起谋划、一起部署、一起考核，把每条战线、每个领域、每个环节的党建工作抓具体、抓深入，坚决防止‘一手硬、一手软’。”①

第二，坚持思想建党和制度治党紧密结合。习近平强调指出：“从严治党靠教育，也靠制度，二者一柔一刚，要同向发力、同时发力。”人的思想与行动是有机联系的，“思想上松一寸，行动上就会散一尺”。② 思想问题的解决靠教育，行动问题的解决要靠制度的约束。思想教育要结合落实制度规定来进行，抓住主要矛盾，不搞空对空。要使加强制度治党的过程成为加强思想建党的过程，也要使加强思想建党的过程成为加强制度治党的过程。

第三，补足共产党人精神上的“钙”。习近平认为，理想信念是共产党人精神上的“钙”，理想信念坚定，骨头就硬，没有理想信念，或理想信念不坚定，精神上就会“缺钙”，就会得“软骨病”，就可能导致政治上变质、经济上贪婪、道德上堕落、生活上腐化。③ 从严管党治党，关键是要坚定党员干部的理想信念，坚守共产党人的精神追求。

第四，从严治党，关键是从严治吏。习近平指出：“从严治党，重在从严管理干部。正确的政治路线要靠正确的组织路线来保证。干部掌握着方方面面的权力，是党的理论和路线方针政策的具体执行者，如果干部队伍素质不高、作风不正，那党的建设是不可能搞好的。”④ 打铁还需自身硬。“党要管党，首先是管好干部；从严治党，关键是从严治吏。要把从严管理干部贯

① 《习近平在党的群众路线教育实践活动总结大会上的讲话》，《人民日报》2014年10月9日。

② 《习近平在党的群众路线教育实践活动总结大会上的讲话》，《人民日报》2014年10月9日。

③ 参见《习近平谈治国理政》，第414页。

④ 《习近平在党的群众路线教育实践活动总结大会上的讲话》，《人民日报》2014年10月9日。

彻落实到干部队伍建设全过程。”[①] 要通过从严教育、从严管理、从严监督，让每一个干部都深刻懂得，当干部就必须付出更多辛劳、接受更严格的约束。

第五，用铁的纪律维护党的团结统一。党要管党、从严治党必须靠严明纪律。习近平指出：“党的纪律是全党必须遵守的行为准则，严格遵守和坚决维护纪律是做合格党员、干部的基本条件。”[②] 他在十八届中央纪委五次全会上发表重要讲话指出：“要加强纪律建设，把守纪律讲规矩摆在更加重要的位置”，守纪律讲规矩“是对党员、干部党性的重要考验，是对党员、干部对党忠诚度的重要检验”。[③] 他要求各级领导干部特别是高级干部要牢固树立纪律和规矩意识，在守纪律、讲规矩上做表率。

除此之外，习近平在从严治党方面还有一系列重要论述，如“作风建设是攻坚战，也是持久战”“作风建设永远在路上”“坚持以零容忍态度惩治腐败”“深化对从严治党规律的认识”“注重把继承传统和改革创新结合起来”“增强从严治党的系统性、预见性、创造性、实效性”“使从严治党的一切努力都集中到增强党自我净化、自我完善、自我革新、自我提高能力上来，集中到提高党的领导能力和执政能力、保持和发展党的先进性和纯洁性上来”，等等。习近平关于全面从严治党的一系列重要论述，进一步深化了党中央对中国特色社会主义领导核心和领导力量的认识，深化了对新时期党的建设规律的认识，为新的历史条件下坚持和发展中国特色社会主义提供了坚实的政治保障。

总之，“四个全面”战略布局的提出，丰富了我们党治国理政的新思路，拓展了中国特色社会主义关于发展战略、发展动力、基本方略和政治保障等重大问题的科学内涵，是马克思主义基本原理同当代中国现实相结合的最新理论成果，是坚持和发展中国特色社会主义、实现中华民族伟大复兴中国梦的科学理论指南。

---

① 习近平：《建设一支宏大高素质干部队伍　确保党始终成为坚强领导核心》，《人民日报》2013 年 6 月 30 日。

② 《习近平在党的群众路线教育实践活动总结大会上的讲话》，《人民日报》2014 年 10 月 9 日。

③ 习近平：《深化改革巩固成果积极拓展　不断把反腐败斗争引向深入》，《人民日报》2015 年 1 月 14 日。

试论“四个全面”战略布局的理论价值

寇清杰

摘　要： 党的十八大以来，中国特色社会主义理论创新和实践创新进入新阶段、达到新高度。“四个全面”战略布局是马克思主义中国化最新理论成果，是马克思主义与时俱进理论品质的又一次鲜活体现，是马克思主义中国化理论成果的最新展示，丰富拓展了马克思主义认识论的时代内涵，坚持理论思维的基本规律，构建了一整套行之有效的改革和发展的方法论。“四个全面”战略布局是中国共产党人坚定不移地坚持马克思主义的基本理论和基本信仰、继承党的思想理论建设优良传统的必然成果，是我们实现中华民族伟大复兴中国梦的共同思想基础，必将推动中国特色社会主义走向新的更大胜利。

关键词： “四个全面”战略布局　理论价值

作者简介： 寇清杰，南开大学马克思主义教育学院教授。

十八大以来，以习近平同志为总书记的党中央，坚定不移地沿着中国特色社会主义道路奋力开拓，使中国特色社会主义理论创新和实践创新进入新阶段、达到新高度。“四个全面”战略布局，是习近平总结我党治国理政经验、筹划经济社会发展全局、揭示执政和建设规律、深刻思考提炼，对党在新形势下治国理政重大战略思想做出的准确表述和精辟概括，是马克思主义中国化最新理论成果，为坚持和发展中国特色社会主义、实现中华民族伟大复兴的中国梦提供了理论指导和行动指南。

一 马克思主义与时俱进理论品质的又一次鲜活体现

什么是马克思主义，怎样对待马克思主义？这是马克思主义诞生以后，特别是马克思、恩格斯去世以后，世界工人运动或社会主义运动中经常引起人们关注和争论的一个重大问题。回顾马克思主义的发展史，在时代、形势和实践发生剧烈而又深刻变动的历史条件下，能否与时俱进，就成了区别真正的马克思主义者与假马克思主义者、反马克思主义者的分水岭。

马克思主义的创始人马克思、恩格斯就是与时俱进的典范。对于自己创立的理论，正如恩格斯所强调的："我们的理论是发展着的理论，而不是必须背得烂熟并机械地加以重复的教条。"[①] 他们不但是这样要求的，而且也是这样对待自己的理论的。他们总是随着时间的推移、形势的变化而修正那些过时的结论和观点。列宁也是与时俱进的典范。他明确指出："我们决不把马克思的理论看作某种一成不变的和神圣不可侵犯的东西；恰恰相反，我们深信：它只是给一种科学奠定了基础，社会党人如果不愿落后于实际生活，就应当在各方面把这门科学推向前进。"[②] 列宁没有拘泥于马克思、恩格斯的观点，而是在新的时代条件下，把马克思主义的理论和实践推向了新的阶段。特别可贵的是，列宁对自己提出的一些重要主张，也经常根据形势的变化和实践的需要，做出大幅度的调整。因此，邓小平经常称赞列宁是一个"真正的伟大的马克思主义者"。

真正的伟大的马克思主义者之所以能够把马克思主义推向前进，是因为他们掌握了马克思主义的精髓。列宁在评论《共产主义》杂志的"左派"幼稚病缺点时，提出"马克思主义的精髓，马克思主义的活的灵魂：对具体情况作具体分析"。毛泽东在《中国革命战争的战略问题》《矛盾论》这两篇重要著作中都引用了列宁的这一重要思想（按当时的翻译，"马克思主义的精髓"被译为"马克思主义的最本质的东西"）。1992 年，邓小平在南方谈话中提出："实事求是是马克思主义的精髓。"我们注意到，这样一些论断，都是对马克思主义科学性的深刻概括。尽管说法不一样，但基本精神是一致的，都强调不能教条式地对待马克思主义，而要坚持理论与实际相结

① 《马克思恩格斯选集》第 4 卷，人民出版社，1995，第 681 页。
② 《列宁选集》第 1 卷，人民出版社，1995，第 274 页。

合，对事物采取科学分析的态度。是否坚持马克思主义与时俱进的理论品质，关系到正确认识什么是马克思主义、怎样对待马克思主义这样一个根本问题。真正的马克思主义者就是能够与时俱进的马克思主义者，或者说，只有坚持与时俱进，才是真正的马克思主义者。

“四个全面”战略布局的提出，是马克思主义与时俱进的理论品质在中国的又一次鲜活体现。改革开放以来，我们党对战略布局问题先后有过三次权威表述。第一次是1986年9月，党的十二届六中全会首次提出：“我国社会主义现代化建设的总体布局是：以经济建设为中心，坚定不移地进行经济体制改革，坚定不移地进行政治体制改革，坚定不移地加强精神文明建设，并且使这几个方面互相配合，互相促进。”第二次是2012年11月，习近平同志就任党的总书记不久，就在党的十八届中央政治局第一次集体学习时提出：要深刻领会建设中国特色社会主义的总依据、总布局、总任务。党的十八大强调，建设中国特色社会主义，总依据是社会主义初级阶段，总布局是五位一体，总任务是实现社会主义现代化和中华民族伟大复兴。强调总布局，是因为中国特色社会主义是全面发展的社会主义。第三次是2015年2月2日，习近平在省部级主要领导干部学习贯彻十八届四中全会精神全面推进依法治国专题研讨班开班式的讲话中，首次把这“四个全面”定位为党中央的战略布局。

回顾改革开放以来党的理论创新之路，从“摸石头过河”到顶层设计，从单兵突进到全面统筹，从“四个现代化”到“第五个现代化”和“五位一体”，再到“四个全面”……在当代中国的伟大实践中，沿着“什么是马克思主义、怎样对待马克思主义；建设什么样的社会主义、怎样建设社会主义；建设什么样的党、怎样建设党；实现什么样的发展、怎样发展”的思想脉络，我们党对民族复兴道路上的重大理论和实践问题的认识不断深入。“四个全面”彰显了马克思主义与时俱进的理论品质，是最新科学社会主义观一系列基本理论观点的总概括，是中国共产党人坚定不移地坚持马克思主义的基本理论和基本信仰、继承党的思想理论建设优良传统的必然成果，是我们实现中国梦的共同思想基础，是我们从胜利走向胜利的行动指南。它进一步深化了对共产党执政规律、社会主义建设规律、人类社会发展规律的认识，深化了我们对坚持和发展中国特色社会主义一系列重大问题的真理性认识，是我们党把马克思主义基本原理和中国实际相结合的又一次重大突破，是马克思主义中国化的最新理论成果。

二 马克思主义中国化理论成果的最新展示

判断一个理论是不是马克思主义中国化的重大创新成果，一个根本衡量标准是看它是否实现了马克思主义基本原理同中国实际和时代特征的结合。新中国成立以来特别是改革开放以来，我们党围绕什么是社会主义、怎样建设社会主义，建设什么样的党、怎样建设党，实现什么样的发展、怎样发展等基本问题，科学把握工作全局和工作重点，不断推进党的理论创新和事业发展，使马克思主义理论之树获得丰富的实践滋养，焕发出无限的生机与活力，取得了丰硕的理论和实践成果。“四个全面”坚持以当代中国的时代条件为转移，创造性地运用马克思主义基本原理来解决中华民族伟大复兴关键阶段面临的重大现实课题，在推进实践创新的同时，推进了马克思主义中国化的理论创新，形成了中国特色社会主义的理论新高地。

首先，“四个全面”实现了对中国特色社会主义伟大事业必须解决的主要矛盾判断的理论创新。习近平对“四个全面”的定位，是着眼于党和国家事业发展必须解决好的主要矛盾。长期以来，我们党坚持把人民日益增长的物质文化需要同落后的社会生产之间的矛盾作为社会主要矛盾，这与“党和国家事业发展中必须解决好的主要矛盾”的提法本质上是一致的。在社会主义初级阶段的早期，我党重点强调社会主要矛盾，有利于突出解放和发展社会生产力这个根本任务，紧紧扭住经济建设这个中心。随着经济社会持续快速发展，我国社会主义初级阶段的内涵发生了很大变化，进入爬坡过坎的时期，“发展起来以后的问题不比不发展时少”，有些问题发展之后更加凸显，如贫富差距扩大、生态环境破坏、腐败易发多发等等。解决这些问题，只讲社会主要矛盾显然不够，还需要从新形势下继续推进中国特色社会主义的战略全局的高度，提出党和国家事业发展的主要矛盾，以更宽广的视野把各方面突出的矛盾问题都纳入进来。比如，除了讲以经济建设为中心，还要讲全面推进党的建设新的伟大工程，正如习近平所指出的：“如果我们党弱了、散了、垮了，其他政绩又有什么意义呢？”党和国家事业发展的主要矛盾，决定着党的战略重心和工作大局，也决定着历史发展的大方向和主旋律。我党将“四个全面”确立为党和国家事业发展的主要矛盾，标志着中国发展到今天，中国历史进入了一个新的时代。这样一个历史和时代定位，必将激发起人民群众的极大创造热情，在坚持和发展中国特色社会主义的新征程中攻坚克难，创造中华民族伟大复兴的新辉煌。把实现“四个全面”确立为党和国家事业发展要解决的主要矛盾，使我们党的战略关注点从经济建设领域拓展到更为全面的社会生活领域，目光更加远大，视野更加宽阔，责任更加重大，从而有利于更好地把握全局、开创新的局面。

其次，“四个全面”战略布局是思想深邃、逻辑严密的有机整体，体现出系统性、整体性、协同性的理论特征。“四个全面”战略布局共同构成了一个不可分割、相互促进、相互支撑的有机统一的整体，是我们党的一项重大理论创新。“四个全面”准确把握治国理政的若干重大关系，科学统筹治党治国治军、内政外交国防、改革发展稳定，既把握了治国理政的全局，又抓住了治国理政的重点，同时也优化了治国理政的战略布局。“四个全面”坚持实现中国梦与走中国特色社会主义道路的统一，坚持改革与法治的统一，坚持扭住经济建设这个中心与抓好党的建设这个最大政绩的统一，为科学统筹国家安全和发展利益，有效避免掉入“中等收入陷阱”“西化分化陷阱”和“腐败陷阱”等困境提供了清晰的路径。可以说，“四个全面”战略思想和战略布局，正是中国“发展起来以后”，更加注重发展和治理系统性、整体性、协同性的必然选择，必将铸塑更加成熟定型的“中国道路”“中国模式”，更具国际竞争力的“中国优势”，推动中国实现从“赶上时代”走向“引领时代”的转变。

“四个全面”战略布局是中国特色社会主义进入新的发展阶段后，更加注重发展和治理的系统性、整体性、协同性的必然选择。“四个全面”立足于坚持和发展中国特色社会主义全局，立足于推动解决制约改革发展稳定的突出矛盾和问题，牵住了当代中国共产党人治国理政的“牛鼻子”。这个战略布局，既有全局，又有重点；既有战略目标，又有战略举措。四者不是简单并列，而是同步同向、相辅相成、相互促进、相得益彰，共同构成了党和国家事业全面发展的“大棋局”。“四个全面”战略布局既体现了发展目标的全面性，也体现了战略目标和战略举措之间关系的全面性和协调性，既有全局又有重点，既有动力又有保障，统一于党治国理政的伟大实践，统一于建设中国特色社会主义的伟大实践，标志着我们党对中国特色社会主义全面性的认识上升到了新的高度。

再次，“四个全面”进一步创新发展了中国特色社会主义的一系列理论

观点。中国特色社会主义理论体系是一个开放的体系、不断创新的体系。当前，我们正在进行具有许多新的历史特点的伟大创新实践，如此丰富而深刻的创新实践，孕育和催生着党的理论创新。围绕“四个全面”，习近平提出了一系列新思想新观点新论断，发展创新了中国特色社会主义理论。比如，明确指出了中国梦归根到底是人民的梦，高度概括了“两个一百年”奋斗目标的价值本质；系统阐述了完善和发展中国特色社会主义制度，推进国家治理体系和治理能力现代化的全面深化改革总目标，发展创新了中国特色社会主义治理理论；深刻论述中国特色社会主义法治道路，大大提高了党对全面依法治国的认识；深入研究从严治党规律，把对共产党执政规律的认识推进到更深层次；等等。习近平“四个全面”战略布局的提出，使党和国家事业的战略方向、重点领域、主攻目标更加清晰，内在逻辑更加严密。“四个全面”既是重大的战略布局，也是治国理政重要战略思想的体现，为中国特色社会主义理论体系注入了新的内涵。

最后，“四个全面”是凝聚中国人民意志力量的精神旗帜。实现中华民族伟大复兴的中国梦，是无比艰巨的系统工程。我们离世界舞台中心越近、离民族复兴的目标越近，遇到的压力和阻力就越大，“为山九仞、功亏一篑”的风险也越大。在这样的现实环境和时代条件之下，精神旗帜至关重要。树立起“四个全面”的精神旗帜，才能使内蕴着的智慧和方略为广大人民群众理解和掌握；只有这样的精神旗帜，才能使人民方位清楚，方向明确，知所趋赴，激发和凝聚起亿万人民创造美好未来的深厚伟力。在中华大地上立起“四个全面”的精神旗帜，就一定能创造出实现中华民族伟大复兴的辉煌业绩。

三　“四个全面”的认识论和方法论价值

“四个全面”有着深厚的认识论、方法论基础，是马克思主义认识论和方法论在解决我国当代社会主要矛盾中的具体运用，同时也丰富和发展了马克思主义认识论和方法论的时代内涵。

首先，“四个全面”丰富拓展了马克思主义认识论的时代内涵。马克思主义认识论是能动的革命的反映论，是我们克服不可知论和先验论、改造主观世界和客观世界的锐利思想武器。人类理论发展史表明，任何一个理论体系的形成都不是偶然的，而是历史和时代的产物，是建立在对历史经验的总结和时代潮流的把握基础上的。正如恩格斯所说：“每一个时代的理论思维，从而我们时代的理论思维，都是一种历史的产物，它在不同的时代具有完全不同的形式，同时具有完全不同的内容。”① 中国特色社会主义理论体系也同样如此，它是我们党在长期的社会主义建设实践中，历经艰辛探索，逐步形成的。“四个全面”立足于马克思主义认识论基本原理，对社会主义发展规律做出了创造性理解，进一步提高了中国特色社会主义的认识水平，对指导中国特色社会主义实践具有强大的能动作用。“四个全面”战略布局深化了对中国特色社会主义的领导力量、现实依据、主要任务、总体布局和奋斗目标的认识，坚持和拓展了中国特色社会主义道路；“四个全面”战略布局从新的实践出发进行了新的理论探索和理论创造，形成了科学的战略思想体系，坚持和丰富了中国特色社会主义理论体系；“四个全面”战略布局提出了“完善中国特色社会主义制度，实现国家治理体系和治理能力现代化”的崭新目标并进行了全面部署，坚持和完善了中国特色社会主义制度。由此，中国共产党在中国特色社会主义道路、理论、制度层面同时取得了认识上的新进展，实现了对中国特色社会主义的理论创新。

其次，“四个全面”坚持理论思维的基本规律，构建了一整套行之有效的改革和发展的方法论。理论思维的成熟是一个政党成熟的重要标志。习近平告诫全党：面对着十分复杂的国内外环境，肩负着繁重的执政使命，如果缺乏理论思维的有力支撑，是难以战胜各种风险和困难的，也是难以不断前进的。习近平系列重要讲话反复强调要增强辩证思维、战略思维、系统思维、法治思维、底线思维等，奠定了“四个全面”丰富的方法论原则。在“四个全面”战略布局中，必须依此进行战略判断、做出战略部署、把握战略重点、保持战略定力。“四个全面”战略布局高举中国特色社会主义伟大旗帜，坚持辩证唯物主义和历史唯物主义的世界观方法论，坚持党的最高纲领和最低纲领的统一，坚持社会主义远大理想与中华民族整体利益的统一，集中体现了我们党在发展中国特色社会主义一系列重大问题上取得的新成果，进一步推进了马克思主义中国化，展现了当代中国马克思主义的勃勃生机。

总之，“四个全面”战略布局紧紧围绕坚持和发展中国特色社会主义这条主线，对中国特色社会主义道路、理论体系、制度做了新的丰富和发展，

---

① 《马克思恩格斯选集》第 4 卷，第 284 页。

进一步坚定了道路自信、理论自信和制度自信。“四个全面”彰显了马克思主义与时俱进的理论品质，是中国共产党科学社会主义观一系列最新的理论观点的总概括，是中国共产党人坚定不移地坚持马克思主义的基本理论和基本信仰，继承党的思想理论建设优良传统的必然成果，是我们实现中华民族伟大复兴中国梦的共同思想基础，必将推动中国特色社会主义走向新的更大胜利。

“四个全面”战略布局是战略和理论双重形态的统一体

王公龙

摘　要：“四个全面”战略布局具有典型的战略形态特征。同时，这一战略布局又具备了理论形态的基本要素和基本特质，是体系完整的理论形态。由于“四个全面”战略布局将战略形态和理论形态融为一体，它不仅为实现两个“一百年”奋斗目标，实现中华民族伟大复兴的中国梦提供了理论指导和实践指南，而且也实现了我们党治国理政方略与时俱进的新创造，标注了我们党治国理政理论发展的新高度，对21世纪中国马克思主义的发展做出了新贡献。

关键词：“四个全面”　战略布局　战略形态　理论形态

作者简介：王公龙，中共上海市委党校教授。

“四个全面”战略布局，是我们党在深刻总结十八大以来我国现代化建设的新鲜经验、着力破解制约中国发展的重大现实问题的基础上形成的战略部署，具有典型的战略形态特征。但同时，这一战略部署又蕴含着丰富的新概念和新思想，具备了理论形态的基本要素和基本特质，是体系完整的理论形态。由于“四个全面”战略布局将战略形态和理论形态融为一体，呈现出独特的复合型表现形式，它为实现两个“一百年”奋斗目标，实现中华民族伟大复兴的中国梦提供了理论指导和实践指南。

一　指导现代化建设新实践的战略形态

所谓战略，泛指对全局性、高层次的重大问题的筹划与指导；一般指国

家或政党做出的一定时期内的具有全局性影响的谋划。[①] 所谓形态，就是指事物在一定条件下的表现形式。作为战略形态，一项战略布局或战略部署通常是在把握全局的基础上形成的，具体包含战略目标、战略举措等基本要素。战略目标与战略举措之间具有紧密的逻辑关系，前者牵引后者，后者支持前者，彼此相互依存，缺一不可。

“四个全面”战略布局首先是基于战略谋划的顶层设计，它贯穿一个主题，围绕一个目标，实施三大举措，形成一个总体战略部署。坚持和发展中国特色社会主义，是我国现代化建设的主题，也是“四个全面”战略布局的主题。全面建成小康社会是战略目标，全面深化改革、全面依法治国、全面从严治党是三大战略举措。“四个全面”相互依托、相互支撑、相辅相成，“确立了新形势下党和国家各项工作的战略目标和战略举措”[②]，构建起指导我国现代化建设新实践的战略性“总纲”。

第一，战略目标即全面建成小康社会。“四个全面”战略布局是根据现阶段国内外形势和要求，着眼于我国社会主义现代化建设和中国特色社会主义事业的长远发展设计出的战略布局。其近期战略目标就是全面建成小康社会，这也是“四个全面”战略布局的最现实、最紧迫的任务。“四个全面”战略布局首先围绕这一战略目标而展开设计，全面建成小康社会对其他三个“全面”起着导向和统领作用。但必须看到，“四个全面”战略布局有其更长远的战略指向。中国梦的宏伟蓝图提出后，全面建成小康社会就不再是一个孤立的发展目标和发展阶段，而是成为实现中国梦的关键一步和十分重要的发展支点。作为长远战略指向，中国梦为全面建成小康社会打开了视野，开辟了广阔的发展空间，对全面建成小康社会起着战略延续和战略牵引的作用。当我国成功跨越第一个百年目标后，第二个百年目标自然会被提上中国战略设计最优先的议程，届时，中国梦将作为中华民族追求的远大目标，继续对其他三个“全面”起着战略统领的作用。

第二，战略动力即全面深化改革。从总体设计看，任何一项完整的顶层设计不仅要有战略目标，也必须有战略动力。“四个全面”战略布局的动力源泉就是全面深化改革。中国过去 30 多年的现代化建设的历史证明，改革

---

① 《辞海》，上海辞海出版社，1999，第 1632、1633 页。

② 习近平：《在庆祝“五一”国际劳动节暨表彰全国劳动模范和先进工作者大会上的讲话》，《人民日报》2015 年 4 月 29 日。

开放是坚持和发展中国特色社会主义的必由之路。21 世纪第二个 10 年是我国现代化进程中具有关键意义的历史阶段，这期间我们不仅要着力解决好经济社会发展中的一些突出问题和矛盾，而且要在重要领域和关键环节改革上迈出实质性步伐，以改革的办法解决发展中的问题，使社会主义市场经济体制更加完善，各方面制度更加成熟更加定型，从而为全面建成小康社会提供强大动力。这就要求我们必须以更大的政治勇气和智慧，不失时机深化重要领域改革。鉴于此，不仅全面建成小康社会本身就涵盖了改革的要求，全面深化改革更是强调通过全方位、系统、多领域的制度性变革，完善和发展中国特色社会主义制度。全面依法治国包括法治观念改革、法治体系改革、司法体制改革等等。全面从严治党也是力争通过思想建设、组织建设、作风建设、反腐倡廉建设和制度建设等领域的全面改革，让党的形象、党的威望、党内政治生态、党的作风发生显著的改善。

从“四个全面”战略布局的结构设计看，紧跟“全面建成小康社会”的就是“全面深化改革”，这样的逻辑安排，强调的就是改革的强大驱动作用。全面建成小康社会，首先必须在全面深化改革中获取动力。

第三，战略保障即全面依法治国。顶层设计是立足长远的战略设计。行稳方能致远。习近平指出：“党的十八大提出了全面建成小康社会的奋斗目标，党的十八届三中全会对全面深化改革作出了顶层设计，实现这个奋斗目标，落实这个顶层设计，需要从法治上提供可靠保障。”① 全面依法治国是其他三个“全面”的战略保障。全面建成小康社会本身就包含法治建设的内容和目标，说明法治建设是全面建成小康不可或缺的组成部分，全面依法治国基本功能就是为全面建成小康社会营造良好的法治环境。全面依法治国为全面深化改革提供有力的法治后盾，因为有“破”就有“立”，只“破”不“立”，改革将寸步难行。全面从严治党也涵盖了制度建党、依法治党的目标和要求，全面依法治国也将对全面从严治党提供更有利的社会环境。

第四，战略支撑即全面从严治党。再好的战略设计最终还是需要人去具体实施，人的因素是战略落地的根本支撑，是战略成败的关键所在。我们党是一个拥有 8700 多万党员、430 多万基层党组织、在一个 13 亿多人口的大国长期执政的政党，党的形象和威望、党的创造力凝聚力战斗力直接关系

① 习近平：《关于〈中共中央关于全面推进依法治国若干重大问题的决定〉的说明》，《人民日报》2014 年 10 月 29 日。

"四个全面"战略布局能否顺利实施、有效实施。只有全面从严治党，才能获得强大的政治支撑、组织支撑和力量支撑；才能锻造领导核心，实现全面建成小康社会的目标。改革是党自我净化、自我完善、自我革新、自我提高的根本途径，党的领导则是实现改革发展目标的根本保证。依法治国首先要依规治党，依规治党才能依法治国，全面从严治党与全面依法治国本质一致。全面从严治党，才能使党始终成为全国人民的主心骨，为"四个全面"提供根本政治保证。

"四个全面"战略布局是党的十八大以来，新一届党中央从坚持发展中国特色社会主义全局出发，在深刻总结我国现代化建设新鲜实践经验基础上提出的战略新布局。这一立足现实、面向未来的战略布局具有以下鲜明特点。

第一，系统设计。"四个全面"战略布局是双层系统设计。首先，每一个"全面"都是完整的系统设计、系统布局，有目标、有思路、有举措、有重点、有保障等等。同时，四个"全面"又组合成一个大系统。其中，全面小康是目标系统，全面深化改革是动力系统，全面依法治国是保障系统，全面从严治党是支撑系统。四大系统既相对独立，自成体系，又相互关联，四位一体，共同构成奠定民族复兴基石的系统工程。

第二，问题导向。2014 年 12 月 31 日上午在全国政协举行的新年茶话会上，习近平指出："推进党和国家各项工作，必须坚持问题导向，倾听人民呼声。"① "四个全面"战略布局是在着眼解决当前党和国家事业发展中的突出矛盾和瓶颈问题中提出来的。要解决发展不平衡不协调的突出问题，就必须注重经济社会协调发展和人的素质提高，更加注重社会公正，把全面建成小康社会作为发展目标；要解决改革中的深层次矛盾特别是利益固化问题，就必须打破利益固化的藩篱，把全面深化改革作为推动力；要解决治理方式不相适应、法治不彰的现实问题，就必须全面推进依法治国；要直面党的"四大考验""四大危险"，就必须全面从严治党，增强党的自我净化、自我完善、自我革新、自我提高能力，使党始终成为中国特色社会主义事业的领导核心。可见，"四个全面"战略布局既是中国特色社会主义实践发展的重点也是难点，既是关键也是瓶颈。

第三，统筹协调。"四个全面"战略布局，不是毫无关联的四个领域的

① 《人民日报》2015 年 1 月 1 日。

单项改革，而是相互联系的整体改革；不是有先后之分的错时改革，而是齐头并进的同步改革；不是四个行为主体各自统领的改革，而是在统一领导之下、众多行为主体共同参与的集群式改革。这样的全面、同步、复杂的改革，一旦失去统一的协调、有力的统筹，不仅方向会经常受到各种力量特别是利益群体的牵扯甚至掣肘，造成改革方向的迷失，造成各种改革主体间在资源分配、力量分配等方面矛盾的加剧甚至激化，而且还会造成四大改革本身之间矛盾和冲突，带来“四个全面”的空转。鉴于此，首次完整提出“四个全面”时，习近平就强调做到“协调推进”。在阐述“四个全面”战略布局的理论定位时，习近平不仅强调要“协调推进”，而且明确要求把每一个“全面”放在“四个全面”的整体布局中加以把握，努力做到“四个全面”相辅相成、相互促进、相得益彰。

二　回答治国理政新命题的理论形态

所谓理论，是建立在概念、范畴基础上的系统化了的理性认识。科学的理论是在社会实践基础上产生并经过社会实践的检验和证明的理论，是客观事物的本质、规律性的正确反映。[①] 只有科学的理论体系，才能成为人们认识世界和改造世界的强大思想武器。理论形态通常是指理论的表现形式和基本特质。一般而言，一个完整的理论形态通常具有以下基本要素：基本概念和范畴、回答的基本命题、独特思想、对事物发展的规律性认识、理论建构的内在逻辑、理论的哲学基础以及理论的总体特征等。从理论形态的角度审视“四个全面”战略布局，不难发现，它不仅是战略形态，也是理论形态，既是对新一届党中央治国理政战略谋划的高度凝练，也集中体现了习近平系列重要讲话精神，具备了理论形态的基本要素，解决了理论内在的逻辑自洽，构成了相对独立、自成体系的理论新框架、新形态。

1. 理论的基本构成

（1）基本概念。所谓概念是反映对象的本质属性的思维形式。人类在认识过程中，从感性认识上升到理性认识，把所感知的事物的共同本质特点抽象出来，加以概括，就成为概念。表达概念的语言形式是词或词组。概念的形成既可以通过原创，使用新的词语进行表达或概括，也可以通过词语组

① 《辞海》，上海辞书出版社，2000，第1467页。

合，赋予原有概念以新的理论内涵，形成新的概念或范畴。由此观之，“四个全面”的“战略布局”涵盖了五个基本概念，这不仅使全面建成小康社会、全面深化改革、全面依法治国和全面从严治党都具有明确的内涵，都可以被视为经过抽象后形成的新概念，具有小康社会、深化改革、依法治国和从严治党等基础词语所没有的新目标、新内涵、新思想、新要求，而且经过组合和创新，“四个全面”战略布局也成为具有明确内涵的新概念。

（2）理论主题。理论主题是指理论聚焦的最核心命题，正是在回答理论主题的过程中，理论得以生成和发展。“四个全面”是我们党治国理政的战略布局，这一战略布局和战略思想，聚焦于国家治理现代化的主题，从理论上着力回答什么是国家治理现代化、如何实现国家治理现代化这一实现社会主义现代化的基本问题，形成了一系列富有独创性的新思想和新观点，从而使我们党对实现社会主义现代化的思路和路径有了更为清晰的认识，极大地丰富和拓展了我们党的治国理政思想的发展空间。

（3）独特思想。“四个全面”战略布局，第一次将全面建成小康社会，定位为“实现中华民族伟大复兴中国梦的关键一步”；第一次将全面深化改革的总目标，确定为“完善和发展中国特色社会主义制度、推进国家治理体系和治理能力现代化”；第一次将全面依法治国，论述为全面深化改革的“姊妹篇”，形成“鸟之两翼、车之双轮”；第一次为全面从严治党标定路径，要求“增强从严治党的系统性、预见性、创造性、实效性，使从严治党的一切努力都集中到增强党自我净化、自我完善、自我革新、自我提高能力上来，集中到提高党的领导能力和执政能力、保持和发展党的先进性和纯洁性上来”。这四个“第一次”的提出，打开了小康社会、深化改革、依法治国和从严治党的理论创新视野，赋予上述概念以新的思想内涵，从而使得“四个全面”战略布局成为蕴含一系列创新思想的理论新形态、新概括。这些新思想包括以下几个方面。其一，全面建成小康社会新思想。包括通过全面建成小康社会实现民族伟大复兴的中国梦，走中国特色社会主义道路全面建成小康社会；通过三个“全面”的战略举措全面建成小康社会等重要论断。全面建成小康社会新思想，进一步回答了在中国这样一个生产力落后的东方大国如何根据本国国情分阶段推进社会主义建设的目标，逐步实现社会主义现代化，最终建成社会主义现代化国家的深邃命题。其二，国家治理现代化新思想。包括国家治理是有方向的治理；国家治理是不能隔断历史的治理；国家治理是兼收并蓄的治理；国家治理的关键是制度治理；国家治理是治理体系和治理能力的协同治理；国家治理必须是全面治理；国家治理必须是依法治理等重要观点。国家治理现代化思想涵盖了治理的方向、目标、原则、主体、方式、路径、重点、举措等关于国家治理的一系列内容，构建起社会主义国家治理的总体框架，不仅深化了我们党对于国家现代化的整体认识，而且也为中国特色社会主义制度的自我完善和发展开辟了新路。其三，社会主义法治建设新思想。包括提出建设中国特色社会主义法治体系和建设社会主义法治国家这一时代命题；提出依法治国的总目标、五大体系以及六项任务；提出坚持依法治国、依法执政、依法行政共同推进，坚持法治国家、法治政府、法治社会一体建设这一法治建设的战略新思路；提出着力推进科学立法、严格执法、公正司法、全民守法这一法治建设的关键所在；提出要坚定不移推进法治领域改革，坚决破除束缚全面推进依法治国的体制机制障碍，大力推进法治中国建设；等等。从社会主义发展史看，用社会主义法治理论建设社会主义法治国家，是对社会主义国家法治建设的规律性探索，也是人类在社会主义法治道路上探索出的重要理论成果。其四，全面从严治党新思想。包括加强思想建党，筑牢理想信念根基；以严抓作风为突破口，巩固执政基础；以严惩腐败为重点，重塑执政形象；严格选人用人，夯实“从严治党”组织保障；严明党章党纪，确保党的权威；严肃监督机制，扎紧“从严治党”制度笼子；等等。全面从严治党新思想，将思想建党和制度治党、以德治党和依章治党相结合，致力于通过开展全面从严治党，增强党自我净化、自我完善、自我革新、自我提高能力，提高党的领导能力和执政能力、保持和发展党的先进性和纯洁性。这一新思想是对我们党“从严治党”思想的理论创新和实践创新，是对马克思主义党建学说的丰富和发展。

（4）价值追求。“四个全面”战略布局的价值追求就是人民幸福。全面建成小康社会就是让人民过上更好的日子，实现民族伟大复兴的中国梦的基本内涵就包括人民对幸福的追求，中国梦归根到底是人民的梦。全面深化改革、全面依法治国、全面从严治党三个“全面”都是因为全面建成小康社会、实现中国梦而存在。具体而言，全面建成小康社会，实现更好的教育、更稳定的工作、更满意的收入、更可靠的社会保障、更高水平的医疗卫生服务、更舒适的居住条件、更优美的生活环境，就是为了让每个人都有自豪感尊严感；全面深化改革旨在破除实现人民幸福的体制障碍；全面依法治国目的是为实现经济发展、政治清明、文化昌盛、社会公正、生态良好、人民幸

福提供稳定、规范的法治保障；全面从严治党则是为实现人民幸福提供政治保障。可见，“四个全面”当中，每一个“全面”都蕴含人民幸福的基本理念和价值追求，遵循马克思主义的基本价值取向。

（5）规律性认识。首先，深化了对共产党执政规律的认识。比如，“四个全面”战略布局强调党的领导是中国特色社会主义最本质的特征，抓住了共产党执政规律的核心；将国家治理体系和治理能力现代化与科学执政、民主执政、依法执政结合起来①；全面从严治党必须全方位整体推进、从问题的症结入手、把“严”字贯穿治党全过程全时段……都体现了我们党对执政规律认识的深化。其次，深化了对社会主义建设规律的认识。比如，从发展布局看，“四个全面”战略布局集中体现了中国特色社会主义建设“五位一体”总布局和党的建设“五位一体”战略部署，抓住了当前和未来一段时期中国特色社会主义发展的主要矛盾和“牛鼻子”，在统筹协调的基础上加以全面推进。从发展动力看，“四个全面”将改革的逻辑贯穿其中，从改革中获得发展动力源泉。从发展保障看，要推进改革，就必须全面推进依法治国，将“破”和“立”有机统一起来。最后，深化了对人类社会发展规律的认识。比如，从人治走向法治是人类社会发展的一般规律，全面依法治国就是要在具有漫长人治历史的中国建立现代法治，建设法治中国；确立宪法的权威，强调依宪治国、依宪执政，遵循的也是世界法治发展的一般规律。

2. 理论的内在逻辑

“四个全面”战略布局是逻辑严密的整体框架。首先，“四个全面”战略布局有清晰的逻辑主线，这就是坚持和发展中国特色社会主义。这不仅表现在，这一战略布局是从坚持和发展中国特色社会主义全局出发而提出，而且表现在，对治理现代化这一基本命题的回答，从根本上讲，还是着眼于坚持和发展中国特色社会主义，实现社会主义的现代化。其次，有逻辑关联，全面建成小康社会与全面深化改革、全面依法治国以及全面从严治党并不是松散地堆砌，而是具有紧密的内在联系。全面建成小康社会的战略目标对其他三个“全面”战略举措起着导向和牵引的作用，其他三个“全面”都是为了实现全面建成小康社会而存在。再次，各个“全面”之间都有内在关联，层层递进，在理论内涵上不断深入。要全面建成小康社会，就必须全面

① 任理轩：《认识把握共产党执政规律的新飞跃》，《人民日报》2015年6月25日。

深化改革；要全面深化改革，就必须有法治保障，就必须全面依法治国；要全面建成小康社会、全面深化改革、全面依法治国，就必然要求全面从严治党。最后，每一个“全面”又相对独立，自成逻辑系统，并在“四个全面”总框架中扮演独特的角色，发挥独特的功能，彼此不可替代；四个“全面”又相互贯通，四位一体，构成统一的理论整体。

3. 理论的哲学基础

“四个全面”集中体现马克思主义辩证唯物主义和历史唯物主义世界观和方法论。每一个“全面”的演进都是一个过程，“四个全面”的整体协调推进也是一个过程。这些过程是动态的、变动不居的、发展变化的、循环往复的，直到其目标任务的完成与新的历史使命的开始。每一个“全面”都是一整套结合实际、继往开来、勇于创新、独具特色的理论表述。“四个全面”缺一不可，辩证统一，构成一个不可分割、相互依赖、相互支撑的有机统一体。[①] 同时，“四个全面”战略布局蕴含着丰富的马克思主义辩证统一思想。一是目标和举措的辩证统一。“全面建成小康社会”的战略目标和作为战略举措的其他三个“全面”辩证统一。二是治国与治党的辩证统一。“四个全面”是治国理政的战略布局，同时又是全面从严治党的根本遵循。三是理论与实践的辩证统一。

4. 理论的中国特色

第一，中国文化特色。四个“全面”概念本身体现鲜明的中国特色。“小康”一词最早出自中国最古老的诗歌经典《诗经》。全面建成小康社会是一个蕴含中国古人对美好社会的追求、体现中国人独特的价值取向、具有深厚中国传统文化底蕴的中国式概念。第二，中国问题特色。“四个全面”战略布局的每一方面都是着眼于解决当代中国的最突出问题，这些问题都是全面建成小康社会这一特殊阶段所特有的问题。作为指导性理论，“四个全面”战略布局一方面强调发挥重点领域突破的开路先锋作用；另一方面，以点带面，全面推进治国理政方略的整体实施。第三，中华民族目标特色。“四个全面”战略布局为实现中华民族伟大复兴的历史使命而提出，它承载着我们先人特别是近代 170 多年以来中华儿女对民族伟大复兴的梦想和追求。第四，中国共产党人使命特色。在“四个全面”战略布局过程中，中国共产党人承载着紧密相关的“双重使命”，不仅担负着实现中国梦的历史

① 曲青山：《从哲学高度认识和把握“四个全面”》，《光明日报》2015 年 4 月 1 日。

使命，而且承载着推进马克思主义中国化，在中华大地实现社会主义现代化的历史使命。

5. 理论的指导意义

“四个全面”战略布局为全面建成小康社会提供了理论指导和实践指南，这是“四个全面”战略布局理论和实践意义最现实、最基本的体现。还必须看到，作为科学理论，“四个全面”战略布局的理论意义并不局限于此，而是有更加深远的指导意义，即为实现中华民族伟大复兴的中国梦提供理论指导。全面建成小康社会是实现中国梦的关键一步，是为实现中国梦奠定坚实的基础。全面深化改革、全面依法治国都是为了推进治理体系和治理能力现代化，是为了完善发展中国特色社会主义制度，从而为实现中国梦提供有力的制度支撑。全面从严治党更是为了锻造实现中国梦的坚强领导核心。只有在民族伟大复兴的历史进程中，“四个全面”战略布局的理论和实践意义才能不断得到彰显；也只有在推动实现中国梦的历史过程中，“四个全面”战略布局才会不断得到完善和发展。

总之，“四个全面”战略布局是以习近平同志为总书记的党中央直面当代中国和当今世界的重大课题，深刻把握治国理政的若干重大关系，科学统筹治党治国治军、内政外交国防、改革发展稳定，在思考谋划治国理政一盘棋的基础上提出的战略布局和科学理论。它既是战略形态，深刻回答了现阶段我国现代化建设的战略目标和战略举措；也是理论形态，蕴含着诸多具有独创性的新思想。正是因为将战略形态和理论形态融为一体，“四个全面”战略布局不仅成为坚持发展中国特色社会主义、实现社会主义现代化的战略部署，也成为两个“一百年”奋斗目标，实现中国梦的理论指导。正是因为兼具战略和理论双重形态，“四个全面”战略布局实现了我们党治国理政方略与时俱进的新创造，标注了我们党治国理政理论发展的新高度，对推动21世纪中国马克思主义的发展做出了新贡献。

论“四个全面”战略布局的中心工作

郝清杰

摘　要：“四个全面”是新一届中央领导集体治国理政的战略布局。贯彻落实这一战略布局，应该深入剖析人民群众的强烈呼声，深刻总结我国社会主义建设的经验教训，始终坚持马克思主义基本原理，继续把“以经济建设为中心”作为我们各项事业必须坚持的根本原则。全面建成小康社会仍然要以经济建设为中心。全面深化改革仍然要坚持发展是解决我国所有问题的关键这个重大战略判断。全面依法治国要为经济发展保驾护航。全面从严治党要为经济发展提供坚强领导核心。

关键词：全面建成小康社会　全面深化改革　全面依法治国　全面从严治党

作者简介：郝清杰，教育部高等学校社会科学发展研究中心研究员。

党的十八大以来，面对我国经济社会发展面临的新问题新矛盾和新任务，习近平总书记提出了全面建成小康社会、全面深化改革、全面依法治国和全面从严治党重大战略，成为新一届中央领导集体治国理政的战略布局。深入理解和把握“四个全面”战略思想，既需要坚持立足大局、统筹兼顾，也需要抓住主要矛盾、明确工作中心。那么，在纷繁复杂的社会形势中，什么是当前我们面临的主要矛盾，哪个建设领域是我们应该紧紧围绕的中心工作呢？

一　人民群众关心的热点就是重大的时代课题

“问题就是公开的、无畏的、左右一切个人的时代声音。问题就是时代

的口号，是它表现自己精神状态的最实际的呼声。”① 历史表明，每个时代都会有独特的时代课题，都会有鲜明的时代声音。经过新中国成立60多年探索，特别是改革30多年建设，我国经济社会取得了举世瞩目的伟大成就，但是，在发展中我们也面临着前所未有的问题和挑战。伟大成就固然能够增强我们继续前行的信心，前所未有的困难是激发继续奋斗的压力和动力。

对于我们面临的重大问题与挑战，党的十八大报告进行了总体概括。定性概括固然全面深刻，但定量调研更为客观鲜明。人民网连续十余年推出两会热点调查，向网友收集对热点关注问题的投票和意见留言。“两会调查”结果集中反映了人民群众的呼声，可以说是反映社会发展趋势的风向标。我们整理了2012～2015年的调查数据，一共有1077万人次参与了调查，调查结果具有一定的典型性。

2012年“两会”热点调查（155万人次参与）②

序号	热点问题	票数	序号	热点问题	票数
1	社会保障	256634	6	三农问题	77697
2	收入分配	186865	7	反腐倡廉	60458
3	医疗改革	108425	8	物价问题	33576
4	社会管理	107619	9	食品安全	32404
5	教育公平	105967	10	房价调控	32353

2013年“两会”热点调查（214万人次参与）③

序号	热点问题	票数	序号	热点问题	票数
1	社会保障	256458	6	稳定物价	86591
2	收入分配	182693	7	食品药品安全	79657
3	反腐倡廉	180876	8	法治中国	72548
4	住房保障	105420	9	行政体制改革	67170
5	医疗改革	104782	10	国防建设	61212

① 《马克思恩格斯全集》第40卷，人民出版社，1975，第289～290页。

② 资料来源：人民网，http://npc.people.com.cn/GB/28320/238519/index.html。

③ 资料来源：人民网，http://lianghui.people.com.cn/2013diaocha/。

2014 年“两会”热点调查（335 万人次参与）①

序号	热点问题	票数	序号	热点问题	票数
1	社会保障	518104	6	计划生育	382625
2	反腐倡廉	454441	7	环境治理	350734
3	食品药品安全	425185	8	教育改革	349285
4	收入分配	414062	9	住房	345746
5	干部作风	401832	10	新型城镇化	339825

2015 年“两会”热点调查（373 万人次参与）②

序号	热点问题	票数	序号	热点问题	票数
1	收入分配	538404	6	从严治党	385978
2	重拳反腐	507444	7	环境保护	355049
3	经济新常态	454018	8	教育改革	330548
4	食药品安全	428845	9	社会保障	310418
5	简政放权	392706	10	住房	292922

剖析上述 4 年 40 组调查数据，我们至少可以得到以下几点认识。

第一，人民群众关心的这些热点问题，与党的十八大报告中关于面临的困难和问题的判断是高度一致的。这种高度一致，既体现了中国共产党在领导人民取得巨大成就的同时，始终保持着清醒的头脑和强烈的忧患意识；又反映了这些困难和问题是我国全面建成小康社会和实现中华民族伟大复兴面临的严峻考验和挑战，解决这些问题、克服这些困难是全面深化改革的重要目标和任务。

第二，收入分配、社会保障、反腐倡廉等问题，始终是人民群众最关心的热点问题。这些问题，是在我国经济社会高速发展中产生的，也应该通过进一步的科学发展，加以有效应对和解决。而不能停止发展的步伐，只讨论如何“分蛋糕”，而忽视了“做蛋糕”的根本任务。

第三，前三年数据中，没有集中关注经济发展速度的热点问题，这从反面证明，人民群众虽然关注各种社会问题，但是对经济发展速度是比较满意

① 资料来源：人民网，http：//npc. people. com. cn/GB/28320/374787/index. html。

② 资料来源：人民网，http：//npc. people. com. cn/GB/28320/392528/index. html。

的。第四年“经济新常态”问题异军突起，成为人民群众最为关心的问题之一。这从正面说明，在经济速度放缓的条件下，如何积极应对经济新常态，既是党和政府关注的一个重大问题，也是人民群众普遍关心的焦点话题。

第四，在新的形势下，我国经济建设的内涵也有了进一步丰富和发展。经济建设不再仅仅是GDP总量的增长（但仍然是重要内容），还包括产业升级转型、全面协调可持续发展、生态环境保护、共同富裕等重要指标。经济建设与其他各项建设的联系越来越紧密，共同构成经济社会科学发展的总体布局。

二　解决重大时代课题的中心工作是什么

解决面临的这些问题，既应该统筹兼顾全面发展，又应该抓住重点围绕中心工作。那么，在强调“四个全面”战略布局的同时，我们还是应该抓住中国特色社会主义伟大事业的重点任务，围绕中心工作开展各项建设。在我国经济总量已经跃居世界第二位之后，我们的中心工作应该是什么呢？是调整收入分配，是加强社会保障，还是推进生态文明建设？可谓是众说纷纭。那么，我们应该如何抓住重点，明确大局之中的中心工作呢？

1. 新中国成立以来社会主义实践的经验教训给我们以深刻的启示

从新中国成立到1956年，我们党领导全国各族人民有步骤地实现从新民主主义到社会主义的转变，迅速恢复了国民经济并开展了有计划的经济建设，在全国绝大部分地区基本上完成了对生产资料私有制的社会主义改造；之后，我们党领导全国各族人民开始转入全面的大规模的社会主义建设，我们虽然遭到过严重挫折，仍然取得了很大的成就；“文化大革命”十年，在“以阶级斗争为纲”思想的指导下，我们党、国家和人民遭到新中国成立以来最严重的挫折，国民经济遭受巨大损失，经济社会发展缓慢，据统计，人民群众生活水平如粮食人均消费量、各种布的人均消费量等方面基本上没有提高，有些方面如城市居民住房条件甚至有所下降，我国同世界的差距呈现逐步拉大的趋势。① 正是在总结改革开放前30年经验教训的基础上，邓小

① 参见中共中央党史研究室著《中国共产党历史》第2卷（1949～1978）下册，中共党史出版社，2011，第969～970页。

平敏锐地指出：“经济工作是当前最大的政治，经济问题是压倒一切的政治问题。不只是当前，恐怕今后长期的工作重点都要放在经济工作上面。”[①]这是关于社会主义现代化建设战略重点转移的深刻思考。党的十三大报告提出：“在社会主义初级阶段，我们党的建设有中国特色的社会主义的基本路线是：领导和团结全国各族人民，以经济建设为中心，坚持四项基本原则，坚持改革开放，自力更生，艰苦创业，为把我国建设成为富强、民主、文明的社会主义现代化国家而奋斗。”[②] 这就明确了“以经济建设为中心”的重大战略调整。胡锦涛在《在纪念党的十一届三中全会召开30周年大会上的讲话》中，总结了改革开放30年的成功经验，其中第二条就是：“必须把坚持四项基本原则同坚持改革开放结合起来，牢牢扭住经济建设这个中心，始终保持改革开放的正确方向。”[③] 改革开放30年的伟大实践充分证明，以经济建设为中心是兴国之要，是我们党、我们国家兴旺发达和长治久安的根本要求；离开经济建设这个中心，社会主义社会的一切发展和进步就会失去物质基础。

2. 马克思主义关于社会发展的基本原理给我们以科学的启迪

面对改革开放以来产生的一系列社会问题，面对近年来发生的一切社会变迁，我们必须保持清醒的头脑，因为“一切社会变迁和政治变革的终极原因，不应当到人们的头脑中，到人们对永恒的真理和正义的日益增进的认识中去寻找，而应当到生产方式和交换方式的变更中去寻找；不应当到有关时代的哲学中去寻找，而应当到有关时代的经济中去寻找。对现存社会制度的不合理性和不公平、对‘理性化为无稽，幸福变成苦痛’的日益觉醒的认识，只是一种征兆，表示在生产方法和交换形式中已经不知不觉地发生了变化，适合于早先的经济条件的社会制度已经不再同这些变化相适应了。同时这还说明，用来消除已经发现的弊病的手段，也必然以或多或少发展了的形式存在于已经发生变化的生产关系本身中。这些手段不应当从头脑中发明出来，而应当通过头脑从生产的现成物质事实中发现出来”[④]。马克思主义关于社会发展基本规律的思想和这一段重要论述给我们以深刻启示：认识和剖析各种社会问题的根源，不应该从自己的头脑出发，从抽象的哲学原则出

① 《邓小平文选》第2卷，人民出版社，1994，第194页。

② 《十三大以来重要文献选编》（上），人民出版社，1991，第15页。

③ 《十七大以来重要文献选编》（上），中央文献出版社，2009，第797页。

④ 《马克思恩格斯选集》第3卷，人民出版社，2012，第797～798页。

发，而是应该从当今时代的经济发展阶段和水平出发；探讨解决问题的途径和方法，也不应该从个人的头脑中“发明”出来，而应该通过头脑的思考，从总结历史经验教训和当代实践的客观需要之中“发现”出来。

3. 当前面临的最大实际国情给我们以明确的启发

坚持一切从实际出发，是我们开展各项工作的一个重要原则，也是把握“四个全面”战略布局的根本出发点。关于当前我们面临的最大实际即最大国情，党的十八大给出了明确答复即“三个没有变”：“我国仍处于并将长期处于社会主义初级阶段的基本国情没有变，人民日益增长的物质文化需要同落后的社会生产之间的矛盾这一社会主要矛盾没有变，我国是世界最大发展中国家的国际地位没有变。在任何情况下都要牢牢把握社会主义初级阶段这个最大国情，推进任何方面的改革发展都要牢牢立足社会主义初级阶段这个最大实际。”① 正是在清醒认识这个最根本的客观现实基础上，习近平同志在2013年全国宣传思想工作会议上指出：“党的十一届三中全会以来，我们党始终坚持以经济建设为中心，集中精力把经济建设搞上去、把人民生活搞上去。只要国内外大势没有发生根本变化，坚持以经济建设为中心就不能也不应该改变。这是坚持党的基本路线100年不动摇的根本要求，也是解决当代中国一切问题的根本要求。”② 这些重要思想给我们以启发，继续坚持以经济建设为中心，是我们党立足中国实际国情、坚持党的基本路线的根本要求。

综上所述，不论是从历史经验教训的总结角度来看，从马克思主义关于社会发展基本规律的角度来讲，还是从当前我国经济社会发展的客观形势而言，“以经济建设为中心”仍然是当前一切其他工作必须紧紧围绕的中心工作。

三　紧紧围绕中心工作科学推进“四个全面”战略布局

2015年2月2日，习近平总书记在省部级主要领导干部学习贯彻十八届四中全会精神全面推进依法治国专题研讨班开班仪式上的讲话中指出，全面建成小康社会是我们的战略目标，全面深化改革、全面依法治国、全面从

① 《十八大报告辅导读本》，人民出版社，2012，第16页。

② 《习近平谈治国理政》，外文出版社，2014，第153页。

严治党是三大战略举措。全面深化改革为全面建成小康社会提供不竭动力，全面依法治国是全面建成小康社会的引领和规范，全面从严治党是全面建成小康社会的根本保证。经过对我国社会主义建设历史经验总结和理论剖析归纳，贯彻落实“四个全面”战略部署，还是要“以经济建设为中心”，这是时代的需要、人民的呼声。

1. 全面建成小康社会仍然要以经济建设为中心

改革开放以来，在中国共产党的领导下，经过全国各族人民30余年的共同奋斗，我国经济社会发展取得了举世瞩目的伟大成就，自2010年起，我国GDP总量跃居世界第二位，这是我国经济社会发展的一个重要标志。但是，近期中国科学院中国现代化研究中心发布的《中国现代化报告2015》显示，工业劳动生产率，美国和加拿大是中国的7倍多，德国、英国、法国、日本、澳大利亚是中国的6倍多。人均制造业出口，德国是中国的10多倍，法国、意大利和加拿大是中国的5倍多，美国、英国和日本是中国的2倍多。综合差距明显，2010年工业经济水平比德国、荷兰、英国和法国落后100多年，比美国、丹麦、意大利落后80多年，比瑞典、挪威、奥地利、西班牙和日本落后60多年。① 这一强烈反差告诉我们，虽然我国经济社会的建设成就举世瞩目，但是与世界发达国家相比还有很大的差距，真正实现社会主义现代化建设目标还有很长的路要走，我国经济还有很大的发展空间。要实现全面建成小康社会的伟大目标，还是要把经济建设放在首要位置。

2. 全面深化改革仍然要坚持发展是解决我国所有问题的关键这个重大战略判断

党的十八届三中全会通过的《中共中央关于全面深化改革若干重大问题的决定》，明确了全面深化改革的总目标，对新形势下全面深化改革进行了具体部署。《决定》强调指出：“全面深化改革，必须立足于我国长期处于社会主义初级阶段这个最大实际，坚持发展仍是解决我国所有问题的关键这个重大战略判断，以经济建设为中心，发挥经济体制改革牵引作用，推动生产关系同生产力、上层建筑同经济基础相适应，推动经济社会持续健康发展。”② 这一

---

① 资料来源：中国网，http://www.china.com.cn/zhibo/2015-06/06/content_35728977.htm?show=t。

② 《〈中共中央关于全面深化改革若干重大问题的决定〉辅导读本》，人民出版社，2013，第5页。

重要论述，进一步明确了“以经济建设为中心”的战略地位没有动摇，明确了在我国发展进入新阶段、改革进入攻坚期和深水区的重要时期，必须以强烈的历史使命感，最大限度集中全党全社会智慧，最大限度调动一切积极因素，敢于啃硬骨头，敢于涉险滩，以更大决心冲破思想观念的束缚、突破利益固化的藩篱，推动中国特色社会主义制度自我完善和发展。

3. 全面依法治国要为经济发展保驾护航

党的十八届四中全会通过的《中共中央关于全面推进依法治国若干重大问题的决定》明确提出：“全面推进依法治国，必须贯彻落实党的十八大和十八届三中全会精神，高举中国特色社会主义伟大旗帜，以马克思列宁主义、毛泽东思想、邓小平理论、‘三个代表’重要思想、科学发展观为指导，深入贯彻习近平总书记系列重要讲话精神，坚持党的领导、人民当家作主、依法治国有机统一，坚定不移走中国特色社会主义法治道路，坚决维护宪法法律权威，依法维护人民权益、维护社会公平正义、维护国家安全稳定，为实现‘两个一百年’奋斗目标、实现中华民族伟大复兴的中国梦提供有力法治保障。”[①] 从这一重要论述中我们可以认识到，全面推进依法治国，出发点和落脚点都是为实现“两个一百年”的奋斗目标，都要围绕实现中华民族伟大复兴中国梦。实现这一伟大目标，“以经济建设为中心”是中心环节和根本前提。

4. 全面从严治党要为经济发展提供坚强领导核心

办好中国的事情关键在党。当前，中国最大的事情就是解决人民日益增长的物质文化需要同落后的社会生产之间这一社会主要矛盾。党的领导，集中体现在能否根本解决这一社会主要矛盾。解决这一社会主要矛盾，需要进一步全面从严治党，使党成为领导全面深化改革的坚强领导核心，成为全面依法治国的坚强领导核心。能否真正成为坚强的领导核心，就是要以是否坚持“以经济建设为中心”、真正解决这一社会主要矛盾为根本检验标准。

---

① 《〈中共中央关于全面推进依法治国若干重大问题的决定〉辅导读本》，第4页。

论“从严治党”：理论、历史与现实

刘　军　郭　宇

摘　要：从严治党的提出，不仅基于马克思主义的理论立场和总体性辩证法，而且基于近代以来中国共产党由革命党转变为执政党的历史逻辑。我们在现实中推进从严治党，必须考量西方资本主义发展带来的工业化、全球化冲击，也必须考量民族国家的历史传统对执政党自身治理、社会治理方式和效果的影响。

关键词：从严治党　理论逻辑　历史逻辑　现实考量

作者简介：刘军，北京大学马克思主义学院教授；郭宇，内蒙古建筑职业技术学院思政教学部副教授。

党的十八大以来，习近平先后提出了“四个全面”的战略布局，形成了他治国理政的科学思想体系。我们认为，“四个全面”战略布局，关键是全面从严治党。治国必先治党，治党务必从严。“全面从严治党”的提出，既是坚持马克思主义政治理论和政党理论的理论逻辑使然，也是我们党90多年政党发展和党建实践的历史逻辑使然。在21世纪的现实时代背景下，全面从严治党还必须考量资本主义发展带来的工业化、全球化冲击，全面考量中国社会发展对执政党社会治理方式和效果的影响。可见，全面从严治党既是历史发展的必然趋势，也是时代进步的现实要求，具有深远历史意义和重大现实意义。

一　从严治党的理论逻辑

“从严治党”的提出，是基于马克思主义关于“人”的一系列基本观

点：“社会结构和国家总是从一定的个人的生活过程中产生的”“这里所说的个人不是他们自己或别人想象中的那种个人，而是现实中的个人”“以一定的方式进行生产活动的一定的个人，发生一定的社会关系和政治关系”。[①]“如果在考察家庭、市民社会、国家等等时把人的存在的这些社会形式看做人的本质的实现，看做人的本质的客体化，那末家庭等等就是主体内部所固有的质。人永远是这一切社会组织的本质，但是这些组织也表现为人的现实普遍性，因而也就是一切人所共有的。”[②] 根据马克思主义的基本观点，社会和个人互为存在的基本条件，二者构成有机整体，个人的本质在社会经济关系和政治关系中得到体现和保障。执政党作为一种特殊的社会关系组织形式，在实现自身的价值目标时，必须正视其组织内部的个人状态和相互关系。执政党内部社会关系的存在状态，将伴随执政党社会职能和行政权力的实现而扩散。近代以来，不论是西方国家还是发展中国家大多是通过政党来实施国家治理，执政党被赋予了诸多社会职责和极高的道德期许。所以，这种扩散是大范围的、快速的、易被效仿的，可以带来正面的或负面的社会回应，从而影响执政党在社会权力结构中的地位。

在马克思主义的理论视域中，构成人类社会及其历史发展的第一个前提是处于特定社会关系中的个人。而人的一切社会关系并不是从“人”的概念中抽象演绎出来的，其法律关系和政治关系是生产关系的表现。“封建社会越是向资本主义社会过渡，一切立法也就越来越多地抛弃这个法学虚构。……继承法最清楚地说明了法对于生产关系的依存性。……人们要求而狗类并不要求对骨头的权利和人们能够而狗类并不能够把这骨头变成生产对象。”[③]“人们能否自由选择某一社会形式呢？决不能。在人们的生产力发展的一定状况下，社会就会有一定的交换和消费形式。在生产、交换和消费发展的一定阶段上，就会有一定的社会制度、一定的家庭、等级或阶级组织，一句话，就会有一定的市民社会。有一定的市民社会，就会有不过是市民社会的正式表现的一定的政治国家。”[④] 这里体现了经典马克思主义的唯物主义历史观，生产力决定生产关系，经济基础决定上层建筑。然而，生产关系对生产力、上层建筑对经济基础也具有能动作用。伴随近现代资本主义发展

---

① 《马克思恩格斯选集》第1卷，人民出版社，1995，第71页。

② 《马克思恩格斯全集》第1卷，人民出版社，1956，第293页。

③ 《马克思恩格斯全集》第3卷，人民出版社，1960，第420~421页。

④ 《马克思恩格斯全集》第27卷，人民出版社，1972，第477页。

带来的工业化、市场化、全球化，社会生活越来越符号化、概念化。这一发展趋势，愈加表明了文化意识形态的巨大作用，愈加凸显了意识形态对社会关系的塑造功能和对个人行为的导向作用。事实上，马克思在他的晚年笔记等著述中，尤其强化了对文化、宗教等意识形式的关注，并且论及“总体性”方法论原则。后来，“卢卡奇首先提出‘总体性范畴’，就是对社会历史过程的相互作用和相互转化的辩证把握，就是把现实过程看作由主观的东西和客观的东西所构成的活生生的整体，摒弃了各种客观决定论的立场，赋予马克思主义一种历史主动性的方法论”①。

但是何种模式的社会关系、何种类型的有机统一体能够充分实现社会主义社会“公平正义”的核心价值原则呢？从严治党与依法治国，就是基于对人主体性作用及其所构成的社会关系主体能动性的认识。二者旨在通过有效调节国家治理核心主体（执政党）与其他一般社会主体间的关系，来清晰且严格地界定社会主体的权力边界，使合法控制国家暴力的执政党能够廉洁自律，使其他一般社会主体的各项法定权利得到充分尊重。按照秘鲁经济学家赫尔南多·德·索托的研究分析，只有在社会已经创造了法律制度体系，用以描述个人事实拥有的资产，并赋予这些资产以法律保障的财产权利，资产才可能转换为资本，才可以“确定资产的经济潜能，将分散的信息纳入统一制度，建立责任和信用体系，使资产具有可交换性，建立人际关系网络，保护交易”②。法制体系中的权利制度只有被包括执政党在内的社会主体普遍认同并严格推行，社会主体的生存利益才有保障，社会资本才得以持续积累，从而创造个人全面自由发展所必需的充裕的物质基础和充分的权利基础，最终实现社会主义社会的发展目标。

二　从严治党的历史逻辑

自近代资本主义诞生后，政党逐渐成为各国国家权力的核心，成为表达民意、塑造民意、实现民意的公共组织，政党政治成为国家运作的基本方式。不同国家因文化传统、社会制度不同，政党关系也具有很大差异。就政

① 欧阳谦：《文化与政治》，中国人民大学出版社，2015，第 22 ~ 27 页。

② 参见〔秘〕赫尔南多·德·索托《资本的秘密》，于海生译，华夏出版社，2007，第 35 ~ 45 页。

党与周围社会文化环境的关系而言，西方国家的政党多属于从事竞选和交易活动的交易型政党，执政党和其他政党是排他的、竞争性关系；中国共产党建立之初是革命型政党，在历史发展中逐步转型为执政党。作为执政党它和国内其他政党是包容的、建设性的合作关系。从严治党是中国共产党从中国特有的历史社会条件出发所实施的集体选择和行动。哈佛学者麦克法夸尔认为，影响中国现实政治稳定的主要因素包括中国共产党的高层领导、党的干部群体、意识形态和党的军队等。确实，在当代中国的社会政治架构中，执政党的规模和质量是构成中国社会及其政治稳定的核心主导因素之一。中国共产党作为法理上的和现实中的治国主体，在名义上和实际上承担着领导国家行政的职能，并且在治国理政的实践中承担着对社会价值进行权威性分配的角色。所以，“从严治党”是提升执政党治理能力、政府质量、民众生活水平的根本前提。

鸦片战争之前，中国是一个以血缘和地缘关系维系的完整统一的农业国家。近代资本主义的世界性扩张，打破了中国原本相对静止和封闭的国家形态。传统中国丧失了独立的国家主权，社会内部结构和社会规范也遭遇瓦解。由此唤起了捍卫民族独立、寻求民族复兴的民族意识和爱国情怀。20世纪初，孙中山领导的民族资产阶级组建了中国近代史上首个政党，创建了民族资产阶级领导的国家政权。自此，中国的社会发展便与政党发展紧密联系在一起。1921 年中国共产党创立，1924 年至 1927 年国共两党在大革命时期建立革命统一战线，1937 年中国共产党倡导建立各民主党派积极参与的抗日民族统一战线，1949 年中国共产党领导的无产阶专政和多党政治协商国家成立，1957 年至 1976 年始于党内政治斗争后波及整个国家的社会动荡，1978 年至今始于执政党自我反思并不断拓展和深化的社会改革，这些将中国带向历史拐点的事件无不体现着中国共产党在民族独立、国家建设、政治发展中始终处于社会矛盾的中心并勇敢担负起历史的使命。可见，近代以来中国国家的建构、治理和发展都是以执政党的建设为前提的。

近代以来，政党成为重构社会规范、社会关系的主导者。中国共产党也由于在民族独立、国家建设和社会发展中的巨大影响力和卓越表现，获得了广泛的政治信任和社会认同，进而取得了执政的实质合法性而不仅是形式合法性。当然，如果说中国共产党执政的合法性源自实现民族独立和人民解放，那么，中国共产党执政合法性的巩固和提升，则应取决于实现国家的繁荣富强和人民的共同富裕。

“全面深化改革”就是要通过进一步解放生产力，通过消灭贫困来消除社会阶层之间由于利益分配的两极化而产生的某种阶级对立心理及其由此衍生的一些损害社会的行动。“全面依法治国”就是要实现中国共产党执政理念的现代化转型，在全球民主化进程的潮流中，法不再单纯作为阶级统治的工具，而更多地作为阶级利益调和的手段。在经历了20世纪后半叶的“文化大革命”、改革开放、国家建设的混沌阶段，那种无序的社会状态、充满偶然性和渗透着个人权力意志的社会政策，法律虚无主义盛行，侵蚀着执政党的公共权威，消解着社会共识以及普遍的社会信任，构成了对社会生产力发展的严重阻碍，也形成了中国共产党执政合法性的潜在危机。有鉴于此，20世纪90年代初期中央领导集体再次直面历史困境，提出了执政党的先进性问题。从执政党自身建设和内部治理破题，转变执政理念，倡导法律思维、权利意识、科学发展。执政党在社会实践中不断强化自我约束和自我完善，将科学性、严密性嵌入执政党建设中。习近平同志2013年6月《在全国组织工作会议上的讲话》中指出：“党要管党，才能管好党；从严治党，才能治好党。对我们这样一个拥有八千五百多万党员、在一个十三亿人口大国长期执政的党，管党治党一刻不能松懈。如果管党不力、治党不严，人民群众反映强烈的党内突出问题得不到解决，那我们党迟早会失去执政资格，不可避免被历史淘汰。”① 只有从严治党才能重构政治认同，凝聚社会共识，使社会信任不再依赖不确定的个人特征，而是由基于法制的系统信任来保障，进而全面推进依法治国。王岐山同志在中国共产党第十八届中央纪律检查委员会第四次全体会议上的讲话中指出：“依法执政是党治国理政的基本方式。宪法确立党的执政地位，赋予党治国理政的责任和使命。党章规定党必须在宪法和法律的范围内活动，以执政党纲领保证宪法和法律的实施。党要把自己的主张通过法定程序转化为国家意志，成为全国人民共同遵守的法律，引领社会主义法治建设。”从严治党是实践“四个全面”国家战略思想的现实起点。

三 “从严治党”的现实考量

“从严治党”一方面需要强化内部约束，培育执政党的内部自律性，另

① 《十八大以来重要文献选编》（上），中央文献出版社，2014，第349～350页。

一方面，也需要培育其他社会主体性资源并将其力量注入执政党的治理过程中；即不仅在执政党内部实现党内民主，而且要在执政党外部实行社会民主。当代社会有机体结构中，一般而言包含资本、国家和劳动力三个基本要素。建构一个良性的社会有机体，必须超越资本主体论的西方模式，资本不再是横扫一切的决定性主体；又要超越国家主体论的苏联模式，国家不再是高高在上的全能主体。在新的现代化模式中，广大人民才是独立自主、充满活力的主体。通过这种理论与实践的超越，重新建构政党与国家、与资本、与社会之间的关系，重构社会权力结构，通过政党再造来实现政府再造和社会可持续发展。

马克思主义国家理论的基本命题是“市民社会决定国家”“家庭和市民社会是国家的前提，它们才是真正的活动者”。[①] 核心价值原则是“人民主体”，“人民是否有权来为自己建立新的国家制度呢？对这个问题的回答应该是绝对肯定的，因为国家制度如果不再真正表现人民的意志，那它就变成有名无实的东西了”[②]。世界社会主义运动发展的经验教训揭示出一条历史规律：只要人民能以各种有效方式参与国家事务管理，社会主义事业就能繁荣发展；反之，如果人民群众没有政治上管理国家的权利，人民的其他权利就无从谈起，社会主义事业就会遭受挫折。新中国成立以来，伴随着社会主义市场经济体制的建立和完善，人民的经济力量和经济地位逐步提升。经济基础决定上层建筑，人民在政治上相应地提出了更多的主体性地位诉求。因此，在建立现代国家治理体系时，没有政治层面的主体地位保障，各类社会主体的经济地位不可能完全确立。只有人民主体性地位的全面确立，才能真正实现执政党领导的政府、资本主导的市场、人民构成的社会三者间有效的制衡，才能避免无限扩张的政府权力吞噬市民社会而消解现实个人的权利。执政党通过由公民构成的社会复合主体，为个人提供参与国家话语意志和国家制度体系建构的更多可能性，来提升社会合作与社会信任水平；通过社会复合主体的参与式治理，增加个人的社会认同、国家认同、政治认同，使之有能力、有意愿参与国家治理。参与国家治理主体的社会化、多中心化，将促进市民社会的生长和成熟，以及执政党治理法制化、国家行政民主化、社会生态多样化，由此推进“从严治党”和“四个全面”国家战略的实现。

---

① 《马克思恩格斯全集》第1卷，第250～251页。

② 《马克思恩格斯全集》第1卷，第316页。

应该看到，“从严治党”的理论构想和现实实践是在全球化背景下展开的。所以，世界各国普遍的社会现实和全球化的总体趋势，对中国共产党自身的政党治理和国家治理产生着重大而直接的影响。在以美国为代表的西方世界，自20世纪60年代以来公民社会的活力和社会资本存量都显著下降，国家的政治信任状况恶化。一些社会主体，如“三级社团虽然成员数量极其众多，但是全体成员的唯一行动就是签写会费支票，或者大概也偶尔读读时事通讯。参与性次级社团的显著下降使得托克维尔所言的中介机构不断减少。这些中介机构对于作为民主政府支撑的市民社会的结构来说至关重要”①。对于这种政治冷漠的根源和解决之道，目前存在两种代表性观点。一种观点从社会文化变迁角度指出，拥有良好教育背景、较高职业地位和良好收入的后物质主义者，普遍对政府权威的尊重下降，对公共机构的信任减退，个人主义的世俗化趋势加剧。近代西方政治哲学强调个人权利，因而也就创造出一个关于平等、自由的概念性权利社会，权利在民主化和世俗化进程中被过度分散，政府行动的范围和力度受限。而这种对政府行动的限制更多地表现为消极的限制，社会权利主体在国家的政治实践中并未能获得实质性的参与机会，更多是作为政党竞选的旁观者，有的仅仅是形式上的政治参与。在发现这样的形式化政治参与并不能改变社会和个人的现状后，个人也就逐渐开始疏离政治，退回到生活领域，只关注自身利益，具有广泛连接效力的社会资本存量不断减少。

另一种观点是从技术革命的角度加以阐释，认为大众在消费技术的过程中，享受着舒适和便利，但同时技术继宗教之后成为大众的又一精神鸦片，人对技术的瘾性依赖使得自身被技术奴役。大众在跨时空的交往场域中，成为现代社会趋同化倾向中文化差异被消解的、被迫患上政治冷漠症候的平等个体。在此种情形下，以社会复合主体为基础的执政党外部制衡结构是否能够形成，还是止于部分精英群体的自治和自律？事实上，技术是隐含特定价值立场的，任何技术变革都会引发利益和权力的重新分配。技术在现实中具有阐释、塑造甚至颠覆意识形态的作用。譬如，媒体作为现代技术的典型代表和全新载体，在民意表达、国家权力意志和公共政策形成过程中已成为重要的传播者和阐释者。媒体是公众获取信息的主要渠道，这使得媒体能够诱导甚至误导公众，从而控制公众的政治态度，影响执政党与国家、社会的关

① 翟学伟、薛天山：《社会信任理论及其应用》，中国人民大学出版社，2014，第157页。

系以及公众对政府的信任，进而影响执政党的合法性地位。但除国家主流媒体之外的其他社会媒体正呈现消极的倾向，更多地关注冲突而非澄清事实。在交往全球化日甚的今天，中国共产党在推进从严治党的过程中，必须直面新分化出的社会阶层中日益凸显的政治冷漠，以及各类非主流交往媒介对公众心理的操控和公众行为的诱导现象。尤其要避免政治冷漠可能转化成政治对抗等社会破坏力量，从而引发执政党的执政危机和国家治理危机。

在从外部制衡路径推进从严治党的过程中，除须考量执政党所处时代的现实之外，还必须考量所处民族国家的政治文化现实。这种国家内部的现实包括两个层面，首先是显性的制度安排，其次是多民族统一的历史文化传统对当下社会的隐性支配。在从严治党的外部制衡路径实践中，要将二者统一起来。如果缺乏针对参与治理的社会主体的持续有效的激励制度供给，则社会主体会因缺乏权利保障而丧失制度信任，产生政治冷漠和一些机会主义行为等消极的对抗形式，从而削弱制衡的实际效力。执政党在培育多元社会治理主体过程中，一方面可以首先发掘中国传统社群资源中所蕴含的社会资本。当下的中国从历史上继承了多民族共处的经验。民族和睦、民族信任是从严治党外部制衡力量的重要基础。明确各民族的文化符号、社会记忆与政治认同、国家认同的关系，把民族文化符号、社会记忆所扮演的重要角色纳入多元社会治理的视野中，从而不断积蓄执政党治理国家的社会资本，不断巩固执政党的执政基础。在此基础上，进一步发掘并培育其他类型的社会治理主体，形成以执政党为主导的和而不同的可持续政治生态，形成对执政党权力制衡更有效的社会关系结构。另一方面，执政党通过在国家治理中实际地赋予并且严格依法保障各类社会治理主体的权利，更有效地配置其所拥有的权力和资源，为主体内部的个人提供经济的或社会的福利，以驱动归属于社会复合主体的个人积极履行其所承诺的组织责任。在多中心的社会权力生态中，破坏者将会支付巨大的违约成本甚至被驱逐，包括执政党在内的社会治理主体将更自觉地履行相互之间达成的契约，从而通过这种新型的社会权力生态持续深入地推进从严治党。

“四个全面”开辟了中国道路探索新视域

潘忠宇

摘　要：中国特色社会主义道路是当代中国马克思主义探索的重要成果。“四个全面”是以习近平为总书记的新一届中央领导集体治国理政的战略布局，“四个全面”的提出，使中国特色社会主义道路的探索进入新阶段，为中国特色社会主义道路的探索明确了目标，丰富了中国特色社会主义道路的内涵，开辟了中国道路探索的新视域。

关键词：“四个全面”　中国道路

作者简介：潘忠宇，北方民族大学马克思主义学院教授，博士生导师。

中国特色社会主义道路是当代中国马克思主义探索的重要成果。2014年12月，习近平在江苏考察调研时提出了“四个全面”的战略布局。“四个全面”的提出，对中国特色社会主义道路的探索意义重大，在条件、目标、内涵、价值等维度上，开辟了中国道路探索新视域。

一　“四个全面”使中国道路探索进入新阶段

中国人历来重视战略思维和战略布局。面对当前极其复杂的国内外局势，党中央审时度势，处乱不惊，高屋建瓴，把握大局，认为21世纪的头20年，中国仍然处于可以大有作为的、难得的重要战略机遇期。与以前相比，当前战略机遇期的内涵和条件正在发生变化。从世情看，当今世界正在发生深刻复杂变化，但和平与发展仍然是时代主题。从国情看，我国仍处

于并将长期处于社会主义初级阶段的基本国情没有变，人民日益增长的物质文化需要同落后的社会生产之间的矛盾这一社会主要矛盾没有变。从党情看，虽然党坚持不懈地加强和改进自身建设，但党在新形势下面临许多新情况新问题新挑战，执政考验、改革开放考验、市场经济考验、外部环境考验是长期的、复杂的、严峻的。综合分析国际国内大势，我们面临前所未有的机遇，也面对前所未有的挑战，我国发展仍处于可以大有作为的重要战略机遇期。基于这种发展条件的新变化，以习近平为总书记的党中央，在以往对中国特色社会主义道路探索的基础上，进一步对新条件下中国道路战略布局进行了新探索。这也表明，“四个全面”战略布局的形成经历了一个积极探索、逐步提出和逐渐成形的过程。

“小康”一词最早源出《诗经》：“民亦劳止，汔可小康”。而“小康”作为一种社会模式，最早在西汉《礼记·礼运》中得到系统阐述。党的十一届三中全会以后，邓小平立足于中国国情，提出了“小康社会”这一具有中国特色社会主义的新概念。邓小平最早提出“小康”是在1979年会见日本首相大平正芳时使用“小康”来描述中国式的现代化。小康社会正式在党的文件中提出始于2002年，十六大报告中指出：“要在本世纪头二十年，集中力量，全面建设惠及十几亿人口的更高水平的小康社会。”到2007年，十七大报告明确要求：“为夺取全面建设小康社会新胜利而奋斗”。而到2012年，十八大首次将“建设”改成“建成”，提出了到2020年“全面建成小康社会”的任务。

自中共十一届三中全会以来，中国的改革开放的脚步从未中断。至2012年党的十八大报告明确了“全面深化改革开放”的目标。2013年十八届三中全会审议通过了《中共中央关于全面深化改革若干重大问题的决定》，提出了全面深化改革的指导思想、目标任务、重大原则，描绘了全面深化改革的新蓝图、新愿景、新目标。习近平说，这“是全面深化改革的又一次总部署、总动员”。由此，党中央推进改革达到一个新的历史高度，而且表现出空前的勇气和决心；这种勇气和决心来自中国特色社会主义在历史实践中带给我们的理论自信、制度自信、道路自信。

自1999年3月“依法治国”的基本方略和奋斗目标被庄严地写入宪法以来，中国的法治建设一直在有序进行之中。而在此之前，1997年9月，党的十五大在科学总结我国社会主义民主和法制建设经验教训的基础上，郑重提出了“依法治国，建设社会主义法治国家”的重大战略任务。2012年，十八大明确提出“全面推进依法治国”的要求。2014 年 10 月召开的十八届四中全会，在党的历史上第一次把法治建设作为中央全会的专门议题，对全面推进依法治国做出了系统的战略部署。

早在 1994 年 9 月召开的十四届四中全会就提出党的建设新的伟大工程。党的建设也多次出现在中央文件之中。例如，2002 年召开的十六大和 2007 年召开的十七大，都提出了要加强党的建设。至 2009 年，中共中央十七届四中全会提出提高党的建设科学化水平的重要命题和任务。到 2012 年，十八大提出总要求和总部署，要求全面提高党的建设科学化水平，并再次强调要从严治党。2014 年 10 月，习近平在群众路线教育实践活动总结大会上，进一步提出全面推进从严治党的要求，并对全面推进从严治党进行了部署。2014 年 12 月，在江苏考察调研时，习近平提出“协调推进全面建成小康社会、全面深化改革、全面推进依法治国、全面从严治党，推动改革开放和社会主义现代化建设迈上新台阶”。这是习近平第一次把“四个全面”并提。

随着“四个全面”的提出，习近平在 2015 年 2 月 2 日省部级主要领导干部学习贯彻十八届四中全会精神全面推进依法治国专题研讨班开班式上明确肯定“四个全面”是“战略布局”，并且第一次亲自用“战略布局”这个词来概括十八大以来党中央治国理政的总体框架，这说明“四个全面”具有非同寻常的意义。“四个全面”战略布局的提出，以全面的视野使中国特色社会主义道路的战略方向、重点领域、主攻目标更加清晰，表明中国特色社会主义道路探索进入新阶段。

二 “四个全面”为中国道路探索确立了新目标

“四个全面”从坚定中国自信、立足中国实际、探索中国道路、总结中国经验、解决中国难题的高度，确定了中国发展的总纲，确立了党和国家各项工作的主要矛盾、重点领域、主攻方向，为中国道路的探索确立了新的目标。“四个全面”虽然内容涉及多个方面和领域，但它们之间存在着辩证统一的逻辑关系。全面建成小康社会是党的十八大确定的现阶段的奋斗目标，是“四个全面”的总目标。全面深化改革是党的十八届三中全会做出的重大部署，是实现全面建成小康社会，实现中华民族伟大复兴的不竭动力。全面依法治国是党的十八届四中全会做出的战略部署，是保障小康社会、深化改革和从严治党得以实现的保障系统。全面从严治党是党中央围绕实现奋斗

目标而采取的组织措施和提供的组织保证，是实现奋斗目标的根本要求与关键。

全面建成小康社会是中国道路探索的总目标。全面建成小康社会，是不分人群、不分地域的全面小康，是经济、政治、文化、社会和生态文明各个方面的小康。从“奔小康”到“全面建成小康社会”，党的十八大描绘出全面小康社会的清晰图景。小康梦的升级版，为中国梦注入更多实实在在、鼓舞人心的内容。“国家好，民族好，大家才会好”与“大家好，民族好，国家才会好”相互激荡，从最贴近民心的角度激发起全面小康的无尽动力。这是“四个全面”的总目标。党的十八大将全面建成小康社会确定为“两个一百年”奋斗目标之一。习近平指出：“全面建成小康社会是我们的战略目标，全面深化改革、全面依法治国、全面从严治党是三大战略举措。”① 全面建成小康社会作为纲领性的奋斗目标，在“四个全面”战略布局中具有统领和牵引作用。全面建成小康社会的总目标的实现，必须要求全面深化改革、全面依法治国和全面从严治党的共同发力才能实现。第一，全面实现小康社会以全面深化改革作为着力点。我国在经历了30多年改革开放的迅猛发展之后，虽然取得了举世瞩目的成就，但当改革进入深水区之后，也暴露出了一系列问题和难题。面对这一系列的问题和难题，在新的历史起点之上，我们如何实现全面建成小康社会的宏伟目标依赖于进一步全面深化改革。这种改革涉及生产力和生产关系改革、经济基础和上层建筑之间的改革、收入分配和社会保障的改革、区域发展、人与自然和谐关系的构建等一系列方面的改革。只有以壮士断腕的决心来全面深化改革，才能实现全面建成小康社会。第二，全面实现小康社会以全面依法治国为保障。习近平在主持中央全面深化改革领导小组第六次会议上的讲话中指出，全面建成小康社会必须全面推进依法治国。法律是治国之重器，法治是国家治理体系和治理能力的重要依托，只有全面推进依法治国，才能解决改革发展本身以及党和国家事业发展面临的一系列重大问题，才能保证全面建成小康社会目标的胜利实现。第三，全面实现小康社会根本性要求是全面从严治党。在“四个全面”中，无论是全面建成小康社会、全面深化改革，还是全面依法治国，都是在党的领导下进行的，党所处的这种重要地位是保证其他“三个全面”

① 习近平：《在省部级主要领导干部学习贯彻十八届四中全会精神全面推进依法治国专题研讨班开班式上的讲话》，《人民日报》2015年2月3日。

实现的根本条件。所以全面实现小康社会必须要求在党的思想建设、组织建设、作风建设、反腐倡廉建设和制度建设的各个领域都要体现出高要求、高标准。

全面深化改革是中国道路探索的不竭动力。全面深化改革，是涉及社会各个区域、领域和各个阶层、群体和每个人利益关系的全面改革，是使成果更多更公平惠及全体人民的全面改革。全面深化改革，最根本的是消除制约发展的体制机制障碍，开启生产力、创造力和社会活力迸发的闸门，为中国特色社会主义发展提供不竭动力。第一，全面深化改革为中国道路探索指明方向。自从十一届三中全会确立改革开放以来，中国走上了中国特色的社会主义道路。这30多年的发展历程证明了改革开放极大地解放和发展了社会生产力，证明了中国特色社会主义制度的优越性，改革开放是开创、坚持和发展中国特色社会主义的强大动力。2014年，习近平在接受俄罗斯电视台专访时，再次强调："中国改革经过30多年，已进入深水区，可以说，容易的、皆大欢喜的改革已经完成了，好吃的肉都吃掉了，剩下的都是难啃的硬骨头。"他的这番话表明今后的改革之路必将是任重而道远。十八大以来，以习近平为总书记的党中央，坚持以改革凝聚共识，不断加强顶层设计，以巨大政治勇气推进全面深化改革进程，为中国特色社会主义道路指明方向。第二，全面深化改革为其他"三个全面"提供动力。党的十八届三中全会通过的《中共中央关于全面深化改革若干重大问题的决定》标志着我国进入全面深化改革的新阶段。全面深化改革是实现全面建成小康社会的引擎、动力，只有不断深化改革才能实现全面建成小康社会。只有全面深化改革才能建设和完善中国特色法律体系，维护宪法法律的尊严。只有依靠党的领导和全面从严治党才能够保证全面深化改革。只有把全面深化改革置于社会主义改革的全过程和"四个全面"的整体布局中去把握，才能真正认识改革在实现中华民族伟大复兴中国梦过程中所具有的重要地位和作用。

全面依法治国是中国道路探索的重要保障。法律是治国之重器，法治是国家治理体系和治理能力的重要依托。党的十八届四中全会制定的全面推进依法治国的总蓝图明确提出"建设中国特色社会主义法治体系，建设社会主义法治国家"，这次全会成为中共党史上第一次专门研究法治建设的中央全会。全面依法治国，涉及党的领导、人民当家作主和依法治国的有机统一关系，涉及立法、执法、司法、守法各方面，涉及法治信仰确立、法治精神弘扬、法治环境营造等各领域。这是实现"四个全面"的基本保障。第一，

中国道路的探索离不开法治思维和法治方式。自从十八大以来，新一届党中央坚持用法治思维和法治方式来全面深化改革，在中国道路的探索方面也始终坚持法治思维和法治方式。十八届四中全会通过的《中共中央关于全面推进依法治国若干重大问题的决定》也表明了党今后在对中国道路的探索方面要按照法治方式。第二，全面依法治国为全面建成小康社会提供保障。习近平在谈到依法治国与全面深化改革的关系上做了形象的比喻，认为全面依法治国与全面深化改革是“鸟之两翼、车之双轮”，共同助力全面建成小康社会。小康社会的实现需要依法治国来创造环境，建设小康社会所取得的成果也需要通过依法治国来保障，党领导全体人民共同奔小康也必须在宪法法律的框架内进行。全面依法治国作为协调推进“四个全面”的制度保障，一定能推动中国道路的探索。

全面从严治党是中国道路探索的根本要求和关键。从严治党始终是我们党的自身要求，习近平在我党 90 多年历史上首次提出“全面从严治党”。他在江苏加入“全面从严治党”时，特别采用了“大气候和小气候”的比喻，“从严治党是全党的共同任务，需要大气候，也需要小气候。各级党组织要主动思考、主动作为，通过营造良好小气候促进大气候进一步形成”。这是实现“四个全面”的根本要求与关键。第一，全面从严治党是全面建成小康社会、全面深化改革、全面依法治国的根本政治保证。中国共产党作为一个拥有 8700 多万党员、在一个 13 亿多人口的大国执政的马克思主义政党，中国共产党的作风直接关系到党的执政地位是否能够长期维持、中国道路是否能够长期走下去。党要长期执政，必须保持自身的先进性和纯洁性，必须时刻保持从严治党的高压态势。近年来，中央在从严治党方面出台了一系列规章制度，如中央推出八项规定和开展群众路线教育实践活动等一系列举措，目的在于加强党的自身建设，使党的领导能够保障实现全面建成小康的总目标，能够推进全面深化改革和全面依法治国。第二，全面从严治党是党对中国道路探索的根本要求与关键。我国革命、建设与改革的历史实践表明，没有共产党就没有新中国，就没有中国特色社会主义，就没有中国特色社会主义道路。中国共产党作为领导中国革命、建设和改革的核心，其执政地位并不是与生俱来和一劳永逸的，如何保持在党的领导下继续实现社会主义道路的探索关键在于从严治党。十八大以来，党的各项建设尤其是作风建设和反腐倡廉建设取得了明显成效，从严治党贯穿在党的思想建设、组织建设、作风建设、制度建设、反腐倡廉建设等各个方面。

通观“四个全面”战略布局，其中发展是时代的主题和世界各国的共同追求，改革是社会进步的动力和时代潮流，法治是国家治理体系和治理能力现代化的重要依托，从严治党是执政党加强自身建设的现实要求。“四个全面”的提出，是我们党把马克思主义基本原理和中国实际相结合的又一次创新突破，是中国化马克思主义的又一次历史性飞跃，它为中国道路的探索注入了新内涵。

三 “四个全面”为中国道路探索注入新内涵

习近平第一次将全面建成小康社会，定位为“实现中华民族伟大复兴中国梦的关键一步”；第一次将全面深化改革的总目标，标定为“完善和发展中国特色社会主义制度，推进国家治理体系和治理能力现代化”；第一次将全面依法治国这一战略举措，论述为全面深化改革的“姊妹篇”，形成“鸟之两翼、车之双轮”；第一次为全面从严治党标定清晰路径，即“增强从严治党的系统性、预见性、创造性、实效性，使从严治党的一切努力都集中到增强党自我净化、自我完善、自我革新、自我提高能力上来，集中到提高党的领导能力和执政能力、保持和发展党的先进性和纯洁性上来”。

党的十六大报告指出：“我们要在本世纪头二十年，集中力量，全面建设惠及十几亿人口的更高水平的小康社会，使经济更加发展、民主更加健全、科教更加进步、文化更加繁荣、社会更加和谐、人民生活更加殷实。”①这初步描绘了小康社会的蓝图。在十六大报告的基础上，党的十八大报告明确了到2020年要全面建成小康社会的宏伟目标。十八大报告从经济、政治、文化、社会、生态五个方面对全面建成小康社会做出了整体性战略布局。第一，经济持续健康发展。主要表现在完善社会主义市场经济体制，完善收入分配制度，完善宏观调控体系，完善开放型经济体系。第二，不断扩大人民民主。主要表现在推进社会主义民主政治，扩大公民有序政治参与，实现国家各项工作法治化。第三，提升文化软实力。主要体现在完善文化管理体制和文化生产经营机制，健全国有文化资产管理体制。第四，提高人民生活水平。主要表现在要加快形成科学有效的社会管理体制，完善社会保障体系，健全基层公共服务和社会管理网络，建立确保社会既充满活力又和谐有序的

① 《十六大以来重要文献选编》（上），中央文献出版社，2005，第14页。

体制机制。第五，生态文明制度的建立。主要表现在健全国土空间开发、资源节约、生态环境保护的体制机制，推动形成人与自然和谐发展的现代化建设新格局。[①] 从十六大提出的全面建设小康社会到十八大提出的全面建成小康社会可以看出，小康社会的内涵不断深化，为中国道路的探索不断地注入新内涵。

十八大报告从经济、政治、文化、社会、生态等方面阐释了全面深化改革的目标。在此基础上，十八届三中全会通过了《中共中央关于全面深化改革若干重大问题的决定》（以下简称《决定》）。《决定》涉及全面深化改革的总目标，也涉及经济、政治、文化、社会、生态和党建等各个分目标，建立起全面深化改革的框架结构。《决定》明确指出：“全面深化改革的总目标是完善和发展中国特色社会主义制度，推进国家治理体系和治理能力现代化。”[②] 十八届三中全会从六个方面阐释了全面深化改革，即深化经济体制改革、政治体制改革、文化体制改革、社会体制改革、生态文明体制改革、党的建设制度改革，这六个方面的改革都是为完成总目标而进行的改革。不论是全面深化改革的总目标还是分目标，都丰富了中国道路的内涵。

正如前面所指出的，1997 年党的十五大报告明确了依法治国的基本内涵，也就是广大人民群众在党的领导下，依照宪法和法律规定，通过各种途径和形式管理国家事务，管理经济文化事业，管理社会事务，保证国家各项工作都依法进行，逐步实现社会主义民主的制度化、法律化，使这种制度和法律不因领导人的改变而改变，不因领导人看法和注意力的改变而改变。在此后 17 年中，依法治国一直在发展，直到 2014 年 10 月党的十八届四中全会从战略高度明确了全面推进依法治国的总目标。《中共中央关于全面推进依法治国若干重大问题的决定》指出：“全面推进依法治国，总目标是建设中国特色社会主义法治体系，建设社会主义法治国家。”[③] 十八届四中全会明确了全面推进依法治国的总目标，体现了以法治思维和法治方式推进改革、以改革的魄力和改革的追求完善法治的思路，这是实现全面建成小康社会奋斗目标的必然要求，丰富了中国道路的内涵。

全面从严治党是推进党的建设这一新的伟大工程的必然要求，是推进中

① 《中国共产党第十八次全国代表大会文件汇编》，人民出版社，2012。

② 《中共中央关于全面深化改革若干重大问题的决定》，人民出版社，2013，第 3 页。

③ 《中国共产党第十八届中央委员会第四次全体会议文件汇编》，人民出版社，2014，第 21 页。

国特色社会主义伟大事业的必然要求，也是开辟中国特色社会主义道路的必然要求。党的十八大以来，党的作风建设和反腐倡廉建设正在一步步地扎实推进，逐渐形成了“全面从严治党”的党的建设新形势。全面建成小康社会，必须充分发挥党总揽全局、协调各方的领导核心作用；全面深化改革，必须加强和改善党的领导，保证改革沿着正确的方向前进；全面依法治国必须坚持党的领导，贯彻中国特色社会主义法治理论，建设中国特色社会主义法治体系，建设社会主义法治国家。只有将全面从严治党贯穿到全面改革和法治建设之中，才能实现全面建成小康社会的宏伟目标，才能使中国道路越走越宽阔。

四 “四个全面”为中国道路探索开启了新航程

强调“四个全面”协调推进，这在我们党的历史上是第一次，这既是重大的战略布局，也体现出治国理政的重要战略思想。今天的中国，“四个全面”正是我们党坚持和完善中国特色社会主义道路，回应时代关切、实现人民福祉、建设现代中国的基本方略，它为中国特色社会主义道路探索注入了新的动力。“四个全面”深刻体现了我们党不断坚持和发展中国特色社会主义道路的历史自觉，是中国化马克思主义的新成果，必将开启中国道路探索新航程，开辟中国道路探索新视域，书写中国特色社会主义现代化建设的新篇章。协调推进“四个全面”，把伟大梦想、伟大事业、伟大工程统一于造福中国人民的伟大实践，这就是当代中国道路、中国梦。

“四个全面”为中国特色社会主义道路探索注入了新的动力。“四个全面”是党中央站在时代发展的高度，从国家发展大局出发，充分考虑人民群众根本利益提出来的，体现的是对中国特色社会主义发展规律的深刻把握和中国特色社会主义道路的坚定信念，是把马克思主义基本原理同中国实际相结合的重大理论创新。从全面建成小康社会、全面深化改革、全面依法治国到全面从严治党的提出，“四个全面”标志着我们党治国理政的新篇章，充分体现了我们党对中国道路探索的不懈努力。从“全面建设小康社会”到“全面建成小康社会”，仅一字之变，却给建设小康社会列出了时间表，使奋斗目标更加具体实在。全面建成小康社会是党根据人民意愿和事业发展需要提出的富有感召力的奋斗目标，党团结带领全国各族人民为之奋斗，提供了我们党领导人民走向胜利的成功经验。全面深化改革涉及经济、政治、

文化、社会、生态等多方面，改革中面临的问题也复杂多变，但是唯有全面深化改革，才能推动中国特色社会主义的蓬勃发展，才能坚持中国特色社会主义道路。

“四个全面”开辟了中国道路探索的新视域。“四个全面”是对党治国理政历史经验的科学总结，也是党对中国特色社会主义道路探索的经验总结，深刻反映了时代发展趋势和中国特色社会主义建设规律。“四个全面”在理论层面深化了对共产党执政规律、社会主义建设规律、人类社会发展规律的认识，是当代中国马克思主义的新探索，它把我们对中国特色社会主义建设规律的认识提升到新的高度，是党治国理政方略的又一次与时俱进。“四个全面”在实践层面集中回应了人民群众对物质和精神文化的新的期待，将为中国的社会发展和人民的幸福安康提供新的动力。

论“四个全面”战略布局中的全面从严治党

林绪武

摘　要：“四个全面”是马克思主义与中国实践相结合的新飞跃，是对人类社会发展规律、社会主义建设规律和共产党执政规律的新认识。全面从严治党是“四个全面”的灵魂，体现了马克思主义执政党建设实践、建设规律和建设理论上的新发展、新突破。深入分析全面从严治党的内涵及其与其他三个“全面”的关系，对于从严治党和我国建设实践具有重要意义。

关键词：四个全面　全面从严治党

作者简介：林绪武，南开大学马克思主义教育学院教授，博士生导师。

“四个全面”是以习近平同志为总书记的党中央治国理政的最新战略布局，其关键就是要坚定“三个自信”、坚持中国道路。这一战略布局，统一于民族复兴的伟大梦想，统一于中国特色社会主义的伟大事业，统一于党的建设新的伟大工程。我们需要总体认识“四个全面”战略布局的科学内涵和价值，也要具体把握每一个“全面”的内涵和价值。这里主要结合个人的研究领域，谈谈笔者在学习“四个全面”战略布局时对全面从严治党的一些认识和体会。

一　全面从严治党，是对马克思主义执政党建设实践的新探索

马克思主义具有与时俱进的理论品质，马克思主义执政党建设理论同样

需要与时俱进。理论来源于实践又指导新的实践，因此，马克思主义执政党建设的实践也要体现与时俱进、不断创新。

历史和现实证明，中国共产党创建90多年来，从领导新民主主义革命、社会主义革命和建设，为当代中国一切发展进步奠定基础；到确定改革开放这一决定当代中国命运的关键一招，开辟中国特色社会主义广阔道路，几代共产党人接力探索的过程，既非常艰辛也波澜壮阔。新中国成立60多年来，中国共产党经历从革命党向执政党的转变，党的执政方式从封闭半封闭到改革开放的转变，从领导计划经济到引导市场经济的转变，始终注重加强对马克思主义执政党建设的实践、规律和理论的探索，不断丰富和发展了马克思主义执政党建设的理论宝库。进入21世纪以来，中国共产党对建设的理论与实践的探索取得了新的成果。江泽民同志在建党80周年纪念大会上的讲话和党的十六大报告中系统阐述了“三个代表”重要思想，全面回答了“建设一个什么样的党，怎样建设党”的问题。胡锦涛同志在党的十七届六中全会上提出“提高党的建设科学化水平”的命题，在建党90周年讲话中提出“不断提高党的建设科学化水平”。党的十八大报告提出“以改革创新精神全面推进党的建设新的伟大工程，全面提高党的建设科学化水平”。无论是“三个代表”重要思想，还是“全面提高党的建设科学化水平”的命题，都体现了中国共产党探索马克思主义执政党建设理论、实践的一以贯之精神，促进党的建设不断取得新成就，坚持和巩固了党的领导核心地位、执政地位。

不可否认，在新形势下，中国共产党的建设取得了许多成就，这是主要的也是主流，这一点我们必须看到，但是，我们也必须清醒地看到党的建设存在一些问题，有些问题相当严峻，尤其腐败问题是中国共产党健康肌体上的毒瘤，危害极大，后患无穷。习近平指出：腐败问题越演越烈，最终必然会亡党亡国。党的十八大以来，人民群众对从严治党的期盼越来越高，对惩治腐败的愿望越来越强，以习近平同志为总书记的党中央敢于担当，坚持问题导向和科学思维，一方面，聚焦腐败问题，以“踏石留印、抓铁有痕”的气魄，坚持“老虎”“苍蝇”一起打，深入推进反腐倡廉建设，十八大以来的两年多时间里，据报道因腐败而受惩处的省部级以上干部99人，力度之大，震慑之强，前所未有；另一方面，聚焦“四风”问题，深入开展党的群众路线教育活动，坚持“照镜子、正衣冠、洗洗澡、治治病”[①]。据国家统计局在21个省区市开展的民意调查显示，87.3%的群众认为不正之风和腐败问题与以往相比有好转，77.1%的群众认为查处领导干部违纪违法案件有力度。[②] 这是十八大以来党中央正风肃纪的可观实绩，是党的建设进程中从严从实的初步战果。正是在党的群众路线教育实践活动总结大会上，习近平对从严治党提出了八个方面的要求：落实从严治党责任，坚持思想建党和制度治党紧密结合，严肃党内政治生活，坚持从严管理干部，持续深入改进作风，严明党的纪律，发挥人民监督作用，深入把握从严治党规律，这实际上是初步提出了全面从严治党的内容。2014年12月，习近平在江苏调研时明确提出“全面从严治党”，并且和全面建成小康社会、全面深化改革、全面依法治国相结合，从而形成了“四个全面”战略布局，充分体现以习近平同志为总书记的党中央对马克思主义执政党建设实践的新探索，这既是对从严治党优良传统的继承，也是十八大以来从严治党实践经验的总结，既一脉相承又创新发展，具有重大现实意义和深远历史意义。

二　全面从严治党，是对马克思主义执政党建设规律的新认识

“四个全面”是马克思主义与中国实践相结合的新飞跃，是对人类社会发展规律、社会主义建设规律和共产党执政规律的新认识。全面从严治党，集中体现了对共产党执政规律的新认识，具体来说是对马克思主义执政党建设规律的新认识。

第一，“新”主要体现为“全面”，“全面”是从严治党的基础。党的十五大以来，“党要管党，从严治党”“治国必先治党，治党务必从严”，是中国共产党始终强调和坚持的一贯认识和实践。正是坚持和落实这一深刻认识和具体举措，党的建设取得了一系列新成就，党是中国特色社会主义领导核心的地位并没有动摇。然而，不能不看到，党自身存在的问题较为突出，影响了党在人民群众中的形象和威望。这就是说，从严治党虽然取得了成

① 《习近平谈治国理政》，外文出版社，2014，第375页。

② 《从严治党锻造坚强领导核心——五论协调推进“四个全面”》，《人民日报》2015年3月1日。

就，但是并没有解决党的建设面临的所有问题，尤其是一些严峻问题亟待解决，从严治党必须有新的举措、新的突破。习近平在从严治党前加上“全面”二字，就涵盖了从严治党的方方面面，可以说是内容的全面，也可以说是方法的全面，还可以说是过程的全面，这就需要深入分析新形势下党的建设面临的新情况、新问题，需要采取系统论的视角和方法并贯穿于从严治党的全过程，需要不断创新方式方法。全面从严治党要注重群众参与、监督和评判，畅通建言献策和批评监督两个渠道，即要坚持自上而下和自下而上相结合的方式与方法，“一些问题长期得不到解决，表现在基层，根子在上层，上面害病、下面吃药”。因而，全面从严治党必须坚持敞开大门、接受群众的监督，“让群众监督和评议，切忌‘自说自话、自弹自唱’，不搞闭门修炼、体内循环”[①]。毛泽东曾讲：“政治路线确定之后，干部就是决定的因素。”[②] 全面从严治党，重在从严管理和监督干部。2014 年 10 月，习近平明确指出：党要管党，首先是管好干部；从严治党，关键是从严治吏。十八大以来，中国共产党坚持正人先正己、领导带头、层层示范的原则，从中央到地方始终坚持重点突破，打出从严治吏“组合拳”，让“为官不易”成为新常态。不首先抓好领导干部队伍建设，全面从严治党无从谈起。因此，“全面从严治党”标定了从严治党的新路径，增强了从严治党的系统性、预见性、创造性、实效性。

第二，“新”主要体现为全面从严治党成为党的建设的新要求。目前，国家的经济建设进入新常态[③]，事实上，中国共产党的建设也进入了一个新阶段，就是要全面从严治党。党的十八大以来，反腐败斗争虽然取得了很大成就，但是，反腐败斗争的形势依然严峻，既有一些党员干部抱着侥幸心理仍然不收手、不收敛，也有一些党员干部提出了“反腐阶段论”“反腐亡国论”等不同的声音和论调，企图干扰和阻碍反腐败斗争。然而，以习近平同志为总书记的党中央明确提出，反腐败斗争“不定指标、上不封顶，凡腐必反，除恶务尽”，既是对上述错误论调的强有力的反驳，同时，这也表

① 《习近平谈治国理政》，第 378 页。

② 《毛泽东选集》第 2 卷，人民出版社，1991，第 526 页。

③ 中国经济新常态呈现出三个主要特点：第一，从高速增长转为中高速增长；第二，经济结构不断优化升级，第三产业、消费需求逐步成为主体，城乡区域差距逐步缩小，居民收入占比上升，发展成果惠及更广大民众；第三，从要素驱动、投资驱动转向创新驱动。参见习近平《谋求持久发展　共筑亚太梦想》，《人民日报》2014 年 11 月 10 日。

明反腐倡廉建设不是一时之计而是长久之计，“全面从严治党”也不是一时之策而是长久之策，必将成为中国共产党建设的新常态，重在坚持，重在长久。所以，全面从严治党，是对马克思主义执政党建设规律的新认识。

第三，“新”主要体现为全面从严治党由“要求”提升为“战略”。长期以来，从严治党是一个要求、一项任务，而习近平提出的全面从严治党则是一项重大战略，并且与全面建成小康社会、全面深化改革、全面依法治国融为整体，形成“四个全面”战略布局，深刻揭示了全面从严治党与其他三个全面的内在关系。其他三个全面虽然有不同的指向、具体的内容，但都离不开党的正确领导，全面从严治党的战略价值就在于能够为其他三个全面的实现保驾护航。可以说，党的领导是“四个全面”之魂。全面从严治党，就是要锻造坚强领导核心，只要使党始终成为全国人民的主心骨，就能为协调推进“四个全面”提供方向指引和政治保证。相反，全面从严治党懈怠一时，就会延误其他三个全面的进展大局。因此，全面从严治党从“要求”提升为“战略”，是对马克思主义执政党建设规律的创新与发展，既凸显了全面从严治党的战略价值和意义，也突出了全面从严治党的重要机遇和挑战。

三　全面从严治党，是对马克思主义执政党建设理论的新发展

“四个全面”战略布局构成一个整体和系统，协调推进“四个全面”，最根本的是坚持党的领导不动摇。同样，全面从严治党，就需要从“四个全面”战略布局的整体来加以贯彻和落实。

一是要以全面深化改革的精神和方法从严治党。我们常说改革已经到了深水区、需要啃硬骨头，这不单是指国家的改革，党的改革也是如此。全面深化改革，是党的十八届三中全会做出的重大改革战略，推动和引领全面深化改革，党责无旁贷，同时，为了能够更好地贯彻全面深化改革的战略，党自身面临的问题也必须全面改革。新的历史条件下，中国共产党面临执政考验、改革开放考验、市场经济考验、外部环境考验等“四大考验”，并面临精神懈怠的危险、能力不足的危险、脱离群众的危险、消极腐败的危险等“四大危险”，全面从严治党的任务比以往任何时候都更为繁重、更为紧迫。而全面从严治党，必须通过党的全面改革来实现，改革是党实现自我净化、

自我完善、自我革新、自我提高的根本途径。习近平在党的群众路线教育实践活动总结大会上提出的从严治党的八个方面内容，任何一个方面的落实都离不开改革的精神和方法，因此，我们要以改革创新的精神来贯彻和推进全面从严治党，把全面从严治党真正落到实处。

二是要运用法治的思维和方法从严治党。全面依法治国，必然要求党全面依法执政、依法行政，这不仅是法治国家、法治社会和法治政府建设的需要，也是全面从严治党的需要。全面从严治党，首先要严明党纪，依规治党，一方面，要清理党内不合理的规章制度；另一方面，加强党内规章制度的建设，用规章制度管党、治党，才能体现法治的精神和方法。王岐山指出：“党的先锋队性质和先进性要求决定了，党规党纪严于国家法律。国法是所有公民的行为底线，党纪是对党组织和党员立的规矩。”全面从严治党，要求党和政府必须依法执政、依法行政，依法处理好党委部门与司法机关的关系，不得人为干预司法，确保司法公正。全面从严治党，要正确处理好与全面依法治国的关系，需要认清和把握全面从严治党与全面依法治国是本质一致、辩证统一的关系，同时在实践中切实探索协调解决好这一关系。

三是要运用治党与治国、伟大工程与伟大事业紧密结合的精神和方法从严治党。“四个全面”战略布局充分体现把党的建设与国家建设一起部署、把党的建设新的伟大工程与中国特色社会主义建设伟大事业一道推进的精神。办好中国的事情，关键在党。中国共产党是拥有8700多万党员、在13亿多人口的大国长期执政的党，党的形象和威望、党的创造力凝聚力战斗力，直接关系到党的命运，也直接关系国家的命运、人民的命运、民族的命运。中国共产党的执政地位是历史的选择、人民的选择，但是，党的执政地位并不是一劳永逸的。巩固党的执政地位，提高党的执政能力，关键在于全面从严治党，始终保持党的先进性和纯洁性。因此，我们必须站在民族、国家和人民的全局高度，来认识和推进全面从严治党。习近平说：“打铁还需自身硬”“我们的责任，就是同全党同志一道，坚持党要管党、从严治党，切实解决自身存在的突出问题。”这就是说，我们应当将对民族的责任、对国家的责任、对人民的责任、对党的责任，落实到全面从严治党，使党始终成为中国特色社会主义事业坚强领导核心。所以，在“四个全面”战略布局中，贯彻落实全面从严治党，不仅是从党的建设的伟大工程来谈全面从严治党，而且是从事关中国特色社会主义伟大事业、事关中华民族复兴的伟大梦想这一全局的高度、宽广的视野，来推进全面从严治党，坚持中国道路，坚定“三个自信”。

习近平具有强烈的问题意识，倡导问题导向。他强调指出：我们党领导人民干革命、搞建设、抓改革，从来都是为了解决中国的现实问题。“四个全面”战略布局，是以习近平同志为总书记的党中央对中国特色社会主义道路的新探索，是解决中国道路发展中面临的现实问题的总钥匙，是马克思主义基本原理与中国实际相结合的新飞跃。而全面从严治党，则是马克思主义执政党建设的最新理论发展，在“四个全面”战略布局下，全面从严治党必将把党的建设新的伟大工程推向新的阶段，必将把中国特色社会主义伟大事业推向新的阶段，必将把民族复兴的伟大事业推向新的阶段。

中国特色社会主义理论体系男女平等观述论*

冯雅新

摘　要： 本文考察中国特色社会主义理论体系男女平等观的产生、形成和发展的历程，介绍男女平等观的主要内容，论述中国特色社会主义理论体系男女平等观的理论价值和现实意义。在中国特色社会主义理论的宏观体系中，男女平等观已逐步形成包括完整的理论体系、政策系统和实践导向的中观体系。在马克思主义妇女理论指导下，在继承和发展毛泽东思想男女平等观的基础上，随着改革开放的深入，中国特色社会主义理论体系的男女平等观不断丰富和发展。

关键词： 中国特色社会主义理论体系　男女平等观

作者简介： 冯雅新，北京大学马克思主义学院副教授。

男女平等价值观是中国特色社会主义理论体系的有机组成部分，1995年在第四次世界妇女大会上，中国宣告男女平等是一项基本国策。伴随着中国特色社会主义理论体系的形成和发展，男女平等价值观呈现出丰富的内涵，显现出时代特征，逐步纳入国家决策的主流意识，同时力求在国际上产生重大影响。

* 本文为国家社会科学基金重大课题（文化类）“男女平等价值观研究与相关理论探讨”（12&ZD035）子课题“男女平等价值观的理论基础研究”的成果之一。

一　中国特色社会主义理论体系男女平等观的产生与发展

（一）中国特色社会主义理论体系男女平等观的产生

改革开放以来，中国共产党创立了包括邓小平理论、“三个代表”重要思想、科学发展观和“四个全面”战略布局在内的中国特色社会主义理论体系。这个理论体系，是中国实现男女平等、实现妇女解放与发展的强大思想武器。

社会主义初级阶段的基本理论，首先强调中国已经是社会主义社会，这为中国妇女解放与发展提供了根本条件和保障；同时强调中国的社会主义正处于并将长期处于初级阶段，这是中国妇女解放与发展的出发点。中国特色社会主义理论，正确分析了我国的国情，揭示了社会主义的本质和根本任务，这是中国妇女在新时期发展的理论基础和战略起点。

改革开放后，男女不平等的现象并未消失，而是呈现出各种新的表现形式。由于种种原因，旧社会遗留下来的歧视妇女的丑恶现象依然存在，虐待、侮辱、残害妇女儿童的犯罪行为屡有发生。“男尊女卑”“男主外，女主内”等思想得到相当程度的复制或再现，“让妇女回家”的呼声一度甚嚣尘上，新中国已长期绝迹的不尊重妇女的卖淫、嫖娼等现象沉渣泛起，等等。与此同时，市场经济体制确立的初期，一些现象在一定程度上削弱了计划经济时代对男女平等的重视，实现妇女参政、就业、受教育以及婚姻家庭等方面的平等权利问题较多，妇女的潜能难以充分发挥，其整体素质和技能与快速发展的经济社会需求不适应。这些新情况新问题为新时期实现男女平等提出了新的要求与挑战。

1995年召开的第四次世界妇女大会为新时期男女平等观的形成提供了新的契机。这次全球性妇女盛会，极大地推动了中国性别理论与实践研究的发展，中国特色社会主义妇女理论研究得到前所未有的重视，中国的妇女理论与实践也因此与世界妇女事业更加紧密地联系在一起，并成为其中不可或缺的组成部分。特别值得一提的是，在这次大会上，中国向全世界宣告男女平等是中国促进社会发展的一项基本国策。

方兴未艾的全球化浪潮的冲击和影响是新时期男女平等观形成的推动力。国际社会以“平等、发展、和平”作为解决妇女发展问题的主题，联

合国明确提出“把性别意识纳入决策主流”，国际社会把妇女问题作为解决社会、经济和环境等战略问题的重要组成部分。许多国家政府或内阁纷纷设立性别平等机构或顾问，提高性别机构在国家机构中的地位。这无疑有力地推动了中国关于实现男女平等、实现妇女全面发展的多方面工作。

（二）中国特色社会主义理论体系男女平等观形成和发展的历史进程

伴随着国家政治战略思想的调整、国际社会对妇女问题的日益重视，针对现实中存在的阻碍中国实现男女平等和妇女全面发展的各种问题，中国特色社会主义体系的男女平等观形成和发展，大体上经历了三个阶段，即1987年中共十三大提出社会主义初级阶段基本论断至1995年第四次世界妇女大会召开前为第一阶段；1995年第四次世界妇女大会召开至2005年修改《中华人民共和国妇女权益保障法》为第二阶段；2005年8月28日修改后的《中华人民共和国妇女权益保障法》颁布至今为第三阶段。

在此期间，有三个历史节点，以其对中国男女平等理论和实践的重大推进而载入史册。

第一个历史节点：1992年《中华人民共和国妇女权益保障法》正式颁布实施。“这部旨在全面保障妇女权益的基本法，对于妇女在政治、文化、教育、劳动、财产、人身、婚姻家庭等方面的权益都作了具体的规定，是对新中国各项保护妇女法律法规的继承和发展，是进一步实现男女平等的重要法律武器。”①

第二个历史节点：1995年我国政府首次明确提出“把男女平等作为促进我国社会发展的一项基本国策”，这不仅深化了对社会主义初级阶段妇女发展规律的认识，也表明了“中国政府顺应国际潮流，自觉承担保障和促进两性平等发展责任的立场和态度”②。2005年修订的《中华人民共和国妇女权益保障法》规定“实行男女平等是国家的基本国策”，使男女平等基本国策用法律形式固定下来。

第三个历史节点：2012年中共十八大报告明确提出“坚持男女平等基本国策”，这在中国共产党的历史上是第一次，标志着我国妇女事业发展史

① 顾秀莲：《中国特色妇女发展之路》，人民出版社，2010，第46~47页。

② 顾秀莲：《中国特色妇女发展之路》，第48页。

上的又一个重要里程碑。它充分体现了党中央对亿万妇女的高度重视和亲切关怀，对于更好地推动妇女平等依法行使民主权利、平等参与经济社会发展、平等享有改革发展成果，促进妇女与经济社会同步发展、男女两性和谐发展、妇女自身全面发展，具有重大而深远的意义。①

二 中国特色社会主义理论体系男女平等观的丰富内涵

改革开放以来，中国共产党的主要领导人邓小平、江泽民、胡锦涛、习近平深入阐述了中国妇女的解放与发展以及男女平等问题，这些理论观点构成中国特色社会主义理论体系男女平等观的主要内容。同时，我国形成了以《中华人民共和国宪法》为基础、以《中华人民共和国妇女权益保障法》为核心，包括几十部相关法律和一批法规的保障体系，这一切为实现男女平等奠定了坚实的基础。

（一）男女平等价值观与中国特色社会主义理论体系在指导思想、道路选择和中心任务方面，具有战略上的一致性

首先，马克思主义妇女观仍然是社会主义男女平等的指导思想。马克思主义妇女观是以毛泽东为代表的中国共产党第一代领导集体妇女观形成的重要理论基础和思想来源，长期指导着中国妇女运动的实践。

1990 年 3 月 7 日，江泽民在三八国际劳动妇女节八十周年纪念大会上发表重要讲话，再次重申："中国共产党用以指导妇女运动的理论，是马克思主义基本原理及其妇女观。"江泽民指出，马克思主义妇女观"是运用辩证唯物主义和历史唯物主义的世界观、方法论，对妇女社会地位的演变、妇女的社会作用、妇女的社会权利和妇女争取解放的途径等基本问题作出的科学分析和概括""是马克思主义理论体系的组成部分"，是文明进步的妇女观。②

在这次讲话中，江泽民从五个方面完整地概括了马克思主义妇女观的主要内容，特别指出"妇女和男子同是人类历史前进的推动者，同是社会物

① 《从源头上为实现男女两性平等提供有力保障——新华社专访国务院妇女儿童工作委员会副主任、全国妇联副主席、书记处第一书记宋秀岩》，《中国妇运》2013 年第 4 期。

② 《江泽民文选》第 1 卷，人民出版社，2006，第 106 页。

质文明和精神文明的创造者，应该具有同等的人格和尊严、同等的权利和地位”[①]，社会各方面应该努力为妇女群众多办好事、实事。这为全党全社会观察分析和解决妇女问题、实现男女平等指明了方向。

其次，走中国特色社会主义道路是实现男女平等的正确道路。

2013 年 10 月 31 日，习近平在同全国妇联新一届领导班子集体谈话时指出：“要坚定不移走中国特色社会主义妇女发展道路，这是实现妇女平等依法行使民主权利、平等参与经济社会发展、平等享有改革发展成果的正确道路。”[②] 这一科学论述对促进中国妇女发展和男女平等具有重要的指导意义。

最后，用经济发展推动社会主义男女平等的进程。

邓小平作为中国共产党第一代领导集体的重要成员、新时期改革开放的总设计师，高度重视经济发展的极端重要性。1979 年 10 月 4 日，他在中共省、市、自治区委员会第一书记座谈会上提出“经济问题是压倒一切的政治问题”。针对改革开放之初出现的一些社会问题，他说：“党是搞什么的？工会是搞什么的？共青团是搞什么的？妇联是搞什么的？还不都是做政治工作的？政治工作是要做的，而且是要好好地做。但是，政治工作要落实到经济上面，政治问题要从经济的角度来解决”，“要广开门路，多想办法，千方百计，解决问题”。[③] 他认为，经济不发展，许多问题都不会得到解决，包括妇女问题。邓小平曾经认为戈尔巴乔夫从政治体制改革入手是误入歧途，因为“他将失去解决经济问题的权力。经济问题解决不了，人民会把他撤职的”[④]。强调经济发展的统领作用，就从战略和宏观层面为妇女解放和男女平等提供了指导思想和行动指南。

胡锦涛提出，“妇女问题，从本质上说是发展问题，也必须通过发展才能得到解决”，即在推动经济社会发展的进程中促进妇女事业发展。就是“坚持把最广大人民的根本利益作为各项工作的根本出发点和落脚点，使发

---

① 《江泽民文选》第 1 卷，第 107 页。

② 《坚持男女平等基本国策　发挥我国妇女伟大作用》，《人民日报》2013 年 11 月 1 日。

③ 《邓小平文选》第 2 卷，人民出版社，1994，第 195、196 页。

④ 转引自〔美〕傅高义《邓小平时代》，冯克利译，三联书店，2013，第 413 页。

展的成果惠及包括广大妇女在内的全体中国人民”[①]。

（二）确立男女平等为基本国策，强调妇女实现男女平等基本国策的主体地位，明确提出妇女自身发展的目标，将妇女发展纳入国家发展与社会发展的总体布局

首先，确立并实施男女平等基本国策，促进妇女与社会同步发展。

实现男女平等一直是中国妇女运动发展的方向和追求的目标，也是中国共产党长期坚持的妇女运动的指导方针。1995 年 9 月 4 日，江泽民在联合国第四次世界妇女大会欢迎仪式上讲话，代表中国政府庄严承诺：“中国政府一向认为，实现男女平等是衡量社会文明的重要尺度。新中国成立后，我国广大妇女成为国家和社会的主人。我们十分重视妇女的发展与进步，把男女平等作为促进我国社会发展的一项基本国策”[②]，这使得《中华人民共和国宪法》规定的男女平等原则“进入了国家政策体系的最高层次”[③]，即成为促进我国社会发展的一项带有普遍性、全局性、长远性的总政策，“规定、制约和引导着一般的具体法律政策的制定和实施。它的适用范围宽、稳定性强，能够长时期起指导作用”[④]。

在男女平等基本国策中，“男女平等”是国策特指的适用范畴和目标指向。“基本国策”规定了男女平等政策的地位、性质和功能。男女平等基本国策的内涵主要在于：在承认和尊重性别差异的前提下追求男女平等；将保障妇女实现发展的权利放到突出位置；给予妇女必要的政策倾斜与特殊权益保障；重视妇女在整个经济社会发展中的地位和作用；鼓励妇女在与男性的合作与协调发展中实现平等；从社会协调发展的高度来认识和解决妇女发展与男女平等问题。中国明确把男女平等作为一项基本国策，表明了中国促进性别平等、保障妇女权益的坚定决心。[⑤]

比较国家已出台的三部《中国妇女发展纲要》对中国妇女发展总目标

---

① 胡锦涛：《在纪念联合国第四次世界妇女大会十周年会议开幕式上的讲话》（2005 年 8 月 29 日），《人民日报》2005 年 8 月 30 日。

② 江泽民：《在联合国第四次世界妇女大会欢迎仪式上的讲话》（1995 年 9 月 4 日），《人民日报》1995 年 9 月5 日。

③ 彭珮云主编《中国特色社会主义妇女理论与实践》，人民出版社，2013，第 13 页。

④ 顾秀莲：《中国特色妇女发展之路》，第 46 页。

⑤ 胡锦涛：《在纪念联合国第四次世界妇女大会十周年会议开幕式上的讲话》（2005 年 8 月 29 日），《人民日报》2005 年 8 月 30 日。

的表述，清晰地看出其从一般宏观到微观具体、从以政府为主导到以妇女为主体、从强调参与与赋权到强调权利平等、机会平等、结果平等三位一体、从理论指导到政策落实再到注重现实性的转变等特点。

1995～2000年纲要，是首个关于妇女发展的规划纲要，具有开创性的意义。该纲要提出的总目标是妇女的整体素质有明显提高，在全面参与经济建设和社会发展，参与国家和社会事务管理的过程中，使法律赋予妇女在政治、经济、文化、社会及家庭生活中的平等权利进一步得到落实。

《中国妇女发展纲要（2001～2010年）》规定的总目标中，明确提出贯彻男女平等的基本国策，推动妇女充分参与经济和社会发展，使男女平等在政治、经济、文化、社会和家庭生活等领域进一步得到实现。继而，纲要具体地提出中国妇女的权利包括平等的经济权、政治权、受教育权、健康权、法律权等。这部纲要提出“优化妇女发展的社会环境和生态环境，提高妇女生活质量，促进妇女事业的持续发展”，将妇女发展的视野进一步扩展，不再局限于政府和妇女自身，而是延伸至社会环境和生态环境。它在肯定妇女自身发展重要性的同时，强调发展社会环境和生态环境的重要性。

《中国妇女发展纲要（2011～2020年）》作为21世纪第二个十年我国落实男女平等基本国策、促进妇女全面发展的重要文件，是我国人权保障政策体系的重要组成部分。它针对妇女发展中的健康、教育、经济、决策和管理、社会保障、环境、法律七个领域，设置了未来10年的57项主要目标，提出了88条策略措施。这些目标和策略措施的提出，开启了我国保障妇女人权、促进妇女发展的一个新的历史起点。中国妇女发展纲要将男女平等基本国策作为促进妇女发展、推进两性平等的主线贯穿始终，在目标设定与策略措施中都充分体现了男女平等的价值追求。①

其次，明确妇女是推进男女平等的主体力量，“自尊、自信、自立、自强”是中国妇女自身素质发展的目标。

中国妇女是中国革命和建设中不可或缺的重要力量，是推进社会主义男女平等的主体力量。1984年，为适应改革开放新时期的形势要求，全国妇联曾提出“自尊、自爱、自重、自强”的“四自”方针。1988年9月，第六次全国妇女代表大会强调指出：“必须围绕经济建设开展妇女运动，从社

① 李明舜：《引领中国妇女发展的新纲要——略论〈中国妇女发展纲要（2011～2020）〉的几个亮点》，《人权》2011年第6期。

会发展中求妇女解放”，号召广大妇女全面提高自身素质，提出“自尊、自信、自立、自强”的方针，这是妇女运动方针的进一步发展。新“四自”方针，是建设中国特色社会主义过程中对中国妇女自身素质的高度概括，也是中国妇女全面发展努力的方向。1990 年，江泽民代表党和政府也对广大妇女提出殷切期望：“为了更好地担当起各方面的任务，希望你们努力提高自身素质，学习文化科学技术知识，发扬自尊、自信、自立、自强精神，进一步增强历史使命感和社会责任感，做社会主义的有理想、有道德、有文化、有纪律的新女性。”并指出，“妇女肩负工作和家庭两副重担，前进中会遇到这样那样的困难。各级党委和政府要认真倾听妇女的呼声，关心她们的疾苦，维护她们的合法权益，努力为她们排忧解难；要切实加强对妇联工作的领导，帮助妇联解决工作中的困难和问题。社会各有关方面也应该努力为妇女群众多办好事、实事。全社会都要树立文明进步的妇女观”①。

最后，将妇女发展纳入国家发展总体布局，明确各级人民政府是实施男女平等基本国策的责任主体，加强男女平等的政治保证和法律保障。

党和国家坚持把妇女事业发展纳入国家发展总体布局，加强对妇女工作的领导，综合运用法律、政策、行政、教育、舆论等手段促进妇女事业与经济社会协调发展②；建立健全了促进妇女发展、保障妇女权益的法律法规体系、工作体系、组织体系，建立了国家促进性别平等的有效机制，形成了全社会共同关心支持妇女事业的良好格局。③ 国家“十二五”规划纲要设专节对促进妇女全面发展做出规划。④ 在 2005 年修改的《中华人民共和国妇女权益保障法》61 个条文中，直接或间接规定政府职责的有 40 多个条文，这充分体现了在保障妇女权益促进男女平等的机制中，各级人民政府是主要的责任主体。行文中多次提到“各级人民政府和有关部门”，明确提到的政府部门有国务院、公安、民政、司法、行政、劳动和社会保障、卫生等。如其第六条规定：“各级人民政府应当重视和加强妇女权益的保障工作。县级以上人民政府负责妇女儿童工作的机构，负责组织、协调、指导、督促有关部

① 《江泽民文选》第 1 卷，第 109～110 页。

② 胡锦涛：《在纪念“三八”国际劳动妇女节 100 周年大会上的讲话》（2010 年 3 月 7 日），《人民日报》2010 年 3 月 8 日。

③ 胡锦涛：《在纪念联合国第四次世界妇女大会十周年会议开幕式上的讲话》（2005 年 8 月 29 日），《人民日报》2005 年 8 月 30 日。

④ 《中华人民共和国国民经济和社会发展第十二个五年规划纲要》（2011 年 3 月 14 日第十一届全国人民代表大会第四次会议批准），《人民日报》2011 年 3 月 17 日。

门做好妇女权益的保障工作。县级以上人民政府有关部门在各自的职责范围内做好妇女权益的保障工作”；第四十六条规定：“公安、民政、司法行政等部门以及城乡基层群众性自治组织、社会团体，应当在各自的职责范围内预防和制止家庭暴力，依法为受害妇女提供救助。”

政府责任在《中国妇女发展纲要（2011～2020年）》中得到进一步的细化和强化，主要包含五个方面。一是政府对纲要实施负有领导责任，负责组织、协调、指导和督促。二是各级政府须将妇女发展的主要指标纳入经济和社会发展总体规划及专项规划，统一部署，统筹安排，同步实施，同步发展。三是各级人民政府要保障妇女发展的经费投入。四是建立政府主导、多部门合作、全社会参与的工作机制，共同做好纲要实施工作。五是进行年度监测、中期评估和终期评估等。[①]

（三）妇女组织具有极大重要性，应继续发挥桥梁和纽带作用，担当起作为国家政权重要支柱的角色

将妇女组织起来，是中国妇女发展的基本前提和重要条件。“妇联组织是推动我国妇女运动与发展的中坚力量。中华全国妇女联合会以代表和维护妇女权益、促进男女平等为己任，成为妇女权益的忠实代表者。”[②] 无论是民主革命时期，还是社会主义革命与建设时期，妇联组织都发挥了重要作用。

2015年7月7日，习近平指出，要切实保持和增强妇联组织的政治性、先进性和群众性。政治性是妇联组织的灵魂，是第一位的。要求妇联始终把自己置于党的领导之下，在思想上政治上行动上始终同党中央保持高度一致，自觉维护党中央权威，坚决贯彻党的意志和主张，严守政治纪律和政治规矩，经得住各种风浪考验，承担起引导群众听党话、跟党走的政治任务，把自己联系的群众最广泛最紧密地团结在党的周围。必须把保持和增强先进性作为重要着力点，牢牢把握为实现中华民族伟大复兴中国梦而奋斗的时代主题，紧紧围绕党和国家工作大局，组织动员广大妇女走在时代前列，在改

① 李明舜：《引领中国妇女发展的新纲要——略论〈中国妇女发展纲要（2011～2020）〉的几个亮点》，《人权》2011年第6期。

② 陈至立：《高举中国特色社会主义伟大旗帜　推动新时期我国妇女运动的创新发展——在纪念中华全国妇女联合会成立60周年座谈会上的讲话》，中华全国妇女联合会编《辉煌与光荣》，中国妇女出版社，2009，第5页。

革发展稳定第一线建功立业。要以先进引领后进，以文明进步代替蒙昧落后，以真善美抑制假恶丑，教育引导妇女不断提高思想觉悟和道德水平，坚定走中国特色社会主义道路，自觉践行社会主义核心价值观，真正成为党执政的坚实依靠力量、强大支持力量、深厚社会基础。群众性是妇联组织的根本特点。妇联开展工作和活动要以群众为中心，让群众当主角，而不能让群众当配角、当观众。要更多关注、关心、关爱普通群众，进万家门、访万家情、结万家亲，经常同群众进行面对面、手拉手、心贴心的零距离接触，增进对群众的真挚感情。把工作重心放在基层。各级妇联组织干部特别是领导干部，要坚持走出机关、走向基层，沉下身子，拓宽工作渠道，创新工作手段，用自己的眼睛看最真实的情况，用自己的耳朵听最真实的声音，帮助广大妇女排忧解难，通过实实在在的服务把党和政府的关怀、妇联"娘家人"的温暖送到广大妇女心中，使妇女工作常做常新、充满活力。

必须指出，"妇联是搞妇女工作的主要部门，但妇女工作不只是妇联的工作，只靠妇联做妇女工作肯定搞不好""必须由党、团、工会、国家机关、妇女组织共同努力"①，全社会共同推动妇女全面发展，实现男女平等。

（四）重视国际交流与合作，坚持和平、发展与合作的世界主题，为实现男女平等服务

早在20世纪50年代中期，邓小平在接见省市、自治区妇联主任全体人员时就提出"妇女干部要看世界，农村妇女也要看世界"。他告诫广大妇女干部要开阔自己的眼界，"只看到一个家，不看到国，那怎么行"②，要对外开放。

当今世界，和平、发展、合作已经成为不可阻挡的时代潮流，为包括妇女发展在内的人类发展进步提供了难得机遇。同时，影响世界和平与发展的不稳定不确定因素依然存在，局部冲突时起时伏，南北差距拉大，跨国犯罪、环境恶化、重大传染性疾病等问题日趋严重。这一切，对人类和平与发展的崇高事业提出了严峻挑战，也制约着各国特别是发展中国家的妇女事业发展。世界妇女的命运同世界的和平与发展息息相关。和平是世界妇女事业发展的前提，发展是世界妇女事业发展的物质基础，合作是世界妇女事业发

① 《邓小平文集（一九四九——一九七四年）》中卷，人民出版社，2014，第333页。

② 《邓小平文选》第1卷，人民出版社，1994，第296页。

展的重要途径。“提高妇女的地位和作用，需要各国政府和人民不懈努力，也需要开展积极的国际合作。”① 各国应该加强合作，努力维护世界和平、促进共同发展，为世界妇女事业发展创造更加好的条件。

21 世纪以来，中国认真履行国际公约，于 2000 年 5 月向联合国提交了《中华人民共和国 1995 年第四次世界妇女大会〈北京宣言〉〈行动纲领〉执行成果报告》，2004 年 2 月提交了《关于〈消除对妇女一切形式歧视公约〉执行情况第五次和第六次定期报告》，2005 年 3 月提交了《中华人民共和国执行〈北京行动纲领〉（1995 年）和第二十三届联大特别会议成果文件（2000 年）情况报告》。② 近年来，我国在建立中俄、中美、中英、中欧高层次人文交流机制时，将妇女领域对外交流纳入机制框架，妇女文化周、妇女领导者对话、妇女论坛成为亮丽品牌。

三　中国特色社会主义理论体系男女平等观的理论价值与现实意义

在中国特色社会主义理论的宏观体系中，男女平等观已逐步形成包括完整的理论体系、政策系统和实践导向在内的中观体系。在马克思主义妇女理论指导下，在继承和发展毛泽东思想男女平等观的基础上，结合改革开放的新形势、新问题，通过进一步正确处理男女平等与社会主义、男女平等的中国特色、男女平等与不平等、男女平等与国际妇女运动等几个重要关系问题，丰富和发展了男女平等观。

第一，中国特色社会主义理论体系男女平等观，是马克思主义妇女观与中国改革开放实际相结合的产物，是对毛泽东思想妇女观的继承和在新时期的丰富与发展。

进入改革开放新时期，中国共产党的历代中央领导集体，以马克思列宁主义妇女观和毛泽东思想妇女观为指导，不断探索新的历史阶段妇女解放与发展的规律，逐步形成了中国特色社会主义理论体系男女平等价值观，是马克思主义妇女观中国化、时代化、大众化的最新成果，是中国特色社会主义

① 胡锦涛：《在纪念联合国第四次世界妇女大会十周年会议开幕式上的讲话》（2005 年 8 月 29 日），《人民日报》2005 年 8 月 30 日。

② 中华人民共和国国务院新闻办公室：《中国性别平等与妇女发展状况》，《人民日报》2005 年 8 月 25 日。

妇女解放与发展事业的行动指南。

第二，中国妇女解放与发展的目标与国家发展和民族振兴宏伟目标相契合，为实现中国妇女解放与发展的终极目标奠定坚实的基础。

中共十八大报告指出：“建设中国特色社会主义，总依据是社会主义初级阶段，总布局是五位一体，总任务是实现社会主义现代化和中华民族伟大复兴。”这一重要论断，为中国特色社会主义的全面进步与继续发展指明了奋斗方向、明确了努力目标，规划了整体布局，规定了基本任务，对于夺取中国特色社会主义新胜利具有重要意义。中国妇女解放与发展，与这一宏伟目标相适应，既服从和服务于这一宏伟目标，又是实现这一宏伟目标不可或缺的组成部分，在不断实现这一宏伟目标中推进实现男女平等，将社会性别意识纳入法律体系和公共政策，促进妇女全面发展，促进两性和谐发展，促进妇女与经济社会同步发展。毫无疑问，实现男女平等是中国妇女解放与发展的核心目标，必须从中国实际出发。不仅在坚持发展中国特色社会主义伟大事业中，不断推进妇女事业的发展进步；同时在全面建设小康社会的伟大实践中，不断满足妇女的物质文化需求；在构建和谐社会的历史进程中，不断促进男女平等发展；在实现中国梦的民族奋进中，不断激发妇女正能量、大展巾帼风采。

第三，赋予男女平等妇女观以新的内涵与时代特征，标志着男女平等价值观发展到了一个新的阶段。

中国共产党新的领导集体深刻阐明了中国特色社会主义妇女解放和发展的道路和方法，不断地强调和深化“三个平等”战略，即坚持走中国特色社会主义道路，努力实现“妇女平等依法行使民主权利、平等参与经济社会发展、平等享有改革发展成果”①。

实现男女平等基本国策，必须承认性别差异，避免制造新的不平等。所有的人生而平等，均应有同等的权利和价值、有相同的机会。除性别关系外，人们还要面对不同的阶层、民族、区域和年龄等关系。这些关系与性别关系形成一种交叉关系。由于在解决不同阶层、民族、区域和年龄的关系时，性别关系并不同时自然地得到解决，因此，需要特别处理性别关系。与此同时，也要认识到，平等并非“都一样”，而是在生命形态上满足因自然

① 习近平：《坚持男女平等基本国策　发挥我国妇女伟大作用》，《人民日报》2013年11月1日。

差异而产生的两性不同需求，在文化形态上承认自然差异的价值平等，并进一步保证两性的社会地位平等。建立以消除歧视、承认差异为前提的性别公正。[①]

第四，实现男女平等基本国策，要求不断扩大中国妇女事业的国际影响力。有研究者认为'95世妇会“标志着国际社会全方位提高妇女人权的工作达到顶峰”[②]，而'95世妇会后的第二个十年到来时，并未迎来世界范围解决性别问题的新高潮，唯有中国成绩骄人。全球化意味着争取男女平等的各项努力不再局限于单一国家层面，而是深入国家内部并超越国家界限。作为世界上妇女人口最多的国家，中国的妇女事业必须并且已经超越自身，正日益成为社会进步和人权状况的鲜明标志。中国妇女以自身活力和风采展示着中国形象、传播着中国故事，为全球妇女事业做出了不可替代的重要贡献。

经过改革开放30多年的探索，在每逢'95世妇会五周年进行的隆重纪念活动的推动下，中国的妇女事业表现出前所未有的良好发展态势。

一是妇女事业在国家全局中的战略地位更加凸显。国家“十二五”规划纲要设专节对促进妇女全面发展做出规划：落实男女平等基本国策，实施妇女发展纲要，全面开发妇女人力资源，切实保障妇女合法权益，促进妇女就业创业，提高妇女参与经济发展和社会管理能力；加强妇女劳动保护、社会福利、卫生保健、扶贫减贫及法律援助等工作，完善性别统计制度，改善妇女发展环境；严厉打击暴力侵害妇女、拐卖妇女等违法犯罪行为。[③] 这足以表明促进妇女发展的国家意志进一步强化、有关国家机制更加健全、国家行动计划有效实施。让广大妇女生活得更健康、更幸福、更有尊严，是党和政府坚定不移的奋斗目标和义不容辞的历史责任。

二是男女平等发展的社会环境日益优化，性别意识渐成国家主流意识。全社会对男女平等基本国策的知晓率和认同度持续提高，尊重妇女和促进男女两性平等发展的浓厚氛围得到充分营造。国家在法律政策和社会管理中积极落实性别平等意识，着力改变一些农村和基层地区存在的落后性别观念，严厉打击伤害妇女儿童的违法犯罪活动，为妇女全面发展提供更加有力的

---

① 刘澄：《对社会主义初级阶段男女平等的理论考察》，《江西行政学院学报》2006年第1期。

② 联合国社会发展研究所编《男女平等：在不平等的世界里争取公正》，中国对外翻译出版公司，2007，前言第xvii页。

③ 《中华人民共和国国民经济和社会发展第十二个五年规划纲要》（2011年3月14日第十一届全国人民代表大会第四次会议批准），《人民日报》2011年3月17日。

保障。

三是广大妇女不断提高适应力和竞争力，全方位参与经济发展、社会管理、公共服务，就业状况进一步改善，健康状况明显改善，幸福指数进一步提高，主人翁意识进一步增强。自尊、自信、自立、自强的“四自”精神在妇女中深深扎根，女性活力日益增强。妇女用于自我发展的时间和精力大为增加，家庭地位极大提高。当代中国妇女正活跃于经济建设、社会生活的各个领域，在家庭生活和经济社会发展中施展聪明才智，书写美丽的人生，创造着美好的未来。①

诚然，中国妇女事业发展的成就令世人瞩目，但须认识到中国依然是发展中国家，男女平等基本国策的实施必然带有社会发展的阶段性特点。正如马克思所指出的：“人类始终只提出自己能够解决的任务，因为只要仔细考察就可以发现，任务本身，只有在解决它的物质条件已经存在或者至少是在生成过程中的时候，才会产生。”② 男女平等的广度和深度要在学有所教、劳有所得、病有所医、老有所养、住有所居上进一步体现，从制度建设、政策安排、项目设计上，有针对性地解决妇女在就业、健康、教育、社会保障以及享受公共服务等方面存在的突出问题，推动男女平等依法行使民主权利、平等参与经济社会发展、平等享有改革发展成果。

① 陈至立：《在2012年妇女事务研讨会开幕礼上的致辞》（2012年12月20日），《中国妇运》2013年第2期。

② 《马克思恩格斯选集》第2卷，人民出版社，1995，第33页。

论习近平的传统文化观

许文星

摘　要： 如何正确把握传统文化的内容以及传统文化与马克思主义的关系，理解传统文化在中国特色社会主义建设事业中的作用，进而更好地继承和发展传统文化，这不仅是一个重大的理论问题，而且是一个关涉民族复兴的现实问题。习近平在一系列重要讲话中，对这三个问题做出了全面的论述，构成了系统的传统文化观。

关键词： 习近平　传统文化　传统文化的作用　文化传承

作者简介： 许文星，北京大学马克思主义学院博士研究生。

传统文化是提高国家文化软实力，推动社会主义建设的重要思想资源。对待传统文化的立场，关系到民族意识和国家认同的形成，体现了国家意识形态的立足点。自新中国成立以来，党和国家领导人都十分重视传统文化问题。毛泽东领导时期形成了“古为今用，洋为中用，推陈出新，百花齐放”的文化发展观，确立了“批判继承”传统文化的基本立场。邓小平提出了要用“实事求是的科学态度”对待传统文化，并提倡“必须大胆地吸收和借鉴人类社会创造的一切文明成果”。在新的历史时期，习近平通过一系列重要讲话，进一步明确了传统文化的内涵、作用和传承方式，形成了系统的传统文化观，指明了中国传统文化的未来发展方向。

一　传统文化的内涵和特点

从 20 世纪 90 年代的“国学热”开始，中国出现了一股回归传统的文化思潮，其中难免混杂着一些理论误区。譬如，有人将国学等同于儒学复归，认为“儒教就是中国文化和中华文明的载体”①。还有人主张“独尊儒教”“以儒代马”，将儒教上升为国家的意识形态。② 因此，如何科学认识传统文化，尤其是儒家文化与其他文化流派和马克思主义的关系，是我们必须认真探讨的重要话题。习近平通过一系列的重要讲话，明确了传统文化的内涵和特点，回应了种种理论观点。

习近平指出：“儒家思想同中华民族形成和发展过程中所产生的其他思想文化一道，记载了中华民族自古以来在建设家园的奋斗中开展的精神活动、进行的理性思维、创造的文化成果，反映了中华民族的精神追求，是中华民族生生不息、发展壮大的重要滋养。”③ 他也强调，思想文化是中国传统文化的核心。可见，中国传统文化，是指在中华民族形成和发展过程中产生的、以思想文化为核心的认识、观念和行为规则，能够反映中华民族独特的精神追求，并为中华民族世代传承。中国传统文化能够历经5000年的沧桑岁月而得以延续，根源在于其具有源远流长、多元一体和开放包容的特性。

1. 源远流长

文化犹如一条从过去流向现在的河，传统文化是源，现在是流。习近平指出，中华民族具有5000多年连绵不断的文明历史，创造了博大精深的中华文化，为人类文明进步做出了不可磨灭的贡献。一方面，传统文化的悠久历史不仅由于古籍文本的保存，而且由于通过塑造中国人的思想和行为而得以传承至今。正如习近平所说，中华优秀传统文化已经成为中华民族的基因，植根在中国人内心，潜移默化地影响着中国人的思想方式和行为方式。④ 例如，“和而不同”“以和为贵”的“和”文化是中华文化的重要内容，也是我们日用不觉的价值理念，因而“中华民族的血液中没有侵略他人、称霸世界的基因，中国人民不接受‘国强必霸’的逻辑”⑤。因此，传

① 蒋庆：《关于重建中国儒教的构想》，《中国儒教研究通讯》第一期，2005年12月。

② 康晓光：《软力量建设与儒家文化复兴》，《天涯》2007年第1期；康晓光：《“文化民族主义”随想》，http://www.china-review.com/sao.asp?id=14610；《我为什么主张“儒化”——关于中国未来政治发展的保守主义思考》，http://www.china-review.com/cath.aspid=28011。

③ 习近平：《在纪念孔子诞辰2565周年国际学术研讨会暨国际儒学联合会第五届会员大会开幕会上的讲话》，《中国青年报》2014年9月25日。

④ 《习近平谈治国理政》，外文出版社，2014，第170页。

⑤ 习近平：《在中国国际友好大会暨中国人民对外友好协会成立60周年纪念活动上的讲话》，《人民日报》2014年5月16日。

统文化之河流得远，在于其根植于中国人的一言一行。

另一方面，传统文化本身不是一种固化的文化，而是一种动态的文化。习近平指出，中国传统文化大体经历了中国先秦诸子百家争鸣、两汉经学兴盛、魏晋南北朝玄学流行、隋唐儒释道并立、宋明理学发展等几个历史时期。[①] 在传统文化的发展过程中，儒家通过宋明理学“蔚为大观”，墨家曾在先秦与儒家并称“显学”，儒道两家也曾在魏晋融合为社会的主流——玄学。因此，在不同的历史时期，传统文化的内容和形式不是固定不变的，而是随着社会历史条件的变化，逐渐地产生、发展、衰落、变迁，同时又保留了中国独特的民族精神和价值观念，体现了辩证发展的文化特点。

2. 多元一体

儒家思想是传统文化的代表，但中国传统文化并不是儒家“独统一切”的“铁板一块”，而是有多种思想流派、和而不同的多元一体文化。

首先，儒家思想在传统文化中居于主导地位。在孔子诞辰2565年纪念会议上，习近平指出：“孔子创立的儒家学说以及在此基础上发展起来的儒家思想，对中华文明产生了深刻影响，是中国传统文化的重要组成部分。儒家思想同中华民族形成和发展过程中所产生的其他思想文化一道，记载了中华民族自古以来在建设家园的奋斗中开展的精神活动、进行的理性思维、创造的文化成果，反映了中华民族的精神追求，是中华民族生生不息、发展壮大的重要滋养。”[②] 可见，儒家思想是中国传统文化具有代表性的身份标识和重要的文化资源，在中国思想文化发展史上占有重要的地位。

同时，传统文化是由多种思想流派组成的多元一体文化。习近平曾从文化的发展历程出发，强调传统文化中的“百花齐放”：“春秋战国时期，儒家和法家、道家、墨家、农家、兵家等各个思想流派相互切磋、相互激荡，形成了百家争鸣的文化大观，丰富了当时中国人的精神世界。虽然后来儒家思想在中国思想文化领域长期取得了主导地位，但中国思想文化依然是多向多元发展的。”“儒家思想和中国历史上存在的其他学说既对立又统一，既相互竞争又相互借鉴，虽然儒家思想长期居于主导地位，但始终和其他学说

① 习近平：《在纪念孔子诞辰2565周年国际学术研讨会暨国际儒学联合会第五届会员大会开幕会上的讲话》，《中国青年报》2014年9月25日。

② 习近平：《在纪念孔子诞辰2565周年国际学术研讨会暨国际儒学联合会第五届会员大会开幕会上的讲话》，《中国青年报》2014年9月25日。

处于和而不同的局面之中。"[①] 因此，法家、道家、墨家等各种思想学说与儒家思想之间是和而不同的辩证统一关系，它们都是传统文化中不可替代的组成部分，共同绘制了瑰丽的中华文明。

习近平的上述讲话明确了传统文化与儒家思想之间是属与种的关系，儒家思想与道家、法家等学说之间是种与种的关系。首先，儒家思想虽然在传统文化和当代文化中占据重要的主导地位，但不是传统文化的全部，它和法家、道家、墨家等其他思想流派，都是传统文化的重要组成部分；同时，道家、法家等思想流派与儒家之间存在辩证统一的矛盾关系，相互之间也存在差异和竞争，但这些思想流派各自都具有独特的价值和意义，构成了对儒家思想的有益补充，对当代中国的建设和发展仍有借鉴意义。因此，中国传统文化是一个由儒家思想主导、由法家和道家等多种思想流派共同构成的多元一体的思想系统，其发展过程和未来走向都是多向度的。儒家思想之于传统文化，正如"百川异源，皆归于海"，不能简单以儒家思想代替传统文化。

3. 开放包容

"文明因交流而多彩，文明因互鉴而丰富。"[②] 中华文明之所以能够成为人类最古老的文明之一，与中国传统文化本身的开放包容、善于借鉴密不可分。

例如，佛教的传入催生了中国文化所独有的"儒释道"融合的特点，这对传统乃至当代的中国文化都具有广泛而深刻的影响。习近平曾回顾佛教在中国的发展和作用："佛教产生于古代印度，但传入中国后，经过长期演化，佛教同中国儒家文化和道家文化融合发展，最终形成了具有中国特色的佛教文化，给中国人的宗教信仰、哲学观念、文学艺术、礼仪习俗等留下了深刻影响。……中国人根据中华文化发展了佛教思想，形成了独特的佛教理论，而且使佛教从中国传播到了日本、韩国、东南亚等地。"[③]

另外，马克思主义理论虽然是新中国建立和发展的根本理论，但却产生于19世纪的欧洲。它能够在中国生根发芽，与传统文化开放包容的特点不无关系。传统文化中的很多思想理念与马克思主义具有很大的共通性。比如，孟子提出的"民为贵，社稷次之，君为轻"（《孟子·尽心下》）的民

① 习近平：《在纪念孔子诞辰2565周年国际学术研讨会暨国际儒学联合会第五届会员大会开幕会上的讲话》，《中国青年报》2014年9月25日。

② 《习近平谈治国理政》，第258页。

③ 《习近平谈治国理政》，第260～261页。

本思想，作为儒家思想的一个重要方面，就与马克思主义理论高扬“人”的价值、将人作为理论起点的以人为本原则不谋而合。同时，马克思主义注重实践，认为“哲学家们只是用不同的方式解释世界，而问题在于改变世界”[①]，而儒家同样推崇“行”，主张君子要“先行其言，而后从之”（《论语·为政》）。因此，马克思主义理论在传入中国时，能够很快被中国的知识分子和劳苦大众所接受。

因此，中国传统文化是以儒家思想为代表的，包含了儒、法、道等多种思想流派的精髓，在历史发展中逐渐形成多元、开放的文化体系。它吸收、融合了世界上不同民族地区的文明精华，在相互包容中不断发展，构成了中国特色社会主义建设的重要资源，也促进了世界文明的丰富和发展。习近平对传统文化内涵和特点的概括，回应了有关儒家思想的理论认识，明确了儒家思想不等同于传统文化，中国共产党弘扬传统文化、学习儒家思想，不是要取消马克思主义的国家意识形态地位，而是要实事求是地运用唯物辩证法进行文化治理。

二　传统文化的重要作用

传统文化的作用问题曾在中国近代史上引发激烈的争论。鸦片战争以后，西方的坚船利炮使国人在经历了“器物”反思、制度反思后，走向了对传统文化的反思，甚至否定。1926 年，胡适在《中国今日的文化冲突》中明确提出了“全盘西化”的主张。随后，陈序经也在《中国文化的出路》等文中详细分析了中国文化处处不及西洋文化，应“全盘地”接受西方文明。这些思想虽然为学习西方先进思想文化打下了基础，但也留下了忽视民族文化精髓的隐患。习近平在不同的讲话中，从国家、政党和社会三个角度阐述了中国传统文化的重要作用，否定了彻底抛弃传统的做法，体现了对传统文化的深刻理解和把握。

（一）传统文化在国家层面的作用

中国是一个历史悠久的多民族国家，植根中华大地，源远流长的传统文化谱写了我国 56 个民族共同的文明历史，是维护祖国统一和民族团结的思想

① 《马克思恩格斯选集》第 1 卷，人民出版社，2012，第 140 页。

基础，也是建立国家制度、进行治理改革的依据；在全球视野下，中华文明在世界文明史上独树一帜，传统文化是进行国际交流、彰显民族特色的身份标识。

首先，传统文化是构成民族认同的核心内容，也是维护祖国统一和民族团结的精神支柱。阿尔蒙德认为，共同的理念和追求是政治体系合法性的来源之一。[①] 习近平指出："我们生而为中国人，最根本的是我们有中国人的独特精神世界，有百姓日用而不觉的价值观。"[②] 法律上的公民身份并不能完全建立对国家和民族的政治认同，只有对思想文化的热爱和践行才能产生对国家或民族深入心底的依恋，并转化成国家统一和民族团结的黏合剂。早在主政浙江时，习近平就认识到，"中华民族历史悠久、饱经沧桑，几分几合，几遭侵略，都不能被分裂和消亡，始终保持着强大的生命力，根本的原因就在于我们具有源远流长、博大精深的文化内涵"[③]。这种对传统文化的理解和把握延续至今。[④] 中国未来的民族团结和共同发展，同样离不开传统文化所构成的共同历史背景和民族感情。

同时，文化是一个国家传统的重要组成部分，可以影响甚至决定民族国家或人民对政治制度、方针政策的选择和设计。习近平强调，"一个国家选择什么样的治理体系，是由这个国家的历史传承、文化传统、经济社会发展水平决定的，是由这个国家的人民决定的。我国今天的国家治理体系，是在我国历史传承、文化传统、经济社会发展的基础上长期发展、渐进改进、内生性演化的结果。"[⑤] 根据马克思主义经济基础与上层建筑关系的基本原理，文化作为上层建筑的重要部分，由经济基础决定，并能动地影响经济基础。恩格斯晚年在给施米特的信中指出，宗教、哲学等意识形态"总的说来固然应当尾随生产的运动，然而由于它本身具有的、即它一经获得便逐渐向前发展的相对独立性，它又对生产的条件和进程发生反作用"[⑥]。在 1893 年给

① 参见佟德志主编《比较政治文化导论——民主多样性的理论思考》，高等教育出版社，2011，第 15～20 页。

② 《习近平谈治国理政》，第 171 页。

③ 习近平：《干在实处　走在前列》，中共中央党校出版社，2006，第 293 页。

④ "为什么中华民族能够在几千年的历史长河中顽强生存和不断发展呢？很重要的一个原因，是我们民族有一脉相承的精神追求、精神特质、精神脉络。"见《习近平谈治国理政》，第 181 页。

⑤ 习近平：《完善和发展中国特色社会主义制度　推进国家治理体系和治理能力现代化》，《人民日报》2014 年 2 月 18 日。

⑥ 《马克思恩格斯选集》第 4 卷，人民出版社，1995，第 701。

弗兰茨·梅林的信中，恩格斯再次强调，忽略思想领域的独立历史发展和它对历史发展的作用，是思想家常犯的一个谬误。① 传统文化虽然主要是以精神、思想、理论体现出来的社会现象，但在实践活动中具有现实的力量，切实地影响着国家制度的选择和改革进程。

其次，中国传统文化具有独特的魅力，是与其他国家或地区进行国际交往的身份证和宝贵资源。习近平指出，中国优秀传统思想文化“体现着中华民族世世代代在生产生活中形成和传承的世界观、人生观、价值观、审美观等，其中最核心的内容已经成为中华民族最基本的文化基因。这些最基本的文化基因，是中华民族和中国人民在修齐治平、尊时守位、知常达变、开物成务、建功立业过程中逐渐形成的有别于其他民族的独特标识”。同时，传统文化中的很多优秀思想遗产，譬如，儒家思想中的“亲仁善邻”“国虽大，好战必亡”等和平思想，道家的“道即阴阳”“道法自然”等传统的自然观，都可以为解决全球性议题提供有价值的理念。“中国优秀传统文化的丰富哲学思想、人文精神、教化思想、道德理念等，可以为人们认识和改造世界提供有益启迪”，将这些传统文化中的精华深入挖掘，可以“同世界各国优秀文化一道造福人类”。②

因此，传统文化是中华文明的具有标志意义的组成部分，是建立和改进国家治理体系的基础，它有助于维持中国这样一个多民族国家的民族团结和统一；在全球范围内它代表了中国的国际形象，是形成国家认同的重要思想因素。

（二）传统文化在政党执政中的重要作用

在现代政治学理论中，人们一般认为，政党主要有三个功能，即表达（expression）、引导（channelment）和交流（communication）。交流内含在表达和引导的过程中。③ 也就是说，政党是一个双向的利益表达渠道，既代表人民的利益诉求，将人民的诉求转化为具体的政策方针，又将国家和政府的政策方针传导给社会。同时，政党也需要通过思想和价值观上的引导来集合、调动社会各方面力量，实现广泛的社会化和政治动员。在这两个方面，

① 参见《马克思恩格斯全集》第39卷，人民出版社，1960，第93~98页。

② 习近平：《在纪念孔子诞辰2565周年国际学术研讨会暨国际儒学联合会第五届会员大会开幕会上的讲话》，《中国青年报》2014年9月25日。

③ 〔意〕G. 萨托利：《政党与政党体制》，王明进译，商务印书馆，2006，第82~83页。

传统文化都起着不可或缺的作用。

一方面，政党对人民利益的代表需要借助传统文化，才能正确表达人民的意愿，并运用大众能够接受的表达方式来推行政策。传统文化潜移默化地影响人们的思维方式和理想追求，一定程度上决定大众所能够接受的交流方式和内容，进而影响政党表达和引导的效果。习近平在孔子诞辰纪念会议上强调："在带领中国人民进行革命、建设、改革的长期历史实践中，中国共产党人始终是中国优秀传统文化的忠实继承者和弘扬者，从孔夫子到孙中山，我们都注意汲取其中积极的养分。"① 正由于中国共产党善于运用传统文化来表达自己的主张和政策，马克思主义这一外来的治国理论才能够顺利地在中国生根发芽。"独特的文化传统，独特的历史命运，独特的基本国情，注定了我们必然要走适合自己特点的发展道路。"② 因此在表达人民利益和推行政策的过程中，也要顺应民族的特点和喜好，以传统文化为表达和引导的切入点，更容易贴近群众。

另一方面，政党进行社会化和政治动员，需要借助传统文化的形式和内容来引导和塑造大众的价值观，通过加强政治认同来增强国家的凝聚力。核心价值观不仅是一个民族文化的灵魂，而且也是治国理政的重要基础。对核心价值观的塑造能力和对大众观念的引导能力，体现了执政党治理国家的能力。习近平指出，中华优秀传统文化如同中华民族的基因，影响着中国人的思想方式和行为方式。提倡和弘扬社会主义核心价值观，必须从中汲取丰富营养，否则就不会有生命力和影响力。③ "牢固的核心价值观，都有其固有的根本。抛弃传统、丢掉根本，就等于割断了自己的精神命脉。博大精深的中华优秀传统文化是我们在世界文化激荡中站稳脚跟的根基。"④ 可见，传统文化已经成为中国人价值观中最稳定的一部分，在培育核心价值观来塑造政治认同和增强国家凝聚力的过程中，必须以中国传统文化为基础。

另外，中国传统文化中大量的治国理念，也是中国共产党取之不尽的治理思想资源。儒家思想一直推崇以德治国、选贤任能的治理方式，认为德行具有自然而然的教化作用，"为政以德，譬如北辰，居其所而众星共之"

① 习近平：《在纪念孔子诞辰2565周年国际学术研讨会暨国际儒学联合会第五届会员大会开幕会上的讲话》，《中国青年报》2014年9月25日。

② 《习近平论治国理政》，第156页。

③ 《习近平谈治国理政》，第170页。

④ 《习近平谈治国理政》，第164页。

（《论语·为政》）。这不仅是中国治理国家的基本方略，实际上，也是中国共产党历来选拔人才的标准。早在 1938 年，毛泽东在《中国共产党在民族战争中的地位》中就提出了“才德兼备”的人才标准；1980 年，邓小平在“革命化、年轻化、知识化、专业化”的“四化”选拔干部标准中，将代表政治素质和道德品质的“革命化”放在了首位；2015 年 6 月，中共中央办公厅印发了《事业单位领导人员管理暂行规定》，正式将“德才兼备，以德为先”确定为对领导人员的要求。习近平曾强调：“传统文化中，读书、修身、立德，不仅是立身之本，更是从政之基。按照今天的说法，就是要不断加强党员领导干部的思想道德修养和党性修养，常修为政之德、常思贪欲之害、常怀律己之心，自觉做到为政以德、为政以廉、为政以民……我们的文化传统中包含了丰富的廉政文化理念和文化实践。要修炼道德操守，提升从政道德境界，最好的途径就是加强学习，读书修德，并知行合一，付诸实践。”① 党员是党的肌体细胞和活动主体，每一个党员的德与才，也关系着党的事业的成与败。传统文化中所蕴含的清廉为官和任人唯贤的治理智慧，不仅是党员自我修养的重要内容，也是保证执政党纯洁性和先进性的基本条件。中国共产党的执政，不仅需要依靠传统文化的内容和表达方式来实现对人民利益的表达和价值观的引导，而且需要吸收其中的治理方略和智慧来确保党员的质量、夯实执政之基。

（三）传统文化的社会作用

中国当前仍然处于社会转型期，在经济迅速发展的同时，伴随着贫富差距的加大，社会矛盾凸显。法治的作用是有限的，更多的社会纠纷需要道德来调节。道德具有强烈的内在自省性、历史继承性和民族性，大部分内容是从历史上关于良好行为规范和自我约束的思想文化中沿袭而来的，受民族文化的影响较大。因此，“要化解人与自然、人与人、人与社会的各种矛盾，必须依靠文化的熏陶、教化、激励作用，发挥先进文化的凝聚、润滑、整合作用”②。习近平指出：“中华传统美德是中华文化精髓，蕴含着丰富的思想道德资源。”③ 因此，塑造良好的社会道德，必须从传统文化中汲取营养，

---

① 习近平：《之江新语》，浙江人民出版社，2007，第 175 页。

② 习近平：《之江新语》，第 149 页。

③ 《习近平谈治国理政》，第 164 页。

将其与社会主义道德相融合。

传统文化具有道德感化作用，能够润物无声地形成社会的善良风俗，但社会良好风气的形成，与每一个公民的向上向善是分不开的，因为个人是社会的细胞。2013 年，习近平在山东考察时指出，国无德不兴，人无德不立。[①] 人而无德，行之不远。没有良好的道德品质和思想修养，即使有丰富的知识、高深的学问，也难成大器。[②] 李泽厚认为，以儒家思想为代表的传统文化，已无孔不入地渗透在中国人的观念、行为、习俗、信仰、思维方式、情感状态之中，并自觉或不自觉地成为人们处理各种事务和生活的原则，甚至已由思想理论积淀和转化为一种文化－心理结构，即使经历了历史的种种变迁，却仍保有某种形式结构的稳定性。[③] 道德作为一种依靠内在自省的社会调节方式，要发挥好作用，必须合理地分析和有效地利用传统的文化－心理结构，将其与时代精神的契合性发挥到最大。但正如梁启超所说，“要拿旧心理运用新制度，决计不可能”[④]，传统文化的道德感化作用，需要与社会主义核心价值观相结合。

可见，弘扬传统文化，不仅有助于在社会上形成和谐、清正的社会风气，在无形中化解社会矛盾，而且也能够提升个人的道德修养，为社会主义建设事业培养德才兼备的人才。习近平的有关论述，鲜明地点出了传统文化在中国当代建设和发展中的重要作用，表明中国共产党是重视并懂得运用传统文化的，是传统文化的继承者和传播者。

三　传统文化的继承和发展

近年来，我国思想文化领域出现了历史虚无主义和复古主义的思潮。历史虚无主义否定革命的意义和历史的客观性、规律性，割断现在与传统的联系，并试图用戏说、演绎的文学手法来歪曲历史，是同“全盘西化”论的

① 习近平：《认真贯彻党的十八届三中全会精神　汇聚起全面深化改革的强大正能量》，《人民日报》2013 年 11 月 29 日。

② 习近平：《之江新语》，第 64 页。

③ 李泽厚：《中国古代思想史》，三联书店，2008，第 30 页。

④ 《梁启超全集》第十四卷，北京出版社，1999，第4030 页。

文化观相呼应而出现的一种错误思潮。[①] 复古主义则"唯古是尚"，对古圣先贤创造的传统无条件地顶礼膜拜，试图用"德治""仁政"等取代马克思主义，在文化观上表现为反对一切外来文化的成果和任何形式的改革。[②]

可见，如何对待传统文化一直是一个存在争议的话题。自新中国成立以来，不同时期的党和国家领导人对此进行了不断的探索。1940 年，毛泽东在《新民主主义论》中提出"批判继承"传统文化的原则，认为对待传统文化要"剔除其封建性的糟粕，吸收其民主性的精华""必须尊重自己的历史，决不能割断历史"。邓小平坚持了这一基本原则。1980 年，他在《党和国家领导制度的改革》中强调，"要有实事求是的科学态度。要运用马克思列宁主义、毛泽东思想，对于封建主义遗毒的表现，进行具体的准确的如实的分析。……也要划清文化遗产中民主性精华同封建性糟粕的界限"[③]。党的第三代和第四代领导集体坚持党的一贯原则，大力推进对传统文化的继承和发展。党的十五大报告提出，要"建设立足中国现实、继承历史文化优秀传统、吸收外国文化有益成果的社会主义精神文明"。党的十七大报告提出，要"弘扬中国传统文化，建设中华民族共有的精神家园"。习近平也一直非常重视传统文化，在其讲话中指明了继承和发展传统文化的方向，确定了弘扬传统文化的原则和具体内容。

在 2014 年中央政治局第十三次集体学习时，习近平提出了"古为今用、推陈出新，有鉴别地加以对待，有扬弃地予以继承"[④] 的传统文化发展观，在孔子诞辰 2565 周年纪念会议上又加以深化和具体化："传统文化在其形成和发展过程中，不可避免会受到当时人们的认识水平、时代条件、社会制度的局限性的制约和影响，因而也不可避免会存在陈旧过时或已成为糟粕性的东西。这就要求人们在学习、研究、应用传统文化时坚持古为今用、推陈出新，结合新的实践和时代要求进行正确取舍，而不能一股脑儿都拿到今天来照套照用。要坚持古为今用、以古鉴今，坚持有鉴别的对待、有扬弃的继

---

① 参见梁柱《历史虚无主义思潮的泛起、特点及其危害》，《中共福建省委党校学报》2009 年第 4 期；黄凯峰《以科学的历史观指导历史评价——兼评历史虚无主义思潮》，《毛泽东邓小平理论研究》2006 年第 2 期。

② 参见郑大华《中国近现代文化保守主义思潮论析》，《天津社会科学》1989 年第 6 期；郝立忠《运用唯物主义辩证法应对全盘西化和文化复古两大思潮的挑战》，《山东社会科学》2015 年第 1 期。

③ 《邓小平文选》第 2 卷，人民出版社，1994，第 335 页。

④ 《习近平谈治国理政》，第 164 页。

承，而不能搞厚古薄今、以古非今，努力实现传统文化的创造性转化、创新性发展，使之与现实文化相融相通，共同服务于文化人的时代任务。”①

学习习近平的讲话，笔者认为，可以把他的传统文化发展观归结为“科学对待，创新发展”八个字。

“科学对待”是发展的前提和基础，“不忘历史才能开辟未来，善于继承才能善于创新”②，传统文化是现实文化产生的基础，但由于传统文化的产生和发展处于中国的封建社会历史中，其内容不可避免地具有时代的局限性，因此，必须用马克思主义基本原理来科学地分析传统文化，厘清其中的精华和糟粕，为与当代文化的结合奠定基础。具体地说，科学对待传统文化有以下要求：要讲清楚中华优秀传统文化的历史渊源、发展脉络、基本走向；讲清楚中华文化的独特创造、价值理念、鲜明特色；深入挖掘和阐发中华优秀传统文化讲仁爱、重民本、守诚信、崇正义、尚和合、求大同的时代价值，使中华优秀传统文化成为涵养社会主义核心价值观的重要源泉；要处理好继承和创造性发展的关系。③

所谓“创新发展”，即指传统文化的发展路径和目标是创造性转化和创新性发展，要善于把弘扬优秀传统文化和发展现实文化有机统一起来，紧密结合起来，在继承中发展，在发展中继承。④ 创造性转化，就是要按照时代特点和要求，对那些至今仍有借鉴价值的内涵和陈旧的表现形式加以改造，赋予其新的时代内涵和现代表达形式，激活其生命力。创新性发展，就是要按照时代的新进步新进展，对中华优秀传统文化的内涵加以补充、拓展、完善，增强其影响力和感召力。⑤ 传统文化的创新发展，就是要根据时代精神的特征和现实社会的需求，将传统文化中的优秀思想元素用现代的语言表述出来，用现代的文化成果补充传统文化的欠缺和不足，使中华文明的历史性兼具时代性，让传统与现代相结合。

① 习近平：《在纪念孔子诞辰 2565 周年国际学术研讨会暨国际儒学联合会第五届会员大会开幕会上的讲话》，《中国青年报》2014 年 9 月 25 日。

② 习近平：《在纪念孔子诞辰 2565 周年国际学术研讨会暨国际儒学联合会第五届会员大会开幕会上的讲话》，《中国青年报》2014 年 9 月 25 日。

③ 《习近平谈治国理政》，第 164 页。

④ 习近平：《在纪念孔子诞辰 2565 周年国际学术研讨会暨国际儒学联合会第五届会员大会开幕会上的讲话》，《中国青年报》2014 年 9 月 25 日。

⑤ 《习近平总书记系列重要讲话读本：创造中华文化新的辉煌——关于建设社会主义文化强国》，《人民日报》2014 年 7 月 9 日。

从根本上说，实现传统文化的创造性转化和创新性发展，就是要实现马克思主义与中国传统文化的融合，使马克思主义中国化。马克思主义理论不仅是中国的立国之本，也是共产党的执政之基。习近平指出："中国共产党人是马克思主义者，坚持马克思主义的科学学说，坚持和发展中国特色社会主义，但中国共产党人不是历史虚无主义者，也不是文化虚无主义者。我们从来认为，马克思主义基本原理必须同中国具体实际紧密结合起来，应该科学对待民族传统文化，科学对待世界各国文化，用人类创造的一切优秀思想文化成果武装自己。"①

习近平的这一论述，从正面回应了有关传统文化上的争论，否定了历史虚无主义和复古主义的做法。真正的马克思主义不是僵化的、教条的，而是与中国的文化和具体实践相结合的；对传统文化的真正继承和发展，也不是尊孔复古、以儒代马，而是使马克思主义与传统文化进行对话，发挥传统文化在当代中国治国理政中的作用。这种观点与马克思主义理论界的综合创新文化观②是一脉相承的。早在 1935 年，张岱年就曾主张中国文化的发展应该"兼综东西两方之长""不要平庸的调和，而要作一种创造的综合"③，至 1987 年最终完善为"文化综合创新论"，主张建设社会主义的新文化要"在马克思列宁主义原则的指导下，以社会主义的价值观，来综合中西文化之所长，而创新中国文化"④。应当说，习近平的传统文化发展观与马克思主义理论学界的主流观点是一致的。他站在党和国家的高度，明确指出中国共产党是坚持马克思主义、具有科学精神的文化综合创新论者。

综上所述，习近平对传统文化的宏观把握以及对其作用与传承的理解都有独特的见解。他的观点构成了对当代有关文化虚无主义、文化复古主义等思潮的有力回应，解决了在社会主义新的历史时期，如何对待、运用和发展传统文化的时代问题。其所思所想，是在其长久的从政道路上逐渐形成的，表现为一种较为完整的文化观，在其推行的一系列文化政策中，也实现了马克思主义理论与实践的互动，也正体现了儒家思想所倡导的知行合一。

---

① 习近平：《在纪念孔子诞辰 2565 周年国际学术研讨会暨国际儒学联合会第五届会员大会开幕会上的讲话》，《中国青年报》2014 年 9 月 25 日。

② 除下文提及的张岱年的"文化综合创新论"外，张申府的"三流合一"文化观和方克立的"马魂、中体、西用"说等都是其中较具代表性的观点。

③ 《张岱年全集》，河北人民出版社，1996，第229 页。

④ 张岱年：《综合、创新，建立社会主义新文化》，《清华大学学报》（哲学社会科学版）1987 年第 2 期。

马克思曾说：“人们自己创造自己的历史，但是他们并不是随心所欲地创造，并不是在他们自己选定的条件下创造，而是在直接碰到的、既定的、从过去承继下来的条件下创造。一切已死的先辈们的传统，像梦魇一样纠缠着活人的头脑。”① 尊重客观历史，尊重在历史实践中创造的精神成果，是唯物史观的逻辑起点。历史文化是一个民族的过去，但也蕴含着开启未来改革和建设伟业的“锁匙”，其中的哲思智慧仍具有强大的生命力和时代价值。当代文化建设，只有利用好中国的传统文化，才能站稳中华民族的文化根基，走好中国道路，建设好中国特色的社会主义。

① 《马克思恩格斯选集》第1卷，第669页。

中国道路与中国话语

北大马克思主义研究

（总第四辑）

政治体制改革的中国道路

辛　鸣

摘　要： 历史方位、政治目标、意识形态乃至战略格局决定了中国政治发展的特殊性，中国政治体制改革一定要走出也正在走出一条属于自己的路，我们把这条路称为“政治体制改革的中国道路”。审慎分析政治体制改革的前提与条件，精心呵护政治体制改革的动力与推手，分清楚政治体制改革的体与用，正确选择政治体制改革的切入点与突破口，守住并发扬中国自己的政治优势等，构成了这一道路的基本内容。

关键词： 政治体制改革　体与用　政治优势　中国道路

作者简介： 辛鸣，中共中央党校教授，博士生导师。

对当代中国社会来说，政治体制不是改不改的问题，经济社会的变化当然会对政治发展提出协同性要求；也不是想不想改的问题，重视通过政治体制改革为经济体制改革开路是中国共产党一以贯之的立场和态度。关于这一点，在自改革以来历届党中央的政治报告中清晰可见。尽管关于中国政治体制改革的讨论见仁见智，众说纷纭，政治体制的真问题始终是如何通过改革既使中国社会的基本政治制度得到巩固和完善，又卓有成效地消除附着于基本制度肌体上的一些不合时宜、不文明进步的体制机制。但是，要做到这一点是很不易的，所以中国社会需要通过开辟一条政治体制改革的中国道路，既推动改革的进行，又为自己的改革提供合法性证明。

一　经济基础的变迁与上层建筑的跟进

在体制改革的问题上，中国共产党一直坚持“使上层建筑更加适应经济基础发展变化”的论断，这是马克思主义哲学中历史唯物主义关于社会发展最基本的观点。要在社会发展的过程中实践这一要求，需要对中国社会经济基础的变化做出准确判断，对上层建筑的适应与不适应进行客观评估，对现实社会中经济基础与上层建筑之间错综复杂的关系给予认真梳理，然后建设性地勾画出上层建筑变革的可能路径。

（一）经济基础的变化

一个社会的经济基础主要是指该社会的生产关系、生产方式及其经济运行方式。经过 30 多年的发展，中国社会的经济基础在以下一些方面发生了根本性的变化。

——生产资料的所有制形式发生了变化。改革开放前的中国社会是以全民所有制和集体所有制为主要形式的社会主义公有制一统天下，其他所有制形式经过社会主义改造不仅实已亡，甚至名都不存了。就算还有一些非公性经济的残余，也基本上不具有所有制的性质与地位。但是从 20 世纪 80 年代以来，中国社会的非公经济以个体、私营等形式重新出现了，它们的地位从“必要补充”到“重要组成”迅速提升，中国共产党的十五大报告甚至把“公有制为主体、多种所有制经济共同发展”作为基本经济制度，十六大更进一步提出“毫不动摇地鼓励、支持和引导非公有制经济发展”。时至今日，以现代产权制度为基础的混合所有制经济越来越普遍，非公经济的比重在全国范围内已经接近半壁江山，在东部一些省份已经三分天下有其二甚至更高。

——社会经济运行方式发生了变化。改革开放前的中国社会，计划经济主导整个社会的经济运行，中央政府的计划像一张巨大而无所不包的网遍及所有的微观经济主体。企业不存在真正意义上的企业家，工厂的厂长其实就是一个车间主任，让你生产螺丝钉你不能生产螺丝帽；农村在人民公社的组织下，让你种玉米你不能种小麦。改革以来，经过有计划的商品经济、“双轨制”、社会主义商品经济，到十四大市场经济名正言顺登上了中国的经济舞台，市场开始在国家宏观调控下对资源配置起基础性作用；在十八届三中全会后，市场作用更是被提升为“决定性作用”，资本、劳动力、技术等生产要素市场也越来越活跃并发挥作用，现代市场体系逐渐形成。有些方面甚至出现了过度市场化现象。

——社会分配形式发生了变化。改革开放前的中国社会按劳分配是唯一

合法也唯一在实施的分配方式，人与人之间的关系是建立在劳动基础上的平等关系，多劳多得，不劳动者不得食是社会主义社会理所当然的事情，否则就是剥削。但改革以来，事情在发生变化。不仅劳动可以参加分配，资本、技术和管理等生产要素也可以按贡献参与分配，按劳分配为主体、多种分配方式并存成为基本的分配制度。甚至在某些时候、某些场合劳动在分配中占的比重逐渐下降，连最低工资制都很难得到保障。

经济基础会为自己的发展开辟道路，随着经济基础的变更，全部庞大的上层建筑也或慢或快地发生变革。这是马克思主义的基本观点，也是社会发展的基本规律。中国社会的上层建筑当然要随着经济基础的变化改变自己。

（二）上层建筑的适应与不适应

上层建筑是指耸立在经济基础之上的政治、法律、意识形态等制度性或思想性的内容。与中国社会经济基础的巨大变化相比，上层建筑的改变不能说缓慢、滞后，但确实有着相当的不适应，这种不适应以各种细节体现在社会发展的各个方面。

——权力越位不被制约。在市场经济的背景下，权力必须有清晰的边界，有所必为有所不为。但在现实生活中，权力错位，政府不去提供公共服务而是沉湎于追逐 GDP，整天只管招商引资不计其他，为了有钱花自己赤膊上阵亲自去搞经济建设与民争利；权力放纵，权力部门以审批炫耀权力，不仅不去削减审批内容反而想方设法增加项目，实在不能审批就变相搞评比达标；权大于法，市场经济是法治经济，可是虽然法律制定得越来越多，但往往敌不过红头文件，甚至一张半指宽的领导批条，打官司不找法官找书记的现象见怪不怪。

——权利漠视不被保障。上层建筑在保障市场经济中各主体平等权利方面严重缺位，该保障的权利没有被保障，只能让市场主体自己想办法。比如，由于企业家按照市场经济要求平等经营的权利缺失，只能在非经济领域去补偿，所以民营企业家“不找市场找市长”，甚至到最后“不找市长要当市长”，企业家关心的不是经济运行而是政治背景，总想为自己戴顶红帽子。又如，某些时候权利的格局甚至变成“赢家通吃”“马太效应”。劳动者的权利被忽视，资本的势力无度膨胀，社会贫富差距到了惊人的地步。一方面是成千上万套的房子被当作投资乃至投机品闲置起来，另一方面是普通民众面对畸高的房价一屋难求、望楼兴叹。

——意识形态日渐衰微。人们的社会存在决定人们的意识。多样的所有制形态，多变的市场经济导致社会公众思想活动的独立性、选择性、差异性明显增强，思想意识呈现多样、多元、多变的特征。但是主流意识形态在既坚守根本不动摇又顺应变化有弹性方面准备不足，对必须坚持的根本不能赋予时代鲜活形式，对必须反对的又没有切中要害的批判，结果管到的地方是僵硬死板，可谓鸦雀无声；管不到的地方则毫无作为，形成价值真空。

当然，我们不能因此说上层建筑完全不适应，这是不客观的。中国社会这些年来有如此之快的发展，经济基础有如此深入的变革，没有上层建筑在相当程度上的跟进与配合，这一切都是不可想象的。

（三）适应的可能与困难及实现途径

如果说上层建筑的变化没有及时跟上经济基础的变化，问题倒也不大，毕竟上层建筑的变化有一定的滞后性，慢慢跟上就是了。问题是在今日的中国社会，上层建筑对经济基础的反作用真是起了“反作用”。这就是上层建筑中既有的体制惯性与新的经济基础中的不健康因素开始“结盟”，结果使得经济基础与上层建筑皆发生异化。这在社会主义市场经济体制建立过程中体现得尤其典型。

“社会主义市场经济体制”的提出，使中国社会充满期待，认为在市场经济前面加上“社会主义”是画龙点睛，既可以把市场经济的好东西拿过来，又可以避免市场经济的一些固有缺陷。但在市场经济体制实践过程中，这一期待并没有完全实现，甚至在很多层面出现了比较严重的权钱交易现象，用一位经济学者的话讲，出现“权贵资本主义”的苗头。握有权力的部门与群体运用权力到市场中去获取不应得利益，又以市场经济为借口逃避应该承担的社会保障和公共服务责任；市场主体不通过市场进行经济活动的公平竞争，而是通过权力寻租获取非市场超额利润。这种状况甚至从经济领域进入社会政治领域，权力与金钱结盟，政治与经济交易，社会结构出现固化，社会阶层不再流动。当官的孩子继续当官是为“官二代”，富家的子弟就是富豪所谓“富二代”，而普通家庭的后代就算奋斗十八年也未必能跟他们一块喝杯咖啡；现在大学生毕业找工作不是靠能力而是靠拼背景、拼关系、“拼爹”，普通家庭的大学生毕业就基本上等于失业。

所以，今日中国社会问题的关键是，我们推进的上层建筑的适应究竟应该是怎样一种适应，此“适应”非彼“结盟”。为了在实践中能名副其实，

我们首先要在理论上讲清楚。这就是中国社会的上层建筑要沿着经济基础发展的同一方向加速作用，推动社会生产力的发展是它的根本使命。此外，由于社会主义社会的性质使然，中国社会的上层建筑甚至还应该有更高的作为，还应该在促进社会主义迈向更高阶段，实现社会公平正义方面发挥更大的作用。当做到这些的时候，我们就可以说，中国社会的上层建筑适应了经济基础的变化发展。

二　政治体制改革的四大动力

当人们在为中国政治体制改革争论得喋喋不休的同时，中国社会的政治体制改革正以自己的力量在悄然前行。我们关注这些力量，呵护这些力量，导引这些力量，对于中国社会政改健康快速前行的意义与价值远远大过那些不知所云的训导之语和言不由衷的溢美之词。

（一）阶层分化奠定了民主的基石

民主恐怕是政改最为重要的目标了，很多时候民主与政改就是合二为一的。虽然不同的群体对民主的理解各不相同，甚至有些时候可谓大相径庭，但是这并不妨碍大家都在自己的意义上使用民主而探讨得热热闹闹。但中国社会的民主真是在大家的探讨中进步了吗？

答案可能并不尽然。

中国社会这些年来，甚至在更长时间段上，从来没有间断过对民主的追求，社会公众是如此，执政者同样如此。我们要在政治家的讲话中发现一篇没有出现“民主”一词的还真不是一件容易的事情。

但中国社会的民主进程并不像我们所期望的那样快、那样好、那样到位，是中国社会不够真诚吗？

答案同样是否定的。

民主的出现、扩展、壮大是有条件的，是需要社会基础的。当社会基础不具备的时候，民主就只能停留于话语中。民主的社会基础就是社会阶层的分化与阶层意识的凸显。

传统中国的社会结构是所谓“两个阶级一个阶层”，也就是工人阶级、农民阶级和知识分子阶层，而知识分子是工人阶级的一部分，所以中国社会群体其实就两大阶级。除了这两大阶级，在政治上不承认有其他的社会群体存在。而在计划经济的背景下，这两大阶级的利益基本上是同一的，出台一个政策有利于两大阶级就是有利于全社会。执政党只要把这两大阶级的利益保护好、实现好，就赢得了全社会的支持。所以，“清一色”的社会，团结是主旋律，统一是主基调。单一的社会结构让民主无用武之地，也就无立足之处了。

有人对中国共产党过去“替民做主”而又很得民众拥护的现象很不理解，认为中国的老百姓没有“个性”。其实在那样的社会结构背景下，“替民做主”与“让民做主”的结果并没有多大的差别，就算有差别也只是毫厘之差。

但是进入现代社会，这一差别就呈现千里之别了。

中国社会这些年来，社会结构不断变化，新的社会阶层和利益群体不断涌现。不同的阶层和利益群体有着不同的获取其利益的途径与方式，这些途径与方式固不必然是对立与冲突的，也不全然是一致和互补的。很多时候某一群体的某种利益的实现是以其他群体的另一种利益的丧失为前提的。这个时候指望让一个主体代表大家，让一个大家长来安排利益分配在理论上讲不通，在实践中也不可能做到。就算真诚地、没有杂念地想去“替民做主”，也已经没有这样的能力、没这样的气候去“替民做主”，只能“让民做主”了。

于是，不同的阶层与群体都把自己的利益诉求提出来，相互协商、相互交易，你来我往，讨价还价，在尊重少数的基础上接受大多数的选择。民主就这样开始出现、滋长了。甚至就算我们还要有个大家长，但这个大家长在这样的社会结构背景下也不得不花大量的时间、做大量的工作去找各个阶层集思广益，而这集思广益的协商过程也就是民主在发挥作用的过程。

所以，今日中国社会民主进程的快与慢、深与浅，其实是与中国社会的阶层分化态势相同步、相呼应的。社会分化越深刻，民主发展越充分。

（二）科技进步让权力不再能独断

权力不受制约是最受中国社会抨击的问题，也是政改必须首先面对的拦路虎。

权力之所以不受制约是因为拥有权力者不愿意被制约，权力之所以能不被制约是因为没有能与权力相抗衡的现实力量。

于是，拥有权力者通过权力为自己获得额外的、不正当、不应该的利

益。权力在暗箱里操作，权力在潜规则中获利，成为感觉很好的一件事情。适逢当下的中国正处于社会转型期，制度的空白、秩序的混乱，更是让权力肆无忌惮、为所欲为有了肥沃的土壤。

但是近些年来我们也渐渐发现在一些权力无所顾忌的同时，也有一种态势在潜滋暗长，就是一些握有权力的人开始哀叹“官越来越不好当了”，开始抱怨“权越来越不好使了”，一些过分的权力独断行为开始有所收敛。

是握有权力者良心发现主动限权、自我约束吗？我们希望如此，但真相恐怕并非如此。

那么真相究竟是什么？是现代科技进步的结晶互联网络所导致的“不得不”。

在过去的时代背景下，权力独断谋私，甚至做了违规越理犯法的事情，也很容易掩盖起来，就算偶被泄露也不可能大面积扩散，知道的人不多，拖上一段时间也就不了了之了。

但是进入信息时代，有了互联网络之后，这样的美梦就做不成了。

在网络中，空间彻底消失了，边界不复存在了，地位、身份、层级不再具有实际意义，无论咫尺还是天涯，无论是有权的官还是无权的民，都可以无障碍地出现在同一个平台中。信息可以方便地获取，信息也能迅速地传播。互联网络上一个帖子，在刹那之间将信息送达成千上万乃至上亿的人。

前段时间，一个地方法院院长运用手中的权力在法院内部为自己身体有障碍的孩子谋了份铁饭碗的工作。这在过去的时期可能是再正常不过的一件事情了，但在互联网络普及的背景下，弄巧成拙，不仅孩子的工作没戏，老子的职位都险些丢失。

这样开放的技术状态直接导致相应开放的社会状态，公开、透明日渐成为当代中国社会的主要特征，也成为权力运行的最基本要求。任何权力的行使都不得不在公开、透明的情况下进行，而结果又不得不直接接受社会大众的评判与检验。

更重要的是，互联网络不仅仅有信息传播的功能，还有很强大的组织动员功能。而这一点对于钳制权力的滥用是更为致命的。

在过去的时代，尽管中国社会从宪法到各种专门法，对社会大众的政治参与和制约权力都给予了充分的鼓励与保障，但大众从理论上可以制约到现实中真正能制约之间还有相当的距离，这一距离主要不是来自政治的约束与限制，而是来自手段的不足与缺乏。某一社会个体即使有很好的想法、有极其迫切的要求，但其诉求与想法如何表达出来为社会、为大众、为政治组织所知道、所了解，并不是一件容易的事情。即使想方设法表达出来了，由于传播手段的制约，也很有可能只是为少数人、小范围所了解，很难在较大范围内产生较大影响。但在以网络普及为主要标志的信息时代，这一情形有了根本性的转变。任何人、任何群体、任何组织，只要愿意，都可以通过网络来表达自己的要求、传播自己的理念、贡献自己的意见，并且通过网络寻找志同道合的赞同者与支持者，跨区域甚至跨国界形成看似虚拟但又能实实在在在政治发展中起作用的组织与团体，对现实政治生活中的权力行为产生影响。

面对公众零散的批评，权力可以不屑一顾，阳奉阴违；但面对互联网络强大的传播与组织功能，权力还敢为所欲为、再搞小动作吗？

（三）社会转型使得法治成为必需

我们现在常说，中国30多年来的发展走过了国际社会上百年甚至几百年的历程。把几百年的变化压缩在几十年内，这样的社会变迁怎能不是惊天动地、翻天覆地、改天换地？

社会状态变化了，治理社会的方式当然也要变化。

过去一些西方人士习惯于说传统的中国社会是一个人治的社会，法治意识缺失。做出这个判断的时候不免有些高傲的鄙夷或者是善意的惋惜：在没有法治的社会中生活的中国人多么可怜啊！但让西方人很不理解的是，这种状况在传统的中国社会并没有感到有多么不适，也没有表现为多么的不文明。

传统的中国社会以农业为主要产业形态，又处于严格的计划经济运行模式之下，一切事情都是有计划有安排井井有条，可谓超稳定社会。传统的中国社会实行严格的城乡二元分割的户籍制度，人口基本上不流动也不鼓励流动，绝大多数人生活自给自足，形成一个相对封闭的社会。传统的中国社会在农村是大家族集聚而居，在城市是大杂院街坊邻里，工人是黑发进厂白发退休，一个螺丝钉数十年不挪窝，人与人之间抬头不见低头见，典型的熟人社会。

在这样的社会状态下，老祖宗就是权威，人情就是道理，脸面就是契约。西方社会用法律解决的问题中国社会用情理全能搞定。而且这样的结果不仅大家接受、服气，还有一种法律绝不会有的脉脉情意在里面，让人觉得温暖。

但现在，社会状态变化了。

——市场经济改变了社会群体生活的轨迹，也改变了行为的模式。市场竞争如白云苍狗变幻莫测，市场交易各怀心腹事，朝三暮四。越来越庞大的社会系统、越来越复杂的人际关系网络、越来越微妙的利益格局，说不定哪个环节在哪个时候就会出问题。社会越来越不确定了，昔日的旧船票已经登不上今日的客船了。

——接近2亿的庞大流动人口在中国大地上四处谋生，对门的房客今天可能还是妙龄美女，明天就换成了风流帅哥；在一块工作的同事的名字还没有叫全，就已经跳槽了。整天与自己交往最多，影响最大、利害最紧要的不是有血缘关系、有感情的亲朋好友，而往往是萍水相逢的一面之交。社会越来越陌生了，你的老祖宗跟我有什么关系？

——远在大洋彼岸的美国小孩穿的是中国做的耐克运动鞋，而在地震中被埋三天后被救出的中国小孩第一句话是要喝可乐，“冰镇的”。过去夫妻间离婚是一件需要悄悄进行不好意思见人的事情，在今日的社会可以为了财产大闹公堂，甚至不惜抛头露面上电视台做节目以寻求支持。社会越来越开放，不仅拆了屋顶连墙壁也没有了。

新的社会状态需要新的运行模式，新的社会状态也产生新的运行模式。

不确定的社会什么最确定？法治。法治可以让社会群体在不确定中找到确定，可以对没有做过的事情做出稳定的预期。

陌生的社会什么最权威？还是法治。法治可以让互不熟悉的人之间产生信任与合作。通过法律中介，人与人之间的合作变成人与合同、人与契约的合作。

开放的社会什么最靠得住？仍然是法治。不同的国度文化不同、不同的人群价值不同，但一个法治之同可以把所有这些不同聚合起来。

既然这样的社会状态已经是中国社会的大势所趋，法治在中国社会当然也会越发凸显。

当然，法治在中国社会刚刚起步，难免矫枉过正，难免遭遇“搭便车”。比如，今天中国社会的老百姓好打官司了，动不动为了一点鸡毛蒜皮的小事，就说我到法院去告你，“好讼”苗头见长；又比如，一些部门热衷于立法，想方设法把专门法变成“部门法”，纯属为部门利益看家护院。但我们从乐观的方面看，当他们意识到需要用法律来为自己辩护、不再无所顾忌的时候，不正表明他们已经潜意识地认可了法律的权威，这不正是法治取得的胜利吗，虽然只是第一步。

所以，当越来越多的老百姓开始对簿公堂，当越来越多的问题被立法的时候，我们还用得着对中国社会法治的前途担忧吗？

（四）新期待不断拓展权利的清单

也许天赋人权不假，但人的权利绝不仅仅是上天既定的，而是随着社会的发展不断丰富、不断充实、不断实现的。

不同的社会发展阶段有不同的权利内容，在过去时代属于乌托邦的内容在今日社会可能已经成为权利的底线。

在30多年前的中国，吃饱肚子是中国社会需要下大力气去给群众保障的重要权利。但在今日的中国社会，群众对权利的期望已经不仅仅是物质的温饱。因为，这一权利中国社会已经完成，而且完成得很漂亮，中国已经摆脱贫困、跨越温饱，向全面小康社会迈进。

今天的中国老百姓更关心的是经济小康之后的政治小康、文化小康，要求社会主义民主大进步，要求社会主义文化大繁荣，要过上“更加幸福、更有尊严”的生活，要生活在“更加公正、更加和谐”的社会中。中国共产党在十七大上把这称为“人民群众的新期待”。其实，这新期待就是对权利的呼唤。社会民众每一个新期待的提出，都意味着中国社会的权利清单又加长了一页。

而且这权利清单列出来了，就必须兑现。不兑现老百姓就会跟你要，和气要不来就跟你吵闹，吵闹还不够就折腾点动静。所以，对于各种群体性的事件，地方官员很头痛，但我们以为这是好事，这是新期待对权利的呼唤。至于说引发一些混乱与不稳定，也不是什么坏事。母亲分娩还要疼痛呢。可是大家都知道，疼痛过后就是新生命的诞生。

所以，社会一旦有需求，就会比千万个政治家，比上百次大革命更能把社会推向进步，更能把政治体制改革推向纵深。

当中国社会实现了民众的又一个新期待，也就意味着保障了民众的又一项新权利，中国社会就又向文明进步迈出了一步。

反过来，当中国社会每前进一步，又会激发出民众新的期待，又会提出新的权利要求。

中国社会就在这样的循环往复中，一步一步走向政治文明。

我们有些同志往往对一些进行政治体制改革的豪言壮语与鲜明态度给予厚望，认为只要有决心、有态度就一定会有结果。事实上，对于政治体制改革来说，自觉的决心与态度固然重要，客观的“不得不”更加现实和有意义。细究中国社会这些年来政治体制的每一变迁，无一不是由经济社会的发展和技术进步所推动。没有社会分化与社会转型，没有经济社会发展所形成的人民群众的新期待，没有技术进步出现的互联网络与信息化，中国社会在政治体制领域的这些变化，放在30年前，甚至15年前都是不可想象的。

三　分清政治体制的体与用

现在好像整个社会都在谈论政治体制改革，但由于对政治体制的理解各不相同乃至很不相同，以至于很多讨论看似热热闹闹，其实是在鸡同鸭讲。通过梳理一些政治体制的理论性问题，厘清政治体制赖以产生的基础，考察政治体制演化变迁的路径，明晰政治体制所应肩负的功能，对于理解中国社会的政治体制改革，进而推进中国社会的政治体制改革是很有益处的。

（一）政治体制有“体”的属性也有“用”的内容

政治体制，用一句话来说，就是一个社会政治运行的一系列制度安排。我们在日常生活中谈到政治体制时，也往往是把它当成一个不可分割的制度总和来使用。其实政治体制是有“体”与“用”之分的。

所谓“体”，是指政治体制的制度属性。政治制度属于上层建筑范畴，从属于社会的经济基础。政治体制作为一个社会政治制度的现实形态与具体体现，更是要由一个社会的经济形态所决定。虽然在现实生活中政治体制显得高高在上，其实它只是一个社会实现其发展的一种制度安排，是为社会发展服务的。所以，一个社会的政治体制既不可能随心所欲去指定，更不可能心血来潮去否决，而是应经济基础的需要而产生，随经济基础的变化而变化，因社会发展的道路而被选择，为社会发展的目标而被运用。

中国社会的历史发展让中国选择了走社会主义道路，中国社会生产资料以公有制为主体的所有制形态，决定了政治制度及其政治体制当然要顺应社会主义社会的发展要求而形成。不是说中国不走资本主义道路，毛泽东当年就讲过，中国也想去学外国，但学来学去老师老欺负学生，学来学去总逃不脱被奴役的命运，还学个什么？

一言以蔽之，政治体制耸立于经济社会形态之上，政治体制又服务于社会发展道路的需求。由于中国社会走的是社会主义道路，所以中国社会的政治体制必然要具有社会主义的属性，体现社会主义的要求，反映社会主义的价值。我们不动辄在任何问题上问姓“社”姓“资”，但政治体制的姓“社”与姓“资”是客观存在的，也不会因为不去问就没有了。

以故，政治体制从来不能离开其社会环境而被抽象地评价好坏与优劣。政治体制是好是坏、是优是劣完全取决于该社会的经济基础状况及其发展道路的要求。中国社会之所以反复强调中国政治体制是符合国情的，总体上适应经济社会发展要求，就是因为我们的政治体制保证了中国经济长期快速发展和社会和谐稳定。有这样的作为，自然当有这样的评价。

所谓“用”是指政治体制的实现形式。研究制度学的都知道，制度与体制既相联系又有各自侧重，制度更多侧重于理念与价值。一项制度之所以赋予“基本”的地位，不是其内容有多关键，而是其所体现的理念与价值有多核心。那么这些价值与理念如何体现出来并在实践中得以施行呢？要靠体制来保障。所以，政治体制是政治制度及其理念价值的展开与具体化。这就决定了政治体制的形成是一个过程，是一个不断丰富新内涵、充实新内容的过程，政治体制不是一蹴而就，不会一劳永逸。而且由于同一个理念可能会有多种方式去体现，同一个价值也能用不同的手段来保证，所以政治体制的形式就会多样化，服务于同一发展目标的政治体制的内容可以各不相同。

邓小平当年的“不管白猫黑猫，抓住老鼠就是好猫”之语，不是专门针对政治体制讲的，但于政治体制同样适用。只要能为走中国特色社会主义道路保驾护航，政治体制这只猫在“用”的方面是黑是白是没有多大关系的。市场经济能为我所用，民主政治又何必退避三舍？

当我们从“体”与“用”的角度分析政治体制诸问题的时候，就会发现政治体制改革中什么可以改也必须改、什么不能改也改不了，其实是很明确的，并没有什么说不清楚的地方。

（二）政治体制之“体”不能变也变不了

那么，什么是中国政治体制之“体”呢？

中国共产党的领导，就是中国政治体制“体”的层面的要求，人民民主，同样是中国政治体制“体”的层面的要求，社会主义法治，当然也是中国政治体制“体”的层面的要求。这些要求是中国政治体制的本质属性，

不能变也变不了。

有的人可能会问，凭什么一定要中国共产党的领导？很简单，进行社会主义建设不由一个无产阶级的政党来领导，难道要靠其他别的什么阶级政党来领导吗？我们要建设的社会性质逻辑地决定了领导核心的阶级属性。有人会接着问，那么新成立一个无产阶级政党来代替共产党行不行啊？我们说逻辑上还是讲不通。一个在中国社会中的无产阶级政党只要它真正是无产阶级政党，它的宗旨信仰一定就是共产主义的，它就是共产党；如果它不信守共产主义信仰，就不可能是一个无产阶级政党。所以，对于中国共产党的领导，我们可以再多说一句，中国共产党的领导体现在其政党宗旨信仰理论的领导上，而不仅仅是，甚至不主要是政党成员的领导；是政党通过它的成员的信仰来实现政党追求，而不是政党成员拉大旗，作虎皮，以政党的名义谋自己的利益。

至于说目前中国共产党的领导行为是不是已经尽善尽美了，中国共产党的成员是不是已经真正共产党员化了，我们说这不尽然。在现实的执政过程中还有很多不适应的方式方法，有很多不应当的行为做法，我们的一些政党成员并没有真正在思想上入党，其对共产主义的信仰甚至还不如党外的同志。这些都必须改，但这就进到了“用”的层面，我们下面会专门讲。

再看人民代表大会制度。有些人士对西方民主体制顶礼膜拜，就是看不到我们的人民代表大会制度中所蕴含的实质性的人民民主。与那些排斥最广大群众在外的、少数精英群体自娱自乐的制度安排不一样，人民代表大会制度保证了让中国社会最大多数的人能掌握这一制度，能使用这一制度，会运用这一制度来保障自己的权利、行使自己的权力。

在现代社会，社会群体在分化。一些群体比较适应现代社会的游戏规则，如知识阶层、工商阶层、权力阶层，可以运用自身的资源在社会上游刃有余；而另外一些群体则会边缘化，客观上成为社会进步的工具，如城市化导致的失地农民，建筑业、制造业吸纳的体力工人。

但是，所有这些中下层的民众，他们依然有着神圣的求生存与求发展的权利。政治体制改革只能去增进他们本已经贫困的权利，而不能去掠夺之。“马太效应”在西方可能理所当然，在中国绝对是逆天道而行不通。中国有句古话，“天之道损有余而补不足”。

我们就拿保障权利为例。现代西方社会在保障权利方面可圈可点，以至于我们的一些改革不免或隐或显地向其看齐。但问题是真能看齐吗？

让中国3亿人过上美国人的生活，中国现在已经做到了，甚至这些人过得比美国人还要好。但是要让中国13亿人过上美国人的生活，就不是一件容易的事情，甚至到目前来看好像还没有哪个制度框架敢于承诺，至少在现有的美国制度框架内是不可能做到的。那么，对于一个自认为在社会中永远只是处于普通人地位的群体来说，他会希望什么样的政治体制改革？

有人会说为什么老要把目光放在普通人身上。只要给予机遇，普通人一样可以飞上枝头变凤凰，一样可以成为社会精英。这一判断没有错，我们的政治体制改革也正是要扩大这种可能性。但不论再怎么扩大，社会存在普通群体是一个客观事实，尤其在中国社会，在我们可预计的相当长一段时间内，普通群体的数目仍然会是中国人口的绝大多数。

人民代表大会制度体现了国家一切权力来自人民，一切权力属于人民的原则，这是最大多数人民当家作主的根本制度，我们为什么要改？

至于说社会主义法治，反映的是社会主义社会的生产关系，体现的是社会主义社会的生产方式，保护的是社会最广大群众的权利与利益，改变了社会主义法治的性质就破坏了社会主义的生产方式与生产关系，这怎么能改？

我们一定要记住，改革不是全盘否定，改革更不是连根拔起。完善也好，健全也罢，如果改革改到最后连中国社会近百年奋斗的发展道路、宗旨信仰都否定了，这还是改革吗？

（三）政治体制之“用”可以改也必须改

忘记了政治体制改革的“体”不行，贸然改变政治体制之“体”，会导致社会发展转向、变色、换天；但把政治体制中的“用”当作“体”而对政治体制改革缩手缩脚，不去改、不敢改，问题就更大，会让我们的发展目标落空，发展进步停滞。中国禅宗有个比喻，以手指月，其意在月不在手指。不去看月亮而只盯住手指就大错特错了。毕竟其他什么东西同样也可以指月亮，比如筷子。

政治体制之“用”就好比手指。手指断了、没有了，完全可以改用筷子去指月亮。对于阻碍社会主义市场经济体制走向完善、阻碍现代文明社会发展进步的政治体制之“用”完全可以改，而且必须去改。

中国共产党的领导不能改，但中国共产党目前的领导方式与领导体制完全可以改，甚至还必须改；人民代表大会制度不能改，但目前的一些不能适应人民政治参与积极性不断提高的代表产生方式方法和制约继续扩大人民民

主的选举方式方法同样要大改快改；社会主义法治建设方向不能改，但目前的一些执法体制乃至司法体制恐怕已经到了非改不行的地步了。

我们举个很简单的例子，中国共产党要“党管干部”，这是大原则，但是不是所有的干部一定要一个萝卜一个坑由组织部门对号入座，大可讨论。我们要选个书记或市长，完全可以确定十个八个甚至更多的候选人，他们都是经过党管干部考核通过的，至于说最后哪一个干部做书记，哪一个干部做市长，完全可以提交各自的代表大会选举，是骡子是马让代表们说了算。组织部门就不用管了，以免形成暗箱操作，或者长官意志。

当然也不排除一些群体出于既有的利益而故意混淆政治体制的“体”与“用”，他们以“用”为“体”，为其不进行政治体制改革找借口。我们也承认，现在，在进行政治体制改革过程中，遇到的难题不是该不该改的问题，而是愿不愿意改的问题。因为，任何体制背后都有着特定的利益，这些利益依附体制而生，依靠体制而长。当利益积聚到一定规模后，就会反过来构建自我保护的机制，以进一步强化产生这些利益的原有体制，阻碍原有体制的变化。实在逃避不了的时候，得利的利益群体就通过某种途径与方式将体制改革压力外部化，或者进行一些细枝末节的、非体制性的微小变革以缓解社会的压力。但我们必须指出，这种行为无异于饮鸩止渴。

对此，我们一定要有明确的态度，这就是政治体制“用”的层面的内容一定要改，而且要深刻地改，不能只是在外围兜圈子，或者只进行一些细枝末节的修修补补。比如说，公共权力不受制约，要改；公民权利不被保障，要改；法治不被尊重，要改；权力与市场结盟谋私，要改；城乡二元分割不公正，要改；社会运行官僚化，要改；等等。这一个政治体制改革的清单还可以拉很长很长。邓小平当年对此曾做出很明确的回应：“一句话，就是要革命，不要改良，不要修修补补。”① 即使有些方面不可能毕其功于一役，也要像邓小平所说的“这个任务，我们这一代人也许不能全部完成，但是，至少我们有责任为它的完成奠定巩固的基础，确立正确的方向”。

需要注意的是，在理论上可以把政治体制的“体”与“用”讲得很清楚，但要在实践中把政治体制的“体”与“用”分得很清楚，就不是一件容易的事情了。因为实践领域的政治体制的“体”与“用”绝非泾渭分明，往往相互交织缠绕在一起，要想分离实属不易，甚至还如一枚硬币的两面，

---

① 《邓小平文选》第 2 卷，人民出版社，1994，第 130 页。

“体”与“用”你中有我、我中有你，相互依存、分则不存。这也就是为什么政治体制改革复杂、困难的根源所在了。

四　政治体制改革的切入点与突破口

舆论的关注对于推进政治体制改革是很有益处的，但是政治体制改革也不能仅仅停留于话语的宣示和情感的企盼，而要在一些关键性问题上有本质性的突破。因此，务实地寻找政治体制改革的突破口，务实地选择政治体制改革的路径与策略，可能对于今日中国的政治体制改革更有意义。回顾改革历程，遵循改革规律，破解改革难题，我们可以说，适应下一步中国社会改革深化要求的政治体制改革应该在以下三个方面破题。

（一）把保障权利作为政治体制改革的基础性要求

这些年来在中国社会运行中出现了诸多让人费解的现象。比如，一方面是经济高增长，GDP 大膨胀，另一方面却是老百姓“三难”，上学难、看病难、住房难，经济增长速度与生活改善状况形成极大反差；又如，大学生没有找到工作但在教育部门的统计表上已经“被就业”了，水价上涨原来是居民已经“被”自来水公司董事长“代表”了，以至于有人戏称中国社会进入了“被时代”。所有这些现象看起来互不关联，其实背后有一个共同点，就是正当的权利得不到保障。企业家按照市场经济要求平等经营的权利缺失，只能在非经济领域去补偿，社会公众的基本福利被漠视，只能勤劳而不富有，既然逃不脱被别人“被”的命运，何不“打打酱油”自我安慰。

可是当这些不正常的现象通过不得已的方式得到暂时缓解的时候，其实是给未来社会健康发展埋下了雷区。因而，有效保障社会公民的权利，是政治体制改革的基础性要求。

社会发展其实就是公民权利清单被不断拓展的过程，而这一过程有赖于政治体制的跟进。从表面上看，政治体制是一个社会权力运行方式，但在这表象背后是社会利益的分配与调整，更为深层的是对社会群体权利的界定与保障。说句不太全面但大体不差的话，如果说一个社会的经济体制关注的是如何激发不同社会群体创造财富的话，一个社会的政治体制则是通过保障权利来关注不同社会群体如何分配和占有这些财富。

有的同志寄希望于一个聪明、慈祥、全能的大家长来保证社会财富的分

配公平正义。其实，再聪明的家长也有犯糊涂的时候，再慈祥的家长也难免有偏心的可能，面对错综复杂的利益诉求，所谓全能只能是痴人说梦。更何况如果这个家长有些私心只顾自己不顾他人麻烦就更大了。所以，真正可靠的还是让社会群体通过宪法赋予的权利自己去维护自己的利益。通过发展社会主义民主，切实保障人民当家作主的民主权利，特别是选举权、知情权、参与权、表达权和监督权；通过进一步扩大基层民主，健全基层自治组织和民主管理制度，让广大群众更好地参与管理基层公共事务；等等。

不过，汲取这些年来中国社会政治体制改革的教训，做到这些还稍嫌不足，我们还应该再往前走一步。这就是当政治体制说要保障权利的时候，一定要讲清楚保障谁的权利，保障什么样的权利。没有后面的这一明确界定，保障权利就不仅是一句空话，甚至还是一句谎话。

之所以要分得这么清楚，是因为现代社会不同群体的利益与权利，固然不必然是对立与冲突的，但也不全然是一致和互补的。很多时候某一群体的某种权利的实现是以其他群体的另一种权利的丧失或受损为前提的。在现代社会发展中，为了城市化拿走了农民的土地让他们成为失地农民，为了国际贸易中的低成本比较优势，进城务工人员只能拿极低的工资，为了企业的高效率，大批大批工人下了岗。可是，所有这些中下层的民众，他们依然有着神圣的求生存与求发展的权利。政治体制改革只能去增进他们本已经贫困的权利，而不能去掠夺之。我们经常讲特色，这应是中国社会政治体制改革的最大“特色”所在。

（二）把规范权力作为政治体制改革的第一着力点

政治权力是保障一个社会稳定有序不可或缺的要素，任何弱化政治权力的做法不仅幼稚，甚至有害，尤其对于一个正在快速发展和转型中的大国来说，强有力的政治控制力是福不是祸。但是信任权力不等于放纵权力。

这些年来中国社会发展在这方面是有教训的。比如，失范的权力制约了经济体制改革的深化与完善。

中国社会从 1993 年提出建立社会主义市场经济体制的目标，经过 10 年的改革探索，到 2003 年又提出了完善社会主义市场经济体制的目标，到十八届三中全会又一个 10 年过去了。但实事求是地讲，社会主义市场经济体制的很多方面并没有真正得到完善，甚至有些方面依然在建立的过程中，仍然处在破题阶段。像收入分配制度改革、政府行政管理体制改革等，只能说在不断破题过程中；乃至一些很具体的改革，如垄断行业改革、资源性产品价格和环保收费改革、财税体制改革等都步履维艰。而这一切皆源于不同层面、不同部门权力的自我放纵。

更重要的是这些权力的放纵甚至扭曲了经济体制改革的路径，消解了经济体制改革取得的绩效，以至于造成经济体制改革的异化。

在经济体制领域的市场化改革无疑是一个基本方向，可以极大地调动各经济主体的积极性，优化社会资源的配置。确实，如果有一个好的、科学的、适应现代社会发展进步的、以社会主义政治文明为基础的政治体制的保障，社会主义市场经济体制确实可以扬市场经济之长，避市场经济之短。但在20多年来的市场经济体制实践过程中，这一期待并没有完全实现，以至于社会公众开始质疑市场化的改革取向，开始怀念计划经济时期的一些做法。

我们不应回避社会公众提出的质疑，20多年来市场化过程中出现的问题甚至远比已经被大家意识到的问题还要多，还要严重。但问题的根源是，这些弊端、这些扭曲其实正是政治体制改革与经济体制改革不适应，是权力过于独断所导致的，而不是市场化本身。可是政治体制改革的滞后，权力的不被约束，却让普通老百姓把这一盆脏水倒在了市场经济头上。没有政治体制改革的保障，经济体制改革的成果就会得而复失，现代化建设的目标就不可能实现。

通过一系列制度创新，如转换政府职能、培育非政府组织、鼓励媒体监督，辅之以对现代技术进步的依托，如互联网带来的公开化、透明化等，把权力装进法治的笼子，让它服务于社会而不能凌驾于社会，这是中国政治体制改革真正的开始。

（三）以实践信仰来构建执政党新的政治合法性

中国社会现有的政治格局是中国共产党带领中国人民历经革命、改革、建设奋斗所得，是历史的赋予，是既定的事实，执政合法性毋庸置辩。但随着社会的发展进步和时代的演进，中国共产党也必须通过实践信仰来构建新的政治生态，以进一步充实和丰富政治合法性基础。

中国共产党是中国社会唯一执政党，中国的政治体制改革要在中国共产党的领导下展开。但是，如果回避执政党的政治优势，回避共产党的先进性，来谈政治体制改革，不仅不会有真正的政治体制改革，还会给多党政改

提供口舌。一些群体就会发难，既然你也就是普普通通一个政党，与我们拉帮结伙成立的A党B党没有什么本质上的不同，为什么你要成为唯一呀，为什么我们不能与你竞争执政权。

所以中国共产党必须旗帜鲜明地宣示并实践其信仰。试想，如果中国共产党人切实做到了党章所要求的没有自身的利益，还会有权钱交易以权谋私吗？如果中国共产党人真正把自己当作服务员为人民服务，社会公民的权利能得不到保障吗？如果中国特色社会主义保障了民众的主人公地位，人民可以有效地监督政治权力，有必要搞走马灯似的政党竞争吗？

中国共产党要通过自我完善、自我净化乃至凤凰涅槃的行动告诉公众，目前出现的所有这些体制方面的不适应，不规范、不理想，皆是政党自身的先进性体现没有充分体现、有些淡漠，皆是社会主义的因素尚且初级、还不够格。这并不是政党本质的矛盾，更不是社会主义的困境，通过加强政党自身建设、通过社会主义不断进步，这些问题都能迎刃而解。

最后，强调一点，实践信仰体现在中国共产党对于政治体制改革的态度上，就是一定要改，而且要深刻地改。政治体制改革并非“通天塔工程”，并没有什么技术难题不能克服，并没有什么必要条件不可获得。曾经有一位老人讲过一句话，“文化的改变至少需要60年，经济体制变革需要6年，政治体制变革只需要6个月”。这句话说透了体制变革的核心密码。也许当我们真正付诸行动的时候，就会发现政治体制改革其实并不像我们想象的那么难，也不像我们想象的那么复杂，甚至都用不了我们想象中那么久的时间。

五　守住中国的政治优势

一个社会的政治制度肯定要有其赖以立足、得以发展、能够成功、其他制度较之又不可能有的独门秘籍，彰显、运用这些政治优势对于实现其制度的目标蓝图具有至关重要的意义。问题只在于把握政治优势的时候一定要清醒、科学、准确，想当然地把一些政治优势的副产品当作政治优势本身，或者把本不应该有的一些东西当成政治优势的体现，不仅不可能实现制度设计中的政治发展，甚至会在政治发展中陷入窘境。更为严峻的问题是还有可能把本来真正的政治优势给淡化、给遗忘、给伤害，以至于最终丧失政治制度的立身之本。

（一）政治优势取决于政治目标

政治优势从来不是抽象的，政治优势不能脱离开社会的政治目标去夸夸其谈。不同的政治目标需要不同的政治制度，不同的政治制度又有其不同的政治优势。就好比目标是游水，则乌龟有明显的优势；目标是长跑，则兔子当仁不让。把建立在不同政治目标之上的政治优势拿来进行比较，无异于“龟兔赛跑”或“龟兔游泳”，不仅不公平，也没有任何意义。

更何况，政治优势是政治制度的内生结晶，嫁接是嫁接不来真正的政治优势的。从外来制度中生吞活剥拿来一些小名词、小技巧（尽管这些东西在别的制度体系中是好东西，是人家的政治优势），不仅不会转化为我们自己的政治优势，反而会消化不良，上吐下泻。

所以，政治优势必须与政治目标紧密结合，根据不同的政治目标来形成、培育、锻造不同的政治优势。就中国社会来说，政治目标一直是明确的，这就是通过政治制度完成以下三个方面的任务。

一是，国家富强，民族复兴。中国社会的任何发展首先必须是以“中国”为主题的发展，以“中华民族”为指向的发展。面向世界，中国是以一个有着自己完整价值观、一脉相承文化为支撑的大国走向世界，是让中华民族在世界民族之林和谐共荣，而不是在全球化的过程中弱化主权、消解民族、迷失自我；中国参与国际经济社会分工，是为了一个现代化中国的崛起，而不是仅仅成为“世界工厂”，成为他国的打工者。回观国内，中国是一个不可分割的有机整体，中国是960万平方公里上的每一寸土地，是大江南北的全部区域，不论是东部沿海还是西部内陆、不论是城市还是农村在中国的发展中都要协调同进，不能以一部分区域的边缘化与付出为代价换取另一部分区域的异常繁荣，因为这样的繁荣是不可持续的，是虚假的，甚至是有害的。

二是，人民富裕，当家作主。中国社会的发展最根本的也是最高的目标是让中国人民自己当家作主过上更加富裕、更加有尊严的生活，是让中国人民能实现每个人的自由全面的发展。所以中国社会的发展必须把“中国人民”作为最高评判者。这里的“中国人民”是中国社会13亿人的全部，不是这一部分、那一部分。社会分层是社会发展的客观态势，但社会意义上的差别不能成为政治权利差别的借口。中国社会13亿人尽管身份有不同、职业有不同、能力有不同，但在政治权利上必须是一视同仁，并且他们中的每

一个人都有为自己争取当家作主的神圣不可侵犯的权利，都有实现自由全面发展的权利。如果面临实在不可兼得的时候，必须以中国社会最大多数群体的利益为最高利益，以中国最大多数群体的权利为最重点保障的权利。在这一点上，我们不需要遮遮掩掩。

三是，社会发展又好又快。即在前两个要求的基础上推进中国经济社会又好又快的发展。以中国为主题，以中国人民为主体，在这样的前提下，我们积极借鉴一切有益于我们发展的好制度、好方法；我们虚心学习一切能推进我们发展的好技术、好模式；我们调动一切积极因素、鼓励一切资源要素以实现共同发展。

这些政治目标是中国社会每一个共产党人和中国民众数十年来矢志不渝的追求与基本的共识。中国社会的政治制度就是要围绕这些目标而建设，中国社会的政治优势就是要服从这些目标而养成。如果不认可这些政治目标，来与我们谈政治制度的优劣、谈政治优势的好坏，无异于参辰卯酉，道不相谋。

（二）中国政治优势的当然选择

当明确了中国社会发展的政治目标，自然就会发现中国社会的政治优势所在了：政党宗旨的优秀、制度立场的鲜明、社会民众的认可。中国社会的政治优势当然是这些内容，也只能是这些内容。

第一，有一个拥有崇高政治纲领的领导核心，中国共产党。

世界上成千上万的政党，只有中国共产党把“没有自己的利益”写入政党党章，只有共产党人敢说自己是特殊材料制成的人。因为这一条是其他任何政党做不到也不准备这样做的，也正因为这一条，使得中国共产党在众多政党中脱颖而出成为唯一执政党。中国共产党用其纲领告诉中国社会，共产主义体现在现实的经济政治生活中就是为了最大多数人的利益。这最大多数人是“无产阶级”也好，是“工人阶级”也罢，称谓随着时代的不同可能会也可以有不同的说法，但它必须确实是一个社会中的最大多数。只要中国共产党把自己在党章中宣示的“除了工人阶级和最广大人民群众的利益，没有自己特殊的利益”的要求体现在执政实践中，怎么能得不到社会的认同与信服？“壁立千仞，无欲则刚”。一个社会有 8700 多万没有自己的特殊的利益，甘为社会为他人奉献的群体，有什么样的难题不能破解，有什么样的力量不能征服，有什么样的奇迹不会发生？

第二，有一个能让人民群众当家作主的基本制度，人民代表大会制度。制度哲学研究告诉我们，制度是非中性的，不同的制度有其不同的优势群体，不同的制度对社会群体利益的关注是很不相同的。对于中国这样一个有着13亿人口而且其中绝大多数是普通工人农民的国度，制度的设计必须让中国社会最大多数的人能掌握这一制度，能使用这一制度，会运用这一制度来保障自己的权利，行使自己的权力。排斥最广大群众在外的、少数精英群体自娱自乐的制度安排在中国社会不具有政治合法性，也注定得不到最大多数群众的支持。中国社会的人民代表大会制度使得国家形成一种一元化权力结构，它体现了社会主义的性质，也体现了国家一切权力来自人民、一切权力属于人民的原则，它的制度逻辑从其本质上讲是有利于保证和实现人民群众当家作主的。

第三，有人民群众对中国共产党的支持，对中国社会发展目标的认同，对过上更好生活的期待。人民，只有人民才是历史的创造者，才是中国社会发展的根本动力。所以，对于中国社会来说，最大的、最根本的、最不可或缺的政治优势就是人民的认同与支持。由于中国共产党主张全心全意为人民服务，所以人民群众支持它；由于中国社会是在走社会主义道路，所以人民群众认可它；由于中国的发展目的是要让人民不断过上更好的新生活，所以人民群众积极投身中国改革发展的实践。

至于我们通常讲的集中力量办大事的优势，不是孤立的、不是自生的，而是来自人民群众对“办大事”的认同与支持。有了这认同与支持自然就有了集中力量，没有了这认同与支持再怎么喊集中力量也无济于事。至于说伴生这一模式而出现的所谓“一言堂”“清一色”“压倒一切”等现象不仅不是什么优势，反而是中国社会发展的莫大障碍。所以，对于集中力量办大事这种“优势”的认知一定要谨慎，说过头了就会本末倒置，贻害无穷。

（三）政治优势需要呵护与涵养

借用中国共产党的一句话，政治优势不是一劳永逸、一成不变的，过去是优势不等于现在还是优势，过去拥有不等于现在拥有，现在拥有不等于永远拥有。

随着中国社会的发展变化，随着我们面临的新情况新问题不断涌现，中国社会的政治优势也面临着严峻的挑战。这些挑战固然有来自外部的，但更要害的是来自我们内部。毕竟如果我们真的把自己的事情做得很好，外部的

质疑也好、嫉妒也罢，乃至于所谓威胁都将化于无形。

首先，我们要真正把政党的宗旨践行于政党的执政实践中。实事求是讲，这些年来，群众对我们一些政党成员在宗旨方面讲得多做得少，空话多实事少，意见是比较大，对此我们应该虚心接受，有则改之无则加勉。但更进一步看，还有一种现象更值得我们警觉。这就是政党的宗旨信仰在一些成员、一些组织那里越来越淡漠了，有些政党成员甚至对自己曾经的誓言都有些疑惑了，有些不自信了。在这样的心态下，执政宗旨在执政实践中的体现如何就可想而知了。恩格斯曾经旗帜鲜明地讲政党理论“越是毫无顾忌和大公无私，它就越符合工人的利益和愿望”。中国共产党人同样需要旗帜鲜明地把自己的信仰高高宣扬，越是毫无顾忌和大公无私，就越符合中国人民的利益和愿望。在这里，我们要特别强调的是，暂时没有做到并不可怕，但如果连去追求的思想都没有了，甚至都认为没必要去追求了，那才是最为可怕的事情。

其次，我们要让制度的运行更加体现本来意图，杜绝制度运行中的失灵与变异。好的制度不仅体现在制度理念上，同时也体现在制度执行上。好的制度得不到真正的执行或者说被偷梁换柱、阳奉阴违，其危害更大。我们要研究总结人民代表大会制度运行过程中的经验与教训，及时地把成功有效的做法发扬光大，把有缺憾不规范的行为消灭于萌芽状态、未发之初，把一些现在虽然在运行但已经不符合社会发展实际和人民群众权利提升的做法摒弃掉，让人民代表真正能代表人民，让人民代表能真正行使代表权力，让国家政府的各个部门、各个组织既心甘情愿又不得不服从人民代表大会的最高权力。

最后，用先进的行为夯实群众的支持，用真实的理想凝聚群众的共识，用发展的事实满足群众的新期待。在这些方面，我们有大量细致而又艰巨的工作要去做，既是“自觉补课”，更是“自我证明”。

比如，现在人民群众对我们一些政党成员的行为很失望，我们无可回避。有些政党成员对于他们不符合政党宗旨的行为总是用“共产党员也是人嘛”的借口去辩护，不被群众认同还感到委屈。他们对“中国共产党人是人，但更是特殊材料制成的人”这一判断，总是不能理解、不愿接受。其实对于真正的中国共产党人来说，这句话是再自然不过的事情了。这句话的逻辑只能是这样讲而不能颠倒过来。颠倒过来，谬以千里，自毁长城。否则群众会问，你思想不比我优秀，行为不比我先进，凭什么还要继续执政？

这样的质疑实在是很严肃，也很严峻的。

又如，我们必须向人民群众明白彻底地讲清楚中国特色社会主义共同理想的基本内涵、具体内容，让人民群众真信、真懂、真去追求。不能老是含糊其辞、言不由衷、王顾左右而言他。一种理论既解决不了群众关心的问题，又回答不了群众疑惑的问题，是会让群众失望进而不信任，甚至反对的。马克思有一句名言："理论只要说服人，就能掌握群众；而理论只要彻底，就能说服人。所谓彻底，就是抓住事物的根本。"我们在追求理论彻底方面尚任重道远，不仅要有智慧，而且要有勇气，当然更根本的还是要坦荡与无私。

再如，必须用真实的成果来向人民群众证明中国社会的发展成就。没有国民收入的实质性提高，单纯 GDP 的世界第二是没有多大意义的；没有人民群众住有所居的基本保障，此起彼伏的高楼大厦徒增经济泡沫；没有失地农民在城市中的安居乐业，片面的城市化有害无益；没有每一个群众生活的小康，没有每一个区域乡村的小康，数据统计出来的"小康社会"也没有多大价值。

当我们把这一切都做到的时候，中国社会的政治优势自然就会体现出来并发挥出它的巨大功效，自然就会用中国社会持续健康快速的发展为自己正名。我们不需要再去多说什么，更不用去担心、害怕别人指指点点、说三道四。

中国道路的世界意义及其话语体系构建

吴海江

摘　要： 近年来，“中国奇迹”引起国际社会的广泛关注，从而凸显了中国道路的比较意义和世界意义。研究和探讨中国道路，要把中国的现代化发展道路放在世界文明历史之中，既要有“中国向度”，也要有“世界向度”，这样才能真正了解中国发展的特点，正确阐发中国道路的价值和意义。随着中国的崛起，中国话语也变得越来越重要。以中国特色社会主义道路、理论、制度为基础，构建具有中国特色、中国风格、中国气派的话语体系，对于讲好中国故事、弘扬中国精神、传播中国声音、掌握国际话语权，具有重要意义。

关键词： 中国道路　世界意义　话语体系

作者简介： 吴海江，复旦大学马克思主义学院教授。

近代以来，资本主义工业文明向全球扩展，开创了一个“世界历史”的时代。社会主义作为对资本主义文明的批判和扬弃，在历史转变为世界历史后，也必然成为一种“世界历史性”的存在，社会主义也只有在世界历史意义上才能存在。中国特色社会主义在时代发展造成的历史条件下兴起，成为与时代并进的社会主义。中国的现代化道路不是孤立的，而是世界现代化进程的一部分。研究中国道路就要把中国的发展道路放在世界历史进程之中，就要把中国道路与世界大势联系起来，这样才能真正了解中国发展的特点，才能正确阐发中国道路的价值和意义。

一 世界历史视域中的中国道路

在马克思看来，世界历史的形成是由资本主义生产方式和大工业所开创的。资本主义来到世间，一开始就是“世界历史性的存在”，是一种全球性的存在，“资产阶级社会的真实任务是建立世界市场（至少是一个轮廓）和以这种市场为基础的生产”[①]。随着大工业的发展和工业品的迅速增加，资产阶级在利润驱动下走向全球，“不断扩大产品销路的需要，驱使资产阶级奔走于全球各地。它必须到处落户，到处开发，到处建立联系”[②]。由此推动了国际贸易的迅速发展，形成了在国际分工基础上的世界市场。世界市场的形成，使一切国家的生产和消费都成为世界性的了，非西方社会的广大落后地区被纳入新的国际分工体系之中。自此，历史由国家的、民族的、地域性的历史转变为世界历史——真正意义上的世界史。马克思、恩格斯在《德意志意识形态》中写道：“各个相互影响的活动范围在这个发展进程中越是扩大，各民族的原始封闭状态由于日益完善的生产方式、交往以及因交往而自然形成的不同民族之间的分工消灭得越是彻底，历史也就越是成为世界历史。”[③] 马克思在晚年正是以“世界历史”的视野对包括中国在内的东方社会发展道路进行探索的。概括起来，马克思探索东方社会发展道路的方法论主要有以下两点：第一，在世界历史进程中把握东方社会的历史命运。无论是19世纪50年代对印度、中国的前途的分析，还是晚年对俄国发展道路的设想，马克思都是从世界历史进程的背景出发的。第二，具体分析东方社会的具体历史环境。在探索东方社会的发展道路时，马克思从东方社会的客观现实和其所经历的真实历史过程出发，深入东方社会的内部结构中加以探讨。[④] 马克思关于“世界历史”的理论和对东方社会发展道路的探索为我们今天研究“中国道路”问题提供了重要的方法论基础。

中国近代以来所确立的现代化道路不是孤立的，而是世界现代化进程的一部分。研究中国道路就要把中国的现代化发展道路放在世界文明历史之

---

① 《马克思恩格斯全集》第29卷，人民出版社，1972，第348页。

② 《马克思恩格斯选集》第1卷，人民出版社，1995，第276页。

③ 《马克思恩格斯选集》第1卷，第88页。

④ 孙代尧：《世界历史视野下的当代中国社会发展道路》，《武汉大学学报》（人文科学版）2002年第5期。

中，这样才能真正了解中国发展的特点，才能正确阐发中国道路的价值和意义。只有认真梳理中国同欧洲、亚洲、非洲、美洲几个主要文明的关系，以及中国同新世界秩序的关系，看到中国历史对新兴世界秩序的影响，才能阐释中国对世界体系建构做出的巨大贡献。

2008年美国《新闻周刊》国际版主编法里德·扎卡里亚（Fareed Zakaria）在他的《后美国的世界》（*The Post-American World*）一书中这样描绘了当今世界：世界最高的建筑在台北，下一个将出现在迪拜；世界最大的上市公司在北京；世界最大的炼油厂正在印度兴建；世界最大的客机由欧洲制造；世界最大的投资基金在阿布扎比；世界最大的电影工业是印度宝莱坞，而不是美国好莱坞；世界最大的赌场在澳门，那里的赌博业收入去年已经超过了拉斯维加斯。全世界十大富翁只有两个美国人……。法里德·扎卡里亚称，当今世界已经进入了后美国时代，人类正在经历现代历史上第三次重大的力量转变。第一次是15世纪前后西方世界的崛起。那时产生了我们今天所知道的世界：科学和技术，商业和资本主义，工业和农业革命，还带来了西方世界长期的政治优势。发生在19世纪末的第二次转变是美国的崛起。工业化后，美国很快成为世界最强大的国家，比其他国家可能构建的组合还要强大。在美国强权统治下的世界，全球经济加速发展。正是这种发展推动了现代的第三次力量转变：他者的崛起。未来世界上最大的25家跨国公司中，巴西、墨西哥、韩国等各有四家，印度三家，中国两家，阿根廷、智利、马来西亚和南非各有一家。这与被美国社会大肆宣扬的“中国威胁论”相比，范围更广泛，这是他者的崛起——世界其他地区的崛起。这些情况反映了世界力量和态度的巨变，后美国时代已经到来。所以中国的崛起不是孤立的，不是一枝独秀，而是西方之外迅速成长中的国家的代表。

从世界历史的进程来看，中国崛起也许会成为20世纪末21世纪初最重要的历史事件。随着中国的崛起，中国经验也变得越来越重要。中国道路是在改革开放的条件下发展起来的，中国道路不仅属于中国历史，也属于世界历史。探讨中国道路问题，既要有“中国眼光”，也要有“世界视野”。因为任何本土问题同时也是世界问题，任何世界问题同时也是本土问题。而在当前，我们尤其要从全球化的视野和人类社会发展进步的高度，对中国实践加以理性思考和理论提升，而不能孤立地讨论中国经验、中国模式、中国道路的价值和意义。这是因为随着全球化进程的加快和全球化程度的加深，那种缺乏自觉的“世界视野”，单独在中国的语境中解读中国道路，无疑具有很大的局限性。

二　从中国看世界，从世界看中国

社会主义现代化建设本身就是一种开放的事业，它不可能在封闭的状态下进行。看不到世界发展的整体关联和相互依存，闭关锁国，自我封闭，就不可能有真正的现代化事业。关于这一问题，马克思、恩格斯已有论述，大工业“首次开创了世界历史，因为它使每个文明国家以及这些国家中的每一个人的需要的满足都依赖于整个世界，因为它消灭了各国以往自然形成的闭关自守的状态”[①]。又说，资产阶级，“由于开拓了世界市场，使一切国家的生产和消费都成为世界性的了……。过去那种地方的和民族的自给自足和闭关自守状态，被各民族的各方面的互相往来和各方面的互相依赖所代替了”[②]。在这里，马克思、恩格斯揭示了世界历史发展中一个带有普遍性和规律性的现象——任何一个国家经济、文化、社会的发展，都不能离开世界文明进步的共同潮流，任何一个民族社会历史的发展都不可能与世隔绝。共产主义“是以生产力的普遍发展和与此相联系的世界交往为前提的”[③]。无产阶级只有在世界历史意义上才能存在，就像共产主义——它的事业——只有作为“世界历史性的”存在才有可能实现一样。这就是说，开放的世界是实现社会主义、共产主义的前提，而社会主义、共产主义只有在开放的状态下才能生存和发展。

衣俊卿在《探索马克思主义中国化研究的一个新向度》一文中提出了中国与世界“双向互动”的观点。[④] 他指出，新时期深化马克思主义中国化研究的一项重要任务是拓宽研究视野，在马克思主义中国化研究中形成“中国向度”和“世界向度”紧密结合的学术视野。所谓马克思主义中国化研究的“中国向度”，是指把马克思主义基本原理同中国的实际相结合，用以指导中国的实践，并获得理论上的创新成果。它着眼于中国发展问题的解决和中国特色的马克思主义理论形态的表述，主要表现为一个马克思主义

① 《马克思恩格斯选集》第1卷，第114页。
② 《马克思恩格斯选集》第1卷，第276页。
③ 《马克思恩格斯选集》第1卷，第86页。
④ 衣俊卿：《探索马克思主义中国化研究的一个新向度》，《哲学研究》2008年第12期。

"由外向内"的单向输入的向度。而马克思主义中国化研究的"世界向度"，是指要在全球化语境和世界视野中审视马克思主义同中国实际的结合问题，并强调中国经验和中国道路的开放价值。它呈现为中国问题与全球问题、中国文化与世界文化、中国马克思主义研究与世界马克思主义研究的"双向互动"的向度。

同样，我们在中国道路问题的研究上也要遵循"中外一致—两边都要学"的双向视角，也要形成"中国向度"和"世界向度"紧密结合的学术视野。"中国向度"和"世界向度"本来应当是中国道路研究不可分割、相互支撑的两个组成部分。但在实际的研究中还是在相当程度上存在这两个向度的分离问题。目前关于中国道路问题的研究存在两种偏差。

一种是偏重于"中国向度"，而明显缺少自觉的"世界向度"。具体说来，在我们的中国道路研究中常常缺少自觉的国际比较和全球对话的维度，结果把"中国风格、中国气派"的现代化理论在一定意义上变成只具有"中国特色"的"自说自话"的体系。这样无疑大大降低了中国在事关人类社会进步和全球发展的重大理论问题上的发言权。"中国模式"是西方学者对改革开放这 30 年来中国社会发生巨大变化的解读，我们要让世界理解中国，就要学会用别人的语言逻辑解释自己的事情，从别人的研究范式中汲取营养。因此，加强在世界语境中研究中国道路问题，才能把中国道路的阐释权掌握在自己手里。

另一种是偏重于"世界视野"，不认可"中国眼光"。2011 年，中国语言学家周有光在接受英国《金融时报》中文网的专访时，告诫中国青年，"在全球化时代，要从世界看中国，不要从中国看世界"。站在不同的角度和立场看中国十分有必要，正所谓兼听则明。但"不要从中国看世界"，这后半句却值得商榷：中国的眼光是什么样的眼光？难道中国眼光就意味着"落后和不公正"？中国的立场难道就跟世界绝大多数国家的立场不相容？21 世纪头一个十年已经画上句号，西方国家的经济从一场危机开始，以一场更大的危机结束。而崛起的中国成为国际社会不容忽视的重要力量。中国看待世界的眼光已经从过去的仰视到平视。比如二三十年前，中国人出国留洋还是凤毛麟角，尽管也因为物质条件相对贫乏，但刚刚打开国门的中国人对西方国家还是一片美好憧憬；然而，发端于华尔街的金融危机席卷全球，特别是美国经济和欧洲经济深受其害，不少留洋的学生不再一门心思想留在他国，他们更多的是选择回到祖国寻找自己的梦想。此外，中国看待世界的眼光，也从过去的情绪化逐渐回归从容和理性。当然也不可否认，在一些人中，国际问题动辄归结到“西方阴谋论”还很有市场。当前，中国正处在社会转型的关键时期，需要和大国地位相匹配的国民心态已经在慢慢成熟。然而，国民心态的调整是个缓慢的过程，它需要经过一个个具体事件的磨炼，我们不能因为自己的不成熟就全盘否定自己。所以，笔者以为，在全球化时代，要从世界看中国，也要从中国看世界。

三　中国现代化道路的特殊性与普遍性

世界想了解中国，不但想了解中国成功的“秘诀”，而且想知道中国的成功对世界意味着什么。这就向世人提出了一个颇有理论意味的问题，人类是否能够成功建构一条非西方标准的现代化之路？中国经验、中国模式、中国道路，这些不同的表述却同时表达着同一个意思，针对着同一个对象，蕴含着一个同样深刻的价值指向，即“中国道路”已经超出中国的意义，而具有“世界历史”的意涵。中国道路是否可能成为人类历史上第一条非西方的现代化道路呢？中国模式或中国道路是否可以成为世界其他发展中国家普遍借鉴的发展模式呢？对于这一点，学者们有着不同意见。

在国际上，一些学者认为，改革开放以来，在中国共产党领导下的快速经济成长，已经使中国成为在西方现代化的普遍模式之外一个耀眼的例外，并且为一些发展中国家提供了一个可资遵行的范例。中国模式已经对试图给非西方社会施加自由市场经济和自由民主影响的这一具有支配地位的西方式现代化模式造成了严重的挑战。而另一些人则质疑北京共识的有效性。美国学者斯考特·肯尼迪（Scott Kennedy）认为“北京共识”只是一些迷思，因为中国从未严格遵循“北京共识”的核心要素。[①] 在国内，也有两种不同的声音。有学者认为，中国模式回应了当今世界面临的一些根本性的挑战，中国模式相对成功带来的不仅是中国的崛起，而且是一种新的思维、新的思路，甚至可能是一种新的范式变化（paradigm shift）、一种现有的西方理论和话语还无法解释清楚的新模式。从这个意义上说，中国的崛起对解决中国自己面临的挑战、对发展中国家摆脱贫困、对全球问题的有效治理、对国际

① 赵穗生：《中国模式探索：能否取代西方的现代化模式?》，《绿叶》2009 年第 3 期。

政治和经济秩序未来的演变，产生深远的影响。[①] 与此不同，一些学者则认为，从中国改革开放30年的实践经验中提炼出来的中国模式被赋予一种普适价值是不恰当的。中国的发展道路是独特的，当然不存在一种可以被普遍仿效的中国模式。

“中国向度”与“世界向度”这一双向视角或学术视野，在方法论上说就是要把握好特殊性与普遍性的辩证关系。在马克思主义中国化和中国道路的研究中，常常会出现这样一种倾向，即对中国社会和实践的特殊性做了过度的诠释。所谓“过度的诠释”，就是把中国社会和实践的特殊性阐释成超越任何普遍理论制约的绝对的特殊性。比如，权力制衡，尤其是立法权、司法权和行政权之间的制衡，是现代文明社会普遍认可的政治法则，但某些研究者竟然认为，中国社会政治生活的运作完全是特殊的，以至于可以超越权力制衡这一普遍的政治法则。再比如，在中国模式的适用性问题上，一些学者主张中国发展道路是极为独特的，这种独特的发展道路是唯一的和不可复制的。显然，类似这样的见解就属于“过度诠释”的范围。按照辩证法的理论，任何特殊性都蕴含着普遍性，世界上并不存在与任何普遍性相分离的绝对的特殊性。因此，在把握特殊性与普遍性的关系上，存在着一个度的问题。这就深刻地启示我们，在中国现代化道路的研究中，尽管中国社会和实践的特殊性是我们思考问题的起点和重点，但我们对这种特殊性的估计应该保持在适度性的范围之内。事实上，只有正确地理解特殊性与普遍性之间的辩证关系，即特殊性必定蕴含着普遍性，而普遍性必定在特殊性中显现自身，才能保持对中国社会和实践的特殊性的适度的估计，并对中国模式所蕴含的普遍性真理做出正确的揭示。

在中国道路的价值和意义问题上，强调中国模式只是一种地方经验或强调中国模式具有普遍的实用价值，都是非辩证的观点。实践证明，通过30年的改革开放，中国找到了一条符合国情的发展道路，这条道路不仅解决了本国的问题，也为世界尤其是发展中国家树立了榜样。关于对中国模式的价值和意义的普遍性问题，最重要的是应当避免把中国发展模式或发展道路所具有的“中国特色”和它对于人类社会发展所具有的普遍性的启示意义和价值对立起来。[②] 在这种意义上，无论是“‘中国模式’他国可以效仿”的

① 张维为：《中国将以自己的方式变革》，《参考消息》2004年5月31日。

② 衣俊卿：《“中国模式”的理论诉求》，《中国社会科学报》2009年7月21日。

结论，还是"'中国模式'不好推广"的结论，都是在这种非此即彼的、对立的意义上所得出的简单化的结论，其中都隐含把某一种发展模式视作唯一正确的或合理的发展模式的理论预设。过分强调某一模式的特色和不可复制的唯一性，就会把这一模式变成纯粹的和狭隘的地方经验及地方知识，而过分强调其"放之四海而皆准"的普遍性，又会否认发展模式的多样性的事实，用某一种作为真理化身的模式去剪裁不同地域不同国家的丰富多彩的发展内涵。显而易见，这两种对立的观点对于认识中国社会的发展都是消极甚至有害的。

随着中国的崛起，中国经验也变得越来越重要。中国道路是在经济全球化和改革开放的历史条件下发展形成的，中国道路不仅属于中国历史，也属于世界历史。中国的现代化发展模式，一方面在现代化发展的动力、时序、路径、方式、手段等方面具有自己的特点，另一方面又遵循了世界现代化发展的普遍规律。中国道路不是纯粹的和狭隘的地方策略，而是中国式社会主义现代化道路。这一现代化道路是社会进步与人的发展的统一，中国的发展不仅要搞好经济建设，而且要推进社会的公平正义，促进人的全面和自由的发展，这些都体现了人类的普遍价值追求。中国是世界体系中的中国，在经济全球化、世界一体化的今天，中国道路作为社会主义现代化道路必然具有普遍性的一面。

四　讲好中国故事、传播中国声音的话语体系构建

改革开放以来，中国社会主义经济、政治、文化、生态以及社会建设取得举世瞩目的巨大成就，综合国力和国家软实力不断增强。实践证明，我们已经成功探索出了一条中国特色社会主义道路。然而，与中国道路的丰富内容和具体实践相比，具有中国特色、体现中国精神和中国价值的话语体系建设则相对滞后。为此，以中国特色社会主义道路、理论、制度为基础，构建具有中国特色、中国风格、中国气派的话语体系，对于讲好中国故事、弘扬中国精神、传播中国声音、掌握国际话语权，具有重要意义。

如何构建我们中国的话语体系呢？

一是要坚持马克思主义理论创新，促进哲学社会科学繁荣建设，深化中国故事的研究。构建当代中国的话语体系，重中之重是推进马克思主义的中国化、时代化、大众化，不断推动实践基础上的理论创新，不断升华中国特

色社会主义实践成果、理论成果、制度成果，不断为中国话语体系注入新的内涵。具体而言，就是要以思想解放为先导，不断深化对中国经济社会发展的规律性认识，在回答中国实践提出的新课题中，不断概括出理论联系实际的、科学的、开放融通的新概念、新表述。要进一步扩大中国话语的世界视野，学习借鉴一切人类优秀文明成果，既要对中华民族优秀传统文化进行创造性转化和创新性发展，又要融入全球化的历史进程和世界历史发展的时代潮流。哲学社会科学界需要对中国特色社会主义、社会主义市场经济等重大理论问题，给出符合现代学术规范和表达方式的、历史和逻辑相统一的解释；需要对现代哲学、经济学、政治学、法学、社会学等社会科学框架体系做出系统研究，努力构建出能够很好阐释当代中国国情和中国实践的新框架、新概念和新体系，以此讲述好中国人自己的关于民主的故事、自由的故事、人权和法制的故事。

二是要立足中国实践升华中国理论，构建中国特色哲学社会科学体系和学术话语体系。哲学社会科学体现着一个民族的理论思维高度，体现着一个国家的文化软实力。谁的哲学社会科学强，谁的思想文化传播得就广，谁的意识形态影响力就大。构建中国特色哲学社会科学体系和学术话语体系，重要的是坚持用中国理论阐释中国实践，立足中国实践升华中国理论。中国问题的研究应当由中国人来主导，中国实践还是要让中国理论来阐释。深入实施马克思主义理论研究和建设工程，就要提升理论自觉，增强理论自信，坚定不移地走自己的理论创新之路，把中国实践与中国理论更好地结合起来，把中国的学术话语权牢牢掌握在我们自己手中。要充分调动思想理论界各方面力量，加强对中国实践的理论研究，加强对中国经验的理论提炼，深入阐发中国道路的独特创造、中国理论的独特贡献、中国制度的独特优势，深入阐发中华文化的独特渊源，创建充分反映当代中国实践的哲学、经济学、政治学、法学、社会学等，用中国理论、中国价值、中华文化的创新进一步丰富人类思想理论宝库。

三是要弘扬中华优秀传统文化，深化中国实践的价值内涵，创新中国实践的表达形式。中国特色社会主义理论植根于中华优秀传统文化的土壤。中国革命、建设和改革不同时期的具体方针带有中国特色，中国共产党制定的路线方针政策贯穿着马克思主义的世界观和方法论，科学发展、和谐世界、实事求是、以人为本、和而不同等都蕴含着中国文化的智慧。要结合中华文化讲仁爱、重民本、崇正义的优良传统，积极培育、宣传、践行社会主义核心价值观，实际上也是在宣传中国特色社会主义价值理念，将我们党治国理政的“新概念、新范畴、新表述”转换为国际话语表达的“中国说法”。中国话语必须用中国民族特色的语言形式来表现，才能准确表述中国实践的中国特色。中华优秀传统文化提供了中国实践的价值的文化土壤、基因、血脉、语言形式，中国实践的价值秉持和承载了中国文化的价值基因。只有把中国实践的文化价值基因揭示出来，才能深化中国实践话语权的价值内涵。

最后，构建具有中国特色、体现中国精神和中国价值的话语体系，归根到底是要给未来的“中国”一个什么样的概念定位。赵汀阳认为，中国精神应该意味着：“我们必须以中国的方式为中国想象一个社会理念、一种生活理念、一套价值观，而且还需要想象一种中国关于世界的理念，因为中国必须成为一个为世界负起责任的大国。”“假如中国没有能够发展出一套概念体系、话语体系和知识体系，就不存在具有普遍意义的中国精神，就是说，中国精神的根基必须是一个能够普遍化的思想体系，而不可以仅仅满足于有地方特色的中国文化。”① 中国作为一个有世界影响的大国，所要建设的文化不仅是适合于一国一族的特殊文化，而且是对人类具有普遍价值的文化。对中国是好的价值，特别是涉及基本人性的核心价值，也同样应该对全人类有普遍之好。中国文明的普适性，只能建立在全人类的视野之上，而不是以中国特殊的价值与利益为依归。因此，我们所要确立和坚守的思想体系、价值准则一定要使世界其他国家的人们感到：“中国，让世界更美好！”

① 引自乐黛云等主编《跨文化对话》（18辑），江苏人民出版社，2006，第161页。

在解构“西方话语”中建构中国话语体系

田鹏颖

摘　要： 中国崛起正面临西方话语垄断、扼制和挤压。如果中国话语体系没有世界话语权，那么中华民族伟大复兴的“中国梦”就有被西方话语淹没或吞噬之虞。如果按照西方逻辑应对“西方话语”，就可能落入西方“话语陷阱”而没有出路。因此，必须在解构“西方话语”中建构中国话语体系。建构中国话语体系，必须确立把握中国话语体系的世界视野、历史视野、时代视野和未来视野。

关键词： 西方话语　中国话语体系　建构

作者简介： 田鹏颖，东北大学教授，博士生导师。

中国崛起面临着一个无法回避或绕开的关卡，即西方话语垄断，这种话语垄断无时不在扼制和挤压中国话语。如果我们长期没有中国话语体系或虽然有中国话语体系，但这种话语体系没有世界话语权，那么中国便难以实现真正的崛起，纵然“中国道路”光明而正确，纵然“中国事业”兴旺而发达，也会被西方话语视为邪路和威胁，中华民族伟大复兴的中国梦也不无被西方话语淹没或吞噬之虞，并最终转入西方现代性模式。

在这种背景下，我们按照西方逻辑应对“西方话语”没有出路，只会落入陷阱。因此，必须坚定中国特色社会主义道路自信、理论自信、制度自信、文化自信，在解构“西方话语”中建构中国话语体系。必须拿起马克思主义理论武器，在建构中国话语体系这场“具有许多新的历史特点的伟大斗争”中，确立世界视野、历史视野、时代视野、未来视野，有所创造，有所作为。这是摆在我们面前的一个重大而紧迫的时代课题。

一　在解构“西方话语”中建构中国话语体系，必须确立把握中国话语体系的世界视野

所谓“西方模式”唯一。西方模式是不是人类社会走向现代化的唯一模式？回答这个问题需要回到马克思。

马克思认为，民族史向世界史的转变并不是人们的主观臆想，而是一个基本的不争的历史事实。“历史向世界历史的转变，不是‘自我意识’、宇宙精神或者某个形而上学怪影的某种纯粹的抽象行动，而是完全物质的、可以通过经验证明的行动，每一个过着实际生活的、需要吃、喝、穿的个人都可以证明这种行动。”① 当然，马克思世界历史理论关注的焦点既在这一基本历史事实之中，又不在这一基本事实之中，而主要在于依靠“从抽象到具体”，深入揭示世界历史这一基本事实形成的动力、本质和规律。

1. 在世界视野中把握中国特色社会主义道路

如果说，在前世界历史时代，各个民族基本上都是在孤立、封闭、平行、隔绝状态下演进和发展，那么在世界历史时代，这种局面就被完全打破了，各个民族（国家）的发展无不受到世界历史整体发展的影响。因而，前现代、现代、后现代的关系问题便日益成为世界历史时代的“时代问题”。马克思明确指出：“工业较发达的国家向工业较不发达的国家所显示的，只是后者未来的景象。”② 在马克思世界历史理论视野中，人类社会不管哪个国家和民族都回避不了现代化，都摆脱不了现代性的“纠缠”。西方如此，中国亦然。如果说19世纪40年代，世界历史已经成为事实，那么从清末的洋务运动到戊戌变法“新政”，从孙中山先生领导的辛亥革命到中国共产党领导的新民主主义革命，从社会主义革命、建设到中国特色社会主义道路的开辟，则构成了中国现代化道路艰辛探索的波澜壮阔的生动画卷。

2. 在世界视野中把握中国特色社会主义理论体系

马克思世界历史理论的优长之处不仅在于它从本体论上颠倒了黑格尔的世界历史理论，而且提醒自己并警示后人他的有关“西欧资本主义起源的

---

① 《马克思恩格斯选集》第1卷，人民出版社，1995，第89页。

② 《马克思恩格斯选集》第2卷，人民出版社，1995，第100页。

历史概述”，并不是指称“一般发展道路”，他的世界历史理论也不是“历史哲学理论”[①]，更不可能“提供可以适用于各个历史时代的药方或公式”[②]。解决不同时代、不同国家的现代化道路问题，只能是用特殊药方、特殊公式、特殊模式、特殊理论。马克思的科学社会主义理论如果束之高阁，不接地气，纵然科学和伟大，却终将因其脱离时代和实际而成为历史摆设。因此，任何国家现代化理论都既要关注本土问题和民族问题，又要关注世界问题和全球问题，特别要在本土与世界相互关联的视野中关注本土问题和世界问题。改革开放30多年以来，中国人民在文化精神层面，通过积极的和开放的文化交流、碰撞与交融，以民族文化和世界文化水乳交融形成的新文化精神来丰富当代马克思主义的文化宝库，并站在世界历史制高点审视西方理性文化精神，试图突破“西方”文化霸权，以求获得包含中国文化价值和力量的新的全球化的文化精神；在实践理性层面上，这一新文化精神确立了全球化语境和世界视野中的中国问题视域，从而赋予“中国经验”“中国话语”以更加丰富的理论蕴涵，充分提升“中国道路”中积累的“中国经验”，提炼具有中国特色的哲学思想和时代命题；在理论理性层面，它坚持马克思、恩格斯经典理论同中国实际和时代特征相对话、中国特色社会主义理论与世界各种马克思主义和非马克思主义的社会历史理论相交流，不断弘扬中国特色社会主义理论体系与时俱进的理论品格、放之四海的理论视野和把握时代的理论价值，向世人展示中国特色社会主义理论体系的时代魅力。

3. 在世界视野中把握中国特色社会主义制度

19世纪40年代，马克思在批判德意志意识形态时指出：“为了清楚地表明这整个青年黑格尔派运动的渺小卑微、地域局限性，特别是为了揭示这些英雄们的真正业绩和关于这些业绩的幻想之间的令人啼笑皆非的显著差异，就必须站在德国之外的立场上来考察一下这些喧嚣吵嚷。”[③] 马克思所言“必须站在德国以外的立场上来考察”的世界历史立场和视野，启示我们要在中国与世界相互关系、特殊国情与一般世情的相互选择中深刻把握“中国制度”。在马克思的视野中，社会制度是一种社会历史性存在，即

① 《马克思恩格斯选集》第3卷，人民出版社，1995，第341~342页。

② 《马克思恩格斯选集》第1卷，第74页。

③ 《马克思恩格斯选集》第1卷，第63页。

“亚细亚的、古代的、封建的和现代资产阶级的生产方式”① 以及未来的共产主义的生产方式所形成的社会制度形态。需要指出的是，中国社会主义基本制度就其理论指向而言，无疑属于产品经济和共产主义制度这一范畴。但现实的社会形态必然受社会生产力性质和水平的决定和制约，客观地与市场经济有着无可“摆脱”的现实关联，甚至市场在资源配置上发挥决定性作用，而与马克思、恩格斯当年设想的社会主义存在很大差别。

中国特色社会主义制度把市场配置资源这一决定性手段与富强、民主、文明、和谐的社会主义国家的价值共识结合起来，把市场经济形态与自由、平等、公正、法治的社会主义社会的价值取向结合起来，把市场经济基本规律与爱国、敬业、诚信、友善的社会主义公民个人价值准则结合起来，让一切劳动、知识、技术、管理、资本的活力竞相迸发，让一切创造社会财富的源泉充分涌流，让改革发展的成果更多更公平惠及全体人民，向世人展示了人类社会文明更加广阔的发展前景——“这不但是给占世界总人口四分之三的第三世界走出了一条路，更重要的是向人类表明，社会主义是必由之路，社会主义优于资本主义”②。

概括地说，西方模式是人类现代化模式“之一”，而绝不是“唯一”。

二　在解构“西方话语”中建构中国话语体系，必须确立把握中国话语体系的历史视野

所谓“西方模式”最优。西方模式是最优的吗？这要回到历史中去考察。

纵观历史风云，那些自觉或强迫克隆“西方模式”的国家在几十年的“探险”中，基本上实现了从希望到失望再到绝望的痛苦转变。中国道路虽然是一条在质疑和挑战中不断突围与突破的道路，但却是一条在危机和忧患中开辟与发展出来的光明道路。

1. 在历史视野中把握改革开放 30 多年的伟大实践

30 多年的改革开放将中国特色社会主义送入世界的视野。从此，“关注中国”越来越成为一个世界共识，这不仅因为中国特色社会主义开创了民

① 《马克思恩格斯选集》第 2 卷，第 33 页。

② 《邓小平文选》第 3 卷，人民出版社，1995，第 225 页

族国家走向现代化的新路径，改变了以欧美为主导的单向演进的现代化历程，不仅因为中国特色社会主义为世界提供了一种新型社会制度的发展模式，更因为在这个占据世界1/5人口的大国日益屹立于世界先进民族之林所必然带来的深刻的变革、剧烈的转型、前所未有的挑战。

21世纪以来，以美国为首的西方国家聚焦中国的发展跨越，提出“中国威胁论”“中国崩溃论”“中国责任论”“中国傲慢论”，有的甚至认为中国在搞“国家资本主义”等。但中国的发展总是颠覆那些理论家的预言，修正教科书的论断，革新固有的观念，打破西方的衰唱。曾几何时，笃信中国共产党“经济上只能是零分”的西方，今天谈论最多的是中国的经济成就；30多年前那些“看空”中国改革的人，今天却把走出危机的希望寄托于中国体制；30多年前“只有社会主义才能救中国”的表述，今天又衍生出“只有中国才能救社会主义”的说法。30多年后，中国这艘巨轮在“战略关键期”“转型碰撞期”“特殊敏感期”“寻找驱动期”“危险高发期”“矛盾叠加期”“速度换挡期”中穿行。2005年中国经济总量超过意大利，2006年超过英国，2007年超过法国，2008年超过德国，2010年超过日本，成为世界第二大经济体。时代场景的转换，意味着历史使命的更替。21世纪第二个十年，中国航船正在“全面建成小康社会，全面深化改革，全面依法治国，全面从严治党”的战略布局中破浪前行。

2. 在历史视野中把握中华人民共和国成立60多年的探索经验

新中国成立后，以毛泽东同志为核心的党的第一代中央领导集体带领人民，在迅速医治战争创伤、恢复国民经济的基础上，不失时机地创造性地完成了由新民主主义革命向社会主义革命的转变，成功实现了中国历史上最深刻最伟大的社会变革。社会主义基本制度的确立，为当代中国一切发展进步奠定了根本政治前提和制度基础。

社会主义基本制度确立以后，面对在中国建设社会主义这一崭新时代课题，毛泽东同志对适合中国情况的社会主义建设道路进行了艰苦探索。我国社会发生了翻天覆地的变化，并为我们探索建设中国特色社会主义的道路积累了经验、提供了条件，奠定了坚实的理论和实践基础。尽管中国社会主义经过了很多曲折，甚至包括犯过“大跃进”“人民公社化”“文化大革命”这样的重大错误，但正如习近平指出的，没有前30年取得的伟大成就，不可能有后来的改革开放。没有前30年的严重失误，不可能找到中国特色社会主义道路。有了改革开放前后30年的正反两方面经验，中国自信才更加坚定。

3. 在历史视野中把握近代170多年中华民族发展历程的深刻总结

近代以来，无数仁人志士围绕着中华民族伟大复兴的两个时代主题——民族独立、人民解放与国家富强、民族振兴、人民幸福而奋斗。孙中山先生领导的辛亥革命，推翻了存在已达2000多年的封建帝制。中国共产党自从1921年诞生，便真正带领人民完成了民族独立、人民解放这个历史任务。从1840年到1949年新中国成立是109年，到新中国成立100周年即2050年，我国将建成富强民主文明和谐的社会主义现代化国家。实践证明，中国近代以来，要实现中华民族伟大复兴的中国梦，离开中国特色社会主义不行，离开中国共产党领导不行。

4. 在历史视野中把握社会主义500年的跌宕起伏

在社会主义500年的历史求索中，从空想社会主义到科学社会主义发展的飞跃，是人类社会主义认识史上的一次伟大的历史变革，由此催生了世界社会主义运动。列宁创建了第一个苏维埃共和国，使科学社会主义从理论形态转变成了实践。到第二次世界大战硝烟散尽时，一大批社会主义国家诞生，使科学社会主义实践从一国变为多国。半个多世纪奋斗与抗争，历经反复、历经曲折，既经历了苏东剧变，世界社会主义陷入低潮，又看到了中国特色社会主义创造的伟大奇迹。2008年国际金融危机以来，"中国模式"受到世界普遍关注、普遍认同、普遍称赞。世界社会主义运动发展已经出现新转机、新气象、新希望、新曙光。世界人民所以对社会主义未来前途抱有信心，在很大程度上导因于中国特色社会主义的成功实践。

5. 在历史视野中把握中华民族5000多年悠久文明的传承

中国特色社会主义是科学社会主义的理论逻辑和中国社会发展的历史逻辑的统一，这个理论逻辑就是科学社会主义与中国实际和时代特征相结合的逻辑，这个历史逻辑就是中国人民弃旧图新，超越自我的逻辑。而中华民族5000年灿烂辉煌的文明则构成了这两个逻辑的文化基因和历史底色。习近平反复强调，要"引导人们更加全面客观地认识当代中国、看待外部世界。宣传阐释中国特色，要讲清楚每个国家和民族的历史传统、文化积淀、基本国情不同，其发展道路必然有着自己的特色；讲清楚中华文化积淀着中华民族最深沉的精神追求，是中华民族生生不息、发展壮大的丰厚滋养；讲清楚中华优秀传统文化是中华民族的突出优势，是我们最深厚的文化软实力；讲清楚中国特色社会主义植根于中华文化沃土、反映中国人民意愿、适应中国

和时代发展进步要求，有着深厚历史渊源和广泛现实基础”①。这四个“讲清楚”，深刻指明了中华民族优秀传统文化是中国特色社会主义的根本源泉，构建中国特色话语体系必须立足中华民族优秀传统文化。

概括地说，依据从历史到现实的综合考察，我们发现西方模式不是最优。

三　在解构“西方话语”中建构中国话语体系，必须确立把握中国话语体系的当代视野

所谓“西方模式”可复制。西方模式是可以复制和传导的吗？这需要回到当代考察。

许多西方中心论者固执地认为，肇始于欧洲的现代化模式不仅充满活力，而且具有可复制性，而相对于早就进入现代文明的西方人而言，亚洲和非洲是野蛮民族和文明边远地区，只有通过从文明中心向文明边缘拓展、征服、殖民和教化，才能走进所谓现代文明。

西方话语中的这些观点，既不符合时宜，又不符合事实。应当看到，世界几千年风云变幻，历经沧桑，实现大同，这既是中国传统文化的终极关怀，也是马克思主义对未来社会的美好向往和价值追求。然而，“实现大同”的道路选择则是多元的，正所谓只有“殊途”才能“同归”。这既是人类现代化进程壮美图景的真实反映，也是人类追求美好未来而无法克服的历史逻辑，更是我们应当具有的把握中国话语体系的当代视野。

纵观人类文明发展的历史，我们不难发现，把人们隔离开来，甚至导致冲突的关键元素往往不是千山万水，不是大海深壑，而是相互认知、理解上的隔膜与差异。正如习近平所指出的：“世界上有 200 多个国家和地区，2500 多个民族和多种宗教。如果只有一种生活方式，只有一种语言，只有一种音乐，只有一种服饰，那是不可想象的。”② 这一论断对我们把握世界文明发展模式、发展道路的统一性和多样性，把握中国特色社会主义世界话语权具有重要方法论意义。

1. 在当代视野中构建中国话语体系，必须明确文明可以交融和借鉴

文明多彩、文明平等、文明包容，这是马克思主义文明观之要义。虽然

---

① 《习近平谈治国理政》，外文出版社，2014，第 155～156 页。

② 《习近平谈治国理政》，第 262 页。

尚未被人类普遍接受，但人类创造和发展的多姿多彩文明，从茹毛饮血到田园农耕，从工业革命到信息社会所描绘的文明图谱无法否认；世界上不存在十全十美的文明，也不存在一无是处的文明这一事实也无法否认。“当今世界，人类生活在不同文化、种族、肤色、宗教和不同社会制度所组成的世界里，各国人民形成了你中有我、我中有你的命运共同体”[①]，所以，“一切文明成果都值得尊重，一切文明成果都要珍惜”[②]。

2. 在当代视野中构建中国话语体系，必须明确文明不能照搬和克隆

德国哲学家莱布尼茨说过，世界上本来就没有两片完全相同的树叶。每一种文明都是独特的。在文明问题上，生搬硬套、削足适履不仅是不可能的，而且是十分有害的。放眼当代世界，我们发现，北欧、德国、法国、新加坡、日本、韩国、巴西、阿根廷、南非等国，在实现现代文明的道路上摸爬滚打，遍地荆棘，不断探索，在不同的发展阶段，不同的政治、经济和文化环境中，选择了不同的发展道路和发展方式，可谓各有特色，各展所长，各有千秋，这是人类现代化本来图景。

3. 在当代视野中构建中国话语体系，必须发展21世纪中国的马克思主义

中国特色社会主义是实践、理论、制度的有机结合，既把成功的实践上升为理论，又以正确的理论指导实践，还把实践中已见成效的方针、政策及时上升为党和国家制度。习近平指出，要根据时代变化和实践发展，不断深化认识，不断总结经验，不断实现理论创新和实践创新良性互动，在这种统一和互动中发展21世纪中国的马克思主义。因此，我们必须通过重构贯穿着马克思主义基本立场、观点、方法的话语体系，把一个正在实现民族复兴并且已经取得巨大成就的繁荣昌盛的中国展示给全世界，让世界人民了解中国人民艰苦奋斗的历程和取得的伟大成就，了解中国道路和中国经验，了解中国模式的真谛和内涵。我们必须以一个崭新的视角思考中国和世界的前途与命运，使现有的政治经济社会知识范式发生转变，使包括当代中国马克思主义理论话语体系在内的中国特色社会主义话语体系成为影响世界发展的强大话语，得到全世界大多数人民的普遍认同。

概括地说，“西方模式”不能传导和复制，“中国模式”可以博采众长。

---

① 《习近平谈治国理政》，第261页。

② 《习近平谈治国理政》，第259页。

四 在解构“西方话语”中建构中国话语体系，必须确立把握中国话语体系的未来视野

所谓“西方模式”是终极的。西方模式是终极的吗？这需要我们展望未来。

在马克思视野中，世界上任何事物都是过程集合体。任何现代化模式都不是一成不变的，所谓“变则通”。“中国道路”既是实存的，又无时不处于过程之中。这不仅因为中国的现代化“尚未成功”，还在路上，而且因为中国作为一个以马克思主义为“理论基础”的社会主义国家，存在着一个批判和超越既有现代性的内在诉求。这种超越性诉求，由于以人类解放为终极目标，由于能够站在人类的高度合理地处理人类主体与民族主体的辩证关系，便使我们要实现的现代化、现代性被赋予了一种全新的规定，即在扬弃既有现代性弊端的基础上“重写现代性”或重塑现代性。

1. 在未来视野中把握中国特色社会主义，必须正确处理自觉坚持与自我发展关系

随着苏联的解体、苏联式道路的历史性关闭，中国特色社会主义实际上已成为21世纪世界社会主义运动的旗帜。“中国道路”已经不单是与中国人民的幸福和发展攸关的战略抉择，而且承载着全世界包括发达资本主义国家备受异化之苦的广大人民群众的希望。人们开始反思和拷问现代性形而上学和“西方话语”价值取向的合理性，并把“中国道路”与“西方道路”相提并论，由此，“中国道路”的世界历史性意义也就不证自明了。但从对西方话语的反思追问到承认（接纳）“中国话语”还有相当的距离，需要付出艰苦的努力。特别是新旧矛盾叠加，中国特色社会主义必将不断自我完善和自我修复，自觉检视发展过程中的各种失误，客观地分析我们面临的各种困难和问题，积极吸纳一切有利于和平、和谐发展的经验和教训，主动调整和完善发展战略，排除各种干扰，稳步前进，真正体现建设中国特色社会主义的家国情怀、大国情怀、天下情怀。

2. 在未来视野中把握中国特色社会主义，必须正确处理民族主体与人类主体的关系

我国现在还处于并将长期处于社会主义初级阶段。世界性金融危机不仅对包括西方国家在内的世界各国，而且对我国也造成很大影响，可能使许多国际矛盾更加尖锐、更加突出。中国特色社会主义将面临各种可以预见或难以预见的困难和风险，必须有足够的预见和充分的思想理论准备。这就需要我们认真研究和处理好民族主体与人类主体的辩证关系，积极倡导从人类整体利益出发，合理对待和处理各个民族国家之间的关系，既不必刻意为“特色”而特色，也不必狭隘地把人类现代文明的共同成果指斥为“西方文明”“西方模式”；既要客观上承认各个国家维护自己利益的现实必要性和合理性，维护好中国的现实利益，又要高度警惕和防止民族主义的鼓噪，以“最大的诚意、最大的耐心、最大的努力”维护世界和平和地区和平，坚持和发展中国特色社会主义。

3. 在未来视野中把握中国特色社会主义，必须正确处理社会主义与资本主义的关系

当今世界话语体系当中，“西方话语”长期占据着相当重要的垄断地位，执着“掌管”世界话语的演化方向和发展态势。因此，在解构“西方话语”中建构中国话语体系，在一定意义上说就是在处理中国特色社会主义与资本主义的关系。这也是21世纪中国马克思主义面临的重大理论和实践问题。无论在战略上还是在策略上，我们都应当以“命运共同体”为底线思维，既强调和坚持“中国特色”，又坚持为我所用；真正实现各个民族国家平等相待、彼此尊重，让“中国特色”的历史价值在人类历史宏阔发展进程中真切体现，让马克思世界历史理论的当代实践在中华民族伟大复兴进程中充分展开，不断增强中国特色社会主义文化软实力，构建具有强大世界话语权的中国话语体系。

总之，我们必须创造性地规避和解构“西方话语”，从而确立把握中国特色社会主义的世界视野、历史视野、当代视野、未来视野，在实现中华民族伟大复兴的中国梦的历史进程中，在推进全面建成小康社会、全面深化改革、全面依法治国、全面从严治党的“四个全面”战略布局中，牢牢把握中国特色社会主义世界话语权。

国外“中国模式”研究中争论问题评析*

成 龙

摘 要：20世纪80年代以来，“中国模式”日益成为国际社会争论的热点问题，人们围绕“中国模式”的概念内涵、探索时间、成功因由、性质特征、思想来源、适用范围、世界影响、未来发展等问题展开争论，形成了各种不同的甚至截然相反的观点。深入研究国外关于“中国模式”的研究，对于我们从国际大视野进一步总结发展经验，明晰中国发展的历史方位，加强国内外学术交流，坚定中国特色社会主义信念，贯彻“四个全面”的战略布局，具有重要的借鉴意义。

关键词：中国模式 国外研究 问题评析

作者简介：成龙，中共广东省委党校（广东行政学院）教授。

20世纪80年代，邓小平在阐述中国特色社会主义的过程中，多次运用了“中国模式”的概念。之后，这一概念被国外学者、人士大量使用。随着中国经济社会的迅速发展，“中国模式”日益成为国际社会争论的热点，人们围绕“中国模式”的概念内涵、探索时间、成功因由、性质特征、思想来源、适用范围、世界影响、未来发展等问题展开争论，形成了各种不同的甚至截然相反的观点。系统梳理并深入研究国外关于“中国模式”的争论，对于我们从国际大视野进一步总结发展经验，明晰中国发展的历史方

* 本文是广东省哲学社会科学“十二五”规划项目“当代中国发展模式的国外研究探析”（GD11CMK03）的阶段性成果。

位，加强国内外学术交流，坚定中国特色社会主义信念，贯彻“四个全面”的战略布局，无疑具有重要的借鉴意义。

一 “中国模式”的概念内涵

如何理解“中国模式”这一概念？国外研究实际上出现了三类不同的理解。第一类观点强调中国经济改革的成就，把“中国模式”理解为中国的“经济改革模式”。例如，1984 年 12 月，时任苏联第一副总理阿尔希波夫来华访问，英国路透社记者撰写的新闻分析指出：“苏联批评中国经济改革但却对中国的成功感兴趣。”“中国对于自从改革开始以来，它的农业加工业的迅速增长感到高兴，它对苏联人的回答是一个告诫：除非苏联采用中国模式，否则它的经济决不会成功”[①]。在这里，“中国模式”意味着中国实现“农业和加工业迅速增长”的“经济改革”。1987 年 8 月 19 日，巴西学者在比较中巴两国技术模式优劣之后，在《商业新闻报》发表文章认为，中国的自主发展技术堪为楷模。文章还提出“中国模式应成为巴西的榜样”。在这里，“中国模式”意味着中国放弃别国模式，实现经济的“自主发展”。1988 年底法国《发展论坛报》发表文章，认为自邓小平宣布实行对外开放和经济现代化以来，改革使中国模式逐渐变为计划经济与市场经济并存的中间模式。[②] 在这里，“中国模式”意味着放弃以往单纯的计划经济模式，实现“计划与市场的结合”。尼克松在 1990 年曾谈到他和邓小平在 1985 年的会晤，“在我们的会晤快要结束时，我说，中国的改革由于得到成功，也许可以成为第三世界的许多国家的模式，特别是因为苏联的模式已经名声扫地，而美国的模式对于不发达国家来说也许过于先进。邓用很响亮的语调说，他不赞成输出经济模式，苏联永远不会承认中国的做法优越。邓强调说：‘他们想使大家仿效他们的模式’”[③]。在这里，“中国模式”被明确表述为中国的“经济模式”。

第二类观点强调中国发展道路的独特性，把“中国模式”理解为“中国道路”。例如，1980 年 9 月 19 日，南斯拉夫《战斗报》刊登该报评论员

---

① 《参考消息》1984 年 12 月 26 日。

② 参见秦宣《“中国模式”之概念辨析》，《前线》2010 年第 2 期。

③ 〔美〕尼克松：《我更加确信，邓小平是当代最重要的领导人之一》，参见齐欣等编译《世界著名政治家、学者论邓小平》，上海人民出版社，1999，第 39 页。

特斯利奇的《建立本国的模式》一文，认为中国开始“对内部体制进行根本的改革”“建立自己的社会主义国家的模式”；换句话说，“中国在放弃外国模式”，亦即不走“外国公式的道路”。如今中国既坚持“科学社会主义”的原则，又遵循“本国的特点的原则”。“对世界社会主义发展的进程来说，中国的这一行动具有重大意义。”① 在这里，“模式”即是“道路”，“中国模式”与“中国道路”具有同等层面的含义。1992年10月16日，保加利亚科学院院士尼·波波夫在接受中国记者采访时说：“中国目前选择并实践的模式，是唯一可以挽救和建设社会主义的模式，是唯一正确的充满希望之路。”② 在这里，“中国模式”即是“中国道路”。2010年，新加坡国立大学东亚研究所所长郑永年在《中国模式：经验与困局》一书中指出：“中国对发展的道路选择也并非‘非此即彼’，就是说并不是在告别苏联模式后，就去选择西方模式。这方面中国又与俄罗斯和东欧国家区分开来。应当说，这种探索本身就是一种价值。”③ 在这里，“中国模式”与“中国道路”也是在同等层面加以使用的。2011年，意大利学者洛丽塔·纳波利奥尼（Loretta Napoleoni）在《中国道路：一位西方学者眼中的中国模式》一书中，高度赞扬“中国选择了一条正确的道路”“中国模式成为最大的赢家”。她认为：“到目前为止，中国模式为我们更好地理解西方社会的危机和资本主义的衰落提供了一个很好的借鉴，也有助于我们纠正过去20年所犯的错误。”④ 在这里，作者直接把“中国模式”表述为“中国道路”。

第三类观点从总体上理解“中国模式”，把“中国模式”理解为“中国特色社会主义”。例如，1988年，戴维·W. 张在《邓小平领导下的中国》一书中指出，中国正在搞的是一种“混合模式”，其内容包括：（1）坚持社会主义原则；（2）抛弃苏联经济体制；（3）仿效匈牙利经济模式；（4）吸收美国企业管理模式的精华；（5）学习日本的发展经验；（6）借鉴中国台湾经济成功的经验；（7）结合传统的注重实践的特色。“事实上，这种新体

① 《参考消息》1980年9月27日。

② 刘洪潮、蔡光荣主编《外国要人名人看中国（1989—1992）》，中共中央党校出版社，1993，第154、155页。

③ 〔新加坡〕郑永年：《中国模式：经验与困局》，浙江人民出版社，2010，第4页。

④ 〔意〕洛丽塔·纳波利奥尼：《中国道路：一位西方学者眼中的中国模式》，孙豫宁译，中信出版社，2013，第14页。

制就其本身来说是一种新模式，这就是邓小平的'有中国特色社会主义'。"[①] 在这里，"中国模式" 就是 "有中国特色社会主义"。再如，苏联人 B. 奥克蒂斯托夫在 1991 年发表文章指出："1983 年至 1987 年这个时期，是中国从理论上探索新的社会主义模式的最积极的时期，这个时期以中共十三大（1987 年）通过具有中国特色社会主义的理论轮廓而告结束。正是在这个时期，中国社会学界系统地研究了根据中国具体实际情况对社会主义理论和实践所进行的新的探索过程，试图制定出本民族的社会主义模式。"[②] 在这里，"中国模式" 意味着 "本民族的社会主义模式"。美国未来学家奈斯比特强调，"我们探寻的是中国大趋势。我们明白，自己所关注的是一个区域发展各异、各种变化纷繁复杂的国家。我们所寻找的是一种中国模式，只有把一系列的单一事件放在这个模式中来观察才有意义，并勾勒出一幅新中国的图画"[③]。在这里，作者强调把 "单一事件" 放到 "这个模式" 中来考察，"中国模式" 相当于中国发展的 "整体" "大趋势"。

笔者认为，中国改革开放的探索经历了一个从局部到整体逐步扩展的过程，国外学者对 "中国模式" 的理解，逻辑上也经历了一个从 "具体政策" 上升到 "中国道路"，再从 "中国道路" 到 "中国特色社会主义" 的过程。这符合人类认识 "从个别上升到特殊，再从特殊上升到一般" 的发展规律。国外绝大多数学者看到，"中国模式" 既不同于苏联模式，也不同于世界上其他国家模式的独特性，这是难能可贵的。笔者赞同从总体上把握 "中国模式" 的认识思路。

二 "中国模式" 的探索时间

"中国模式" 的探索 "始于毛"，还是 "始于邓"？一类观点认为，"中国模式" 的探索 "始于毛"。据汤森和沃马克所著《中国政治》一书介绍，20 世纪 70 年代，西方学者就曾展开关于 "中国模式" 的讨论。作者指出：

---

① David Wen-Wei Chang, *China under Deng Xiaoping: Political and Economic Reform*, Macmillan Press, 1988, p. 266.

② 参见中共中央党史研究室第三研究部编译研究处编《国外中共党史中国革命史研究译文集》第二集，中共党史出版社，1999，第 174 页。

③〔美〕约翰·奈斯比特、〔德〕多丽丝·奈斯比特：《中国大趋势：新社会的八大支柱》，魏平译，中华工商联合出版社有限责任公司，2009，第 4 页。

“这一论题大多产生于毛泽东从50年代中期统治了中国政治的那些政策。这些政策看起来使中国脱离了集权主义模式、苏联模式和各种发展中国家模式，并规定了取代这些模式的毛泽东主义形式的发展模式的主要方面。因此，正如在辩论中所引证的，‘中国模式’确实意味着一种‘毛泽东主义模式’。”① 1977年，施拉姆著《马克思主义者毛泽东》一文指出：“‘照搬苏联’的政策（正如毛在1962年所说），早在50年代中期就被部分地抛弃了。”“甚至在1955年底，当毛刚开始思考中国独特发展道路的可能性时，他就首先是从政治上看问题的。”② 1981年，在《简评毛泽东》一文中，施拉姆接着讲，毛泽东对中国“独特道路”的探索是相对于“苏联模式”的，“他设计了一个比苏联更纯洁、激进、人道的新社会主义模式”③。1977年，史华慈在《毛泽东思想的形成》一文中指出：“毛（同其他领导人一样）从根本上意识到，斯大林的模式不适合于中国，意识到农业对于中国的重要性，意识到并不存在可以轻易地加以利用的‘现代化’模式，中国必须找到自己的现代化道路。我认为，这就是毛主义阶段的更坚实的遗产。”④ 尼克·奈特在《毛泽东和中国的社会主义道路》一文中指出：“在这方面，毛是航行在一条基本上未曾探测过的轨道上。他所寻求的发展战略同苏联模式迥异，而50年代初，中国所沿用的正是这种模式。……这条道路开辟了一个新的天地，提出了一种不受苏联模式束缚的社会主义过渡时期发展战略。”⑤

另一类观点则认为，“中国模式”的探索“始于邓”。早在1979年1月，美国《时代周刊》发文指出，为实现四个现代化的目标，“邓和他的支持者们开创了一条崭新的道路”。又说：“正因为意识到了事物向相反方向转换的必然性，中国当前的领导者们正以一种非直接的方式带领人民走一条与毛的主张背道而驰的路。”⑥ 戈登·怀特所著《骑虎难下：后毛中国经济改革的政治学》一书的第一章，其标题是“毛主义发展模式的失败与经济

① 〔美〕詹姆斯·R. 汤森、布兰特利·沃马克：《中国政治》，顾速、董方译，江苏人民出版社，1994，第23～24页。

② 参见萧延中主编《外国学者评毛泽东》第1卷，工人出版社，2002，第11页。

③ 参见萧延中主编《外国学者评毛泽东》第2卷，工人出版社，2002，第220页。

④ 参见萧延中主编《外国学者评毛泽东》第1卷，第27页。

⑤ Nick Knight, “Mao Zedong and the Chinese Road to Socialism,” *Marxism in Asia*, New York: ST. Martin's Press, 1985, p. 95.

⑥ 参见齐欣等编译《世界著名政治家、学者论邓小平》，第7、11～12页。

改革的兴起”。他指出：“一般地认为，1976年毛的去世标志着‘毛主义模式’的死亡。”[①] 经济体制改革的政治动力则来自中共十一届三中全会。这次会议拒绝从前作为“以阶级斗争为纲”政治路线基础的毛主义的定义，提出今后的主要目标是经济现代化。为实现这一目标，传统的经济发展方式，50年代“苏联模式”基础上的计划经济体制从战略和组织两个方面被改革。[②] 艾赖恩·杰夫瑞（Elaine Jeffreys）主编的《中国治理术：治理的变化，变化着的政府》一书认为，中国从“计划社会主义”向“市场社会主义”转型，“它导致对标志毛时代特征的行之有效的群众路线政治的放弃，取而代之的是修正版的‘科学社会工程和社会计划’”[③]，与之相关联的是它自身通过新技术发展形成的“距离治理”的新自由战略，一种社会主义——新自由主义的杂交物（或者说“新列宁主义”），一种人们熟知的政治权威与技术统治的结合。洛丽塔·纳波利奥尼（Loretta Napoleoni）指出：“当1979年邓小平成为毛泽东之后中共第二代领导集体的核心时，他的确是以世界的眼光和全局的高度对中国进行审视。他给自己设定的目标就是把马克思主义理论同西方的新自由主义结合起来，创造中国发展的新模式。”[④]

笔者认为，自新中国成立之后，中国共产党就面临一个如何对待苏联模式的问题，毛泽东在50年代就已认识到并做了初步的探索。《论十大关系》和《关于正确处理人民内部矛盾的问题》等著作的写作，其核心所在就是“以苏为鉴，引以为戒”，突破苏联的既有模式，独立自主探索适合中国特点的现代化道路。可惜的是由于国内外形势的变化，毛泽东并没有将自己的主张坚持下来，错误地发动了“大跃进”和“文化大革命”，并且在“反修防修”的口号声中进一步强化了“苏联模式”。十一届三中全会后，邓小平在毛泽东初步探索的基础上，开启新的探索。应该说，“始于毛，成于邓”的评价比较准确。

---

① Gordon White, *Riding the Tiger: The Politics of Economic Reform in Post-Mao China*, Macmillan: The Macmillan Press Ltd, 1993, p. 25.

② Gordon White, *Riding the Tiger: The Politics of Economic Reform in Post-Mao China*, p. 51.

③ Elaine Jeffreys, ed., *China's Governmentalities: Governing Change, Changing Government*, Routledge, 2009, p. 2.

④ 〔意〕洛丽塔·纳波利奥尼：《中国道路：一位西方学者眼中的中国模式》，第64~65页。

三 “中国模式”的成功因由

“中国模式”是否存在，如何可能？绝大多数国外学者充分肯定“中国模式”，并从多视角分析了“中国模式”能够成功的原因。雷默认为，“中国模式”之所以成功，就在于它遵循了“三个定理”：使创新的价值重新定位；使可持续性和平等性成为首要考虑而非奢谈；坚持自主发展，不受别国干扰。奈斯比特认为，中国的新社会依赖于“八大支柱”：解放思想；“自上而下”与“自下而上”的结合；规划“森林”，让“树木”自由生长；摸着石头过河；艺术与学术的萌动；融入世界；自由与公平；从奥运金牌到诺贝尔奖。罗斯·加诺特（Ross Garnaut）认为，中国的成功来自对世界各国经验的借鉴。从经济形态看，中国经济呈现出一个“四不像”的状态，是一个“半计划、半市场的混合体；非社会主义、非资本主义”。[①] 从政治层面来讲，中国经验的核心在于“中国领导人成功地从一个混乱的威权体制中走出来……我们可以把这种体制标识为一种协商的、由发展驱动的威权主义”[②]。可称为“威权主义的升级”或“威权主义 2.0”。俄罗斯科学院世界经济和国际关系研究所主任研究员亚历山大·萨利茨基认为，中国的成功关键在于“综合创新”。他说：“中国提出并实施了综合性发展方案。方案中囊括了一切：日本的经验，新兴工业国家、苏联和其他国家的经验。这一方案还伴随着中国尊重本国的历史。尊重历史是中国人固有的特点，是永不抛弃的传统。中国改革家现实地对待所取得的成就和所犯的错误，这种现实主义奠定了现代化和改革开放的基础。”[③] 傅高义认为，邓小平时代中国发生的根本转型是由多种因素塑造的：“高度发达的中国传统；中国社会的规模和多样性；当时世界格局的性质；共享技术和管理方式的全球体系的开放性；中国共产党的性质；无数具有创造力和勤奋工作的人们的贡献等等。”[④] 美国国家安全顾问埃里克·安德森（Eric C. Anderson）认为，“中国模式”

---

① Ross Garnaut, “Thirty Years of Chinese Reform and Economic Growth: Challenges and How It has Changed World Development,” in *Seeking Changes: The Political Development in Contemporary China*, Central Compilation & Translation Press, 2011, p. 173.

② Barry Naughton, “Singularity and Replicability in China's Developmental Experience,” in *Seeking Changes: The Political Development in Contemporary China*, p. 148.

③ 参见关健斌《俄罗斯人如何解读“中国模式”》，《青年记者》2009 年第 28 期。

④ 〔美〕傅高义：《邓小平时代》，冯克利译，三联书店，2013，第 641 页。

的成功，主要有六个方面的因素：务实的改革办法；国家积极干预经济；更加重视经济改革；承认人权的重要性和合法性，主张人权取决于各地实际情况；建立自由主义民主的替代体制；使外交政策专注于主权、自决和相互尊重。[①]

但也有人对“中国模式”表示怀疑和否定。第三世界论坛主席萨米尔·阿明（Samir Amin）在论及“中国模式”时，认为“现在谈这个（‘北京共识’）没有太大意义，这还是个过程，还处在寻找、探索的过程中”[②]。德国杜伊斯堡-艾森大学政治学研究所、东亚研究所所长海贝勒（Thomas Heberer）认为，中国正处在从计划经济向市场经济的转型期，“因此我认为所谓的‘中国模式’并不存在。中国的这一转型期将伴随着急剧的社会变革和政治改革，这一过程是渐进的、增量的，在这种条件下，我们谈论‘中国模式’还为时过早”[③]。美国麻省理工学院斯隆管理学院教授黄亚生认为，中国的发展模式并不独特。无论是中国的成功经验还是发展困境，都不是中国特有的，都可以从世界其他国家的身上找到影子。[④] 美国耶鲁大学管理学院教授陈志武也持同样的观点。他在中国台湾出版的《没有中国模式这回事》（*China Model Never Exists*）一书，明确否定“中国模式”的存在。

笔者认为，任何模式都是确定性和不确定性的统一，不存在一劳永逸的发展模式。一方面，通过新中国成立以来60多年的探索，“中国模式”的总体框架、布局已经形成，有了自己相对稳定的道路、理论、制度及其一系列具体的战略策略。在这一点上，国外绝大多数学者的评价是比较中肯的。另一方面，“中国模式”的确还处在探索之中，中央关于“四个全面”的战略布局，实质上正是要面对“难啃的硬骨头”，通过全面深化改革，进一步完善“中国模式”。国外一些学者借“中国模式”发展中的某些不足，或因某些方面与别国模式的相似性而否定“中国模式”，显然是不够科学的。

---

① 〔美〕埃里克·安德森：《中国预言：2020年及以后的中央王国》，葛雪蕾等译，新华出版社，2011，第167~168页。

② 转引自俞可平等主编《中国模式与“北京共识”：超越“华盛顿共识”》，社会科学文献出版社，2006，第44页。

③ 〔美〕托马斯·海贝勒：《中国是否可视为一种发展模式？——七个假设》，见俞可平等主编《中国模式与“北京共识”：超越“华盛顿共识”》，第113页。

④ 〔美〕黄亚生：《“中国模式”到底有多独特?》，中信出版社，2011，“自序”第Ⅷ页。

四 “中国模式”的性质特征

如何看待“中国模式”的政治性质？主要有三类观点。

第一类观点坚持“新自由主义论”。这种观点认为“中国模式”并没有超越“华盛顿共识”，相反，正好成为新自由主义成功的最好例证。早在20世纪80年代，布热津斯基就认为，“中国的改革开放、经济发展看来不会失败，但中国走的却是商业共产主义的路子，与马克思主义、科学社会主义的本义相距甚远，犹如两股道上的车子”①。美国威斯康星大学政治系教授莫里斯·迈斯纳（Maurice Meisner）则转述了西方一些媒体对中国改革的评价：“这种改革使所谓‘中国特色的社会主义’的手段与目的似乎是毫无希望地混淆在一起，并使一些西方观察家匆忙地赞扬‘十亿中国人的政府放弃了马克思主义而改信资本主义’。”② 90年代，“中国走资”的论调在西方有所上升。苏黛瑞（Dorothy J. Solinger）等人认为，中国在80年代末实行的企业破产，企业兼并，股票和股票市场这些积累资金的措施都是资本主义性质的，他把这些措施称为“有中国特色资本主义的措施”。③ 进入21世纪以来，认为中国走向资本主义道路的思想一直没有停止。黄亚生所著《中国特色的资本主义》一书，被英国《经济学人》杂志评为2008年度最佳图书之一。在他看来，“中国特色的资本主义是一种在两种形态的中国——企业家的、市场驱动的‘农村的中国’与政府领导的‘城市的中国’——之间从事政治平衡的功能”④。而他的另一部专著《“中国模式”到底有多独特?》则开宗明义地讲，“中国发展的方向和原则并没有任何独特之处。……所谓‘中国模式’并不独特：在大的原则问题上，中国如果要成功，必须和西方的体制接轨”⑤。陈志武认为，“中国的改革经验恰恰证明，

① 〔美〕兹·布热津斯基：《大失败：二十世纪共产主义的兴亡》，军事科学院外国军事研究部译，军事科学出版社，1989，第220～221页。

② Maurice Meisner, *Mao's China and After: A History of the People's Republic*, New York: The Free Press, 1986, pp. 477－478.

③ Dorothy J. Solinger, *China's Transition from Socialism: Statist Legacies and Market Reforms, 1980－1999*, M. E. Sharpe, 1993, pp. 126, 128.

④ Yasheng Huang, *Capitalism with Chinese Characteristics: Entrepreneurship and the State*, Cambridge University, 2008, pp. xvi－xvii.

⑤ 〔美〕黄亚生：《“中国模式”到底有多独特?》，第3页。

新自由主义主张的经济、政治模式非但没有得到否定，反而得到了中国经验的支持”[①]。大卫·哈维（David Harvey）在《新自由主义简历》一书中指出，中国已确定无疑地迈向新自由主义和阶级力量的重建，虽然“带有独特的中国特色”。然而，权威主义、民族主义诉求、某种帝国主义的复兴，这些都表明中国正以其特殊的方式与新保守主义潮流汇合，后者在美国正兴风作浪。[②] 美国著名左翼学者詹姆斯·彼得拉斯也认为，现在，“中国不仅仅是中国资本家的‘乐园’，也是全世界资本家和投资者的磁石：每一个资本家都希望对中国近乎无限的劳动力进行无限制的剥削、进入由2亿中产阶级消费者、上千万个百万富翁和数千名超级亿万富翁组成的中国市场”[③]。

第二类观点坚持“中国式社会主义论”。认为“中国模式”是发展了的社会主义，与“华盛顿共识”有着本质区别。美国马克思主义经济学家大卫·科茨（David M. Kotz）指出：“20世纪80年代，邓小平断然拒绝了弗里德曼等人向中国推荐的新自由主义发展战略。如果中国向新自由主义转变，将给中国经济和社会带来灾难性的后果。”[④] 曾任世界银行多种高级职务的印度经济学家阿嘎瓦拉（Ramgopal Agarwala）指出：“无论中国成功的基础可能是什么，毫无疑问，成功不是来自对‘华盛顿教义’的盲目迎合。‘有中国特色’的改革是中国改革进程的定义性特征。从国外经验中汲取精华，从中国的现实情况中选择发展方向和方法。”[⑤] 美国经济学家巴里·诺顿指出：“无论如何，在最近的将来，中国不会向美国或者西欧的资本主义模式趋同。实际上，全球金融危机使人们都看到了解资本主义的美国模式暴露出来的缺陷。因此我们不奇怪中国领导人的结论，即没有必要改变自己的市场经济与政府导向相结合的特点。只要中国领导人继续经营这种独特的中国模式，趋同就不太可能出现。”[⑥] 法国国际马克思大会社会主义学科主席托尼·安德烈阿尼指出，中国的社会主义具有中国的特点，因为它必须考虑本国的特殊国情。此外，它在发展市场社会主义经济的同时，还促进“精

① 《没有中国模式这回事：对话陈志武》，《南方人物周刊》2011年第28期。

② 〔美〕大卫·哈维：《新自由主义简史》，王钦译，上海译文出版社，2010，第151页。

③ 〔美〕詹姆斯·彼得拉斯：《中国的过去、现在与未来》，《国外理论动态》2007年第5期。

④ 刘元其：《大卫·科茨谈新自由主义和世界经济》，《国外理论动态》2005年第2期。

⑤ 〔印〕阿嘎瓦拉：《中国的崛起：威胁还是机遇?》，陶治国等译，山西经济出版社，2004，第58～62页。

⑥ 〔美〕巴里·诺顿：《中国经济：转型与增长》，安佳译，上海人民出版社，2010，中文版前言第XI页。

神文明”的发展，而这种文明完全不同于西方文明。[①] 奈斯比特（John Naisbitt）指出，尽管中国在经济上拥抱“黑猫白猫”，但是中国政治“猫”的“颜色”从未改变，“中国并不是一个慢慢脱去一层层共产主义外衣，悄悄滑入西方国家所准备好的资本主义外套的国家”[②]。法国汉学家魏柳南（LionelVairon）指出，1985 年米哈伊尔·戈尔巴乔夫当政，苏联政治风云突变，1991 年苏联解体。以邓小平为代表的中国领导人从而清醒地认识到片面、僵化地理解运用马克思主义经济理论，无论是在苏联还是其他社会主义国家都行不通。[③]

第三类观点坚持“超越论”。认为“中国模式”既超越了传统的社会主义，同时又与资本主义划清界限，既不姓“社”，也不姓“资”，在传统社会主义与资本主义之外找到一条新路。德里克提出“后社会主义论”。他指出：“今天的中国社会是后社会主义的，一方面因为中国虽然断言它具有社会主义的前途，但已不再从固有的社会主义思想中汲取动力；另一方面因为社会主义作为一种社会结构，仍然可供中国选择，只要形势需要，中国就可能再回到社会主义。”他认为，强调资本主义因素并认为中国必定发展成为一个资本主义社会，这样做都是错误的，“因为社会主义体系融入资本主义世界秩序对资本主义本身来说意味着什么，仍然要拭目以待”。“后社会主义”并不表示社会主义的结束，恰恰相反，它提高了“在社会主义危机期间以新的、更具有创造性的方式反思社会主义的可能性”。[④] 英国著名经济学家彼得·诺兰提出“第三条道路论”。他指出，中国的“第三条道路”是一种完整的哲学，把既激励又控制市场的具体方法与一种源于统治者、官员和老百姓的道德体系的深刻思想结合在一起。“不管是生态、社会还是在国际关系上，盎格鲁－撒克逊的自由市场原教旨主义都没有为可持续的全球发展提供任何希望。”政府的改进，而不是政府的逃亡，是中国体制改革唯一

① 〔法〕托尼·安德烈阿尼：《中国还是社会主义国家吗?》，法国《思想》杂志 2005 年第 1 期。

② John and Doris Naisbitt, *China's Megatrends: The 8 Pillars of a New Society*, Harper Business, 2010, p. 4.

③ 〔法〕魏柳南：《中国的威胁?》，王宝泉、叶寅晶译，人民日报出版社，2009，第 135 页。

④ Arif Dirlik, "Post-Socialism Revisited: Reflections on 'Socialism with Chinese Characteristics,' Its Past, Present and Future," in *Seeking Changes: The Political Development in Contemporary China*, pp. 189 – 190.

明智的目标。这是中国体制生存“没有选择的选择”。[①] 由于采取“没有选择的选择”，所以，中国自己的生存可能提供了一座灯塔，作为对美国主导的走向自由市场原教旨主义冲动的一种替代选择，从而促进全球的生存和可持续发展。这不仅是中国的十字路口，而且是整个世界的十字路口。[②]

实际上，在整个改革开放的过程中，中国国内也充满了关于姓“社”姓“资”的争论。对此，中国改革开放的总设计师邓小平曾经从多视角做了反复的论述。他一再强调，社会主义是人类历史发展不可逆转的总趋势，中国不走社会主义道路就没有前途；计划和市场都是经济手段，本质上并没有姓“社”姓“资”的区别，资本主义可以用，社会主义也可以用；判断姓“社”还是姓“资”，应主要看其实践效果，以“三个有利于”作为检验标准。国外一些学者把中国模式归结于“新自由主义”，其根本原因在于仍用僵化的教条主义的观点看待中国的改革开放。把中国的成功归结于“新自由主义”，这是没有根据的。

五 “中国模式”的思想来源

如何看待“中国模式”的思想来源？主要有四类观点。

第一类观点坚持“实用主义论”。认为中国共产党历来具有坚持实用主义的传统，邓小平所讲的“猫论”“实事求是论”“真理标准论”“‘三个有利于’论”等都是实用主义“有用就是真理”“目的可以证明手段之正确”的另外一种说法，与欧美国家的实用主义并没有本质区别。石池雨指出：“邓小平有句很有名的话：‘不管白猫黑猫，抓住老鼠就是好猫’。换句话说，他只注重结果，而不注重这些结果是如何带来的。”[③] 俄罗斯学者彼沃娃洛娃指出：“中国学者将继续进行卓有成效的探索以找到国家最有效的进步发展道路。在这一进程中所形成的文明社会到底被称为‘有中国特色的社会主义’，还是冠以其他名称，这并不那么重要，重要的在于它能够给亿

① Peter Nolan, “China at the Crossroads,” *Journal of Chinese Economic and Business Studies*, No. 1, 2005.

② Peter Nolan, “China at the Crossroads,” *Journal of Chinese Economic and Business Studies*, No. 1, 2005.

③ Chih-yu Shih, *The Spirit of Chinese Foreign Policy: A Psychocultural View*, Macmillan, 1990, p. 90.

万中国人民带来更加无愧于人的生活。显然，为建成这样的文明社会，可以遵循中国的这一格言：‘不管白猫黑猫，抓住老鼠就是好猫。’实质上，这是‘目的可以证明手段之正确’这一原则的另一种表述。”[①] 基辛格认为，邓小平利用毛泽东正统思想理论中的只言片语，放弃了毛泽东的继续革命论。“照邓小平的说法，毛泽东是位实用主义者。”[②] 海贝勒也认为，中国共产党的领导体制在经历了“转型”“巩固”两个阶段后，目前已进入第三阶段，即“适应”阶段，“邓小平理论、‘三个代表’重要思想和科学发展观都表明，意识形态因素让路于实用主义因素”[③]。在这里，“实用主义”是一个贬义词，意思是为达某种目的而不择手段，与欧美国家流行的实用主义并无差别。

第二类观点坚持“儒家社会主义论”。认为“中国模式”的形成，儒家思想是其根本思想基础。法国汉学家魏柳南（Lionel Vairon）指出，1978 年邓小平所描绘的富裕，只是在毛泽东时代与传统决裂之后的一次回归。目前在中国，被某些观察家称为“新儒教”的东西，其特点包括坚固的政治体系（譬如一党制），国家对经济生活的有力干预，全社会范围内高水平的教育，国民对于企业创新水平的意识，家庭和宗族的主导地位，对于劳动者利益和人际关系和谐的担忧，一个受低犯罪率保护的社会以及对教育的重视。中国看起来正在向某种社会类型前进，我们可以大胆地称这种社会类型为“儒家社会主义”。[④] 马丁·雅克指出，直到今天，“传统思想还是了解中国人、中国家庭传统、政府角色、教育体制以及秩序和稳定重要性的根本要素——虽然现在这种儒家思想已经呈现出高度现代化的特征”[⑤]。美国密歇根大学中国问题研究专家约瑟夫·格利高里·迈哈内（Josef Gregory Mahoney）指出：“事实上，《礼记》有四个概念与胡锦涛的和谐理论，乃至与作为共产党整个意识形态核心的毛泽东思想和邓小平理论相关。这四个来自《礼记》的概念是：（1）大同；（2）小康；（3）和；（4）赞同黑格尔辩

---

① 〔俄〕彼沃娃洛娃：《“中国特色社会主义”的构想与探索实践》，《国外社会科学快报》1993 年 8 月。

② 〔美〕基辛格：《论中国》，胡利平等译，中信出版社，2012，第 327 页。

③ 〔德〕托马斯·海贝勒：《20 世纪中国政治史：对现代化与善治的追求》，《马克思主义与现实》2009 年第 5 期。

④ 〔法〕魏柳南：《中国的威胁?》，第 24 页。

⑤ Martin Jacques, *When China Rules the World: The End of the Western World and the Birth of a New Global Order*, New York: The Penguin Press, 2009, p. 25.

证法的儒家历史主义。”[①] 约瑟夫·格雷戈里·马奥尼（Josef Gregory Mahoney）指出：“中国模式实际上是中国认识论传统的结果，无论从西方输入了多少知识，但从根本上它仍是‘中国式’的模式。根本意义上的中国特色，是指中国长期坚持的中国认识论传统。”[②] 日本的藤野彰也认为，“以人为本与和谐社会与庄子、儒家思想以及乌托邦式的大同思想密切相连。”[③] 西班牙驻华使馆参赞凡胡尔指出，在中国特色社会主义这个“儒教与共产主义的混合体中，列宁主义是一种比马克思主义更为重要的成分”。他还指出，列宁主义对于中国共产党组织夺取政权乃至建设如此复杂与庞大的国家的斗争起了巨大的作用，而中国之所以能够保持稳定还因为共产主义制度已与中国文化传统融为一体，因而，这种中国特色社会主义与其他社会主义有了根本不同。[④]

第三类观点坚持“民族主义论”。认为自20世纪80年代末期以来，中国在倡导改革开放的同时，也放弃了马列主义，取而代之的是中国的民族主义。早在20世纪80年代，英国学者克林伯格（Robert Kleinberg）就指出，中国的社会主义历来带有强烈的民族主义倾向，今天则比以往任何时候都更加显而易见地成为一种可供利用的追求富强的工具。他认为，这种民族主义是对列宁主义国家学说的放弃，是对马克思主义的解构（disintegration of Marxism），“每一代马克思主义领导者都为了现实需要而调整正统理论，它最初始的某些因素已消失殆尽了”[⑤]。尼克松认为民族主义是邓小平在资本主义和共产主义之外的另一种选择。邓小平“作为一名共产党人，他既不要资本主义的中国，也不要民主主义的中国，但他不是自己意识形态的俘虏，首先，他是一位需要强大中国的民族主义者”[⑥]。玛莉·黑瑟·张（Maria Hsia Chang）认为，邓小平为现今中国的民族主义做了最为重要的铺

① 〔美〕约瑟夫·格利高里·迈哈内：《通往和谐之路：马克思主义、儒家与和谐概念》，引自吕增奎主编《执政的转型：海外学者论中国共产党的建设》，中央编译出版社，2011，第27~28页。

② 〔美〕约瑟夫·格雷戈里·马奥尼：《我们应该向中国学习什么?》，载〔美〕迈克尔·赫德森等主编《中国未来30年》Ⅲ，中央编译出版社，2013，第232页。

③ 〔日〕藤野彰：《从中国共产党新的指导思想看政治、经济和社会变迁》，引自吕增奎主编《执政的转型：海外学者论中国共产党的建设》，第49页。

④ 原载西班牙《国家报》，见《参考资料》1992年1月12日。

⑤ Robert Kleinberg, *China's Opening to the Outside World: The Experiment with Foreign Capitalism*, West View Press, 1990, p. 39.

⑥ 〔美〕理查德·尼克松：《世界大角逐》，夏青等译，吉林人民出版社，1989，第267页。

垫。“邓小平试图把马克思主义改造为发展民族主义的理念。在这样做的时候，邓小平铺平了现今中华人民共和国民族主义复活的道路。”[①] 换句话说，以爱国主义为形式的民族主义已经成为当今中国普遍流行的形式。德国《法兰克福汇报》发表的一篇题为《强大的中国——软弱的中国》的文章认为，“中国领导层自称拥护的‘共产主义’早已具有口头上咄咄逼人的民族主义特征”[②]。美国《新闻周刊》主编法里德·扎卡里亚也认为，“随着经济的进步，中国人的民族主义情绪变得更加强烈。拉住一位上海雅皮士，你会发现他——一名对中国台湾、日本和美国充满恶意的民族主义者”[③]。美国科罗拉多大学政治学助理教授彼得·海斯·格利思（Peter Hays Gries）认为，中国的民族主义迄今已经历了四代。中国新民族主义兴起的根本原因是，这些人想透过爱国主义来突出自己的声音。这些人非常羡慕前几代人的苦难经历，对于第四代沉溺物质主义、仅仅满足于文化和精神快餐深感痛心，他们觉得再也不能在这种苦闷中沉默，因此给自己选择了爱国主义这一具有狂欢性质却又能得到政府允许的形式。[④]

第四类观点则坚持“现实主义论”。认为“中国模式”克服了以往社会主义的空想成分，变得更加务实，是更加正统的马克思主义。正如大卫·古德曼所指出的：“邓是一个注重实效的人而并非一个实用主义者，在他整个的政治生涯中他是一个坚定的革命者，为确保共产党夺取政权和中国的现代化事业一直在不懈奋斗。”[⑤] 施拉姆也指出：“邓小平并非像欧美和日本有时所说的那种‘实用主义者’。他是一位信奉无产阶级专政，信奉共产党的先锋作用，并在延安时代学到若干道德标准的经验丰富的革命家。”“他讨厌由于对‘资产阶级式的主义’和个人主义以及其他错误想法的狂热而对马克思主义和革命精神持怀疑态度。”[⑥] 伊文思指出，邓小平讲的“实事求是”与“实践是检验真理的唯一标准”是相一致的。“坚持这两个口号并

---

① Maria Hsia Chang, “The Thought of Deng Xiaoping,” *Communist and Post-Communist Studies*, Vol. 29, No. 4, 1996, p. 377.

② 参见 2005 年 4 月 19 日《法兰克福汇报》。

③ Fareed Zakaria, “Is China the World's Next Superpower?” *Newsweek*, May 9, 2005.

④ Peter Hays Gries, *China's New Nationalism: Pride, Politics, and Diplomacy*, University of California Press, 2004, p. 4.

⑤ David S. G. Goodman, *Deng Xiaoping and the Chinese Revolution*, London and New York, 1994, p. 7.

⑥ 〔美〕斯图尔特·施拉姆：《邓小平超过毛泽东了吗?》，齐欣等编译《世界著名政治家、学者论邓小平》，第 191、193 页。

不意味着他放弃社会主义，而表明在邓的思想中，社会主义（以及共产主义）是与繁荣富强相联系的（这是马克思的观点），他要用各种方法来实现这一繁荣富强。他不想让那些没有参与过社会与经济实践只是在办公室中勾画蓝图的人来实现他的计划，也正因为如此，一些非共产主义作家称他为实用主义者。"① 雷默认为，中国共产党采取实用主义的政策，目的在于激发群众的积极性，保持社会稳定，以便共产党长期执政。这突出体现在胡锦涛的"三贴近"中："贴近实际，贴近群众，贴近生活"。"这是行得通的实用主义政治策略。它体现了把自由职业发展与适当的及可变的约束结合起来的价值和可能性。"② 巴里·诺顿指出："事实上，如果进一步考察，即便是中国道路本质的'灵活性'和'实用主义'也被证明与中国制度的体制特性深深地交织在一起。"③ 洛丽塔·纳波利奥尼指出，在邓小平上台之后，他采取了一条务实主义的方法解决问题：将所谓的意识形态的争论放在一边。"对意识形态的超越使实用主义的精神在中国人心中得到了重生，为中国实现伟大的一跃而奠定了基础。……实用主义的回归使每个人的积极性都被调动起来，对市场的重要性有了清醒的认识。但是无论怎样，中国仍然是一个共产主义国家，厨师还是那厨师，只是在尝试新菜。"④ 在以上的论述中，"实用主义"一词并无贬义，意思是自邓小平以来，中国摒弃意识形态的空洞争论，变得更加务实，讲求实效，制定政策不再固守僵化的教条，更加灵活。

笔者认为，在"中国模式"的形成过程中，中国几代领导人，从邓小平到习近平，一直强调要吸取资本主义先进文明成果，同时大力倡导弘扬中国优秀文化传统的价值，但他们从来没有放弃马克思主义，始终把辩证唯物主义和历史唯物主义作为思考当代中国现实，制定中国改革开放政策的哲学基础。同时，结合中国改革开放的实践，坚持和发展了马克思主义哲学的一般原理。国外学者所谓"实用主义论""儒家社会主义论""民族主义论"等论调，往往以偏概全，并没有抓住问题的实质。

---

① 〔英〕理查德·伊文思：《邓小平传》，武市红等译，上海人民出版社，1996，第270页。

② Joshua Cooper Ramo, *The Beijing Consensus*, The Foreign Policy Centre, 2004, p. 30.

③ Barry Naughton, "Singularity and Replicability in China's Developmental Experience," in *Seeking Changes: The Political Development in Contemporary China*, p. 159.

④ 〔意〕洛丽塔·纳波利奥尼：《中国道路：一位西方学者眼中的中国模式》，第66、67页。

六 “中国模式”的适用范围

中国模式是否具有可复制性，可否为别的国家所效仿？主要有两类观点。

一类观点从中国经验的独特性出发，提出“不可复制论”，否认中国模式对别国的可适用性。美国经济学家巴里·诺顿指出，中国的情况非常独特，其国家规模、先天条件、政策轨迹以及历史条件等各方面都是独一无二的。“在中国即兴的制度创新中，在中国为应对棘手的转型问题所设计的所有的制度解决方案中，有没有一个制度或方案能够成功和强大到适用于所有环境，而能够让我们安心地推荐给其他国家。……我们得到了一个干脆利落的答案：没有。”① 意大利学者阿里吉认为，中国在地缘和历史上的优势是其他国家所不具备的，“中国能否成为其他国家——特别是其他发展中大国，如印度——的参照模式，取决于这些历史和地理的特性能否在其他地方再现……中国所发生的任何事情都很重要，因为这影响着中国与世界各国的关系，但这并不意味着它要作为别国参照的模式”②。匈牙利经济学家科尔奈也认为，“中国是独一无二的，根本无法模仿！中国是世界人口最多的国家，它的文化传统也与别国截然不同”③。

另一类观点则从中国与其他发展中国家的相似性出发，提出“可复制论”，认为中国模式是可以为别的发展中国家所模仿学习。保加利亚科学院院士尼·波波夫认为，“中国目前选择并实践的模式，是唯一可以挽救和建设社会主义的模式，是唯一正确的充满希望之路”④。美国著名经学家、诺贝尔奖获得者、纽约哥伦比亚大学终身教授斯蒂格利茨认为，中国的巨大成功，对世界经济产生了积极影响，其他国家也分享到中国经济的成果。在全球经济持续低迷的背景下，“中国模式”具有很好的启示性。⑤ 中英可持续发展对话的国家协调员里奥·霍恩（Leo Horn）指出：“发展中国家领导人

① Barry Naughton, “Singularity and Replicability in China's Developmental Experience,” in *Seeking Changes: The Political Development in Contemporary China*, p. 154.

② 〔意〕乔万尼·阿里吉：《亚当·斯密在北京——21世纪的谱系》，路爱国、黄平、许安结译，社会科学文献出版社，2009，第19页。

③ 〔匈〕科尔奈：《根本没有“中国模式”》，《社会观察》2010年第12期。

④ 刘洪潮、蔡光荣主编《外国要人名人看中国（1989—1992）》，第154、155页。

⑤ 参见沈云锁、陈先奎主编《中国模式论》，人民出版社，2007，第2页。

也正将目光转向中国，寻找他们自身发展困境的解决之道。从委内瑞拉到越南，对于所谓的‘中国模式’，其吸引力随处可见。伊朗、叙利亚和其他中东国家邀请中国专家给高级官员和学者授课。在劳尔·卡斯特罗的一次访问之后，前总理朱镕基派了一位助手去古巴，给数百位古巴领导人讲授社会和经济改革。”① 美国哈佛大学商学院教授里金纳·艾布拉米认为，中国的经验对众多的发展中国家非常具有吸引力。虽然这些发展中国家与中国国情有所不同，“中国模式”也许不完全适用，但“中国模式”的出现毕竟为它们提供了一条不同于西方国家和世界银行、国际货币基金组织所倡导的发展道路，值得它们思考。马丁·雅克指出，崛起为世界主要大国的中国将提供与西方完全不同的政治模式和范例。它“包含完全不同的政治传统：后殖民时代的发展中国家、共产党政权、高度成熟的治国方略、儒家传统”②。

笔者认为，“中国模式”本身是多种复杂因素的综合创新，其中包含对苏联模式的突破，对英美模式的扬弃，对北欧模式的借鉴，对东亚模式的学习，对拉美模式的警戒，等等。中国经验的适合或不适合，或部分适合，一切取决于当地的实际。中国曾经深受照搬照抄苏联模式的痛苦，从来不主张向别国输出自己的模式。

七 “中国模式”的世界影响

“中国模式”将对世界产生怎样的影响？主要有两类观点。

一类观点坚持“中国威胁论”，认为中国的发展必然造成对世界多方面的威胁，有中国“军事威胁论”“中国环境威胁论”“中国粮食威胁论”等多种表现形式。早在1990年日本防卫大学教授村井友秀在《诸君月刊》发表《论中国这个潜在的威胁》，开冷战后“中国威胁论”之先河。之后，美国费城外交政策研究所项目主任罗斯·芒罗（Ross Munro）发表《正在觉醒的巨龙：亚洲真正的威胁来自中国》一文，系统地把中国描述成一股威胁亚洲的力量。亨廷顿发表《文明的冲突》，从意识形态、社会制度乃至文明角度论证来自中国的威胁。莱斯特·布朗发表了长达141页的《谁来养活

① 〔英〕里奥·霍恩：《中国模式背后的真相》，英国《金融时报》2008年7月29日。

② Martin Jacques, *When China Rules the World: The End of the Western World and the Birth of a New Global Order*, p. 315.

中国》，提出“中国粮食威胁论”。理查德·伯恩斯坦（Richard Bernstein）和芒罗所著《即将到来的美中冲突》一书预言，在未来20年里，中国将成为美国在全球范围的竞争对手。1995年7月29日英国《经济学家》杂志发表的《遏制中国》的专题文章，1995年7月31日《时代周刊》发表的《为什么我们必须遏制中国》，都是“遏制中国论”的代表作。1998～1999年，美国先后出现了《考克斯报告》、李文和案、中国政治献金案，美国国会和媒体把中国称为对美国国家安全构成重大威胁的势力。2002年，美国美中安全评估委员会发表题为“美中经济关系对国家安全的影响”的年度报告，美国国防部公布《关于中华人民共和国军事力量问题的年度报告》，首次公开指出中国军力不仅对台湾地区而且对中国周边国家甚至美国构成威胁，公开否定对华“接触政策”的有效性。2010年7月，中国官方媒体连续发表分析文章，强调中国在南海的核心国家利益，由中国海军主导自己在这一海域开展反海盗行动。澳大利亚《悉尼先驱晨报》刊登彼得·哈尔彻的文章《中国正朝领土野心全速前进》，指出：“此举令中国与5个邻国的领土主张直接冲突，对美国海军在南中国海上的海上优势形成挑战”。① 近年来美国将战略防御的重点转向亚太地区，矛头直指中国，不断插手中国南海，使南海问题国际化，又挑拨中国与周边国家关系，对中国形成C字形包围圈，等等。

另一类观点则坚持“中国机遇论”，认为中国的发展将给世界提供诸多发展机遇。针对“中国威胁论”，新加坡《海峡时报》发表文章指出：“中国并非奉行扩张主义的大国，没有必要对它进行‘遏制’。”“采取一种把是否同中国对峙作为战略选择的遏制政策是不合时宜的。”② 美国尼克松中心中国问题研究室主任兰普顿（David Lampton）指出：“最为重要的是，由于中国日益成为地区和全球经济发展引擎，华盛顿同北京保持稳定的战略关系超越了狭隘的安全利益。”③ 罗斯·加诺特回顾中国自邓小平以来持续发展的经验，认为中国发展“改变了全球发展理念”。中国的成功大大促进了可持续的、快速的、国际化的现代经济发展。“我们可以从中吸取大量的经验

---

① 《“中国必须这么做”，“也能这么做”》，《参考消息》2010年7月14日。

② 《微妙的平衡之举》，新加坡《海峡时报》2005年3月25日。

③ 〔美〕戴维·兰普顿：《中国在亚洲日益增长的实力和影响力对美国政策的影响》，本文为作者在美中经济和安全评估委员会2004年2月13日举办的题为“崛起的地区和科技大国——中国对美国经济和安全利益的影响”的听证会上的证词。

教训来取得好的成果。"① 季塔连科指出，20 世纪，在最深刻的危机和社会主义战略退却的条件下，邓小平提出的发展中国特色社会主义的理论预防了社会主义被挤出历史舞台，对自由主义的"历史终结"模式提供了社会主义的选择。② 中国共产党和中国政府一再宣示，中国走和平发展的道路。到目前为止，中国的崛起并没有为传统的国际关系理论再增加一个新例子，反而增加了一个"反例"。③ 马丁·雅克指出："中国的崛起将意味着她的历史、文化、语言、价值、机制和企业将会逐渐影响全世界。如果说自 1978 年以来，世界带给中国的改变要大大多于中国带给世界的改变，那么这种进程将很快发生逆转——中国带给世界的改变将远远多于世界带给中国的改变。"④ 美国的约瑟夫·奈指出："'崛起'是一种不确切的说法，'复兴'比较准确。中国幅员广大，历史悠久，长期以来一直是亚太地区的重要力量。从技术和经济上讲，从公元 500 年到公元 1500 年，中国是世界领先者，只是在过去 500 年被欧洲和美洲超过。"⑤ 埃里克·安德森指出，世界银行的分析人士认为，自 1978 年经济改革计划开始实施以来，约有 4 亿中国人脱离了绝对贫困——此外，中国的计划生育政策避免了另外 4 亿人步入这一行列。裴文睿（Randy Peerenboom）在其撰写的《中国走向现代化：是西方的威胁还是其他地区的典范》中指出："中国共产党推动了前所未有的经济增长和具有重大历史意义的扶贫事业，该党正致力于建设一种超越多数非洲、中东和拉美国家所建立的类似体制的法律顾问和执政体系。"⑥

笔者认为，"中国威胁论"这种论调的产生，首先与西方人的思维惯性相联系。西方文明在其产生之时，就强调通过战争解决矛盾。正如古希腊哲学家赫拉克利特所说：战争是万物之父。在西方人的思维中，国家的崛起必须通过战争，"国强必霸"是一般规律。正是在这种理念的支配下，西方历

① 〔澳〕罗斯·加诺特：《中国 30 年改革与经济发展经验》，载王新颖主编《奇迹的建构：国外学者论中国模式》，中央编译出版社，2011，第 83 ~ 86 页。

② 〔俄〕季塔连科：《论中国现代化经验的国际意义》，《远东问题》2004 年第 5 期。

③ 吴云：《"中国模式"挑战传统理论——外国专家评价"中国模式"之一》，2009 年 5 月 8 日，人民网（http://theory.people.com.cn/GB/49154/49155/9267839.html）。

④ Martin Jacques, *When China Rules the World: The End of the Western World and the Birth of a New Global Order*, p. 25.

⑤ 〔美〕约瑟夫·奈：《中国崛起，别的国家就该俯首帖耳吗?》，英国《经济学家》周刊 1998 年 6 月 27 日。

⑥ 〔美〕埃里克·安德森：《中国预言：2020 年及以后的中央王国》，第 167、168 页。

史上曾经产生过一系列的征服战争。而中华文明历来强调天人之间、人与人之间的和谐统一，主张“协和万邦”“四海之内皆兄弟”。但西方某些人并不懂得这一点，受惯性思维和冷战思维的影响，出于对自身利益的计算，以及恶意的挑拨、夸张和炒作，产生了一波接着一波的“中国威胁论”。我们既要向世界各国说明自己文化及其思维的独特性，也要针锋相对，进行必要的回击和驳斥。

八 “中国模式”的未来发展

“中国模式”能否实现未来可持续发展？一类观点持怀疑和否定态度，有“中国崩溃论”“中国失败论”“未来难定论”等观点。20 世纪 90 年代初，一些美欧人士就预言，中国也会像苏联一样“崩溃”“解体”。认为中国的未来充满变数，即使可避免陷入混乱，中国的成功也不会持久。[①] 10 年后，中国“崩溃论”的论调又在美国主流媒体间流传。2000 年，美国匹兹堡大学教授罗斯基先后发表《中国 GDP（国内生产总值）统计出了什么问题》《中国的 GDP 统计：该被警告?》质疑中国经济增长统计数据的真实性。罗斯基的观点在沉寂一段时间之后，突然变得身价百倍，成为西方媒体关注的热点。美国的《新闻周刊》《商业周刊》，英国的《金融时报》《经济学家》等西方主流媒体纷纷把他的观点重新炒作起来，其原因是西方舆论此时已经改变了风向，而罗斯基的观点正符合他们的期望，即“中国的经济即将崩溃”。美国《中国经济》主编斯塔德维尔在其《中国梦》一书中把中国经济比喻为“一座建立在沙滩上的大厦”。最为极端的是美籍华裔律师章家敦（Gordon G. Chang）的《中国即将崩溃》一书，断言“中国现行的政治和经济制度最多只能维持 5 年”“中国的经济正在衰退，并开始崩溃，时间会在 2008 年中国举办奥运会之前，而不是之后”[②]。麦克法夸尔和黎安友（Andrew Nathan）等人批评中国共产党是个空心组织：“这个党的本质是什么？它就是一个 7000 万人的‘扶轮社’，这些人加入进去是因为他

① Zalamay Khalizad et al., *The United States and A Rising China: Strategic and Military Implications*, Rand, 1999, p. 14.

② Gordon G. Chang, *The Coming Collapse of China*, New York: Random House, 2001.

们能得到好处。”[①] 预言中国国内发生的“星火”会导致“燎原”之势，中国的社会主义将在10年内崩溃。

绝大多数的国外学者看好中国的未来发展，提出“中国崛起论”“中国复兴论”“中国统治论”等多种观点。W. 约翰·霍夫曼（W. John Hoffmann）历数“中国崩溃论”的荒谬和失败。他指出，自80年代早期改革以来，有关中国即将崩溃的预言已有好多个版本，但却没有一个单个的或相关的问题导致中国崩溃。当错误发生时，中国领导人表现出他们的机敏、实用、耐心、对新观念的开放，并从中发现新的方向。中国的适应能力以及影响变化的能力是无法估量的。[②] 针对“苏东剧变”后国际社会流行的“中国崩溃论”，美籍华裔学者黄亚生发表文章，以有力的证据驳斥了“中国崩溃论”的“神话”。他指出，迄今为止的讨论多是关于臆测而缺乏事实论据，关于中国灾难前景的种种预测是没有充足事实依据予以支持的。在未来10年中，中国的领导人将在政策制定中遇到大量艰难的挑战，但其中不大可能有国家解体问题。[③] 马丁·雅克指出，中国的崛起正在成为一个不争的事实，而支撑中国崛起的是中国独有的人口优势、劳动力规模、规模效应对世界其他地区产生的影响、中国对世界贸易的影响。瑞典著名经济学家，曾经担任瑞典首相顾问的克拉斯·埃克隆德（Klas Eklund）也指出，中国的发展模式赢得了许多发展中国家的尊重。“在我个人看来，中国不可避免地要成为全球支配性大国。”[④] 令人吃惊的是中国的迅速崛起迄今为止是在政治或军事上没有发生巨大冲突的情况下发生的。宋鲁郑在新加坡《联合早报》发表文章，认为中国的政治制度有六大优势。一在于可以制定国家长远的发展规划和保持政策的稳定性，而不受立场不同、意识形态相异政党更替的影响。二在于高效率，对出现的挑战和机遇能够做出及时有效的反应，特别是在应对突发灾难事件时。三在于在社会转型期这一特殊时期内可以有效遏制腐败的

---

① Debated:“Is Communist Party Rule Sustainable in China?” Remarks by Roderick MacFaquhar, Harvard University, in *Reframing China Policy*: *The Carnegie Debates*, Library of Congress, October 5, 2006, http://www.carnegieendowment.org/events/index.cfm? Fa = eventDetail $ id =916&prog = Zch.

② W. John Hoffmann et al., *China into the Future*: *Making Sense of the World's Most Dynamic Economy*, Wiley: John Wiley & Sons (Asia) Ptc. Ltd., 2008, p. 10.

③ 〔美〕黄亚生：《解析“中国崩溃论”的神话》，《战略与管理》1996年第1期。

④ 〔瑞典〕克拉斯·埃克隆德：《当中国统治世界的时候》，载〔美〕迈克尔·赫德森等主编《中国未来30年》Ⅲ，第51页。

泛滥。四在于这是一个更负责任的政府。五在于人才培养和选拔机制以及避免人才的浪费。六在于它可以真正地代表全民。[①]

的确，在中国改革开放的进程中，国际上一直伴有“中国崩溃论”“中国失败论”的论调，但均被中国举世瞩目的成就所否定。然而，中国的发展也的确面临诸多的问题和挑战。党的十八大报告指出，中国共产党面临“四大考验”“四大危险”。反腐败问题“解决不好，就会对党造成致命伤害，甚至亡党亡国”[②]。以习近平为总书记的党中央正是针对这些问题和挑战，提出“四个全面”的战略布局，更加注重发展的全面性、高质量和公平性，更加强调改革的系统性、整体性、协同性，更加强调法在国家治理体系中的权威性、完整性、严密性，更加强调党的建设的艰巨性、复杂性、深刻性，体现了继承与发展、发展目标和战略举措、系统论与重点论的统一，为中国走向未来提供了新的理论指导。

---

① 宋鲁郑：《中国的政治制度何以优于西方?》，新加坡《联合早报》2010 年 3 月 10 日。

② 胡锦涛：《坚定不移沿着中国特色社会主义道路前进　为全面建成小康社会而奋斗》，人民出版社，2012，第 54 页。

中国共产党对中国道路的选择

师吉金

摘　要：任何一个政党或政治团体，都会考虑国家的发展道路问题。中国共产党选择的中国道路，包括三个层面：第一个层面，是选择和坚持社会主义，使中国沿着社会主义方向前进；第二个层面，是探索和选择有中国特色的道路；第三个层面，就是为了实现前两个层面的目标，在历史发展的关键时刻，抓住机遇，选择具体的道路。在新民主主义革命、社会主义革命、社会主义建设、改革开放的不同历史时期，中国共产党抓住了重要机遇，选择了正确的道路。对于中国共产党来说，探索、选择正确的道路，需要一定的条件。这些条件包括：必须为解决中国的实际问题而学习、坚持、运用马克思主义基本原理；必须认真研究中国的社会状况也就是研究以社会性质为主体的国情；必须坚持独立自主的原则；必须有创新精神；必须形成成熟的领导集体，有稳定的领导核心。

关键词：中国道路　中国共产党　机遇　条件

作者简介：师吉金，渤海大学马克思主义学院教授。

任何一个政党或政治团体，都会考虑国家的发展道路问题。中国共产党也是如此。在长期的中国革命、建设和改革的历史进程中，中国共产党对中国发展道路进行了探索。从总体上说来，虽然探索的过程充满艰辛和曲折，但还是在国家发展的关键时刻，找到了符合中国国情的道路。研究中国共产党对中国发展道路的探索，分析中国共产党科学探索与选择适合中国国情的发展道路的原因，对于今后中国社会的发展有重要意义。

一　中国共产党在历史的关键时刻对中国道路的选择

中国共产党在历史的关键时刻迎接挑战、选择正确的道路，是革命、建设、改革取得胜利的重要条件。

中国共产党选择的中国道路，包括三个层面。

第一个层面，是选择和坚持社会主义，使中国沿着社会主义方向前进。坚持马列主义、选择社会主义、走向共产主义，这是中国共产党在成立之初就写在自己的旗帜之上的。从中国共产党创建时起，无论经过多么大的艰难困苦，对这一点从来没有犹豫和彷徨过。

第二个层面，是探索和选择有中国特色的道路。从历史的发展进程看，在民主革命时期，就是探索和选择农村包围城市、武装夺取政权的革命道路；在社会主义革命时期，就是探索有中国特色的社会主义改造道路，在社会主义建设时期，就是探索中国特色社会主义道路。

第三个层面，就是为了实现前两个层面的目标，在历史发展的关键时刻，抓住机遇，选择具体的道路。

在新民主主义革命的历史进程中，中国共产党抓住了几次重要机遇，选择了正确的道路，取得了重大成功。

第一次是国民革命失败后，中国共产党面临着向何处去的挑战。当时有两条路可以选择：一条是不顾国民革命已经失败的事实，不顾国民党新军阀混战的机遇，机械地执行共产国际决议和照搬苏联经验，坚持城市中心论，事实证明这是一条失败的道路。选择这条道路，就不会产生中国革命道路理论；另一条是深入农村，走农村包围城市的道路。中国共产党经过痛苦的教训，选择了后一条道路，这是贯穿于中国共产党新民主主义革命始终的道路。

第二次是抗日战争时期，中国共产党面临着全民族抗战的机遇和挑战。有三条路可以选择：第一条道路是坚持“革命的力量是要纯粹又纯粹，革命的道路是要笔直又笔直”，或由于国民党在国民革命后期屠杀中国共产党和人民群众，而拒绝和国民党建立统一战线，“依靠单兵独马，去同强大的敌人打硬仗”[①]；第二条道路是建立统一战线但放弃统一战线中的独立性，

① 《毛泽东选集》第1卷，人民出版社，1991，第154页。

坚持“一切经过统一战线”；第三条道路是为了中华民族的独立、自由，和国民党建立第二次统一战线，在统一战线中坚持中国共产党的独立性，实行又联合又斗争的策略；中国共产党抓住了机遇，选择了后一条正确的道路，取得了抗日战争的胜利。

第三次是抗日战争胜利至新中国成立初期，中国共产党面临着反法西斯战争胜利的机遇和挑战。有两条路可以选择：一条是中国纳入资本主义阵营，走资本主义道路；另一条是继续进行新民主主义革命，为新民主主义彻底胜利而奋斗，进而实现社会主义。中国共产党选择了后一条道路，取得了新民主主义革命全面胜利。

在中国特色社会主义理论体系形成和发展的进程中，中国共产党同样抓住了几次重要机遇，选择了正确的道路，取得了重大成功。

第一次是“文化大革命”结束后，中国共产党面临着在毛泽东去世后中国向何处去的机遇和挑战。有四条路可以选择：第一条是继续延续“文化大革命”的发展道路；第二条是退回到社会主义改造完成后到“文化大革命”发动之前的道路上去；第三条是因为否定“文化大革命”进而否定整个中国共产党的历史，走资本主义道路；第四条路是建设中国特色社会主义之路。这四条路，前两条是老路，第三条是邪路，只有第四条是正路、新路。中国共产党抓住了这个机遇，既不走老路，也不走邪路，而是走上了新路，中国特色社会主义事业取得了举世瞩目的成就。

第二次是20世纪80年代末90年代初，中国共产党面临着国际上苏东剧变、国内政治风波的挑战。有三条路可以选择：第一条是像苏联、东欧一样，社会主义垮台、走资本主义道路；第二条是退回到改革开放以前的道路上去；第三条是继续走中国特色社会主义道路。第一条是邪路，第二条是老路，只有第三条是新路。第一条道路和第二条道路都不能坚持社会主义，更不能坚持中国特色的社会主义。中国共产党选择了新路，坚持继续走建设中国特色社会主义。

第三次是20世纪90年代末，邓小平去世之后，中国共产党又面临着向何处去的挑战。有三条路可以选择：第一条是放弃邓小平为核心的党的领导集体开创的改革开放道路，退回到改革开放之前的路上去；第二条是走欧洲的民主社会主义道路；第三条是继续坚持改革开放的建设中国特色社会主义的道路。中国共产党第三代领导集体选择了沿着中国特色社会主义道路继续前进。在这一过程中，产生了“三个代表”重要思想、科学

发展观。[①]

第四次是中共十八大召开前，中国共产党面临着国际局势风云变幻、综合国力竞争空前激烈、各种社会思潮不断交锋的挑战。有两条道路可以选择：一条是放弃改革开放、实行民主社会主义；另一条是坚持中国特色社会主义道路。中国共产党坚定地选择了后者。

中共十八大报告指出："在改革开放三十多年一以贯之的接力探索中，我们坚定不移高举中国特色社会主义伟大旗帜，既不走封闭僵化的老路，也不走改旗易帜的邪路。"这是对这一时期道路选择的科学概括。

中共十八大后，围绕着中国道路问题，以习近平为总书记的新的中央领导集体，继续不断探索。习近平提出："道路问题是关系党的事业兴衰成败第一位的问题，道路就是党的生命。"[②]"在中国这样一个人口众多和经济文化落后的东方大国进行革命和建设的国情与使命，决定了我们只能走自己的路。"[③]"只有社会主义才能救中国，只有中国特色社会主义才能发展中国。"[④]"中国特色社会主义道路，是实现我国社会主义现代化的必由之路，是创造人民美好生活的必由之路。"[⑤]

通过以上论述，我们可以看出，选择错误的道路，就没有革命、建设、改革的胜利，就没有毛泽东思想和中国特色社会主义理论体系的产生和发展。

二　中国共产党探索中国道路的条件

（一）中国共产党必须为解决中国的实际问题而学习、坚持、运用马克思主义基本原理

这就是说，在选择正确道路的过程中，要始终坚持、运用马克思主义基本原理，用马克思主义基本原理作指导，马克思主义中国化的理论成果必须

---

① 关于"文化大革命"结束以后到邓小平去世这一时期内的道路选择问题，龚育之先生曾进行过阐述。可参见《十五大精神和党史研究》，载《龚育之论中共党史》（上），湖南人民出版社，1999。本文参考了龚育之的观点，但和龚育之先生的观点又有不同之处。

② 《习近平谈治国理政》，外文出版社，2014，第21页。

③ 《习近平谈治国理政》，第29页。

④ 《习近平谈治国理政》，第7页。

⑤ 《习近平谈治国理政》，第9页。

符合马克思主义基本原理。

马克思主义反映的是自然界、人类社会和思维发展的客观规律，是科学的世界观和方法论。它对于世界各国的无产阶级革命和社会主义建设都具有普遍的指导意义。但是，各国的无产阶级政党在运用马克思主义时，如果不从实际出发，就会把马克思主义当成教条，而教条式地对待马克思主义，正是马克思主义的经典作家们所反对的。恩格斯说过："马克思的整个世界观不是教义，而是方法。它提供的不是现成的教条，而是进一步研究的出发点和供这种研究使用的方法。"[①] 既然如此，要实现马克思主义与中国具体实际相结合，选择正确的道路，就要求中国共产党人在学习、运用马克思主义时，要在坚持马克思主义的科学体系、世界观、方法论上下功夫，要牢牢把握一切从实际出发、解放思想、实事求是的思想路线。这是把马克思主义和中国具体实践相结合最重要的内容，也是最基本的方法。此外，还要着重掌握马克思主义社会基本矛盾理论，即生产力决定生产关系、经济基础决定上层建筑，生产力和生产关系、经济基础和上层建筑的矛盾推动社会向前发展。其中，生产力是最活跃的因素。因此，要把解放和发展生产力作为最重要的任务来抓。中国共产党在社会主义建设时期出现的失误，也主要就在这个问题上。

（二）中国共产党必须认真研究中国的社会状况也就是研究以社会性质为主体的国情

要选择正确的道路，就要从中国的具体实际出发。而要做到这一点，就要对实际有全面、科学的认识。换言之，就是要全面、科学地认识中国的国情。列宁说："先进阶级只有客观地考虑到某个社会中一切阶级相互关系的全部总和，因而也考虑到该社会发展的客观阶段，考虑到该社会和其他社会之间的相互关系，才能据以制定正确的策略。"[②]

一般说来，任何一个国家的共产党人要运用马克思主义来指导本国革命和建设的实践，都要研究本国国情。特殊说来，中国共产党人更要这样做，中国是一个半殖民地半封建的、政治经济发展不平衡的、落后的东方农业大国，这是中国民主革命时期社会的主要特点，这个特点决定了中国民主革命

---

① 《马克思恩格斯选集》第 4 卷，人民出版社，1995，第 742～743 页。

② 《列宁选集》第 2 卷，人民出版社，1995，第 443 页。

必然会遇到其他发达资本主义国家无产阶级革命所没有遇到过的特殊情况。

中华人民共和国成立后，经过社会主义改造，中国走上社会主义道路，进入社会主义初级阶段。在社会主义初级阶段，虽然我们是社会主义国家，但是，我国生产力落后并且发展不平衡，发展社会主义公有制的生产社会化程度低，社会主义经济制度还不成熟不完善，建设社会主义民主政治所必需的一系列社会经济文化条件还不充分。

上述情况，是中国革命和建设中所特有的。因此，选择正确道路，不了解中国国情是不行的。对于中国共产党人来说，把握国情，首先要把握中国的社会性质，因为社会性质是中国共产党人制定方针政策的主要依据。毛泽东说："只有认清中国社会的性质，才能认清中国革命的对象、中国革命的任务、中国革命的动力、中国革命的性质、中国革命的前途和转变。所以，认清中国社会的性质，就是说，认清中国的国情，乃是认清一切革命问题的基本的根据。"①

但是，把握国情决不仅仅是把握社会性质，因为国情是一个国家在一定历史时期内政治、经济、军事、科技文化、阶级阶层、社会意识、社会心理、习俗礼俗、自然资源等各方面情况的总和。其中，社会性质是国情的主体但不是全部。把握国情就是把握如上所述的国情的整体方面，并且要注意国情的量的变化和质的变化。

以毛泽东为核心的中共第一代领导集体和以邓小平为核心的中共第二代领导集体以及以江泽民为核心的中共第三代领导集体，正确地分析和把握了中国国情，实现了马克思主义和中国具体实际的结合，领导中国人民取得了中国革命和建设的胜利。而中国共产党内的教条主义者不懂得了解、把握中国国情的重要性，也就不能实现马克思主义和中国具体实际的结合。王明在1945年4月20日给中共六届七中全会的信中承认："我之所以犯教条主义的'左'倾路线错误，也不是偶然的，这是由于丝毫不懂得马克思主义理论及基础，完全不懂得中国社会和中国革命的实际情况，完全不研究中国的政治、军事、文化的历史事实和历史经验，以及简直不懂国际经验和民族传统的结果。尤其是没有群众工作经验和群众观点，以及小资产阶级社会出身的劣根性作祟的结果。"②

---

① 《毛泽东选集》第2卷，人民出版社，1991，第633页。

② 周国全等：《王明评传》，安徽人民出版社，1989，第420页。

（三）中国共产党人必须坚持独立自主的原则

独立自主，是实事求是的必然要求，也是实事求是思想路线得以贯彻的重要保证。邓小平说：“中国的事情要按照中国的情况来办，要依靠中国人自己的力量来办。”①

在道路选择的历史进程中，之所以要坚持独立自主，是因为只有中国人最了解中国国情。毛泽东在1962年说：“中国这个客观世界，整个地说来，是由中国人认识的，不是在共产国际管中国问题的同志们认识的。共产国际的这些同志就不了解或者说不很了解中国社会，中国民族，中国革命。对于中国这个客观世界，我们自己在很长时间内都认识不清楚，何况外国同志呢？”②

在道路选择的历史进程中，之所以要坚持独立自主，是因为国际共产主义运动的特点所致。中国共产党在民主革命时期坚持独立自主，很重要的一个方面是处理和共产国际、苏联的关系。中国共产党的成立得到了共产国际和苏联的帮助。中共二大正式决定加入共产国际，而共产国际和加入国际的各国共产党的关系是领导和被领导的关系。这就有一个如何对待共产国际领导的问题。历史的事实是，共产国际及其代表由于不了解中国国情，在很长时间内所提出的关于中国问题的政策是错误的。中国共产党在民主革命时期所犯的“左”的和右的错误，多数都与共产国际和苏联有关，特别是三次“左”倾错误和王明右倾错误更是如此。在社会主义革命和社会主义建设时期，中国共产党也曾面临着苏共以“老子党”的态度压制我们的问题。

在道路选择的历史进程中，之所以要坚持独立自主，也是正确处理国内各党派之间关系的需要，主要是新民主主义革命时期处理党派关系的要求。如果不坚持独立自主，中共就不能真正存在。因为在和其他党派尤其是和国民党合作时，不坚持独立自主，中共就会被融合；而在国共交恶时，不坚持独立自主，中共则会被消灭。如果这样，也就谈不上选择正确的道路了。

（四）中国共产党必须有创新精神

任何一个政党，要想在错综复杂的社会中，尤其在近代以来科学技术飞

---

① 《邓小平文选》第3卷，人民出版社，1993，第3页。

② 《毛泽东文集》第8卷，人民出版社，1999，第299～300页。

速发展的时代里有所作为，必须具有创新思维、创新意识和创新精神。中国共产党实现马克思主义中国化也是如此。

创新涉及社会生活的各个方面，因此有多方面的内容。在这些内容中，理论创新、体制创新和科技创新是主要方面。理论创新，就是要根据实践的发展，不断总结历史的经验教训，总结新的实践经验，创造出新的理论；体制创新，就是建立符合实际的经济、政治、文化和其他方面的体制；科技创新，就是要使科学技术成为社会变迁和社会发展的强大推动力量。理论创新是指导，科技创新是动力，体制创新是保障。

选择正确的道路要求中国共产党必须有创新精神，这是因为道路选择是一项艰巨的事业。它既涉及如何科学地对待马克思主义，又涉及如何正确地对待其他国家的经验教训；既涉及扬弃旧的理论、方针、政策，又涉及发现新情况、解决新问题、形成新理论。要做到这些，没有创新精神是不行的。邓小平说得很清楚："绝不能要求马克思为解决他去世之后上百年、几百年所产生的问题提供现成答案。列宁同样也不能承担为他去世以后五十年、一百年所产生的问题提供现成答案的任务。真正的马克思列宁主义者必须根据现在的情况，认识、继承和发展马克思列宁主义。"①

（五）中国共产党必须形成成熟的领导集体，有稳定的领导核心

选择正确的道路，是马克思主义指导中国革命和建设的需要，也是中国特殊国情的需要，这是毫无疑义的。但是，由谁来领导完成这一任务，由谁来把握前面所述的几个条件，又是一个十分重要的问题。中国共产党的历史证明，中国共产党成熟的领导集体及其核心，是道路选择的领导者。

列宁说："在通常情况下，在多数场合，至少在现代的文明国家内，阶级是由政党来领导的；政党通常是由最有威信、最有影响、最有经验、被选出担任最重要职务而称为领袖的人们所组成的比较稳定的集团来主持的。"②中国共产党成熟的领导集体就是这样的集团。

我们在认识领导集体的作用时，必须认识领导集体中核心的作用。马克思主义在承认人民群众是历史的创造者的同时，也承认个人的巨大作用。恩格斯在谈到马克思的功绩时说："我们之所以有今天的一切，都应当归功于

① 《邓小平文选》第3卷，第291页。

② 《列宁选集》第4卷，人民出版社，1995，第151页。

他；现代运动当前所取得的一切成就，都应归功于他的理论的和实践的活动；没有他，我们至今还会在黑暗中徘徊。”①

历史是何等的相似，在恩格斯评价马克思的功绩近100年以后，邓小平这样评价毛泽东：“毛主席一生中大部分时间是做了非常好的事情的，他多次从危机中把党和国家挽救过来。没有毛主席，至少我们中国人民还要在黑暗中摸索更长的时间。”②

又过了17年，江泽民这样评价邓小平：“如果没有邓小平同志，中国人民就不可能有今天的新生活，中国就不可能有今天改革开放的新局面和社会主义现代化的光明前景。”③

选择正确的道路，需要中国共产党特别是党的领导集体及其核心有极大的政治勇气和理论勇气。

习近平在纪念毛泽东诞辰120周年座谈会上的讲话中指出：“在为中国人民不懈奋斗的光辉一生中，毛泽东同志表现出一个伟大革命领袖高瞻远瞩的政治远见、坚定不移的革命信念、勇于开拓的非凡魄力、炉火纯青的斗争艺术、杰出高超的领导才能。”④ 这是对毛泽东的评价，从某种意义上说，也是对毛泽东为首的成熟的中央领导集体的评价。毛泽东的政治勇气和理论勇气主要体现在他科学地对待马克思主义，科学对待共产国际和苏联经验，把马克思主义普遍原理和中国国情结合起来，探索中国革命和建设的道路。

江泽民在邓小平追悼大会上所致的悼词中说：“他崇尚实干，行动果断，在关键时刻作出重大决策更是表现出非凡的胆略和勇气。”⑤ 从某种意义上说，这也是对邓小平为首的成熟的中央领导集体的评价。邓小平巨大的政治勇气和理论勇气首先表现在他科学地对待毛泽东的历史地位和毛泽东思想上，还体现在他在纠正了毛泽东晚年错误、科学地评价毛泽东的历史地位和毛泽东思想后，不断地研究新情况，解决新问题，提出了一系列指导中国改革开放和社会主义现代化建设的新理论和新方法。

---

① 《马克思恩格斯选集》第4卷，第655～656页。

② 《邓小平文选》第2卷，人民出版社，1994，第344～345页。

③ 《敬爱的邓小平同志永远活在我们心中》，人民出版社，1997，第14页。

④ 《十八大以来重要文献选编》（上），中央文献出版社，2014，第692页。

⑤ 《敬爱的邓小平同志永远活在我们心中》，第25页。

中国道路与中国话语体系和话语权问题

——基于知识体系和价值体系的观察

刘宗碧

摘　要：知识体系影响话语权的建立，乃至国家的进一步发展。近代中国曾在知识体系方面没有话语体系，而失去了话语权。中国共产党把马克思主义引进中国并与中国社会具体实践相结合，形成了中国化的马克思主义，使得社会科学知识体系和社会价值体系有了自己的内容。中国化的马克思主义社会科学知识体系和社会价值体系的组合，就是中国特色社会主义，也是当代中国改革成功的文化基础。针对中国缺乏话语权的问题，习近平提出了建立话语权的两个路径。

关键词：中国道路　话语体系　话语权　知识体系　价值体系

作者简介：刘宗碧，凯里学院马克思主义学院教授。

中国道路就是中国特色社会主义的道路，中华民族伟大复兴就是中国特色社会主义道路的事业实现。中国经过30余年的改革开放，发生了翻天覆地的变化，这种成功绝不是单一的物质增长，它内在地蕴含了文化支撑。这种支撑的文化基础是什么？中国如何以此来构造自己的话语权，实现中国特色社会主义的自信，这是文化软实力建设的课题。这里基于知识体系和价值体系及其话语体系结构和关系，就中国道路和话语权问题进行分析和展望。

一　近现代发展与中国的话语权

现代化是历史的必然，具有普遍性。但中国的现代化走了特殊的路子，是从鸦片战争开始伴随西方列强的入侵和西学东渐进行的，而且是以启蒙与救亡并随和形成相互作用为基本特征。

这样，现代化进程形成了众多的矛盾关系，包括传统文化与现代化、中国文化与西方文化、现代化与西化的互动。在这些矛盾的互动过程中，中国失去了许多东西又吸收了许多东西，改进了许多东西又保留了许多东西，形成比较复杂的局面。而在主流上，现代化是根本的。在这个过程中，中国现代化包含了西化这一路径，因为近代以来全球现代化发端于西方并以西方文化为载体，以致中国现代化进程总是包括西化内容并形成了西化与反西化的博弈。如何对待和吸收西方文化，就成为近代落后的中国推进现代化的一个选择和契机。

从实际看，中国对西学的吸收，包括话语体系的两个内容，一是科学知识体系，二是社会价值体系。科学知识体系又包括两个层次：其一，自然科学知识体系；其二，社会科学知识体系。从历史发生的史实看，中国吸收西方来改进自己的首先是自然科学知识体系，然后才是社会科学知识体系乃至社会价值体系。

我们知道，现代化以工业化为核心，对现代自然知识体系具有强大的依赖性，并表达为科学革命的支撑。因此，这种以工业化为核心的现代化，使落后国家加强自然科学知识吸收、传播和建设势在必行并构成相应的历史逻辑。中国也在这个逻辑的范围之内，但是采取了特殊方法来体现。

诚然，中国的现代化是以鸦片战争的形式打开国门作为开端的，现代化渗透在侵略与反侵略的活动之中。基于保家卫国的需要和鸦片战争的失败，中国向西方学习长处成为中西文化交流、融合的初始方式。这种学习，按照文化传播的规律，首先发生在直观的物质文化层面。中国向西方学习首先是吸收被自己贬为“奇巧淫器”的工具、技术，当时林则徐“睁眼看世界”和魏源“师夷长技以制夷”，是这一主张和情形的典型表现。这一文化趋向，推出了中国的洋务运动。洋务运动的核心内容是学习西方近代工业，建造自己的兵器工厂、船舶厂和军队等。这些，需要以自然科学知识及其技术为基础，因此必然导致学习西方建构起来的自然科学知识体系。学习西方自然科学知识体系，需要新式管理和新式教育，尤其需要新的价值观。因此，它的发展又必然导致戊戌维新变法的发生。戊戌维新变法，是我国官方正式接受西学实践之端，其时倡导西学，创建京师大学堂，引进西方教育制度，教授西制学科知识，对外派遣留学生等。这一变化的结果是出现了以西学东

渐为特征的知识体系重构，也包括价值体系方面的内容。这一发展趋势出现一个高峰，即五四运动和新文化运动的爆发。这时“赛先生”“德先生”的倡导和“打倒孔家店”口号的提出，出现与中国传统文化决裂之势。这不仅是对中国传统文化危机的忧患表征，而且是抛弃中国传统文化的激进主张，也包含现代化的要求。这种知识体系和价值体系的重构，不仅是文化知识内容上的引进，而且是改造中国文化来适应这种重构，其中最重要的例证就是近代中国发生的汉语文三大改革运动，即文字的拉丁字母化、汉字注音改革和白话文运动。这些改革推动了汉语从文言文向现代汉语的转变，它构成了中国现代化的一个基础。更进一步说，这一知识体系和价值体系重构的结果，奠定了中国现代化理性基础，对中国后来能够爆发资产阶级革命乃至社会主义革命都有积极作用。

但是，这也是有副作用的，即推动了中国整个知识体系和价值体系的西方化，甚至是出现了知识体系的殖民化。知识体系的西方化，尤其是殖民化，按照郑永年先生的观点，使中国丧失了自主的知识体系，这是当代中国失去话语权和影响中国进一步崛起的根源。他认为，在当今世界，西方知识体系占主导地位，不仅西方按照西方的知识体系来解释中国，而且中国也按照西方知识体系来解释自己和世界，出现了知识体系的殖民化，这必然导致中国失去话语权，也是当代中国需要建立话语权及其隐含着难题的原因之一。①

诚然，当今中国的发展需要建立自己的话语权，尤其作为一个发展中的大国更需要话语权，而话语权的话语体系建设关涉知识体系和价值体系。话语权成为目前中国面向全球发展需要解决的问题，其中如何创建、传播自己的知识体系和价值体系则是建构话语权的关键问题之一。

近代中国，在世界上，几乎丧失了话语权，或者处于弱者状态。但是，1949 年之后中国获得了独立发展，尤其中国经过 30 余年的现代化改革开放，实现了翻天覆地的变化。这一变化需要我们深入思考的是，今天的中国没有自己的知识体系吗？改革的成功仅是单一的物质增长吗？它没有文化支撑？如果有的话，那么，这种文化支撑的内容是什么？它与中国的话语权如何相关？显然，这是需要梳理的重大问题。

---

① 郑永年：《中国为什么没有自己的知识体系?》，新加坡《联合早报》2011 年 9 月 20 日。

二　中国道路与当代中国的话语体系

中国道路即中国特色社会主义的道路，是现代化与中国文化的结合，是社会主义与中国文化的结合，是现代化与社会主义的结合，这就是我国当代“特色”内涵的主要方面。那么，把中国道路与话语权关联，它涉及什么样的话语体系建设呢？具体说就是中国有没有自己的话语体系，或者说，中国特色社会主义道路的话语体系是什么，我们能够推翻以西方知识体系主导的话语体系的霸权地位，建立自己的话语体系吗？这需要郑重对待和深入研究。

实际上，中国建立自己的话语体系和话语权，不仅是一个理论问题，而且是一个实践问题。如何认识当代中国话语权的情形，需要进行理论上的梳理，也需要基于历史进行科学的考察。

首先，从理论上看，话语权中的话语体系应该包括两个方面：一是科学知识体系，二是社会价值体系。二者都具有相对的独立性。但是，科学知识体系与社会价值体系之间也不是绝对分离而孤立的，在社会生活中往往又是相互联系、相互蕴含的。因此，分析话语权的建构应包含对两个“体系”及其关系的把握。郑永年先生分析中国当代知识体系的话语权难题，所指的话语体系主要是科学知识体系，这是重要的方面，但仅限于此又是不够的。话语体系还应当包括社会价值体系的内容。因此，笔者认为，话语权落实于话语体系建设，在内容上应该包括科学知识体系和社会价值体系，这是第一个层面的话语体系结构。

其次，科学知识体系也有层次性，即包括自然科学知识体系和社会科学知识体系。自然科学知识体系主要指以自然界的客体为研究对象建立起来的学科知识，包括天文、地理、物理、化学、生物、数学以及农业、工业、医学、海洋、气候等自然因素及其开发形成的知识和技术系统。当代自然科学知识体系属于西方文化传统的产物。在古希腊中早期，以亚里士多德为代表采取了分科式的研究并进行了学科分类，奠定了西方知识的学科基础，后来自然科学知识的研究和增长，都是参照亚里士多德的学科分类模式发展起来的。由于西方最早实现近现代化和对外的长期殖民活动，西方文化向世界传播并逐步占据主导地位，形成西方文化霸权，今天仍然是这个格局。为此，自然科学知识体系的特征完全是西方传统的。这是科学知识体系中自然科学

知识体系层面的状况。

科学知识体系的另一内容就是社会科学知识体系，它是指以人文和社会现象为认知客体构建起来的科学知识，包括哲学、心理、宗教、民族、社会、政治、经济、法律、历史以及管理、教育、文学、艺术、军事等社会范畴和工作行业认知形成的知识系统。每个民族都有自己的社会知识体系，但是现代社会知识的学科理论、技术与方法也主要是西方学理发展的产物，这同样与西方的现代化发展和殖民活动相关。当然，由于社会科学的对象是人的社会活动及其规律，不同民族有着自己的实践积淀，形成历史文化传统，有自己的解释系统，虽然在现代化的过程中也常常用西方理论来解释自己的文化，但其内容上却是独特的。另外，在西方的社会科学理论中，也并不像自然科学那样基本采取单一的实证主义方法，而是多元的，如包括形而上学、神学主义、实证主义、辩证法、解释学等。社会科学知识分歧很大，有科学主义和人文主义的不同学派，如近代以来欧洲大陆人文主义一脉对社会历史研究就有卢梭的社会契约论，科学主义则有孔德的实证主义社会学到后来的马克思唯物史观方法等。事实上，社会科学知识往往学派林立，分歧较大。

最后，话语体系还有不同于科学知识体系的社会价值体系。社会价值体系是话语体系的核心内容，它是由宗教信仰、价值取向、审美趣味、伦理道德、法治态度，乃至习俗、行为方式等构成的规范性言行准则。社会价值体系与科学知识体系的不同在于，它是生活规范性的实践范畴，而科学知识体系是认知规定性的理论范畴。规范是应然性的，具有价值取向的特征，而规定是实然性的，属于事实判断的事物认知特征。一个民族与另一个民族的区别，在文化上不仅体现于科学知识体系，而且体现于社会价值体系。作为文化传统的构筑而言，社会价值体系更为重要，因为它与主体同构，是深层文化的因素。一般地说，涉及外在客体的科学知识传播容易接受，但宗教信仰、审美趣味以及相关习俗、行为，那是很难改变的。实际上，在话语体系的构筑中，社会价值体系比科学知识体系显得更有权重。科学可以没有国界，但一国之文化传统却根深蒂固。因此，世界上的文化发展以及民族之间的竞争，最后都落脚于价值观的建构和运用。西方文化霸权中的“普世价值”这一武器，其包括的话语范畴就是所谓自由、平等、民主、人权，这是资产阶级文化价值观的核心；而马克思主义能够对资本主义进行批判，其中缘由之一就是基于唯物史观抓住了西方“普世价值”的资产阶级性质及其虚伪性。诚然，话语权建构在话语体系的结构上，其中社会价值体系处于核心地位。

当然，科学知识体系与社会价值体系不是相互孤立的，社会价值体系建构往往以科学知识体系为手段获得确证，而科学知识体系往往蕴含着特定社会价值体系的内容，二者的关系需要辩证理解和把握。以上是关于话语体系的理论结构，而这个“结构”见诸实践，却有历史和现实的不同内容及其具体的耦合运行方式。所以，对具体民族或国家实体的话语权把握，需要回到现实的历史实践中来具体揭示。

从实践来看，中国古代曾经有自己的话语权，由于汉唐以来的强盛和发达文化，中国一直对东南亚周边国家形成文化优势，并进行文化（知识体系和价值体系）输出。但是，近代以后中国的外交对象是处在近现代化进程中的帝国主义列强，中国农耕文明的闭关自守和落后，使中国成为列强殖民开发和欺负的对象。也因此，中国在近代西方的侵略之下逐步失去了话语权。近代中国失去话语权的同时，也是寻求话语权的开始。话语权的建立依赖于话语体系建设，中国话语体系的建构，不是始于改革开放的今天，早在近代，中国资产阶级领袖孙中山先生通过吸收西方文化，提出和创立“三民主义”思想，这是吸收西学建构自己的话语体系的尝试。因为，这包含了自己的解释和自己的创造，尽管这种创造包含了西学因素，但是也凝结了中国因素。而中国共产党的诞生及其引进马克思主义并把它中国化，这更是一种新的话语体系建构。作为一种结果，无论是诞生于革命时期的毛泽东思想，还是诞生于改革开放建设时期的中国特色社会主义理论，都是中国人自己尝试自己解释自己、规划自己的实践总结，包含了话语体系和话语权的重构。

但是，近代以来具有现代化和西方文化背景的以上实践，使得中国的话语体系建构具有复杂的结构和特殊的境遇，并形成了今天的境况。当今，在中国的现实话语体系的科学知识体系中，自然科学知识体系方面无疑是根植于西方的，从思维方式和理论形态看，中国的确没有话语体系，从而没有话语权。但是，从社会科学知识体系和社会价值体系方面看，中国没有空白！近代以来，在西学东渐的文化重构中，有西方文化、马克思主义文化并伴而行，它们在中国的近现代化进程中都发挥了作用，在不断改变中国的政治制度、经济模式，这涉及文化“大传统”方面的东西。但是，这种改造是在中国传统基础上实现的，也包含了中国因素，而且许多中国的传统文化价值

观念，尤其是许多民族民间底层的知识、习俗等文化遗产以“小传统”顽强地保留下来，构成中华民族的命脉。今天，在殖民化的科学知识体系下，中国之所以还作为中国存在，就在于自己的社会价值体系仍然存在。最关键的是，中国在“大传统”的改造中，没有盲目吸收西方，而是与马克思主义相结合，形成了中国自身的模式，以社会价值体系为主轴延至社会知识体系创造出了新的话语体系，使中国的话语体系具有了新形态。在内容上，它包括两个方面：一是以马克思主义为主导的社会科学知识体系；二是以马克思主义为主导并中国化了的社会价值体系。因此，中国话语体系的现实结构是：有一个从属于西方的自然科学知识体系，有另外两个不从属于西方的体系即社会科学知识体系和社会价值体系。两个不从属于西方的话语体系，构成了中国特色社会主义理论体系，具体是：一方面是基于马克思主义与中国文化、社会实践相结合构成的把握历史规律和社会科学知识的内容，另一方面是基于马克思主义与中国文化、社会实践相结合构成的社会价值体系，统合为中国特色社会主义的道路、理论和制度相关内容。显然，中国的话语体系和话语权状态，只是在自然科学知识体系方面没有相应的话语权，而在社会科学知识体系和社会价值体系方面一直保持自己的独立性，这也是中国改革开放能够成功的文化基础。当然，由于目前存在西方文化霸权，在对外关系上，中国的社会科学知识体系和社会价值体系方面的传播还没有获得足够的空间，这是事实。我们目前讲中国的话语权问题，不能讲没有话语体系，只能讲话语体系特殊和话语权空间不足，仍需要争夺这个空间。这才是当代中国话语体系和话语权所处的现状。今天，中国的这个话语体系，从整体看，有来自（吸收）西方方面的，也有承继传统方面的，它既不完全类同于西方，也不完全类同于传统。不同于西方的地方，使我们走了区别西方的路子；不同于传统的地方，使我们具有创新能力，这些也是西方与我们常常格格不入的原因。总之，这是关于中国话语体系的现实结构和特征，我们开展话语权建构必须深入分析它的结构、相互关系和实践基础。

三　当代背景和中国话语权的建构问题

事实上，除了自然科学知识体系之外，中国在社会科学知识和价值体系方面有自己的话语体系。这个话语体系，就其本质内容来说，就是中国特色社会主义。那么，今天中国症结的问题，不在于有没有话语体系，而在于如何基于此建构话语权。

那么，解决这个症结的具体出路在哪里？实际上，习近平提出的两个主张就是出路：一是不断推进中国特色社会主义事业，实现中华民族的伟大复兴；二是“讲好中国故事，传播好中国声音”①。

首先，从第一点来看，话语权问题是意识形态的统治地位问题，属于精神领域。但是，要注意到，意识或精神不是独立存在的，而是根植于实践的，是实践的观念反映，即有什么样的物质实践，就会有什么样的文化观念。马克思说过：“意识在任何时候都只能是被意识到的存在”②，而且“它们没有历史，没有发展，而发展着自己的物质生产和物质交往的人们，在改变自己的这个现实的同时也改变着自己的思维和思维的产物。不是意识决定生活，而是生活决定意识”③。因此，中国话语体系和中国话语权不是脱离中国社会实践而存在的，反过来说，中国话语体系和中国话语权必须依靠中国社会实践作为支撑，而当代中国的社会实践就是中国特色社会主义事业和中华民族的伟大复兴。只有有了中国特色社会主义事业的伟大胜利和中华民族的伟大复兴，中国话语体系和中国话语权才有现实的基础。这样，中国话语权建设的路径问题，首先是中国特色社会主义事业和中华民族的伟大复兴的实践问题，必须不断推进中国特色社会主义事业，实现中华民族的伟大复兴，中国才能真正谈论话语权问题，才能有自己的话语权。

其次，从第二点来看，“讲好中国故事，传播好中国声音”是话语权建设的文化路径。文化或意识是物质实践的产物，但它具有相对的独立性，话语权建设的文化路径是十分重要的。这里的“讲好中国故事，传播好中国声音”就是着眼于此。“中国故事”“中国声音”，在文化路径上所涉内容，包括中华民族伟大文明和历史贡献，包括中国当代革命和中国特色社会主义改革实践的巨大成功业绩。“讲好中国故事，传播好中国声音”，把它们变成话语体系的内容。而“讲好中国故事，传播好中国声音”中的“讲好”包括内外两个方面，对内就是加强中国特色社会主义道路、理论、制度的自信建设，达到自觉培育和践行社会主义核心价值观；对外就是通过各种途径宣传中国特色社会主义道路、制度的理论，宣传中华民族历史文明和文化贡

① 习近平：《为我国发展争取良好周边环境　推动我国发展更多惠及周边国家》，《人民日报》2013年10月26日。

② 《马克思恩格斯选集》第1卷，人民出版社，1995，第72页。

③ 《马克思恩格斯选集》第1卷，第73页。

献，宣传中国特色社会主义改革的巨大成就，让世界人民了解中国、认识中国，在世界上赢得共识和支持。习近平提出和强调“讲好中国故事，传播好中国声音”，就是话语权建设的战略性路径，意义十分重大，必须长期贯彻落实。

讲完以上基本路径之后，有两个问题可能会引起人们质疑而需要进一步分析。

一是中国在自然科学知识体系方面从属于西方，从而没有获得相应的知识话语体系，在这个问题上会对中国话语权产生什么样的影响？这的确会产生影响，这是中国需要应对的问题，但不可怕。从目前看，西方在自然科学知识体系的优势不能改变，中国会暂时处于被动。但是，要注意到，自然科学知识体系不是价值观，它的话语权不属于意识形态的范畴，比较容易交流，没有强大的文化壁垒，即作为真理没有国界。而它的话语权在国家形态上体现为自己是否有知识创新以及技术开发运用能力，具体落实于知识产权资源状况。知识产权占优的国家，知识体系内容必然丰硕，从而就有更多的话语权。因此，当代世界话语权的争夺，知识产权领域是一个重要方面。当代，我国自然科学知识体系的话语权建设，不在于话语体系的来源及其传统，而在于知识产权的拓展、丰富、利用和能否输出，形成知识产权的资源优势。

二是马克思主义具有西方文化背景，中国化的马克思主义即中国特色社会主义，在什么意义上理解为西方的或中国的？我们知道，马克思主义虽然在地理上来源于西方，但马克思主义不是单纯研究西方的产物，而是研究人类历史的产物，是为无产阶级和全人类解放提出的科学理论，其理论属于全人类，而不是西方。中国吸收、坚持、发展马克思主义，这是在人类理性的更高层次上进行的社会实践，优越于资本主义文化。同时，马克思主义在西方，被资产阶级排除，能够接受它的学者，也仅仅将其当作一个学派的理论，而不是当作关于全人类历史发展和解放的真理。因此，马克思主义不代表当代西方的意识形态和文化构成。中国吸收、坚持、发展马克思主义，不能在话语体系上将其理解为从属于西方的东西，而实际上，中国已经实现了马克思主义的中国化，提出了中国特色社会主义理论，这是马克思主义在中国的新创造，属于中国社会，应是中国话语体系的内容，也是中国话语权建设的基础。

“一带一路”与区域发展

北大马克思主义研究
（总第四辑）

中国向西开放的时代意义

夏文斌

摘　要：在新的时代背景下，新一届中央领导集体提出向西开放战略，这是共建丝绸之路经济带的重要保证，也是我们实现“两个大局”战略的重要前提，更是优化当前世界经济社会发展格局的新平台。向西开放是中国对外开放的重要组成部分，是我们提升对外开放水平、优化对外开放布局的重要切入点。

关键词：向西开放　丝绸之路经济带　对外开放

作者简介：夏文斌，石河子大学中国特色社会主义理论体系研究中心教授，北京大学“中国道路与中国化马克思主义协同创新中心”研究员，博士生导师。

进入21世纪以来，世界经济由于金融危机所带来的后续振荡效应，尚没有完全走出经济低迷的状态，中国经济社会在走过了30多年的高速发展以后，也出现一些结构性的问题和挑战。世界将向何处去？中国该如何在经济新常态下走得更好更快？以习近平为总书记的中央领导集体，面对风云变幻的新情况、新形势，提出包括丝绸之路经济带在内的一系列新战略、新举措，这是影响和优化世界经济社会发展格局的一个大手笔，必将给中国现代化的高速列车提供新的能源和动力。

在国际政治经济秩序深刻变动、经济全球化呈现新的态势、国内发展方式面临重要转变的宏观背景下，向西开放成为我国进一步融入和参与国际经济合作和世界分工的必然选择。诚如李克强总理指出的：向西开放是中国全方位对外开放的重大举措。当前，我们迫切需要在进一步提升沿海地区向东开放的同时，把西部地区、内陆地区的向西开放作为拓展我国对外开放事业的新抓手、新机遇。

一 向西开放：共建丝绸之路经济带的重要保证

丝绸之路是人类文明历程的一项重大创举。早在西汉时代，张骞出使西域，就已经开启了跨文化交流的征程，并由此带动了东西间的经济文化的交流和互动。数千年来，为什么一代代人甘愿在丝绸之路这一漫长的古道上，翻山越岭，奔波于荒无人烟的戈壁原野中，历经许多难以想象的艰难曲折？就因为丝绸之路是开辟物品交易的经济发展之路，是不同文化交流的精神融通之路，是探索自然奥秘的生命探险之路。

在新的历史条件下，如何将这条发展之路、融通之路和探险之路开得更远，开得更平，让这条千百年来一直造福人类的道路焕发出新的生命力？简单重复先人所走过的老路，肯定是行不通的，我们需要从新的经济文化发展方式出发，从当代世界经济新走向出发，特别是从区域的迫切需求出发，来重构丝绸之路的运行目标与体系。

建设丝绸之路经济带是一个融历史与现实、东方与西方、经济政治与社会文化的共生共长的大战略，要将丝绸之路经济带的战略富有成效地加以实施，就需要加快向西开放。

2013 年 9 月，习近平总书记在哈萨克斯坦提出共建丝绸之路经济带的战略设想，马上得到全世界的普遍欢迎，特别是中亚、南亚、西亚等地区的国家更是表达出积极参与的热情。从地缘来看，西北地区乃至全国向西开放面对的首要对象和重要阵地是中亚地区。无论是历史还是现实，中亚国家都在各种力量博弈中占有事关全局的重要战略地位。从地缘政治的重要性来看，中亚国家地处亚欧大陆的中心位置。早在 19 世纪，英国著名地缘政治学家麦金德就曾发出预言，认为谁统治了中亚，谁就能控制大陆心脏；谁统治大陆心脏，谁就能控制世界岛；谁控制世界岛，谁就能控制全世界。中亚是亚欧大陆的中心，自古就被称为世界的十字路口。

中亚国家在古代丝绸之路中承担着贯通东西必经要道的重要联通作用。现在独立后的中亚各国已被重新定位为“欧亚桥梁”，丝绸之路也将是这些国家实现资源富国战略最理想的对外经贸文化通道，复兴这条古丝绸之路日益为欧亚国家所高度重视。并且今天的中亚国家政治总体稳定，发展经济势

头猛烈，有着丰富的能源资源，是一个潜力巨大的市场，所有这些都为我国的向西开放提供了丰富的战略合作前景和双赢题材。

第一，中亚、南亚和西亚国家资源能源丰富，经贸合作前景看好。这些国家不仅地大，而且物博。广袤的土地资源适于农牧业发展，是粮食、棉花、畜产品的重要产区。特别是中亚五国蕴藏着丰富的能源和矿产资源，包括石油、天然气、有色金属和黑色金属资源。哈萨克斯坦已探明有223个油气田，石油探明储量为48亿~59亿吨，占世界总储量的3.3%。据哈方专家评估，2025年之前，哈萨克斯坦原油探明储量占世界储量的比例将提升到5.5%，哈萨克斯坦总的潜在原油量为120亿~170亿吨，其中60%以上集中在哈属里海水域。已初步探明中亚天然气可采储量为10多万亿立方米，地质储量为25万亿~30万亿立方米。

随着改革开放步伐的加快，我国经济迅速发展，已成为世界第二大能源消费国，国内能源储量已无法满足能源需求。没有能源，中国的现代化建设将失去自然动力，能源安全关系到国家的经济安全。目前，中国石油消费主要依赖于中东供给，马六甲海峡是唯一的运输通道。而马六甲海峡不仅交通拥挤、过货速度慢，而且易受到外来力量的制约，不定因素难以掌控，加上我国海上运输主要依靠外资货轮，这些不利因素会对我国能源安全造成严重影响。中亚地区能源储量丰富，被誉为“第二个中东”，与中东、俄罗斯并称为世界三大产油基地，而且中亚能源还处于大规模开采的起步阶段，能源发展潜力非常大。丰富的矿产资源，为中亚国家民族经济的振兴奠定了坚实的基础，提供了持久的动力，也为丝绸之路经济带提供了源源不断的“加油站”。显然，构建一个安全高效的战略资源通道，是关系到中国和世界经济可持续发展的大问题，也是关系到丝绸之路经济带能否带来持久效益的大战略。

第二，中国西部邻国巨大的市场潜力和日新月异的发展速度，给我国向西开放提供了有力的回应。几年前，如果你到新疆的霍尔果斯口岸去走一走，可能还会因口岸的冷清而感到一丝失落。当下，如果你再到口岸看一看，一定会被这车水马龙的繁盛景象所震撼，看到如此旺盛的人气、财气，我们当然会对向西开放战略充满新的联想。哈萨克斯坦国民经济部部长叶尔博拉特·多萨耶夫于2014年9月15日宣布，到2019年哈萨克斯坦的国内生产总值将增加到4000亿美元。多萨耶夫指出：预计，哈萨克斯坦国内生产总值实际增长速度为5%~6.8%。根据预测，名义国内生产总值2015年为2473亿美元，2019年将增长到4001亿美元。同时，人均国内生产总值将从2015年的1.39万美元增长到2019年的2.14万美元。土库曼斯坦总统古尔班古雷·别尔德穆哈梅多夫在2014年9月11日在政府工作会议上宣布，自年初以来，国内生产总值增长了10.3%。

蓬勃发展中的中亚、南亚、西亚经济特别希望更上一层楼，这一层楼的台阶当然离不开丝绸之路经济带的支撑，离不开我国向西开放所带来的红利。

第三，中亚等国家经济的快速发展，人民生活水平的不断提高，使之作为巨大消费市场的潜力进一步显现。近年来，由于工作关系，笔者多次赴哈萨克斯坦等国进行学术文化交流，也近距离观察了他们的生活样态，他们身上都洋溢着一个经济相对富足稳定所带来的自信，同时还更多地表达出对未来生活的憧憬。他们对中国经济发展都表示由衷的佩服，对中国商品和到中国旅游都充满了期待。显然，相对富足的中亚经济，必然会给中国的向西开放带来更大便利。中国西部地区需要通过实施“走出去”战略来发展经贸合作，在这方面，中亚、南亚、西亚国家是首选对象。

二 向西开放是实现“两个大局”的根本要求

区域协调发展是实现全国各地区、各民族人民共同富裕、共同繁荣发展的前提条件和根本要求。中国改革开放之初，为了尽快改变中国贫穷落后的经济状况，采取重点突破的办法，优先加快推进中国东部沿海地区的发展，从而加快了中国改革开放的进程和经济增长的速度，缩小了中国与发达国家的差距。但要指出的是，我们最终目标是要全国总体均衡发展，特别是要带动西部落后地区的发展。这也正是邓小平“两个大局”的用意所在。早在1987年，他就指出：沿海地区要加快对外开放，使这个拥有两亿人口的广大地带较快地先发展起来，从而带动内地更好地发展，这是一个事关大局的问题。内地要顾全这个大局。反过来，发展到一定的时候，又要求沿海拿出更多力量来帮助内地发展，这也是个大局。那时沿海也要服从这个大局。

我们说，西部的落后是有多方面原因的。从区域开放这个视角来看，东部地区利用沿海开放的优势大力引进外资技术，极大地推进了地区发展，而西部地区远离海洋，远离东部开放的前沿地带，而西部地区的向西开放又一

直处于落后和缓慢的状态。市场经济是开放的经济、竞争的经济，特别是在经济全球化的今天，没有全方位的向西开放，西部就可能会失去前所未有的跨越式发展机遇。

党的十八大报告提出，要“促进沿海内陆沿边开放优势互补，形成引领国际经济合作和竞争的开放区域，培育带动区域发展的开放高地”。向西开放是坐实丝绸之路经济带的重要保障，是加快我国西部地区发展与战略西移的物质保证，是激活国内和国际各种资源流动的重要发动平台。

在“一带一路”的愿景与行动中，已明确将新疆定位为丝绸之路经济带核心区，并要求新疆发挥向西开放重要窗口作用，形成丝绸之路经济带上重要的交通枢纽、商贸物流和文化科教中心。毫无疑问，在丝绸之路经济带视角下向西开放的滚滚洪流中，古老而美丽的新疆正迎着朝阳，蓄势待发。

三　向西开放：促进世界和平发展的重要举措

改革开放是决定当代中国命运的关键抉择。在改革和开放这两大支点中，当前改革方面已进入攻坚阶段和深水区，党的十八届三中全会已经全面部署了新一轮深化改革的重点。同样在新形势下需要我们在总结我国对外开放经验的基础上，要大力构建全方位开放的新格局，这就要求我们既要重视依靠海洋向东开放，也要积极推动面向陆地的向西开放。

改革开放30多年来，以兴办经济特区为突破口，由点到线，由线到面，我国的沿海、沿江对外开放取得举世瞩目的成就。但我国是一个陆路大国，西部内陆地区面积广大，与多个国家接壤，且有丰富的资源和能源。在新时期的新形势下，向西开放成为我国进一步扩大对外开放，更好地利用两个市场、两种资源，加速推进现代化建设的重要战略举措。尤其在大开放、大合作的全球治理中，代表新兴经济体的“金砖四国”的国际地位越发凸显，我国的经济地位日益提高，国际话语权日益提高，这为我国实施包括向西开放的全方位开放的战略提供了一个最佳的战略机遇期，也提出了最为迫切的战略要求。

近一段时间以来，我国的西部地区特别是新疆地区遇到了一些安全性挑战，尽管是一些个别地区和个别人，但所产生的影响不容忽视。产生上述事件的原因是多重的，其中很重要的一个原因，就是恐怖势力正在全球蔓延，一些恐怖敌对势力隐藏在中亚、西亚地区，通过现代信息网络，策划针对我国民族团结和国家安全的恐怖活动。应当说，绝大部分少数民族群众是爱国真诚坦诚的，但极少部分少数民族的青少年受到一些恐怖视频网络的洗脑，竟成了杀人如麻的各民族共诛之的罪人。对此，需要我们深入研究产生这一危害的原因，注意找到综合解决这一问题的战略措施，做到防患于未然。这其中就包括扩大开放，采取与中亚联动治理恐怖主义的机制，这是我们维护国家安全的必然选择。这里所讲的向西开放的安全意义，既包括政治安全也包括经济安全。

“和平合作、开放包容、互学互鉴、互利共赢”是我国推出“一带一路”战略的根本宗旨和基本原则。作为一个正在和平崛起的大国，中国理应承担起维护世界和平发展的责任。在当今多变的世界经济格局中，特别是受全球经济发展速度放缓、气候变暖、恐怖活动猖獗、自然灾害频繁等因素影响，人类迫切需要扩大合作范围。在合作中形成全球治理的共识，从而为维护世界和平做出贡献，这也正是我们向西开放的重要目标之一。

第一，向西开放应当促进我国西部边境国家的稳定与发展。发展既是中国稳定和谐的第一要义，也是西部边境国家稳定和谐的第一要义。通过向西开放，中亚、南亚、西亚国家将在与我国互惠互利的基础上，经济得到发展，民生得到改善，社会得到进步，国家安全进一步巩固，从而对世界的稳定与发展起到积极作用。

第二，向西开放应当为国际经济社会发展秩序的优化提供重要支撑。随着向西开放战略的推进，包括中国、俄罗斯在内的金砖国家，中亚、南亚、西亚在内的具有重要战略地位的发展中国家将能够在国际组织制度层面形成新兴国家联合体和新兴国家战略合作平台，从而形成不同于西方主导的国际政治经济力量。并且，这也将在一定程度上加速区域和次区域合作的发展进程，促进相关国家的发展与振兴，促进国家政治经济秩序的优化。世界发展是由多元力量相互平衡、相互包容而得以实现的。向西开放将会推动新兴国家联合体走向世界发展大舞台，这无疑是世界和平发展的福音。

第三，向西开放应当使传统的“丝绸之路”再显活力，将中国丝绸之路所表达的和平发展愿景变成现实。向西开放是丝绸之路经济带战略的重要抓手，当然也是古代丝绸之路从传统走向现实的重要平台。丝绸之路是千百

年来中国和世界渴求交流、发展的和平通道。实施向西开放，在一定意义上也是再造现代“丝绸之路”的过程，这不仅可以重新强化我国作为连接太平洋和大西洋的陆路板块的战略重要性，而且会在经济和文化层面把我国和亚欧大陆，甚至非洲大陆更加紧密地联系在一起。所有这些都会为中亚和世界的和平稳定发挥不可替代的作用。

论中国共产党执政的组织基础

——对甘肃陇南市农村基层党建的社会学观察

李少军　梅沙白

摘　要：本文运用实证性研究与思辨性研究相结合的方法，对中国共产党的执政规律展开研究，首先阐述了共产党执政的合法性和合理性，其次阐述了中国共产党执政的组织基础是党的基层组织，基层组织是贯彻党的理论和路线方针政策、落实党的任务的战斗堡垒，是党的全部工作和战斗力的基础。本文以甘肃陇南农村基层党建为例，对党的执政状况做了说明。在此基础上，进一步阐述了巩固党的执政地位、提高执政能力，必须加强党的建设，并阐明了在新的历史条件下加强党建的基本原则。

关键词：中国共产党　执政　党建

作者简介：李少军，北京大学马克思主义学院教授，博士生导师；梅沙白，北京大学马克思主义学院硕士研究生。

2015 年 7 月 22 ~ 31 日，我们北京大学马克思主义学院师生社会实践团到甘肃陇南市进行暑期社会实践活动，对陇南市农村基层党建进行调研，现将这次调研的观察和思考做社会学总结如下。

一　中国共产党执政的合法性与合理性

社会学的目标是认识社会和改造社会，它的根本方法是进行田野调查；调查研究也是马克思主义的基本方法，是中国共产党实事求是思想路线的具体运用，这两种方法在本质上是一致的。

认识中国共产党是理解当代中国的关键，只有认识中国共产党才能理解当代中国或中国的当代社会。正如毛泽东指出的："工、农、商、学、兵、政、党这七个方面，党是领导一切的。党要领导工业、农业、商业、文化教育、军队和政府。"① 中国共产党从1949年新中国成立以来一直是中国的执政党，我国宪法规定：中国共产党是中国社会主义事业的领导核心。我国宪法确立了党的领导地位，这就是说中国共产党的执政地位是宪法保证的，这赋予中国共产党执政的合法性。"党的领导是中国特色社会主义最本质的特征。""坚持党的领导，是社会主义法治的根本要求，是党和国家的根本所在、命脉所在，是全国各族人民的利益所系、幸福所系。"②

中国共产党的领导地位是在中国革命和建设过程中逐渐形成和不断巩固起来的。1921年，在共产国际的帮助下，按照列宁建党学说，成立了中国共产党。中国共产党成立之初只有50多位党员，经过持续不断进行党的建设，中国共产党不断发展壮大并成熟起来，在探索中国革命过程中，中国共产党把马克思主义与中国革命实际相结合，形成自己的革命理论、道路和方法，经过28年的艰苦奋斗，推翻了帝国主义、封建主义和官僚资本主义在中国的统治，取得了新民主主义革命的伟大胜利，使中国人民获得了民族解放、独立和自由，成立了中华人民共和国，中国共产党由一个革命党成为执政党。中国共产党在中国已经成功执政66年，在它的领导下，国家的综合国力、人民生活水平、社会生产力不断提高，目前已成为世界第二大经济体。在现当代中国，中国共产党的领导是历史的选择，是人民的选择。这是中国共产党执政的合理性。

中国人民为什么能够改变中国近代以来积贫积弱的局面，历史的发展证明，这是因为有中国共产党的领导；中国共产党为什么能够领导中国人民战胜各种困难、风险和挑战而不断取得新的胜利，这是因为中国共产党是马克思主义的政党。中国共产党是按照列宁的建党学说建立起来的，这个学说的原则是：共产党是以马克思主义为指导的无产阶级的先锋队，它以民主集中制为基本组织原则，是以铁的纪律建立起来的政治团体。这个学说的核心：一是共产党要始终保持自己思想上的纯洁性，以马克思主义为指导思想；二是共产党是无产阶级的先锋队，它是由觉悟了的共产主义战士组成，始终保

① 《毛泽东文集》第8卷，人民出版社，1999，第305页。

② 《中共中央关于全面推进依法治国若干重大问题的决定》，《人民日报》2014年10月29日。

持自己的先进性；三是共产党的组织原则是民主集中制，这个组织有着铁的纪律，始终保持战斗性。

中国共产党在列宁建党学说的指导下，不断加强自身建设，并逐步形成自身党的建设理论，并把中国共产党建设成了密切联系群众、理论联系实际、开展批评与自我批评的马克思主义政党，这是中国共产党区别于其他政党的标志。通过党的建设使党保持自己的纯洁性、先进性和战斗性，这是中国共产党历经艰难险阻而屹立不倒的秘密所在，毛泽东称其为中国共产党的法宝。

中国共产党已经走过94年的历程，在中国执政已有66年的历史。纵观世界大势，20世纪末，苏联解体、东欧剧变，共产党在一夜之间丧失执政地位，有的亡党亡国，有的改旗易帜，共产主义运动跌入低谷。进入21世纪，世界各国政党中，许多百年老党丧失执政地位，在“颜色革命”中，许多政党烟消云散，作鸟兽散。在全球化的时代，中国不可能孤立于世界之外，改革开放的中国与世界有着密切的联系。在新的历史条件下，中国共产党是否还能保持自己的性质不变而又与时俱进？执政66年的党是否还能继续执政？它的合法性与合理性是否还能延续？这是当今世界关注中国的人们讨论得较多的问题。正如党的十八大报告所指出的，全党必须牢记，只有植根于人民、造福人民，党才能始终立于不败之地；只有居安思危、勇于进取，党才能始终走在时代前列。新形势下，党面临的执政考验、改革开放考验、市场经济考验、外部环境考验是长期的、复杂的、严峻的，精神懈怠危险、能力不足危险、脱离群众危险、消极腐败危险更加尖锐地摆在全党面前。不断提高党的领导水平和执政水平、提高拒腐防变和抵御风险能力，是党巩固执政地位、实现执政使命必须解决好的重大课题。全党要增强紧迫感和责任感，牢牢把握加强党的执政能力建设、先进性和纯洁性建设这条主线，坚持解放思想、改革创新，坚持党要管党、从严治党，全面加强党的思想建设、组织建设、作风建设、反腐倡廉建设、制度建设，增强自我净化、自我完善、自我革新、自我提高能力，建设学习型、服务型、创新型的马克思主义执政党，确保党始终成为中国特色社会主义事业的坚强领导核心。

党的十八大报告对我们党所面临的问题做出了实事求是的判断，对于解决党面临的问题指明了方向。以习近平同志为总书记的党中央对抓党建有着坚定决心，在国庆65周年的讲话中，习近平进一步指出：“面向未来，我们必须坚持把中国共产党建设好，坚持党要管党、从严治党，增强党自我净

化、自我完善、自我革新、自我提高能力，永不动摇信仰，永不脱离群众。凡是影响党的创造力、凝聚力、战斗力的问题都要全力克服，凡是损害党的先进性和纯洁性的病症都要彻底医治，凡是滋生在党的健康肌体上的毒瘤都要坚决祛除，使中国共产党始终同人民心连心、同呼吸、共命运。”① 十八大召开已过去两年多，两年多来，党的建设取得重大成绩，党中央以非凡勇气和智慧查处了周永康、郭伯雄、徐才厚、令计划、苏荣等一批党政军腐败分子，赢得了民心，以“八项规定”为抓手的作风建设，使党风逐渐好转，党建工作有了明显起色，执政地位更加巩固。

二　中国共产党执政的组织基础是党的基层组织

中国共产党章程是全体党员意志的集中体现，是各级党组织必须遵守的规矩，也是每个共产党员必须遵守的规矩。按照党章要求，中国共产党建立起了严密的组织系统，它们是党的中央组织、党的地方组织和党的基层组织。

党章规定：企业、农村、机关、学校、科研院所、街道社区、社会组织、人民解放军连队和其他基层单位，凡是有正式党员三人以上的，都应当成立党的基层组织。

党的基层组织是党在社会基层组织中的战斗堡垒，是党的全部工作和战斗力的基础。在中国共产党的历史上，第二次国内革命战争时期，第五次反围剿失败，党中央和中央红军被迫实行战略转移，进行伟大长征，留在苏区的党组织和红军，在与党中央失去联系的情况下，坚持三年游击战争，直至抗战爆发，成立新四军；在抗日战争时期，党领导的东北抗联，在与党中央失去联系的情况下，坚持抗日，直至抗战胜利。在与党中央失去联系情况下，他们能够继续坚持革命直至胜利，这是因为党的基层组织还在，党委、党支部发挥战斗堡垒作用。这些历史事实充分说明，党的基层组织是党的全部工作的基础，这个基础不动摇，这支队伍就打不散、拖不垮，就不会被消灭。在基层单位建立党的组织，是中国共产党区别于资产阶级政党的一个特点，发挥基层党组织的政治核心作用、战斗堡垒作用和党员先锋模范作用，

① 《习近平在庆祝中华人民共和国成立六十五周年招待会上的讲话》，《人民日报》2014 年 10 月 1 日。

是实现党的领导，贯彻党的路线、方针、政策的重要措施和重要保证。历史和事实充分说明，中国共产党领导革命和进行执政的组织基础是党的基层组织，也就是说，党的基层组织是中国共产党执政的组织基础。

根据中央组织部最新党内统计数据，截至2014年底，中国共产党党员总数为8779.3万名，党员队伍情况如下：

党员的性别、民族和学历。女党员2167.2万名，占党员总数的24.7%。少数民族党员605.1万名，占党员总数的6.9%。大专及以上学历党员3775.5万名，占党员总数的43.0%。

党员的年龄。35岁及以下的党员2247.9万名，占党员总数的25.6%；36岁至45岁的党员1779.2万名，占党员总数的20.3%；46岁至60岁的党员2466.2万名，占党员总数的28.0%；61岁及以上的党员2286.0万名，占党员总数的26.1%。

党员的入党时间。新中国成立前入党的38.9万名，成立后至“文革”前入党的609.6万名，“文革”期间入党的1092.5万名，粉碎“四人帮”至党的十一届三中全会前入党的260.1万名，党的十一届三中全会后至党的十六大前入党的3552.6万名，党的十六大后至党的十八大前入党的2657.4万名，党的十八大以来入党的568.2万名。

党员的职业。工人734.2万名，农牧渔民2593.7万名，企事业单位、民办非企业单位专业技术人员1253.2万名，企事业单位、民办非企业单位管理人员901.6万名，党政机关工作人员739.7万名，学生224.7万名，其他职业人员710.5万名，离退休人员1621.6万名。

党组织基本情况如下：

党的地方委员会。全国共有党的各级地方委员会3218个。其中，省（区、市）党委31个，市（地、州）党委397个，县（市、区）党委2790个。

城市街道、乡镇、社区（居委会）、建制村党组织。全国7567个城市街道中，7565个已建立党组织，占城市街道总数的99.97%。32756个乡镇中，32753个已建立党组织，占乡镇总数的99.99%。93018个社区（居委会）中，92581个已建立党组织，占社区（居委

会）总数的99.53%。577336个建制村中，577273个已建立党组织，占建制村总数的99.99%。

机关、事业单位党组织。全国23.7万个机关单位中，23.6万个已建立党组织，占机关单位总数的99.6%。54.6万个事业单位中，50.6万个已建立党组织，占事业单位总数的92.7%。

企业党组织。全国21.3万个公有制企业中，19.4万个已建立党组织，占公有制企业总数的91.0%。297.3万个非公有制企业中，157.9万个已建立党组织，占非公有制企业总数的53.1%。

社会组织党组织。全国43.9万个社会组织中，18.4万个已建立党组织，占社会组织总数的41.9%。

中国共产党现有基层组织436.0万个。其中基层党委20.9万个，总支部27.1万个，支部388.0万个。[①]

从以上统计可以看出，中国共产党的党员和基层组织遍布中国的城市和乡村，中国共产党把中国人民组织和团结起来。坚持党的领导，把党建设好，它关系到当代中国的兴衰成败，关系到中国特色社会主义事业成败。党员发挥先锋模范作用，基层党组织起到战斗堡垒作用，党就有生机和活力，国家就兴旺发达，与之相反国家就衰就败。正如宋平同志指出："在我们这样的国家，没有共产党的领导，不搞社会主义，谁也解决不了这些大难题。如果退回去搞资本主义，必然是失去民族独立和国家主权，重新沦为西方大国的附庸；必然是两极分化，出现少数百万富翁、千万富翁；绝大多数人长期贫困；必然是党分裂，国家分裂，打内战，天下大乱，什么建设也搞不成。这不光是中国灾难，而且是世界性灾难。"[②]

党的基层组织是团结带领群众贯彻党的理论和路线方针政策、落实党的任务的战斗堡垒，是党的全部工作和战斗力的基础。党中央十分重视基层党建，党的十八大提出：要落实党建工作责任制，强化农村、城市社区党组织建设，加大非公有制经济组织、社会组织党建工作力度，全面推进各领域基层党建工作，扩大党组织和党的工作覆盖面，充分发挥推动发展、服务群

---

① 新华网：新华社北京2015年6月29日电，http：//3g.china.com/act/945_ 19924312.html。引文略改。

② 《宋平论党的建设文选》，中央文献出版社，2000，第174页。

众、凝聚人心、促进和谐的作用，以党的基层组织建设带动其他各类基层组织建设；健全党的基层组织体系，加强基层党组织带头人队伍建设，加强城乡基层党建资源整合，建立稳定的经费保障制度。以服务群众、做群众工作为主要任务，加强基层服务型党组织建设。以增强党性、提高素质为重点，加强和改进党员队伍教育管理，健全党员立足岗位创先争优长效机制，推动广大党员发挥先锋模范作用。严格党内组织生活，健全党员党性定期分析、民主评议等制度。改进对流动党员的教育、管理、服务。提高发展党员质量，重视从青年工人、农民、知识分子中发展党员。健全党员能进能出机制，优化党员队伍结构。

党的十八大快过去三年了，党的基层组织建设情况如何？我们北京大学马克思主义学院的师生利用暑期时间，组成社会实践考察团，到甘肃省陇南市进行社会调研。我们调研小组的主题是农村基层党建，在陇南的十天时间里，我们阅读了市委书记和九位区、县委书记 2014 年党建工作述职报告，我们小组听取市委组织部同志介绍，考察武都区和宕昌县委组织部并听取工作介绍，实地调研了康县阳坝镇、宕昌县哈达铺镇、何家堡乡、南河乡、甘江头乡和武都区马街镇、城关镇、五马乡、裕河乡等 9 个乡镇，康县阳坝镇油房坝村支部、何家堡乡小堡子村支部、草坪子村支部、南河乡寺卜寨村支部、南河村支部、甘江头乡四和村支部、马街镇姜家山村支部、城关镇城关新村社区支部、五马乡市场坝村支部、裕河乡赵钱坝村支部等 10 个党支部和成县中石化加油站党员活动室。经过深入调研，形成以下初步调研成果。

三　甘肃陇南市农村基层党建基本经验

陇南市位于甘肃省东南部，地处秦巴山区，东接陕西，南通四川，扼陕甘川三省要冲，素称“秦陇锁钥，巴蜀咽喉”。陇南江河溪流纵横密布，是甘肃省唯一的长江流域地区。陇南下辖武都 1 区和宕昌、文县、康县、成县、徽县、礼县、西和、两当 8 县，共 4 个街道办事处、80 个镇、115 个乡，总面积 2.79 万平方公里，总人口 280 万人。2014 年，陇南市全市主要经济指标增速高于甘肃省平均水平。全市完成生产总值 262.5 亿元，同比增长 9%；完成农民人均纯收入 4023.7 元，增长 13.8%，增幅排在甘肃省第 1 位；完成城镇居民人均可支配收入 17001.3 元，增长 9.3%。全市森林覆盖率达 39.9%，高于甘肃省平均 13.42%、全国平均 20.3% 的水平。其中两当

县森林覆盖率达79.9%，是全国绿化模范县；康县森林覆盖率达60%，获得“中国最美绿色生态旅游名县”荣誉称号。

截至2014年底，陇南市共有133891名党员，全市195个乡镇、73个社区、3201个行政村全部建立了党组织，共有1个党总支部和6065个党支部，农村党员共计74574名，占党员总数的一半以上。

我们着重考察了武都区和宕昌县的农村基层党组织建设情况。武都区是陇南下辖的九个县区和市直机关中党员总数最多的，共有24729名党员，其中女性党员3666名，农村党员15752名，占64%。宕昌县仅次于武都区，共有13715名党员，女性党员2183名，农村党员9031名，占比66%。

两个区县的农村党员占党员总数的2/3，农村基层党建工作在这二区县更是重中之重。进入21世纪，农村基层党组织建设进入了一个新的发展时期，但是随着市场经济的深入发展，农村改革的深化、农村经济结构的调整和农村利益主体多元化进程的加快，农村基层党组织建设遇到了新的挑战。

中共陇南市各级党组织，认真学习贯彻党的十八大精神和习近平总书记系列讲话精神，针对新形势，研究新情况，总结新经验，因地制宜，实事求是以全面建设小康社会为目标，大力加强农村基层党组织建设，形成了有自己特色的党建工作方法，主要总结有下述几点。

（一）抓组织建设，健全党建工作责任体系

1. 党建工作全覆盖，主体责任落实有力

党组织机构从市委、县（区）委、乡镇党委到村党支部、党小组层层健全，有人的地方就有共产党员，有村的地方就有党支部。陇南市195个乡镇、3201个行政村、14101个村民小组全部建立了党组织，全市还有8680个党员人数在10人以下的村民小组，也建立了健全的党组织。

除了党建工作全面覆盖以外，陇南市的党建工作还做得非常扎实，狠抓主体责任落实，促进党建工作责任体系，促进任务全面落实。

走进宕昌县委组织部的办公室，触目可及的是墙上巨幅的图表，有基层党组织书记抓党建工作责任图、乡镇基层党建重点工作承诺一览表、乡镇党委合力抓党建责任图等。通过图表的形式层层明确各级党组织书记的主业主责以及党组织成员的分管职责，以组工干部包片联乡、党组织书记承诺亮诺践诺、集中交办问责等方式，落实组织部门抓基层党建的主体责任。墙上还贴着全县25个乡镇党委书记的工作承诺书，令人印象深刻的是采用动态管

理办法，进度栏的小纸条不断更新着各乡镇党建工作进度。

武都区也一样通过“书记抓、抓书记”落实党建工作责任，区委常委会每季度听取一次党建工作汇报，召开基层党建专项述职评议大会，按照“一述一评”的方式，乡镇党委书记进行党建工作述职，区委书记逐乡镇点评，并开展民主评议。这些方式都充分体现了强基固本、抓基层的鲜明导向，使抓党建就是最大政绩的理念树立在各级党员干部心中。

2. 基层党组织活动阵地建设规范

在陇南市，途经的每一个村庄，最令人眼前一亮的是各村的村级组织中心，往往是一栋二层八间小楼，门口挂着村“两委”的牌子，楼顶鲜红的党旗飘扬，在楼外院落内或是广场上设有显眼的村务公开栏和群众意见箱，村干部的姓名照片电话及坐班时间都张贴在楼外墙上。走进村级组织中心，活动室按照市委组织部制定的统一标准规范化布置，以党徽、党旗和党章为主要内容装饰起来，在上面可读到入党誓词、党的性质和宗旨、党员权利和义务等等，制作规范，悬挂整齐，桌椅配备齐全，远程教育设备运行正常，每个党支部都能确保有人会使用设备，各党支部的文件资料规范，党员学习笔记完整。楼内还设有农村书屋，可学习知识技术，整个党员活动室布置得简朴庄重。

据我们了解，这些规范建设和管理的党组织活动场所由组织部统一部署，我们所到的武都区和宕昌县都是国家级贫困县，财政情况比较紧张，组织部多渠道筹措资金，发动多方联动共建，还设立了农村基层组织建设基金。2014 年宕昌县委组织部对全县 336 个村级组织中心建设进行调查摸底后今年实施村级活动场所建设 30 座，涉及 14 个乡镇 30 个村；武都区由于是 2008 年汶川地震重灾区，全区有 684 个村、15 个社区，在灾后重建中对 553 个村级组织中心进行了重建，131 个进行了维修。两当县在汶川地震后，利用灾后重建中央组织部下拨特殊党费 8000 万元，建起各党支部活动场所。在各级党组织的努力下，村级组织中心发挥了决策议事、便民服务、传递信息等重要作用，是联系群众的纽带，是群众的领导核心。

（二）抓制度建设，推进体制机制创新

陇南各级党组织以制度建设为基本保障，以改革创新为根本动力，扎实推进各项工作，取得了突出成效。

1. “3 +5” 工作法

陇南市在开展基层组织建设年活动中，围绕改进干部作风、加强基层民主、强化社会管理、推动农村发展，在乡村全面推行以“民情直访、民意直通、民事直办”和“事前公告制、定事合议制、事定承诺制、事中监督制、事后评议制”为主要内容的“3 +5” 工作法，分别针对乡镇一级和村一级工作。

在乡镇推行“民情直访、民意直通、民事直办”工作法，确保乡镇党委高效为群众服务。“民情直访”是结合“联村联户、为民富民”行动，每个乡镇干部包一个村，每周至少驻村工作两天，逐户建立民情台账，重点联系5户以上困难群众，通过走访慰问，与联系对象交朋友，广泛了解社情民意。乡镇党委建立民情联席会议制度，定期收集、研究解决村情民情和党员群众的意见建议和反映的问题，并将办理情况向党员群众反馈答复。对于在民情直访中发现的一些带有苗头性、倾向性的问题和涉及群众切身利益的重大问题，驻村干部及时了解掌握情况，为上级部门有效化解矛盾纠纷提供可靠信息依据。“民意直通”是各乡镇设立民情直通专用电话和信箱平台，及时受理党员干部群众提出的意见建议，接受党员群众的咨询、申述和举报。将乡镇领导班子成员、驻村干部、村干部手机号码在乡村醒目位置进行公示，编印乡镇干部和村干部电话号码簿，印发到村社和农户，及时接受群众的来电。建立乡镇领导干部民意直通接待日制度，乡镇领导班子成员轮流值班，接待来访群众，及时答复、处理群众的合法、正当诉求。“民事直办”，各乡镇建立设施功能完备的便民服务大厅，科学合理设置便民服务窗口，公开办事程序，及时高效地为群众服务办事。各村建立村级便民服务站，实行村干部坐班制和代理服务制，方便群众办事。

在村一级推行“事前公告制、定事合议制、事定承诺制、事中监督制、事后评议制”，确保村级管理更加规范民主。

“事前公告”。村“两委”对事关重大、涉及群众切身利益的新农村建设规划、村集体土地承包租赁、集体经济项目立项、农村低保、救灾救济款物发放、弱势困难群众补助等事项，在决策实施前，都通过广播、村务公开栏等形式，提前向党员群众公布，调动群众参与议事决策的积极性、主动性，争取群众的理解和支持。

“定事合议”。对经公告的重大事项决策时，召开村党支部会议研究提出初步意见，之后召开村“两委”联席会议，形成商议案，及时提交党员和群众代表会议进行合议，并形成村级事务决议案。对事关重大，群众反映比较强烈的事项，村党支部将合议后的事项再提交村民会议表决，确保村级各项事务决策合理合法、规范运行。

“事定承诺”。对合议决定的事项，明确工作责任人，确定完成时限和标准，并向党员群众做出公开承诺。同时，村“两委”班子和村干部签订《履职承诺书》，由乡镇党委对村干部履职践诺情况每月一纪实，每季度一评比，及时帮助解决问题，督促村干部认真履职。

“事中监督”。各村成立由 7～9 名党员或群众代表组成的村务监督小组，全面监督村务决策、资金管理、项目建设等各项事务，对承诺事项实施的全过程进行监督，并通过公开栏公示、会议通报、个别反馈等形式，定期公布事项办理进度、资金账目运行等有关情况，对党员群众的询问质疑及时做出解释说明。设立村务监督信箱，及时受理群众投诉和反映。对承诺事项办理不认真、不及时、不规范，或在办理过程中出现违规违纪问题，或拒不采纳监督建议的村班子和村干部，村务监督小组可直接向乡镇党委或县区纪委、组织部反映，由相关部门和乡镇党委责令限期整改，抓好落实。

“事后评议”。承诺事项办完后，由乡镇驻村干部组织召开党员大会或群众代表会议，对承诺事项的办理情况进行民主评议，将评议结果通过党务、政务公开栏等形式向群众通报。评议结果作为村干部评先选优的重要依据，对民主评议结果较差的村干部，由乡镇党委酌情进行问责，不适合继续任职的，依照规定予以调整，切实促进村班子和村干部提高践诺的能力。

宕昌县何家堡乡小堡子村曾由于村级组织班子被家族把控，村干部以权谋私，造成干群关系紧张、矛盾激化，越级上访成风，一度成为县上关注、乡上头疼、群众恼火的“问题村”。该村五年多没有组织生活，20 多年来几乎没有发展党员，几十年前来下乡插队的兰州知青重返小堡子村，看到 30 年如一日的村貌，直呼“太令人寒心了”。宕昌县通过推行“3＋5”工作法，派何家堡乡副乡长为驻村干部，对小堡子村进行了集中整改。村里选出了村民们信任的新班子，村里的道路也拓宽了，国家发放的扶贫款分配通过公平公开的工作再也没有人有意见，用村民们的话说：“人是大家选的，事是大家定的，钱是大家管的，过程是大家看着的。”整个村的面貌焕然一新。现任的村支部书记杜贵忠就是当年带领村民维权，如今得到村民信任而当选的新支书，他说：“老百姓的事，必须要公开透明公正。”杜书记放弃了外出务工相对富裕的生活，回乡带领村民致富。“先把村里的大事办了，

我自己穷三年也好。”杜贵忠书记又补充道：“我的人生信条就像自己的名字一样，贵在对党、对人民、对社会忠诚。”这位农民的朴素话语，让我们感受到一个共产党员的精神追求。这也正是“3＋5”工作法的核心，建立健全促进党员、干部坚持为民务实清廉的长效机制，使基层党组织在农村发展和社会事务中紧紧依靠广大农民群众，从群众中来，到群众中去，进一步提升了基层党组织的凝聚力、战斗力，充分体现了执政为民的理念。

2.“公推选优、教育净化、评议退出”制度

在新形势下保持党的先进性和纯洁性，既要通过集中教育活动实现，又要依靠建立长效机制来保证。陇南市着力解决党员“入党时怎么办、入党后怎么办、不合格了怎么办”等问题，探索和建立“公推选优、教育净化、评议退出”制度，从体制机制上保证了党的队伍在思想上、政治上、组织上和作风上的先进性和纯洁性。

建立“公推选优”制度，着力解决党员发展质量的问题，严把入口关。入党积极分子先进不先进，要让群众公认、党员公认。把具有坚定理想信念、拥护党的纲领、路线方针政策、群众公认的优秀人选，通过党员群众公开推荐出来，作为党组织的培养对象。村党支部汇总推荐结果，对每个推荐对象进行资格审查、民主评议和组织谈话，优中选优，确定入党积极分子初步人选。再召开由全体党员和群众代表参加的民主测评大会，对初步人选进行测评推荐，按党员与群众6∶4比例计算综合得分来确定入党积极分子预备人选。村党支部将入党积极分子预备人选在全村范围公示，没有问题的报乡镇党委审批后，确定为入党积极分子。人选确定后，党组织指派专人对入党积极分子实行跟踪培养，组织他们参加党课学习和集中培训，交任务、压担子，使他们增长才干，砥砺品质。经过一年以上的培养锻炼后，条件成熟的按程序列为发展对象；对条件尚不成熟的，党组织继续教育培养，并纳入下年度“公推选优”程序，重新进行推荐，从源头上保证党员质量。

建立教育净化制度，加强和改进党员队伍的教育管理，不断进行教育净化，主要突出组织教育、党员互帮、群众监督三个重点，建立“两会一评”制度，党组织每季度召开一次理论学习会，每年召开一次党性分析会，组织开展一次群众评议党员活动，形成党员教育净化的有效机制。

建立评议退出制度，通过处置不合格党员，不断净化党员队伍，从而保持党的先进性和纯洁性。及时召开党员和群众代表参加的民主评议大会，按照党员和群众 6:4 的权重比例评选出优秀党员、合格党员和不合格党员。对评议出的不合格党员由党支部指派 2 名正式党员进行调查核实，再由党支部决定是否初步确定为不合格党员；对初步确定的不合格党员，须书面上报乡党委审核认定并反馈党员本人。对评议出的不合格党员要按照组织谈话、限期整改、帮助提高、再评议认定的程序，先给本人 1 年整改期，并确定 2 名党员结对帮教，使其转化提高。整改期满后，经民主评议和组织认定为合格的，填写《党员重新登记表》，写出党性汇报材料，继续享有党员权利，履行党员义务；仍不合格的，视为自动离党；劝而不退的，予以除名。

在调研过程中我们发现，经过一年多的试点，今年起这一制度已经在陇南全市推广，每一个村党支部都已经用上了陇南市委组织部统一印制的《发展党员和处置不合格党员记录本》。通过半年多的实践，乡镇和村的党员干部都对这一制度抱以极大的热忱和希望，普遍认为这一制度切实有力地解决了农村发展党员这一老大难问题。发展党员之所以是很多村党支部最大的难题，一方面，在于有些村支书怕被人夺权，不发展党员或是只发展自家亲戚，造成了基层党组织的“家族化”；另一方面，在于农村优秀分子，尤其是优秀青年并没有强烈的入党意愿，难以吸纳进党组织。而十八大以来，从严治党，入党名额大大缩减，如武都区原本有 800 人的名额一下子缩减到一半，每个支部最多每年只能发展一名发展对象，加之陇南市推行“公推选优”办法，优中选优，是全村人公认的优秀分子，大大增强了候选人的自豪感和对党组织的向往，今年以来，优秀的年轻人申请入党比以前积极得多。而“评议退出”制度更是悬在党员头顶上方的一把宝剑，对党员干部产生了压力，如果不给群众干事、干不出好事情的话，肯定是一名不合格的党员。

在武都区马街镇的姜家山村，我们见到了村主任姜开创。姜家山村在汶川地震中遭受了严重的破坏，进行了整体搬迁、灾后重建，时任中共中央总书记的胡锦涛同志还来姜家山村考察过。姜主任告诉我们，他本人就是汶川地震后火线入党的。姜家山村发展党员并不困难，2008 年以后年轻人入党非常积极，因为“大灾大难后人们感觉共产党好，而且意识到必须为群众付出”。该村还有两名被处置了的不合格党员，一位是 70 年代的老支书，在他任支部书记时基本没有发展过党员，因为怕被夺权，卸任后觉得在党支

部也不能做什么了，于是吃斋念佛去了，村支部劝其退党。还有一位50岁左右的党员，私心重，大灾大难面前不做贡献，在村里没有威信，开党员会议时说话也没人听，没有发挥党员先锋模范作用，后来也笃信佛教，于是劝其退党。不过这也是个别现象，姜主任一再强调，要成为党员，必须有群众基础，要看为村上公益事业付出多不多，是否大公无私。宕昌县何家堡乡小堡子村的两位前村党支部主要干部也由于不顾村里发展，中饱私囊，支部家族化，作为不合格党员被开除党籍，清除出党员队伍。

这一套制度使党员能进能出，把各方面先进分子和优秀人才更多地吸收到党内来，保持了党的先进性和纯洁性。一支素质优良、结构合理、规模适度、作用突出的党员队伍为推动新农村建设提供了坚强的组织保证，也使得我们党在基层焕发了勃勃生机。

3. 切实加强乡村干部管理

在乡镇干部规范化管理方面，普遍存在“白天驻乡不下村、晚上回家不住乡、群众办事不见人、工作作风不深入、联系群众不紧密”等“走读”现象，影响了乡镇正常工作的开展，使一些工作落实不到位、效率不高，群众对此意见较大。陇南市委从做好乡镇干部的教育、培训、监督、管理等八个方面提出要求，着力解决乡镇干部“走读”问题，实行了“双岗双责”管理制度，积极推行AB岗；严格实行乡镇干部考勤和请假制度；完善乡镇干部住宿和轮休制度；推行乡镇干部“夜学、夜议、夜谈、夜访”制度，充分利用农民群众晚上的空闲时间，深入农户上门访谈。在武都区最偏远的五马乡和裕河乡，这里山大沟深，重峦叠嶂，交通不便，我们看到乡镇干部办公和住宿都在一间小办公室里，在2012年路面整修以前从乡镇回到武都市区要6个小时。长期以来，他们以乡镇为家，工作时间“5+2，白加黑”，他们吃苦耐劳、踏实工作、无私奉献，为农村经济快速发展和社会长治久安做出了重要贡献，令人感佩。在宕昌县何家堡乡开展了以“践行‘三严三实’、抓规范转作风强服务树形象”为主题的乡镇机关规范化管理、标准化服务示范点创建工作。这里拥有全市唯一一个乡镇指纹考勤机，墙上的政务公开栏里还有所有乡干部的微博二维码，公开乡镇干部去向及微信、微博等方式，有效加强了乡镇机关效能建设，激发了乡镇干部干事创业、服务群众的积极性和主动性。

村干部管理方面，在宕昌县甘江头乡探索试点以“村干部工作月考评、报酬月发放”为主要内容的村社干部规范化管理工作，注重把村干部年度考核转向日常考核，从粗放考核转向精细化考核，村干部报酬从半年一发转向一月一发，提升了村社干部规范化管理水平。

（三）抓队伍建设，提高党员干部政治素养

为了加强党性和道德教育，引导党员、干部坚定理想信念，坚守共产党人精神追求，陇南市委以思想教育为重点，通过集中培训、专题讲座、座谈交流等方式，以基层党组织书记集中轮训为重点，不断加大教育培训力度。武都区制定了《轮训工作方案》，计划利用五年的时间，每年分期分批对乡镇党委书记、乡镇长、村党支部书记进行全员轮训。今年5月下旬至6月上旬已将全区650个村和50个社区的党支部书记分三期开展了全员轮训。武都区委组织部还根据农村实际情况，在外来务工人员返乡和农闲时期，分片在两水镇、汉王镇和洛塘镇举办了党员集中“冬训”，累计参加培训5300多人次。全方位多渠道整合资源，提升了党员干部的素质。

在调研中，我们感到，陇南市在农村党建实践中创造了新的办法和经验，但与全国其他农村一样也存在着一些问题。

第一，党员思想建设有待加强。在调研中我们发现，陇南市的基层党组织干部和党员对党和国家的大政方针政策把握得比较到位，但是对于党的基本理论、基本知识和基本路线学习不够。我们发现在各党支部活动室见不到适合农村基层党员阅读的马克思主义基本知识、党的基本知识和基本路线方面的读物。

第二，加强对流动党员的管理。甘肃是全国扶贫攻坚的主战场，陇南又是甘肃扶贫攻坚的主战场。陇南市下辖7个国家级贫困县，国家新一轮扶贫开发启动后，陇南9县区整体纳入“秦巴山集中连片特殊困难地区区域发展与扶贫攻坚”扶持范围。鉴于这样独特的情况，陇南市青壮外出打工人较多，留守的多数是老人和小孩，外出务工党员也占到50%左右，党员教育有较大的困难，流动党员管理也是一个难题。虽然陇南市各级党组织已经在努力解决这一问题，一方面通过“产业富民留人”政策吸引农村优秀人才和外出党员返乡建设发展；另一方面通过电话等现代通信手段联系告知本支部重大事项，还在外出务工党员春节返乡时进行集中教育培训。但是流动党员管理不到位，应该重视加强。

第三，对不合格党员的处理不能手软。十八大以来党中央要求从严治党，陇南市适时出台了处置不合格党员的相关办法，不能让这样的办法流于

形式，要增强制度执行力，执行到人到事，做到用制度管权管事管人。坚持制度面前人人平等、执行制度没有例外，不留“暗门”、不开“天窗”，坚决维护制度的严肃性和权威性。避免基层党建失之于宽，失之于软。

第四，我们在调研中还发现了一些以往不曾注意的社会问题。陇南山大沟深，交通不便，农村封建主义影响还比较深，老百姓思想比较保守，在经济欠发达的宕昌县，我们了解到不少村庄结婚的聘礼少则五六万，多则七八万，最多的达到十六万，我们走访的每一个村庄几乎都存在因贷款下聘礼而无力偿还成为贫困户的，因婚致贫成了这里农村的怪现象（事实上，因婚致贫的情况在西北、华北广大农村普遍存在）。扶贫工作是陇南市的重点工作之一，国家财政转移支付导致的分配问题成了村级党支部在日常工作中面临的最为棘手的问题，自开展“3＋5”工作法以来，问题得到了妥善的解决。但一些贫困户开始安于现状，有了“等靠要”的心理，这需要党组织加强思想工作，带领人民群众开拓创新，发扬独立自主、自力更生精神，改善社会的精神面貌和社会风气，应该向共产党员提出要移风易俗的要求。

在陇南考察时，我们观察到：陇南经济发展，经济增速甘肃第一，民生不断改善，生态建设成绩卓越，森林覆盖甘肃第一，并进入全国先进行列，社会和谐稳定，康县美丽乡村建设探索出一条新农村建设的新路。这些成绩的取得靠的是党的领导，这里的共产党能够坚持实事求是思想路线，是密切联系群众的党，而要做到这一点靠的是持续不断的党建工作。陇南的党组织、党员和党建工作经受住汶川地震、玉树地震的考验，在抗震抢险、恢复重建过程中，共产党员起到先锋模范作用，基层党组织起到战斗堡垒作用。

四　考察归来的思考：执政与党建

从甘肃陇南市的经验看，党的领导是做好各方面工作的关键，党要完成好自己的执政使命，必须进行党的建设，正如宋平同志指出的：“历史经验表明，每到紧要关头，都需要从现实出发，重新强调马克思主义建党原则并在实践中加以丰富和发展。只有坚持和发展马克思主义建党原则，把党建设好，才能把社会主义、共产主义事业不断推向前进。”① 党的十八大报告提出：发展中国特色社会主义是一项艰巨的历史任务，必须准备进行具有许多

① 《宋平论党的建设文选》，第159页。

新的历史特点的伟大斗争。

1848年《共产党宣言》发表标志着马克思主义公开问世，唯物史观和剩余价值学说的创立，使社会主义由空想变为科学，在科学社会主义指导下，工人运动发生转变，1871年巴黎公社的建立，标志着无产阶级第一次掌握政权，公社虽然失败了，但公社原则永存。1917年列宁领导布尔什维克取得十月革命胜利，开辟了人类历史新纪元，科学社会主义由理论变为现实。在十月革命影响下，马克思主义传入中国并与工人运动相结合产生了中国共产党，在中国共产党领导下中国人民取得新民主主义革命胜利，在此基础上通过社会主义改造，中国成功进入社会主义社会。在东欧剧变、苏联解体，共产主义运动跌入低谷的时候，中国共产党发挥了中流砥柱作用，社会主义旗帜在中国不倒，而且成功开辟一条中国特色社会主义道路，形成中国特色社会主义基本制度和基本理论。

今天，中国共产党是一个拥有8700多万党员、430多万个基层组织的大党，而且是中国的执政党。在一个有13亿人口，56个民族，宗教众多，疆域广大的大国执政，这是一件大事情，如何领导全国各族人民建设中国特色社会主义，这更是一件前无古人的大事。党的十八大提出：把中国共产党建设成中国特色社会主义事业坚强领导核心，不断提高领导水平和执政水平，实现执政使命。中国的事情关键在党，关键在把党建设好，正如邓小平指出："中国要出问题，还是出在共产党内部。"① 世情在变、国情在变、党情在变，在新形势下如何加强党的建设，我们认为以下原则十分重要。

党建工作的核心是保持党不变质，即党的性质、宗旨、指导思想和理想信念不变，共产党是政治组织，作为一个政治组织必须有自己的原则，否则就不成其为自身。不能因为以经济建设为中心，就把自己建设成经济组织，不能因为要改善民生，就把自己建设成慈善组织，不能因为生态重要，就把自己建设为"绿党"。我们必须铭记历史，我们党曾进行长期武装斗争，但是党没有变为军事党，是党指挥枪，而不是枪指挥党，军队是执行党的任务的工具。人民需要共产党，是因为共产党的远大理想是实现共产主义，共产主义理想是共产党人的政治灵魂，这个灵魂任何时候都不能出卖，这个灵魂丢了就不是共产党人了。保持党的先进性和纯洁性，实质是保持无产阶级先锋队性质不变、全心全意为人民服务的宗旨不变、坚持马克思主义指导思想

① 《邓小平文选》第3卷，人民出版社，1993，第380页。

不变。在共产主义运动处于低潮时期，党建工作要抓住这个核心不动摇，否则我们党就有部分和全部变质的危险，就有在激烈的政治斗争中丧失政权退出历史舞台的危险。正如宋平同志指出："坚持从严治党，加强党的建设，目的是使党的各级领导权真正掌握在忠诚于马克思主义者手里。要求领导干部忠诚于马克思主义，不是都要成为马克思主义理论家，而是要坚信马克思主义，真正干社会主义。"① 防止领导权落入阶级异己分子、机会主义者、野心家和阴谋家手里。党不变质，江山才不会变色。

党建工作要围绕党的基本路线进行。中国共产党在社会主义初级阶段的基本路线是：领导和团结全国各族人民，以经济建设为中心，坚持四项基本原则，坚持改革开放，自力更生，艰苦创业，为把我国建设成为富强民主文明和谐的社会主义现代化国家而奋斗。毛泽东说："思想上政治上的路线正确与否是决定一切的。党的路线正确就有一切，没有人可以有人，没有枪可以有枪，没有政权可以有政权。路线不正确，有了也可以丢掉。"② 邓小平说："党的基本路线要管一百年，要长治久安，就要靠这一条。真正关系到大局的是这个事。"③ 在全党进行基本路线教育十分重要，使全党真正坚持这条基本路线，首先就要在坚持基本路线问题上有"左"反"左"，有右反右，两手抓，两手都要硬。其次，不能孤立地进行基本路线教育，要把基本路线教育和学习党的基本理论（马克思主义）基本知识结合起来，这样才能牢记党的基本路线。我们党有近70%的同志文化水平在大专以下，农村党支部缺少学习材料，因此，应该进行马克思主义大众化、时代化和通俗化的工作，建议中央组织部像编写干部教育教材那样，认真组织队伍，编写一套满足广大党员学习的资料。

围绕民主集中制进行组织建设。民主集中制是我们党的基本组织原则，党是按照这一原则组织起来的。民主集中制是民主基础上的集中和集中指导下的民主相结合。它既是党的根本组织原则，也是群众路线在党的生活中的运用。党内民主是党的生命，尊重党员主体地位，保障党员民主权利，发挥各级党组织和广大党员的积极性创造性。必须实行正确的集中，保证全党的团结统一和行动一致，保证党的决定得到迅速有效的贯彻执行。加强组织性

① 《宋平论党的建设文选》，第76页。

② 《建国以来毛泽东文稿》第13册，中央文献出版社，1998，第242页。

③ 《邓小平文选》第3卷，第380页。

纪律性，在党的纪律面前人人平等。加强对党的领导机关和党员领导干部特别是主要领导干部的监督，不断完善党内监督制度。正确地开展批评和自我批评，在原则问题上进行思想斗争，坚持真理，修正错误。努力造成又有集中又有民主，又有纪律又有自由，又有统一意志又有个人心情舒畅的生动活泼的政治局面。

围绕群众路线进行党的执政能力建设和作风建设。群众路线是马克思主义中国化的重要成果，也是党的宗旨为人民服务的体现，是党的根本工作方法，是党的生命线。党除了工人阶级和最广大人民群众的利益，没有自己特殊的利益。党在任何时候都把群众利益放在第一位，同群众同甘共苦，保持最密切的联系，坚持权为民所用、情为民所系、利为民所谋，不允许任何党员脱离群众，凌驾于群众之上。党在自己的工作中实行群众路线，一切为了群众，一切依靠群众，从群众中来，到群众中去，把党的正确主张变为群众的自觉行动。我们党的最大政治优势是密切联系群众，党执政后的最大危险是脱离群众。党风问题、党同人民群众联系问题是关系党生死存亡的问题。要坚持标本兼治、综合治理、惩防并举、注重预防的方针，建立健全惩治和预防腐败体系，坚持不懈地反对腐败，使党风建设和廉政建设取得成效。

建设好党的基层组织，筑牢党执政的组织基础。党支部是党的组织细胞，是党的基层组织的核心，党的肌体健康依赖细胞健康，党员先锋模范作用的发挥靠党员主体性，但离不开党支部，基层党组织的战斗堡垒作用更离不开党支部。理想信念动摇，党会地动山摇，党的基层组织不牢，同样也会地动山摇。

只要全党认真按照党章要求，保证党是马克思主义政党，坚持党的基本路线，坚持民主集中制，坚持群众路线，筑牢基层党组织这个基础，我们党就能够经受住“四大危险”和“四大考验”冲击，完成党的执政使命，实现自己的建设中国特色社会主义目标，最终实现共产主义远大理想。

参考文献

1.《中国共产党第十八次全国代表大会文件汇编》，人民出版社，2012。

2.《中国共产党党章汇编（从一大——十六大）》，中共中央党校出版社，2006。

3. 中央文献研究室编《十八大以来主要文献选编》（上），中央文献出版社，2014。

4.《列宁专题文集 论无产阶级政党》，人民出版社，2009。
5. 中央文献研究室编《毛泽东著作专题摘编》，中央文献出版社，2003。
6.《陈云论党的建设》，中央文献出版社，1995。
7.《宋平论党的建设文选》，中央文献出版社，2000。
8. 李力安：《李力安新时期党建论稿》，中央文献出版社，2002。
9. 普朝柱：《我的成长与云南的变革》，云南人民出版社，2003。
10. 费孝通：《中国乡村考察报告：志在富民》，上海人民出版社，2004。

兵团在对口援助下全面建设小康社会

史海泉

摘　要：随着对兵团对口援助工作的顺利开展，兵团小康社会建设也加快了步伐，在国家西向发展战略和对兵团对口支援的大背景下，兵团小康社会建设取得了重大成果，形成了独具兵团特色的建设模式，积累了较丰富的建设经验。协同创新、“输血与造血并举”、以民生为重点构成了兵团小康社会建设的显著特色。

关键词：兵团　对口援助　小康社会

作者简介：史海泉，新疆石河子大学马克思主义学院副教授。

一　兵团小康社会建设的机遇与挑战

经过30多年的改革开放，我国经济社会建设取得了举世瞩目的伟大成就，创造了后发国家在短时间内快速发展的奇迹。为了完成国家建设的第三步战略目标，到21世纪中叶基本实现现代化，党的十六大报告提出“要在本世纪头二十年，集中力量，全面建设惠及十几亿人口的更高水平的小康社会，使经济更加发展、民主更加健全、科教更加进步、文化更加繁荣、社会更加和谐、人民生活更加殷实”的全面建设小康社会的总目标。为了积极推进小康社会建设进程，为政府提供政策参考，国家统计局发布了监测全面建设小康社会的类型数据报告，提出了全面建成小康社会的六大类（经济发展、社会和谐、生活质量、民主法制、文化教育和资源环境）23项参考指标。该指标体系成为全国各地全面建设小康社会的基

本指南。新疆生产建设兵团（以下简称兵团）全面建设小康社会也主要是参照该指标体系，结合兵团的实际取得了突出成绩，2011 年小康社会总体实现程度达到 78.6%，位居西北之首，在全国排名第 19 位。[①]党的十八大以来，兵团在西向发展战略和“一带一路”建设的宏观背景下迎来了新的发展机遇，但兵团由于特殊的体制、使命以及现实基础条件的薄弱，其发展又面临着巨大的挑战。

截至 2013 年底，兵团下辖 14 个师，176 个团，辖区面积 7.06 万平方公里，耕地 1244.77 千公顷，总人口 270.14 万，占新疆总人口的 11.9%。[②]根据兵团统计局的统计，2014 全年实现生产总值 1738.68 亿元，比上年增长 16.1%。其中，第一产业增加值 416.96 亿元，增长 7.9%；第二产业增加值 776.86 亿元，增长 22.2%；第三产业增加值 544.86 亿元，增长 14.3%。三次产业占生产总值比重为 24∶45∶31。三次产业对经济的贡献率分别为 12.9%、61.7%和 25.4%，分别拉动经济增长 2.1 个、9.9 个和 4.1 个百分点。人均生产总值 63989 元，比上年增长 14.7%。目前，兵团已有 7 座城市、6 个建制镇。预计城镇化率达到 64%。根据城乡一体化住户调查，全年兵团居民人均可支配收入 22803 元，比上年增长 10.3%，扣除价格因素，实际增长 8.0%。其中，城镇常住居民人均可支配收入 27558 元，比上年增长 10.2%，扣除价格因素，实际增长 7.7%；连队常住居民人均可支配收入 13930 元，比上年增长 11.5%，扣除价格因素，实际增长 9.6%。全年在岗职工工资总额 414.54 亿元，比上年增长 15.7%。在岗职工平均工资 49668 元，比上年增加 5625 元，增长 12.8%。[③] 兵团全面建设小康社会进程步伐不断加快，经济社会效益明显好转，这些成绩主要得益于当前兵团切实把握了新形势下的发展机遇。

兵团从 60 年前组建时的一穷二白，到如今成为遍布南北疆的璀璨的绿洲明珠，是改革开放和社会主义市场经济建设造就了兵团的巨变。20 世纪 90 年代以来，国家先后提出西部大开发、新丝绸之路经济带等西向发展战略，为新疆地方和兵团发展提供了良好的政治基础。国家加大了对兵团的政

---

① 《兵团日报》（汉）2013 年 1 月 28 日。

② 中华人民共和国国务院新闻办公室：《新疆生产建设兵团的历史与发展》白皮书，2014 年 10 月。

③ 新疆生产建设兵团统计局：《2014 年兵团国民经济和社会发展统计公报》，2015 年 4 月 28 日。

策扶持力度，动员组织国内经济较为发达地区和兵团建立了对口援助，从资金、技术和人才以及组织管理经验等多个领域对接援助兵团，极大地推进了兵团各项事业的发展。显然，这些优越的条件仍将在一定时期内支撑兵团建设。

与此同时，兵团全面建设小康社会也存在着一些制约其发展的客观因素。兵团内部实行的党政军企合一的特殊体制，同时又是中央计划单列单位，同时接受中央和自治区的双重领导，虽然这能够体现出组织优势，独立运作等特点，但兵团过度集中的体制设置，与兵团大力推进社会主义市场经济建设之间，客观存在着一定的矛盾。如何恰当处理屯垦戍边与社会建设和管理、如何处理兵地关系、如何处理经济建设与环境保护、市场化改革与高度集中的体制运作以及维护新疆稳定安全与兵团自身的发展等关系，都是需要深入研究解决的迫切问题。学者包雅均通过对兵团体制的深入研究，认为当前制约和影响兵团社会经济建设的关键因素一方面是体制性的，另一方面是人们的思想与观念。[①]其实，这二者之间往往还会形成某种共生的相互强化的特征。

二 对口援助与兵团小康社会建设模式

根据全面建设小康社会的指标体系，兵团经济和社会发展六大类指标都出现了增长，其中经济、民主法制、生活质量以及和谐社会建设取得的成绩最大，根据兵团统计局监测统计，“十一五”期间年度平均增长超过2%。从小康社会建设的模式分析，兵团构建了一种属于兵团特色的建设模式，主要表现在充分发挥援疆资源协同创新。2010 年 5 月中央新疆工作会议以来，掀起了新一轮对口援疆大幕。兵团 12 个师首次被纳入全国 10 个省市对口支援范围。根据兵团 12 个师的经济社会情况和对口支援 10 省市发展程度也不尽相同的客观现实，最终形成了“省对师、市对团、县对连、单位对单位”，建立“一对一”互动双向的对接机制，深入对接到团场，对接机制突出差异化、个性化，提高针对性。具体对口支援兵团的分布如下表所示。

---

① 包雅均：《新疆生产建设兵团体制研究》，中央编译出版社，2010，第 241 页。

对口支援地区	支援省、市	对口支援地区	支援省、市
一师	浙江台州	二师	河北省
三师	广东东莞	四师	江苏镇江
五师	湖北省	六师	山西省
七师	江苏淮安	八师	辽宁省（大连、铁岭、阜新）
九师	辽宁省（抚顺、丹东、朝阳、葫芦岛）	十师	黑龙江省
十三师	河南省	十四师	北京市

援疆活动开展以后，兵团的发展深深地打上了兵团和内地之间协同发展和创新的浓厚色彩，兵团小康社会建设的各项事业也都打上了内地援助省市的烙印。援疆省市利用它们的资源、人才、技术、管理经验、信息和市场，为兵团对接地搭建了发展的新平台。本着维护新疆稳定和长治久安的根本目标，各省市援建的项目多样、宽泛，从产业培育、人才培训、市场拓展、信息资源共享、民生工程等多个领域支援兵团建设。从兵团新闻办公室对外发布的2014年援助兵团的工作报告中获悉，2014年10个对口支援省市共安排援疆项目187个，援助资金16.77亿元，截至年底，累计完成投资48.2亿元，占计划总投资的96.4%，到位援助资金15.33亿元，到位资金率91.4%。援疆项目中突出做到产业援疆促就业，14个师共引进产业援疆项目421个，到位资金496.44亿元，占全年招商引资到位资金的47.7%，直接带动就业人数1.4万余人，其中少数民族4000余人。产业援疆已成为拉动兵团经济增长的重要投资力量。[①]以北京为例，自中央新一轮援疆工作启动以来，截至2014年10月底，北京援疆共安排援建项目486个，累计到疆资金60.14亿元，实际完成投资58.58亿元。四年来，北京市安排4.49亿元支持和田地区和兵团十四师的发展。据兵团经协办报道，北京市以改善民生、促进交流及维稳反恐协作为抓手，采取六大举措，推进北京市对口援疆工作纵深发展。（1）支持实施就业第一战略。在产业带动就业方面，按照“一户一策”制定帮扶当地重点企业扩大就业政策。（2）支持优先发展教育

① 兵团新闻办：《2014年兵团对口援疆工作情况》，2015年1月22日，http://www.xjbt.gov.cn/xw/qwfb/533687.shtml。

战略。主要对新疆和兵团地师进行双语教学教师培训，远程教育和师资培育和互访交换、改进教学条件等。（3）支持兵团文化卫生事业，支持十四师文化体育设施建设，组建北京援疆医疗队进行结对子帮扶。（4）促进民族交往交流和交融，培训民族科技专家，创办“三老疗养团”“英模参观团”和“小记者团”等多种形式组织新疆民族各层人士到北京参观学习，增强了民族团结和国家认同。（5）提升政府社会治理的能力。将维稳工作纳入援疆规划中统筹考虑，结合受援方需求，安排项目资金支持和田提升维稳能力。（6）完善北京市涉疆工作机制。完善新疆籍少数民族在京务工、经商和居住人员服务管理机制；会同新疆维吾尔自治区建立健全涉疆维稳反恐工作协作机制。①

在各对口援疆省市的大力扶助下，新疆兵团小康社会建设取得了长足的进步，经济社会各项事业蓬勃发展，构成了兵团社会建设的一道亮丽的风景和独特的发展模式，随着新的“一带一路”战略的推行，这一模式势必进一步得到加强和完善。

三　援疆背景下的兵团小康社会建设特色

兵团全面建设小康社会由于兵团特殊的使命和现实条件，决定了这一建设进程具有自己鲜明的特色，主要体现在以下三个方面。

第一，双管齐下，统筹兼顾。

兵团自 1954 年 10 月组建至今 60 余年来，始终担负着屯垦戍边的重要使命。50 年代主要发挥生产队、工作队和战斗队的作用，60 年代伊塔事件发生后兵团不仅建设新疆、开发新疆，同时组建边境团场兼顾保卫新疆和巩固边防的职能。1981 ~ 2012 年，兵团恢复建制以来获得了快速发展，成为新疆建设的一支重要力量。在党和国家的大力支持下，新疆生产建设兵团发挥着建设大军、中流砥柱、铜墙铁壁的作用。② 新的形势下兵团要在新型城镇化、工业化和农业现代化建设上发挥更大作用和影响。党的十八大以来，中央极为关心兵团，特别是习近平 2014 年 4 月考察兵团时指出：“要发挥好兵团调节社会结构、推动文化交流、促进区域协调、优化人口资源等特殊作

① 《兵团对口援疆工作简报》（2014 年第 16 期），兵团经协办，2015 年 3 月 11 日。

② 《新疆工作文献选编》（1949 ~ 2010），中央文献出版社，2010，第 724 页。

用，使兵团真正成为安边固疆的稳定器、凝聚各族群众的大熔炉、先进生产力和先进文化的示范区。”[①]这是中央在新的历史时期对兵团职能的新定位，也是兵团发展的战略目标。

民族团结和社会稳定历来都是新疆政治治理的重点，如今国家安全形势发生了很大的改变，引发安全的因素不断增多，习近平总书记指出，我们“必须清醒地看到，新形势下我国国家安全和社会安定面临的威胁和挑战增多，特别是各种威胁和挑战联动效应明显。……有效防范、管理、处理国家安全风险，有力应对、处置、化解社会安定挑战”[②]。新疆是中国西北地缘政治的核心区域，同时世界三种极端势力在该地区活动频繁，严重威胁到人民群众的生命和财产安全以及新疆的社会稳定。兵团由于其主动出击速度快、处置果断等特点，能够发挥新疆边防和社会稳定的稳定器作用。

当前，新疆经济和社会发展势头良好，在西向发展背景和新丝绸之路经济带建设的战略布局下，中央强调兵团“新形势下兵团工作只能加强，不能削弱”，兵团各界展现了一排欣欣向荣的新气象，齐心协力，积极努力力争早日实现全面建设小康社会的各项目标。“稳定器、大熔炉和示范区”的新使命使得兵团继续担负维护新疆社会发展和稳定的双重职能，因此，兵团的小康社会建设也必然被置于这样的双重目标之下进行综合考量，统筹兼顾。

第二，充分利用内地援助优势，实行从“输血”到“造血”的转变。

兵团由于自身的局限性，目前总体上在新疆维吾尔自治区的经济比重不大，人才、科技、教育以及市场化程度等仍有较大拓展空间。温家宝在新疆考察时指出：“要本着办实事、求实效的原则，完善和创新对口支援方式，把着力点转移到培养当地自我发展能力上。”[③]经过各省市对口支援，兵团取得了经济和社会的快速发展。为了能够保持长久的发展态势，党和国家对援疆工作又做了明确指示，要求“援疆工作坚持统筹兼顾、突出重点，全面支持、民生优先，科学规划、有序推进，加强协作、促进互利的原则。建立对口支援新疆的资金保障机制，完善经济援疆、干部援疆、人才援疆、教育援疆、科技援疆相结合的工作格局”[④]。兵团以及各援疆省市积极按照中

---

① 《兵团日报》2014 年 5 月 4 日。

② 《习近平谈治国理政》，外文出版社，2014，第 202 页。

③ 《新疆工作文献选编》（1949～2010），第 677 页。

④ 《新疆工作文献选编》（1949～2010），第 715 页。

央第二次援疆工作会议精神进行建设布局，着力提升兵团各项事业建设的综合发展、长久发展，利用援疆有利条件实现从输血到造血的转变，奠定兵团未来长期发展的基础。主要途径就是通过产业援疆、科技援疆、教育援疆、人才援疆、体制援疆等为兵团长期发展实施综合配套建设，打造较为完整的经济社会发展体系。兵团的可持续发展最终还将取决于兵团自身实力的增长，基于目前兵团的现实条件硬件和软件双重薄弱的事实，各援疆省市响应中央的号召，以培育新疆和兵团的后续发展潜力为根本，不断加大对兵团的教育、人才、科技等领域的扶持力度。依据兵团统计 2014 年各省市持之以恒地开展对兵团干部人才支援和培养培训工作，在第二批计划内选派了 505 名援疆干部到受援师团任职，通过两地培训、双向挂职、帮扶指导、讲学授课等措施，帮助提高兵团干部人才队伍的整体素质，全年共有党政干部 11471 人、专业技术人才 11024 人到对口支援省市参加培训。[①]通过科技、教育、人才的援建，兵团干部职工的素质、知识和技都能得到了快速提升，为兵团的长久发展打下了基础。

第三，民生建设成为兵团小康社会建设的优先和重点。

提高各民族人民生活水平是一切工作的根本出发点和落脚点。民生关系着民众对国家、政府和党的权威的认同和支持，民生连着民心，是关系全局的重中之重。科学发展观的核心是坚持以人为本，落实保障和改善民生应当成为经济和社会发展的首要目标。在国家统计局制定的全面建设小康社会指标体系中民生指数综合权重高达 60% 以上（人均收入、社会和谐、生活质量和文化教育）。2014 年，对兵团对口援助民生项目 115 个，完成投资 46. 85 亿元，投入援疆资金 14. 31 亿元，民生项目投入占 90% 以上，参与建设职工群众住房 21880 户，建成一批教育、医疗、文体、社会福利等与职工群众息息相关的基础设施项目。[②] 援助工作形成了政府主导、企业主体、社会参与，经济、干部、人才援助以及教育、医疗、科技援助协同推进的全方位、立体式格局。

2014 年各对口援疆省市援疆项目中民生工程持续加强。据报道，广东省在新疆推进西部电商产业总部基地建设，为当地大中专毕业生创造了更多就业机会；浙江省以就业、产业、职业技术教育“三位一体”工作方式，

① 《兵团对口援疆工作简报》2015 年第 1 期，兵团经协办，2015 年 3 月 11 日。

② 兵团新闻办：《兵团 2014 年对口援疆工作情况》，2015 年 1 月 22 日。

推进劳动密集型产业援疆、农业“一县一品”产销示范等项目；深圳市加大力度，拿出巨额资金，支持喀什大学建设；上海市结合喀什地区职业教育需求，引导上海市职业学校与企业、工业园区深入对接[①]；北京市帮助和田枣农枣企实现和田大枣无障碍走进北京市场，解决了枣农卖枣难，提高了他们的收入。我们 2014 年 7 月去六师调研时，了解到山西省支援六师边境白塔山民族牧场的学校、医院和桥梁以及安居工程建设，有效改善了当地的贫穷落后面貌，提高了当地哈萨克族同胞的幸福指数。民生工程的有力推进是兵团小康社会建设的基础性工程，其建设成就的大小将直接制约和影响兵团新形势下“稳定器、大熔炉和示范区”新职能的作用发挥。

① 《新疆都市报》2014 年 9 月 30 日。

海外研究

罗莎·卢森堡的革命理论：论1905年和1917年俄国革命

〔美〕皮特·胡迪斯 著　凌加英 译

摘　要：革命思想是罗莎·卢森堡政治思想的重要组成部分，同时也渗透在她一生的理论工作和政治实践中。对1905年俄国革命的评论表明卢森堡将其视为一种创造性的活动，是基于特殊的时代环境和物质条件而自发产生的。因而，在界定群众与政党及其领袖在革命中的地位时，卢森堡沿袭了马克思的观点而与列宁产生了争论。对1917年俄国革命的评论则涉及革命成功之后的民主建设问题，她强调民主与社会主义的不可分离。正是卢森堡对“制造”革命过程中群众和政党及其领袖关系的进一步梳理和确认，才形成了卢森堡独具特色的革命思想和理论。

关键词：革命　自发性　组织问题

作者简介：皮特·胡迪斯（Peter Hudis），美国欧克顿社区学院（Oakton Community College）教授，《罗莎·卢森堡全集》总编辑。

译者简介：凌加英，北京大学马克思主义学院博士研究生。

今天的激进主义理论者，仍然无法回避对马克思主义运动史上一个极为复杂的难题的回答：阐明一种可行的并确保对广大群众有足够吸引力的资本主义的替代方案。正如我在《马克思关于资本主义替代方案的思想》[①] 中谈到的，如何应对这一挑战——其重要性应该是参与左翼政治的人所共知的——已经构成对任何激进理论可行性的检验。寻找到一种革命性的资本主

① 皮特·胡迪斯：《马克思关于资本主义替代方案的思想》，芝加哥海马凯特书店，2012。

义的替代方案是否可能？如何确保现存社会所面临的挑战不会诱发未竟的革命？在资本主义全球化的时代人类能否获得自由？这些都是我们面临的最紧迫的问题，需要依靠新的理论资源获得解答。

《罗莎·卢森堡全集》英文版（14 卷本）将提供很多尚未被译成英文的材料，包括从未被发表的大量的手稿、论文和札记，这不仅使我们能够更加深入地了解卢森堡深刻的理论贡献，同时也在一定程度上是对当前普遍宣称的不存在资本主义的替代方案的一种回应。我们试图通过这些视角来探讨她的革命思想。

一　卢森堡的革命思想

离开卢森堡的革命思想去谈论她丰富的思想遗产，显然是行不通的。革命的理念和经验是她理论工作和政治生活的中心话题。卢森堡自始至终都是一个革命者，认为人的彻底解放并不仅仅是从资本主义社会中解放出来，也是从阶级社会、家长制社会和殖民统治等一切束缚中解放出来。卢森堡早年在波兰从事地下党的领导工作，以及刊物《工人事业》的编辑工作时，就已经表现出对革命的热切关注。在瑞士流亡和写作博士论文《论波兰工业的发展》、1898 年移居德国成为德国社会民主党的领袖并开展对机会主义、修正主义的批判期间，卢森堡保持了这种关注。她在 1905 年俄国革命期间的活动和著述则集中表现了她对革命性变革的强烈认同。这一时期，卢森堡发展了理论革命中的诸多核心范畴，包括自发性、组织问题，以及群众意识和社会变革之间的关系问题。对俄国 1917 年革命的评论文章和 1918～1919 年德国革命运动的积极实践都证明了卢森堡对这些问题的关注。她的名言“革命就是一切，其他都是微不足道的”① 不仅是一种宣言，而且是她一生政治活动的指导原则。

显然，卢森堡的政治类著作除了对革命的反思，也包括对民族问题、帝国主义和同时代其他各种社会政治问题的论述。同样，她也对组织问题进行了深入的探讨。但是，由于实际上卢森堡对这些问题的研究都在一定程度上与社会革命相关，不同于马克思主义传统的理论家，卢森堡也并没有脱离她

① 卢森堡：《写给玛蒂尔德和伊曼纽尔的信》（1906 年 7 月 18 日），《罗莎·卢森堡全集》（平装版），迪茨出版社，1999，第 259 页。

对革命这一概念的理解去谈论组织问题，所以我们并不打算单独考察她对组织问题的研究。“组织”，在她看来，是革命的组织——不论表现为自发性的还是非自发性的。不同于将组织问题看作某种专门化的领域，卢森堡将其视为革命性变革进程本身所不可或缺的部分。她对革命的研究，有助于我们更好地理解组织问题，正如她对组织问题的研究也有助于我们理解革命的辩证法一样。两者是不可割裂的。

1898 年初到德国的卢森堡就已经将革命和组织视为一股联合的力量。卢森堡来到德国，最初是不被看好的。作为女性、波兰人、犹太人，这三个身份特征对于德国社会民主党的大多数领袖来说都是不利的。此外，第二国际在卢森堡来到柏林之前从未出现过一个女性领导者或者理论家。因此，卢森堡必须冲破男性至上主义、反犹主义和反对波兰的沙文主义的种种障碍，才能奋斗到社会民主党的领导层。这一过程，主要是在她对伯恩斯坦修正主义所进行的全面而精彩的批判中实现的。

对于初到德国尚无名气的卢森堡来说，开展对伯恩斯坦声望的挑战必然是困难重重的。伯恩斯坦当时不仅是第二国际的领导人，而且被恩格斯指定为马克思遗嘱的执行者。同时，修正主义反映了马克思过世之后马克思主义内部产生的首次理论挑战。而早在 1898 年，对马克思主义的批评来自这一运动的外部，如无政府主义或资产阶级化运动。因而，针对所谓主流马克思主义者所理解的共产主义的必然到来和无产阶级的必然胜利，卢森堡承担着对理论挑战进行致命打击的重要使命。

卢森堡十分睿智地完成了这一工作。她不仅对伯恩斯坦改良主义的政治实践进行了批判，而且也批判了他对马克思主义经济学的错误理解。伯恩斯坦被资产阶级所谓边际效应理论所迷惑——从 19 世纪 70 年代以来占学术主流的所谓经济学的主观转向，卢森堡指出这样一种框架难以把握马克思价值理论的持久意义。伯恩斯坦错误地将“边际理论”视为对价值理论的一种“科学”的改造而不是全盘的否定。相反，卢森堡正确地认识到，将价值与价格混为一谈掩盖了资本主义剥削的阶级关系，其中劳动力的价格总是低于劳动产品的价格。不同于伯恩斯坦所说的阶级对抗越来越弱，卢森堡则认为随着资本主义的发展，这种对立必定会越来越尖锐。

同时，针对伯恩斯坦的政治观点，卢森堡将他所表现的对无产阶级“过早”掌握权力的担忧视为一种逃避革命的行为。她指出，“无产阶级必须‘过早’掌握政权，因为无产阶级在正确使用权力之前必须被动地一次或多次‘过早’掌握权力……”[①]。自开启政治生涯以来，卢森堡就明白，革命不是一种独立的行动，并不是一种会被必然使用随即又被丢弃的恶。对卢森堡而言，革命是工人阶级获得自身的“学校”，是群众被压制的才智和潜能得以解放和发展的途径。她认为，由于社会主义只能通过被压迫群众的自我意识的活动才能实现，对过早掌握权力的反对，实质上就是把群众退回到对创造社会主义社会的集体沉默之中。

革命是一种创造性的活动——不是作为单个的事件，而是在阶级社会实现最本质的变革之前，对资产阶级政治、经济统治所做的一种持续性的反抗和斗争，这一理念贯穿了卢森堡有关革命的所有论述，对组织问题的讨论也是如此。

二　卢森堡和1905年俄国革命：贡献和矛盾

卢森堡对1905年俄国和波兰革命做出的回应是最好的例证，这也可以作为卢森堡生命中的一个重要转折点。

对巴黎公社这一19世纪的伟大革命，布朗基曾评论道，“革命不能自发产生，只能被少数人制造出来”[②]，这一说法遭到了马克思的严厉批判。卢森堡对1905年革命的回应，尤其是她的文章《群众罢工、党和工会》，可以作为自马克思以来对布朗基主义所做出的最重要的驳斥。她批判了主流马克思主义者和无政府主义者将群众罢工视为“仅仅是技术上的斗争手段，可以随心所欲地、诚心诚意地‘决定’或‘禁止’”[③]。她补充道，“把群众罢工当作抽象的斗争方法来加以‘宣传’，这是不可能的，正像不能宣传‘革命’一样”[④]。

卢森堡意识到当前对很多现实问题的把握并不成功：群众运动的高涨，例如革命，既不是由政党自上而下制造出来的，也不是由底层群众激进活动的意愿生成的。革命是自发产生的，是对特殊的时代环境和物质条件的反

① 卢森堡：《社会改良还是革命》，皮特·胡迪斯、凯文·安德森主编《罗莎·卢森堡读本》，纽约每月评论出版社，2004，第159页。

② 引自《巴黎公社的布朗基主义逃跑者计划》，恩格斯，1874，http：//www.marxists.org/archive/marx/works/1874/06/26.htm.

③ 卢森堡：《群众罢工、党和工会》，皮特·胡迪斯、凯文·安德森主编《罗莎·卢森堡读本》，第169页。

④ 卢森堡：皮特·胡迪斯、凯文·安德森主编《罗莎·卢森堡读本》，第171页。

应。而革命的任务就是去把握、理解和普及这种抵抗运动并为推翻阶级社会指明方向，而不是将其伪装成可以被革命意愿所左右的。

她在小册子《群众罢工》中强有力地阐述道：“他们，这些群众，将会成为一股合力”，是“革命的主体”——而无论是政党还是其活动，“只应当是‘发言人’的角色，仅仅是对群众意志的表达者”[①]。

卢森堡将政党及政党活动作为“发言人”并不意味着她将政党的角色限定为被动地记录群众运动。她认为，激进组织也必须是积极主动的，马克思主义理论必须在群众对自身斗争意义的理解中产生。她拒绝了那种认为政治意识是由“最高领导人”向群众灌输的看法。相反，她认为革命的领导层在日常斗争中必须致力于对社会意识的培养。

在这个意义上，她与马克思在意识理论的某些方面是有共鸣的。特别是马克思在1843年写道：“我们不是以空谈家的姿态，仗着一条新原理对世界喝道：真理在这里，向它跪拜吧！我们是从这个世界本身的原理出发为这个世界发展新的原理。”对马克思而言，革命的任务并不是将意识灌输或传授给群众，而是普及和发展从群众自我活动中产生的意识。就如他在首次公开宣告无产阶级革命的关键作用的一篇文章中写道：

> 一个有思想爱真理的人，面对着西里西亚工人起义的爆发，他惟一的任务不是在这个事件上扮演教师的角色，而是研究这个事件固有的性质。当然这就需要有点科学洞察力和有点对人的热爱才行，而要做到前那一点，只要玩弄一些浸透着空洞自爱的现成词句就足够了。[②]

卢森堡在《群众罢工、党和工会》中的某些论述与马克思非常相近。她嘲笑那些用傲慢或不屑一顾的态度对待工人斗争的人，她写道：“自发性因素在俄国的群众罢工中起着如此主要的作用，并不是因为俄国无产阶级是‘未经训练的’，而是因为革命不是靠训导可以学会的。”[③] 卢森堡使用了与

---

① 卢森堡：《群众罢工、党和工会》，玛丽·爱丽丝·沃特主编《罗莎·卢森堡语录》，探险者出版社，1971，第218页。

② 《评一个普鲁士人的〈普鲁士国王和社会改革〉一文》，《马克思恩格斯全集》第3卷，人民出版社，2002，第391页——译者注。当然，马克思在数月之前的1843年底的《〈黑格尔法哲学批判〉导言》中就指出了无产阶级是革命阶级，然而，他写的关于西里西亚纺织工人起义的文章标志着他第一次具体分析了一个实际发生的无产阶级运动。（原注）

③ 玛丽·爱丽丝·沃特主编《罗莎·卢森堡语录》，第198页。

马克思批判“扮演教导者角色”观点时相一致的说法，这并不是一个巧合。因为卢森堡尚未接触过马克思早年的文献，如在卢森堡逝世之后才发表的《1844年经济学哲学手稿》。然而，她的观点已经非常接近马克思写于1844年的《对一个普鲁士人文章的批判性旁注》的有关思想，在此马克思提到了“扮演教师的角色”的说法。事实上，在写作小册子《群众罢工》不久之前，卢森堡重读了一卷本的马克思早期著作（梅林主编），其中就包含马克思提及这一说法的文章。[①]

然而，卢森堡越接近马克思对理论和实践关系的理解，她就越远离在大多数马克思主义者中占主导地位的对这一关系的理解。

这可以从她对待一战之前在第二国际中占据领导地位的德国社会民主党领导层的态度中看出来。卢森堡明确抨击那些试图在德国党内扮演“教师”的改良派领袖。在她看来，他们并没有认识到自1905年俄国革命以来西欧各国所出现的群众罢工的重要意义。德国社会民主党人认为自己有组织优良的工会、广泛而有原则的政党以及议会的代表，而将自己视为对落后的俄国的超越。卢森堡指出，正是俄国群众运动这种建立在革命创造性基础上的广泛性而非组织性是对德国的一种超越。她认为自己的任务是用1905年俄国革命的精神去撼动德国既有的社会主义运动模式。总体而言，她将自己的角色定位为推进国际社会主义运动的“俄国化”。

显然，虽然到1906年为止，卢森堡在德国生活了将近10年，但她的政治视角却并没有被德国的社会、政治和文化所束缚。而卢森堡对第二国际的很多政策和领导人（不仅是伯恩斯坦，还有倍倍尔和考茨基）的无情批判的原因之一，在于她试图从俄国和波兰的革命传统中去探寻一种革命性的政治。

她对马克思主义者无法把握自发的阶级意识的批判，并不局限在认为他们没有采用群众罢工战术这一个方面。这一批判持续扩大，直到1910年因考茨基认可用“消耗战术”来代替激进的群众运动，从而导致了卢森堡与考茨基的决裂。同时，她与列宁在“组织问题”上的多次争论也是这一批判所必不可少的部分。

卢森堡并不是在所有关于组织问题的议题上都与列宁唱反调，尽管在她去世之后出现了这种趋势。然而，当卢森堡与列宁探讨先锋政党存在的必要

① 《罗莎·卢森堡全集》，迪茨出版社，2000，第462～484页。

性时，两人在几个关键问题上产生了分歧。不同于列宁，卢森堡并不认为集中主义是解决所有组织问题的灵丹妙药——尽管她时常将某些集权政策强加于自己的组织，波兰王国和立陶宛社会民主党身上。卢森堡认为资本主义的集中化是与社会主义运动目的不相协调的。列宁将社会民主党定义为“只不过是与无产阶级组织不可分离的雅各宾派”，是布朗基主义，卢森堡反对列宁的这一定义。她强调布朗基主义并不像列宁所说的错误仅在于崇尚少数人的密谋，相反，布朗基主义未能理解无产阶级阶级意识的存在“完全修改了组织的概念……提出了关于组织和斗争的相互关系的崭新观点”[①]。到 1911 年，卢森堡对列宁的批判更加尖锐，这在近期发现的卢森堡手稿《信条》中可以看到。她写道：“我们就感到不得不起来坚决反对列宁和他的朋友在组织上的集中制。因为他们想通过纯机械的方式使党受制于中央执行委员会中的一个思想上的独裁者来保证无产阶级运动的革命方向。”[②]

尽管有这些批判，但就此认为卢森堡意在用《群众罢工》来反对列宁是错的。相反，在这篇文章的写作期间她和列宁越走越近，直到 1911 年都保持了良好的友谊。需要说明的是，至少在 1914 年之前，卢森堡在欧洲激进运动中所享有的知名度和声誉是高于列宁的，因为几乎列宁的所有作品都没用俄文之外的语言出版。可以说，在他们两人合作期间，是列宁被卢森堡所吸引，而不是相反。只是在很久之后，随着 1917 年布尔什维克的掌权，列宁的声誉才逐渐超越了卢森堡。

吸引卢森堡和列宁在 1905 年俄国革命之后越走越近的原因，在于他们各自对无产阶级在未来革命中所应扮演角色的理解。卢森堡依据 1905 年的革命经验认为，即使落后俄国所面临的直接任务是建立资产阶级的民主，但这一领导阶级却不是资产阶级，而应该是无产阶级。未来俄国革命的内容是资产阶级的，而采取的方式是无产阶级的，这一观点正是列宁的布尔什维克用来反对孟什维克的立场。卢森堡从不允许用任何组织问题上的差异掩盖无产阶级在现实革命中所应扮演的重要角色。

这一观点在 1907 年伦敦召开的俄国社会民主党代表大会上表现得十分明显。卢森堡明确表示支持布尔什维克，反对孟什维克，她主张：

---

① 卢森堡：《俄国社会民主党的组织问题》，皮特·胡迪斯、凯文·安德森主编《罗莎·卢森堡读本》，第 59 页。

② 卢森堡：《信条》，皮特·胡迪斯、凯文·安德森主编《罗莎·卢森堡读本》，第 271 页。

> 曾经我们认为资产阶级在我们的革命中不是也不会扮演无产阶级运动的领导者这个重要角色，同时，从本质上看，资产阶级在政治上是反革命的，而按照这个界定，宣布了无产阶级不是作为资产阶级自由主义的同路人（正如孟什维克的观点），而是作为政治独立于其他一切阶级的革命运动的先锋……①

与此同时，她也表明了对布尔什维克的批判，她写道：

> 真正的马克思主义同片面地过高估计议会斗争，就像它同机械地理解革命和过高估计所谓武装起义一样，是风马牛不相及的。我们波兰的同志和我在这方面的看法与布尔什维克同志们的看法是不相同的。

卢森堡对布尔什维克的批判，最终导致了她对1917年俄国革命之后实施的对民主的镇压政策的严厉批判。除此之外，卢森堡从未和列宁（包括考茨基和德国社会民主党）探讨过她所坚信的必须有一个严格纪律性的“先锋党来领导革命”的看法。她信奉为自由而战的自发性斗争和先锋党的传统组织模式，在这点上她是马克思主义传统最坚定的拥护者。“先锋党的领导”的概念，并非承袭马克思，因为他从未主张过组织形式单一的革命斗争，而应该是继承了马克思称之为“未来工人的独裁者”的拉萨尔的观点。拉萨尔的“科学是资产阶级知识分子而非无产阶级知识分子的工具”的论述，构成了第二国际中理解社会民主党的主流概念的基础。考茨基后来明确普及了这一观点，并转而被列宁所接受（并明确肯定考茨基是他组织上的导师）。后来第三国际的缺陷就在于对其成员党进行了相当力度的集中控制，这在第二国际的政治状况中可见端倪。

三　意识、自发性和组织的辩证法

卢森堡是如何将关于组织的先锋队性质和自发性革命的重要性相互结合起来的？我认为答案在她有关阶级意识的理论中。

---

① 引自拉娅·杜娜叶夫斯卡娅《罗莎·卢森堡，妇女解放和马克思的革命哲学》，伊利诺伊大学出版社，1991，第11页。

对卢森堡而言，阶级意识并不是革命性变革的外设或次要方面。她指出，只有通过社会个体所做出的与价值生产相决裂的有意识的决定，才能实现社会主义。这是她所论述的推进社会变革的理念和意识中的重要部分。与很多同时代人所信奉的庸俗唯物主义相反，她认为新的社会体系的创造和生产方式的变革从来不是一个盲目的、无意识的过程。资产阶级摆脱专制束缚的能力对推动资本主义成为一个全球性的体系来说至关重要，但如果没有知识革命来推动这一进程，却是不可能发生的。“国民经济学同启蒙时期的哲学学说、天赋人权说和社会学说一起，而且站在它们前头，成为自觉的手段、资产阶级阶级意识的表达方式，以及在某种意义上革命行动的动力。”① 正如资产阶级取得自我意识是其获得对无产阶级统治地位的前提一样，无产阶级的自我意识将使它能够取得反对资产阶级的胜利。

因此，对卢森堡来说，发展阶级意识是创造社会主义社会的最基础的决定因素，这个概念在她几乎所有的有关革命的活动和著作中都是不可剥离的，无论是在1905～1906年、1910年，还是1917～1918年。同时，她也意识到虽然群众意识的发展是创造新社会的必要条件，但却不是充分条件。而旨在弥合自发的无产阶级阶级意识和关于未来社会主义的成熟理念及现实之间裂缝的调解也是必需的。这并不意味着她认为（正如1903年的列宁那样）工人只有通过他们自身的努力才能获得工会意识。相反，卢森堡认为1905年俄国革命的经验显示无产阶级已经超越了单纯的工会意识。出于这个原因，她发现许多德国党的领导人仰仗德国具有组织性和纪律性的工会，从而没有意识到俄国无产阶级比德国的更加先进。事实则相反，俄国由群众罢工而唤醒的自发性宣告了“东方”的群众意识已经超越了“西方”。

然而，卢森堡从未质疑马克思主义知识分子的组织为工人运动提供领导的必要性。她明白，自发性反抗是最关键和重要的，这种反抗时而增强，时而减弱，像惊涛一样瞬间出现又瞬间消失。因而，对现存社会的各个方面进行马克思主义的批判就不能完全脱离自发性运动。为了推进斗争向着最终目标前进，就必须考虑到群众意识和社会主义理想之间的某些因素，而她从不质疑关于阶级意识和新社会的实现之间存在某种调解因素的假设。

我认为，卢森堡不去质疑群众和最终目标之间存在某种调解形式的必要性的立场是正确的。关键问题是这种必要的调解会采取怎样的形式？何种方

① 罗莎·卢森堡：《国民经济学入门》，三联书店，1962，第66～67页。——译者注

式的组织调解对于推进走向社会主义的群众自发性的阶级意识来说是必要的？

卢森堡认为这种组织调解的形式必须是一个统一的群众性政党。在这点上，她的立场与所有同时代的马克思主义者所采取的标准方法相一致，特别是将统一的“领导地位的党”作为信仰的第二国际的马克思主义者。即使卢森堡尖锐地批判了第二国际的领导者轻视自发的群众运动重要性的行为，但却认同他们关于政党组织的概念。这从她坚持保留部分德国社会民主党和第二国际的立场中可见一斑，即便它们已经出现了持续增长的保守主义倾向。虽然统一性的群众政党的概念是对群众自发性的否定，卢森堡对自发性的强烈呼吁却并没有引导她走向对统一的群众政党的质疑。因此，就像她的仰慕者卢卡奇一样，她认为推进自发性这一扩张性的理论与坚持先锋党的这一狭隘性的概念之间并不存在冲突。

事实上，卢森堡如此热烈地坚持需要一个统一的政党作为“领导”的立场，以至于在批判了作为主要领导人同时又放弃了革命立场的考茨基之后，她同时也拒绝了同事和追随者提出的脱离改良派德国社会民主党的所有要求。正如在给荷兰革命者亨利埃塔·罗兰·霍尔斯特的一封信中所提到的：

> 马克思主义者中间的分裂——不要把这种分裂同意见分歧相混淆——是致命的。你们现在想脱离党，我愿意尽一切努力来阻止你们这么做……你不能这么做；我们谁都不能这么做！我们不能站到组织外面去，同群众脱离联系。哪怕有一个最糟糕的工人党，也比什么都没有要好。①

有一个“最糟糕”的工人阶级政党也“比什么都没有要好”？既然我们已经知道了某些“工人阶级”政党所造成的灾难，那么今天能否再将这作为一个有效的看法？而1914年德国社会民主党投票支持一战这一严重的背叛行径，既不是第一个也不会是最后一个这样的灾难。

卢森堡强调自发性的自由斗争的至关重要性是正确的。事实上，卢森堡

① 见卢森堡1907年9月24日的书信，《罗莎·卢森堡全集》，柏林：迪茨出版社，1999，第307～308页。

思想遗产的最重要方面就是，她已经认识到再英明的领袖也无法预见革命的发展趋势，而群众中会爆发自发性的抗议和斗争。正是这一方面使卢森堡成为一个当代性的人物，特别是就当代难以预料的群众运动的出现而言，从阿拉伯之春和欧洲的反财政紧缩抗议，到乌克兰曼达广场的抗议活动和美国及其他地方的占领运动。然而，卢森堡同时也强调一个统一政党存在的必要性，即使那个政党已经逐步高度官僚化并越来越远离无产阶级“较底层”的部分。那么，为什么对自发性的强调和对传统先锋党组织模式的肯定这种双重性占据了卢森堡思想的绝大部分？

我认为有两个原因：

首先，像她那一代的几乎所有的马克思主义者一样，卢森堡理所当然地认为作为社会主义理论的创始人的马克思较少或并未谈论革命的组织问题。她认为，就像考茨基和列宁所说的，马克思是最重要的社会主义理论家，而拉萨尔是最重要的组织问题的理论家，他有关组织问题的理论和实践甚至超越了马克思。然而，这种观点是非常有问题的：马克思并不赞同先锋党领导的理论，他并不相信工人无法通过自己的努力实现获得社会主义意识，而必须由资产阶级的知识分子从外部灌输给工人。同时他也不相信需要有单一的组织来领导革命，相反，他在很多场合强调共产党人要以多种方式组织起来。

正如他在《共产党宣言》中所说的，共产党人的独特贡献是：(1) 国际主义而不是民族主义；(2) “共产党人始终代表整个运动的利益。”他继续论述，“共产主义者为其近期的目标以及对工人阶级的现阶段的利益而奋斗着。但在目前的运动中，他们也展示并关注着这一运动的未来发展方向”①。显然，马克思并不反对谈论关于未来社会的最终目标，问题的关键在于如何去实现。他反对任何倾向于建立独立于无产阶级的现实斗争的后资本主义社会的方案。最终目标必须建立在“由现有阶级斗争演变而成的实际斗争”② 的基础之上。任何未能充分论述革命的最终目标，包括取消资产阶级和价值生产等范畴，都被马克思认为是不

① 马克思和恩格斯：《共产党宣言》，《马克思恩格斯选集》，国际出版者出版社，1976，第 518 页。

② 马克思和恩格斯：《共产党宣言》，《马克思恩格斯选集》，第 498 页。

可行的，尽管它们有着诸多的追随者。①

而卢森堡似乎并没有意识到马克思的组织概念与拉萨尔有着重要的区别——因为拉萨尔几乎不谈论工人运动的最终目标问题。但也不仅仅卢森堡一人如此，所有马克思之后的马克思主义者都未质疑拉萨尔在组织概念上超越了马克思。卢森堡对拉萨尔的积极评价是显而易见的，在她 1907 年写给克斯特亚·蔡特金的信中可以看出：

> 我很高兴你对拉萨尔着迷。我也如此，且不会允许任何人或任何事破坏我的兴致。他仍对我有着重要的影响，并激励着我的工作、学习、劳动和科研。他以这样一种生动而巧妙的方式存在着。诚然，马克思更有力更现实，但却并不如此灿烂多彩。②

这是一个不可忽视的细节。拉萨尔关于组织问题的看法渗透了德国社会民主党和整个第二国际，前者本身就起源于 1875 年融合了拉萨尔的德国工人总联合会和马克思的追随者（所谓爱森纳赫党即德国社会民主工党）召开的哥达会议。然而，马克思坚决反对与拉萨尔派的合作，并在《哥达纲领批判》中进行了明确的指责。但马克思的批判并未与德国“马克思主义”领导者产生共鸣，倍倍尔与李卜克内西忽视了马克思对他们与拉萨尔派的妥协进行的批判，同时马克思自己也选择不出版《哥达纲领批判》。恩格斯最终在 1891 年出版了这一著作，用以表明他对德国社会民主党接受爱尔福特纲领的不满。但却并未产生重要影响。马克思对拉萨尔组织和理论上的“原则”所进行的批判在第二国际内部仍旧是一纸空文，它根本就不曾被提及。事实上卢森堡在探讨革命组织问题的诸多文献中几乎没有一次提到过《哥达纲领批判》。马克思 1875 年的批判并不是对一个理论吹毛求疵的做法，而是在本质上区别于拉萨尔的有关组织概念的阐释，但似乎没有人曾意识到这一点。的确，马克思与拉萨尔关于组织概念的巨大差异仍未得到确认。

---

① 更多相关论述详见彼得·胡迪斯《马克思关于超越价值生产的思想》，芝加哥海马凯特书店，2013。

② 格奥尔格·阿德勒、彼得·哈迪斯和安妮莉丝·拉施扎主编《罗莎·卢森堡书信集》，威尔索图书出版社，2011，第 243 页。

其次，也是最重要的，卢森堡并未将哲学作为马克思主义理论或组织问题的不可或缺的部分。当时占主流的观点认为哲学随着马克思对资本的批判走向了终结，并被政治经济学和社会学这类“实证科学”所取代。这一观点的前提是将哲学仅仅作为以阶级为基础的社会的一种表现，并伴随着阶级社会的消亡而终结。捷克的马克思主义人道主义者卡莱尔·柯西克在提到一位卢森堡最亲密的朋友和政治盟友时谈到了造成这一趋势的原因：

> 弗朗次·梅林拥护将哲学的历史仅仅归结为对阶级斗争的反映这一当时普遍的看法，并否认了哲学具有任何认知价值。哲学的历史成为虚假意识的历史、历史堕落的历程和时代的反映，它的客观有效性仅基于催生它生长的历史条件的存在。①

当然，卢森堡肯定就此与梅林有过争论，这反映在她从不单独从事马克思主义哲学理论的研究，如黑格尔辩证法（在她的全部文集中，卢森堡仅从黑格尔处做了一个涉及矛盾的一般问题的直接引用）。②

然而，认为随着马克思主义的发展，“这种”哲学被逐渐取消的观念是建立在将哲学和意识形态混为一谈的基础之上的。意识形态是对现存社会形式不加批判地接受和在脑海中的印记。哲学，至少以否定性为核心的辩证哲学，是不同的，因为它假设了一种对现实的批判和对获得解放的未来的展望。然而，一旦将哲学和意识形态混为一谈就容易得出随着阶级社会的消亡必然导致哲学话语的知识性表达的消亡的观点。这一观点在列宁 1914 年回归黑格尔和卢卡奇在 20 世纪 20 年代发展黑格尔主义的马克思主义之前的马克思主义运动中，都是毋庸置疑的，因此，马克思主义政治经济学的出现宣告了哲学的“终结”，而不是从一种哲学（前马克思主义）转向另一种哲学（马克思主义）。

由于没有理解马克思的马克思主义是一种新的哲学，它既建立在阶级意识产生于自发性斗争的看法之上，又同时超越了这一基础，因而卢森堡并没有探寻到一种超越拉萨尔的革命性组织概念的调解的概念。她仍旧依赖传统

① 见柯西克《哲学作为哲学的历史》。我想要感谢捷克科学研究院哲学所的伊凡·兰达教授提供这篇重要文章的翻译。同时参见柯西克《具体的辩证法：对人与世界的研究》（社会科学文献出版社，1989——译者注）。

② 见罗莎·卢森堡《国民经济学入门》，三联书店，1962，第 251 页。——译者注

模式的组织，即不承认哲学的解放作用，因为她与同时代人一样也认为哲学已经被马克思主义所“遗弃”。换言之，她并未意识到哲学解放过程中组织的责任在于调解，但同时，她又正确地坚信需要某种组织性的调解，于是走向了拉萨尔以来所理解的对政党组织的传统模式（后来被考茨基和列宁所承袭）。这就解释了她为何一方面肯定群众自主运动的自发性的绝对必要，另一方面又坚持不惜一切代价保持组织现存形式的统一性。

因此，她并没有解决她的组织概念所特有的模糊性——“同时对群众自发行动和先锋党的信奉”。正如美国马克思主义人道主义理论家拉娅·杜娜叶夫斯卡娅指出的：

> 卢森堡强调马克思主义运动是“阶级社会历史上第一个在任何时刻任何过程中都依靠组织和群众独立、直接的行动”。然而，她认为这自然意味着一个社会主义的整体概念，因而马克思关于革命的哲学理论也同样可以留给自发的行动，这一观点是错误的。①

这不是学术问题，更不是历史问题。相反，它冲击着我们这个时代的现实。历史已经清楚地表明，无论政治生活在表面上看起来多么淡定从容，在关键时刻群众会出现反对现存社会的自发性的反抗。在此过程中，他们多次创造新的组织形式来表达自己自发的创造性的冲动。在大多数情况下，这些组织以分散的、非分层的、反中央集权的形式出现。在1905年俄国革命期间工人组织的自发出现、在1918年德国革命期间工人和士兵议会的出现、在1936年西班牙革命期间工人和农民委员会的出现以及1956年的匈牙利革命都印证了这一点，而最近的阿拉伯之春和占领运动更直接表明了革命组织的反集权和民主化。不用怀疑这种自发性的斗争和组织的模式将在未来出现。而一旦出现，群众试图寻求的不再是那种为了彻底铲除资本主义而自发创造的斗争和组织方式，而是为了创造一个新社会，为了创造一个摆脱了异化的世界。当群众沿着革命方向前进的时候，他们总是去寻找理论家，包括组织集团中的理论家，由此他们可以学会怎样推进斗争以实现最终目标。群众本能地意识到需要在他们的革命实践和理想目标之间寻找到一种调解的方式。问题是这种调解应该是怎样的？是一种传统的分层结构的政党，利用群

① 拉娅·杜娜叶夫斯卡娅：《罗莎·卢森堡，妇女解放和马克思的革命哲学》，第60页。

众完成自己的目标，管理群众，并对他们的要求进行镇压，还是一个继续推进战胜资本主义的进程，并忠于自己的事业的集团或组织？这并不仅是一个疑问，也是我们的自问：如果群众来到我们面前询问如何战胜现存的社会，我们将怎么办？我们准备好了吗？如果丧失了一种解放哲学，我们能否准备好指引革命前进的方向？

四 卢森堡对 1917 年俄国革命的评论

卢森堡的小册子《论俄国革命》是探讨这些问题的最重要的资源之一，写于 1918 年她入狱的夏季和秋季，并在她去世之后，于 1921 年首次出版。

为充分把握《论俄国革命》的历史贡献，我们首先清除堆积在它身上的历史碎片。这些历史碎片来自后来评论家对卢森堡所做的截然不同的评论。一种观点试图利用《论俄国革命》去把卢森堡描绘成布尔什维克的狂热的反对者，尤其是列宁的反对者。这一观点是难以成立的，因为列宁曾经与卢森堡在政治事业上进行了多次合作（尤其在 1906 ~ 1907 年）。同时，卢森堡也赞同布尔什维克在 1917 年的掌权并将其视为一个重大的飞跃。此外，在《论俄国革命》中她对革命的支持也并不意味着她没有对布尔什维克进行尖锐的批判。另一种观点认为卢森堡是在对俄国现实缺乏直接了解的基础上写成《论俄国革命》，并因此选择不发表这篇文章（1921 年在被德国社会主义党驱逐之后，保尔·利维于 1921 年首次发表这篇文章）。这同样也是错误的：我们知道，在 1918 年秋卢森堡表达了她想要发表关于俄国革命的评论的意愿，并在 11 月再次向她的同事表达了她的这一兴趣。诚然，我们有理由相信卢森堡会对她的评论做出修改或完善，因为她从不认为她的工作——更别说其他人——像一些神圣的命令一样不需要反思。但是却没有证据表明她在 1917 ~ 1918 年前后收回了她对布尔什维克政策的批判原则。

我们应该关注她写这些评论的历史情境。仅仅在布尔什维克掌权一年，革命的紧要关头，卢森堡写了这篇文章。到 1918 年，苏联不仅受到来自内部的强大的反革命势力的攻击，也遭到来自外部的帝国主义势力的进攻。迄今没有一个美国人知晓 1919 年美国的武装力量已经占据了西伯利亚的部分领域，并试图进一步扼杀布尔什维克政权（这些细节都没有在我们的教科书中出现，就如同美英对强迫中国开展鸦片贸易进行了美化）。超过十余个的其他国家（准确地说是 17 个）参与了 1918 ~ 1921 年对俄国革命的围剿。

结合这些历史情境，有人可能认为卢森堡即便在很大程度上不赞同苏联的政策，但也会将不对其展开公开的批判视为明智之举。难道这些批判不会带给帝国主义敌人些许的安慰和帮助？卢森堡并未回避而是写下了这些批判性意见，并乐于让人看到她的观点，这不仅表现了她独立的智慧和意愿，而且展现了她在多年前与伯恩斯坦的论战、与考茨基的决裂、对任何呼吁民主自决权的强烈反对，以及后来她对布尔什维克在1905年俄国革命中所扮演的角色的批判。而最重要的是表明，对革命来说最大的帮助在于批判它的不足和缺陷。在卢森堡看来，马克思所说的“对一切现存事物的无情的批判”显然并不止步于反对已有的社会秩序，重点在于对现实的克服和超越。

因此，虽然卢森堡支持布尔什维克掌权，并将自己的观点与他们政策的许多方面相调和，但是，她又为什么对布尔什维克保留批判的态度？同时，尽管我们与卢森堡处在不同的历史环境之中，我们能从她的批判中学到什么？

应该指出的是，卢森堡这篇关于1917～1918年俄国革命的文章的特点是一种强大的革命现实主义，而并不期待革命去完成那些不太可能的任务。她写道，“社会主义的社会制度”是“一项宏伟的事业，它不是在瞬息之间靠自上而下的几道法令去完成的，它只能通过劳动群众的有觉悟的行动才能实现”。虽然革命的最初动因是夺取政权，但并不意味着仅以这一目标的完成而告结束。相反，获取政权仅是实现社会关系革命性变革的第一步，并且是一项只有依靠最广泛的群众参与才能完成的任务。因而，“革命的目标指明革命的道路，革命的任务决定革命的方法”，如果革命的任务在于实现工人的权力，那么工人自身必须成为推动革命的主导力量，否则，革命的方式和目的就是不相容的。在此基础上，卢森堡呼吁“让一切权力归工人士兵委员会”①。从这个角度来看，卢森堡支持布尔什维克在1917年的夺权和宣布对其声援就不足为奇了。

同时，卢森堡也意识到一个最基本的矛盾在蚕食着俄国革命：一方面是宣布“一切权力归苏维埃”，另一方面是将实际的政治权力集中到布尔什维克党的手中。只要和革命最初的几个月一样，布尔什维克保留着大部分支持苏维埃的领导者，这两方面是可以实现兼容的（虽然卢森堡开始意识到，

---

① 见卢森堡《开端》（1918年11月18日），皮特·胡迪斯、凯文·安德森主编《罗莎·卢森堡读本》，第343页。

可能是错误地意识到，对布尔什维克的支持来自农民而不是无产阶级)。但到 1918 年末至 1919 年初，一个不同的情况出现了：面对不断膨胀的内部反抗力量，包括很多苏联的工人，列宁和托洛茨基更加坚定了实行一党统治的信念。

这促使卢森堡攻击布尔什维克逐渐变成她所说的“独裁党”，并强调这与马克思所说的无产阶级专政概念相悖。卢森堡是马克思的一个睿智的读者，她知道在马克思为数不多的提到无产阶级“专政”的场合，意思并不是指少数人的统治，而是最大多数人的统治，即工人阶级自身的统治。当然，马克思和恩格斯指出 1871 年的巴黎公社是他们所谓“无产阶级专政”的生动实例。巴黎公社取消了常备军，剥夺了警察部队的政治权力；由工人合作社管理和组织物资的生产和分配，制定市级官员的民主选举方案。正如马克思所论述的，它将“迄今为止国家享有的主导权……交到公社的手中，并促使这种‘旧的中央集权的政府’让位给‘生产者的自治政府’”[①]。所有这一切都不是依赖于一个统一的政党或政治性的垄断权力来实现的。马克思提到，以往的革命是“被动地发展那些绝对君主制已经涉及的国家权力集中化和组织化，并扩大国家权力的范围和属性”[②]，而巴黎公社则相反，它试图通过自由联合起来的民众对社会进行非集中化、民主化的管理来瓦解国家机器。因而，以往的革命强调国家权力对社会的控制，而巴黎公社将社会的意愿加到国家之上。

然而，这一成就却与 1918 年俄国革命开始消退的几个月所出现的情况大不相同。社会不再将自己的意愿加到国家身上，而苏联却开始将国家的意志强加到布尔什维克党身上。这种情况日益严重，因此，卢森堡在这本小册子最有力的一章中写道：

> 列宁和托洛茨基的理论的根本错误恰恰在于，他们同考茨基完全一样，把专政和民主对立起来。……（我们必须）实施阶级的专政，而不是一个党或一个集团的专政，也就是说，最大限度公开的、由人民群

① 马克思：《法兰西内战》，《马克思恩格斯选集》第 23 卷，国际出版者出版社，1986，第 332 页。

② 马克思：《法兰西内战初稿》，《马克思恩格斯选集》第 22 卷，国际出版者出版社，1986，第 484 页。

众最积极地、不受阻碍地参加的、实行不受限制的民主的阶级专政。[①]

卢森堡指责列宁和托洛茨基与考茨基犯了同样的错误，尽管是从相反的角度。考茨基反对布尔什维克是因为他认为无产阶级专政和民主是对立的，他赞成后者。列宁和托洛茨基同样认同无产阶级专政和民主的对立性，但倾向于前者。尽管列宁、托洛茨基和考茨基的立场针锋相对，但却不是绝对对立的，因为他们都认为“有限民主”与无产阶级的统治是不可兼容的。

卢森堡采取了不同的立场，她发现布尔什维克从原则上拒绝普选权是“一个难以理解的措施”。她的政治理论一直在第二国际的政治背景下发展，在那里整个工人群众的不断扩大的特权被认为是必不可少的，即使卢森堡完全明白社会主义自身不能用选举的方式产生。从字面上可以看出卢森堡对布尔什维克采取这一方式的震惊。

她正是如此回应的，“社会主义不会也不能够被任何政府创造出来，无论这个政府是多么社会主义的。社会主义只能够被群众，被每一个无产阶级分子创造出来，只有那样才是社会主义，只有如此社会主义才能被创造出来。”[②] 她特别批判了列宁和托洛茨基将民主作为（用他们的话来说）一种“麻烦机制”并可以随意丢弃。卢森堡尖锐地反对关闭反对派报纸、取缔左翼政党和秘密警察组织，即契卡——后来成为斯大林晚期很多公职人员的训练基地。最有名的是，她认为自由从本性上来说，是不能被人们所赞同的东西而限制的，如果一个人是自由的，他也必须保障那些不同意见者的自由。

卢森堡并不是没有意识到革命所面临的危险——虽然即使布尔什维克面临更为有利的环境，它是否会接受卢森堡的建议也是有待探讨的，她坚持无论如何，面对俄国1917~1918年的社会现实，要推进革命，最迫切的就是要实现“最广大人民群众的积极的、不受限制的、朝气蓬勃的政治生活”[③]。显然，她呼吁要超越党内民主。

有人可能会说——事实上卢森堡之后很多人都持这一看法——认为她解读俄国革命的视角在很大程度上受到西欧民主传统的影响。而俄国有着截然不同的历史传统，所以卢森堡可能带着有些扭曲的视角来看待俄国革命。近

---

① 《俄国革命》，皮特·胡迪斯、凯文·安德森主编《罗莎·卢森堡读本》，第295页。

② 《我们的计划和政治环境》，皮特·胡迪斯、凯文·安德森主编《罗莎·卢森堡读本》，第368页。

③ 《俄国革命》，皮特·胡迪斯、凯文·安德森主编《罗莎·卢森堡读本》，第308页。

年来很多评论家认为列宁的政策是基于对俄国现实条件的正确理解，而卢森堡的批判则是以西欧普遍的标准和政策为基础的，对俄国来说则是不切实际的。

然而这个看法存在一个主要的问题：卢森堡虽然参与德国革命运动很多年，但她自己却是俄国和波兰革命传统的产物。相比俄国和波兰，她在德国更像是一个“外国人”，因为她参与了1905年的俄国革命并长期担任波兰王国和立陶宛社会民主党的领导。因此就不能责怪她不熟悉俄国的文化、政治和列宁在1918年所面临的历史环境。事实上，她从1905年到1914年多次指出俄国无产阶级已经领先于德国和西欧社会主义运动。

还应该注意的是，列宁和卢森堡一样也是西欧社会主义传统的产物。不仅因为他长期生活在瑞士，而且列宁也表示（至少在1914年以前）俄国的马克思主义者能够沿着西欧社会主义政党的路线实行民主选举的改革，以此作为资产阶级革命的一部分。因此，卢森堡和列宁的争论并不在于德国和俄国在文化、政治或历史上的差异，而在于马克思主义的原则问题。在卢森堡看来，从马克思主义的一般原则来看，没有民主就没有社会主义，没有社会主义就没有民主。

卢森堡强调民主和社会主义不可分离——不是作为遥远的目标，而是作为可以达成目标的手段——是卢森堡对俄国革命批判的最重要的贡献。

这显然是一个理想主义者的视角，但这是否也是一个理想主义者的幻想？布尔什维克面临巨大的困境，而面对政治和经济现实，他们必然做出一些妥协，这是可以预料的。但在我看来，卢森堡对布尔什维克所做的批判，并不在于他们做了什么，而在于为他们的行为指定一个原则。这是面对迫近的反革命势力而暂时采取的非友好的甚至是镇压性的措施。然而基于一些不可动摇原则进行捍卫则是另外一回事。后者是十分危险的，因为它将对革命采取的临时限制转变为考察革命（甚至包括尚未发生的革命）自身的重要参数。简言之，卢森堡怀疑列宁和托洛茨基做出了不必要的选择。他们试图根据既有的有限的政治和经济条件对马克思主义的基本原则进行重新定义，而不是承认自己的一些特殊政策虽然符合时宜，但却违背了马克思主义的基本原则。

那么，卢森堡对布尔什维克在1918～1919年所面临的政治突发事件进行批判的总体原则是什么？首先，显然是民主和社会主义的内在关系，这纯粹是一个政治问题，但也不仅仅是一个政治问题。民主和社会主义的不可分离涉及社会主义自身的中央经济内容。资本，正如马克思所说的和卢森堡所理解的，不是一个单纯的偶然现象，而是社会统治的根深蒂固的形式。它的根渗透到日常生活的方方面面，如政治、经济、文化，甚至最私人的思想和人际关系之中，它不可能被连根拔起。由于资本形式内在于日常生活的各个方面，而不是生活的附带现象，我们就不能仅仅通过改变日常的社会、个人和知识的存在条件来摆脱它。同时，这种根除只能来自社会的底层。这些来自底层的为自由而奋斗的首创精神和斗争力量（事实上就是理性精神）越被束缚，铲除资本关系的可能性就越小，即使是革命碰巧有最英明的个人来“领导”。综上，卢森堡对俄国革命的批评暗示着我们也应该对现状进行认真的思考：就算是最好的政党或领导者也不能彻底根除资本关系，因为资本并不仅仅是一个该抛弃的东西，而是只有通过改变人类实践的主题才能被消除的实践的客观化形式。

卢森堡留给我们的第二个原则是自发性的反抗和行动不仅仅是“制造”革命并在夺取政权后即刻终止的方式，相反，自发性行动必须在夺取政权之后继续发展。只有保持对阶级统治的永久性的对抗过程才能最终实现社会主义社会。革命必须持续不断。卢森堡早在 1905 年所写的关于群众罢工和俄国革命的文章就已经意识到了这一点。但在 1918 年的相关著作中她进行了更为深刻和清晰的阐述，虽然在她生前并未来得及对这一思想进行完全的发展。

总之，这两个原则涉及自 1917 年以来所有革命努力解决的一个重要问题，即如何创造一个生产资料公有制的社会。所有的马克思主义者都知道，只要生产资料还是归资产阶级私有，资本主义就不可能被彻底根除。因此，生产资料的集体或社会公有制是走出资本主义社会的必要前提。这绝不是不言而喻的，然而，为了创造集体或社会公有制，什么是必需的？表面上看起来，废除私有制和将生产资料的所有权转让给国家就足够了，但是如果这并不是个民主国家，那会如何？如果工人和农民并没有实际掌握生产资料，那会如何？所有制形式毕竟是一种法律关系；是一种次要的附带现象。而对任何马克思主义者来说最本质的问题是生产关系的性质。如果生产关系被官僚集团而不是被人民群众所控制，那么马克思主义所说的生产资料的集体所有制就不可能真正实现。

对此，马克思本人在《法兰西内战》（写于巴黎公社运动不久之后）中谈道：“如果合作生产不是一个幌子或一个骗局，如果它要去取代资本主义

制度，如果联合起来的合作社按照共同的计划调节全国生产，从而控制全国生产，结束无时不在的无政府状态和周期性的动荡，这样一些资本主义生产难以逃脱的劫难，那么，请问诸位先生，这不是共产主义，‘可能的’共产主义，又是什么呢？”[①] 显然，在马克思看来，如果生产关系不能直接被人民群众所掌控，“合作制”或集体所有制就是“一句空话或一种骗局”。卢森堡在对 1917 年俄国革命的批评中提到了一个关键点，她指出如果脱离了她所说的“不受限制的民主”，那么这种对生产资料的实际掌控就不可能实现，因为如果工人的民主权利被限制，无论是他们的言论、思想、道德还是表达自由被限制，那么他们如何能够自由地控制后资本主义社会的经济结构呢？

当然，很多自由主义和右翼评论家对俄国革命的批判，很多时候都试图站在自己的立场上歪曲卢森堡的批评。但这并不能掩盖卢森堡在她的小册子里所展现出的新奇想法的重要意义。总之，在卢森堡看来，西方“民主”不是（在我看来，现在也不是）真正的民主，因为在资本主义社会，工人阶级在异化的价值生产体系下屈从于自己的劳动产品。在 21 世纪所经验的生活环境下，我们可以从卢森堡的民主概念中学到很多。

这并不意味着我认为卢森堡对 1917 年俄国革命的批判不包含一些重大的局限性。试举两例：一是卢森堡对布尔什维克分给农民土地的政策的批评。她正确地认识到这些允许农民获得土地所有权的政策存在着潜在的威胁——发展成为一个私有权阶层并最终转而反对革命。但很难想象，如果布尔什维克或相关人士没有向农民承诺赋予他们土地所有权，那么他们在 1917 年的夺权如何可能。农民不顾一切地要夺回自己被剥夺的所有权，而一旦失去了农民的支持，则任何一个革命政权都不能长期保持自己的权力。此外，在赋予农民土地私有权或实行土地国有化之间，布尔什维克（卢森堡认为）只有唯一的选择——如果考虑到传统的土地耕作关系到 1917 年俄国革命时已经消失了，就像公社和村社[②]已经消失一样。但是我们现在知道真实情况并不是这样。像众多的俄国马克思主义者一样，卢森堡过高地强调了，俄国到 1917 年，传统的土地耕作关系的消失。不像马克思本人，很多

① 《马克思恩格斯文集》第 3 卷，人民出版社，2009，第 159 页。——译者注

② 二者都是传统的俄国特有的农村公社。以米尔（mir）为例，虽然米尔土地属于国家，米尔成员虽由公社主管理，但必须共同劳动，向国家提供税收和兵源，并分别为国家、公社主及村社管理者交税。——译者注

马克思主义者在他去世之后，倾向于坚持历史的单线进化论，即认为社会的发展沿着自然的不变“法则”，在一个严格的、实现规定的模式中发展。然而，这种单线进化观和历史决定论是要付出代价的：这种理论立场无法让你达到对关键的社会现实存在的认识。

另一个局限是她对布尔什维克赋予前沙皇统治下的民族以民族自决权的批判。当然，卢森堡从最初开始就一直反对民族自决权的诉求，并视之为一种“反动”行为。她反对列宁所坚持的乌克兰、波罗的海国家以及其他地区应摆脱俄国的统治并获得相应的权力，不仅不顾这些国家为获得独立而进行的强大运动，而且也未能有效阻止一直影响俄罗斯历史的民族沙文主义，并且可以说，直至今日也是如此。相反，列宁正确地意识到除非这些曾经受统治的民族获得了自身的独立，否则难以从俄罗斯沙文主义的态度中摆脱出来，尽管这一行动可能在短期内损害这些国家的革命力量。在此基础上，列宁强烈支持乌克兰的独立（而他是否在行动上遵循了他的言论则另当别论）列宁指出：

> 无产阶级不能不反对把被压迫民族强制地留在一个国家的疆界以内，这也就是说，要为自决权而斗争。无产阶级应当要求受“它的”民族压迫的殖民地和民族有政治分离的自由。否则无产阶级的国际主义就会始终是一句空话，被压迫民族的工人和压迫民族的工人之间的信任和阶级团结都将无从谈起。①

五　结论

卢森堡对于革命之后会发生什么的政治观点比以往更加重要了，我们已经经历了100多年革命的流产和失败，并走上了与她所期望的不同的道路。诚然，她的批判，单独来说，并没有“回答”一旦革命被制造出来，如何确保不让一个新的官僚集团或统治阶级去掌握权力。但是结合今天我们所享有的其他资源——从西方马克思主义和马克思主义的人道主义对待马克思著作的传统来看——她的工作提供了一个重新反思革命的新的批判的出发点。

---

① 引自斯拉沃热·齐泽克《长着人类面孔的野蛮主义：齐泽克论乌克兰》，《伦敦书评》，2014年5月8日，第36～37页。

这并不是说她的工作不包含一些重要的局限和缺陷，特别是结合当前现实来看。卢森堡没有（正如我在前文所说）对马克思思想的哲学基础给予足够的关注，事实上这也是第二国际中她的同事的通病。她同样也没有当前所需要的看待起义和革命主体力量的扩大的视角：她将无产阶级作为革命的唯一主体，而不去强调少数民族、妇女和青年人在捍卫自身权利斗争中的主体地位。最重要的是，她并未明确提出超越任何没有彻底取消价值生产的社会主义理论的必要性。

在我看来，我们不能谴责卢森堡没有将马克思的马克思主义作为一种独特的革命哲学，其对资本的批判提供了一种有力的暗示——后资本主义社会的本质在于同时超越了“自由市场”的资本主义和中央集权的社会主义。毕竟，很多马克思的重要著作，例如《1844 年经济学哲学手稿》《政治经济学批判大纲》和《人类学笔记》对卢森堡来说是未知的。但我们现在不能再以此为借口。我们的时代已经经历了很多试图克服资本主义的方案的失败，表明迫切需要一种解放哲学来为行动指明方向。当然，卢森堡创造性的革命概念仍是一个强大的灯塔。但正因如此，我们需要探究理论和实践、哲学和革命之间的新的关系，这对卢森堡时代的革命者来说却并不是必需的。我们对我们的导师所能怀有的最大敬意不在于重复他们的言行，而在于在我们的现实世界的基础上批判地反思他们的贡献。

“左翼党”与联邦德国的左翼政治*

〔德〕格雷戈尔·居西 著　郇庆治 译

摘　要：德国左翼党及其政治的基本特征是，对议会民主持积极的态度，但希望超越资本主义的束缚来扩展议会民主，最终目标则是战胜资本主义，采取生态化的生产方式以及建立实现解放的社会主义社会，而不追求与资本主义实现和解。至于与马克思主义理论的关系，德国左翼党已摆脱了教条式的马克思主义，基本放弃以某一种理论为取向，而欢迎所有认为自己是社会主义者的人加入左翼党的行列一起努力。尽管如此，为了正确分析现代资本主义社会及其阶级状况与危机，我们仍须借助卡尔·马克思和马克思主义理论。若不如此，无异于科学上的自我解除武装。

关键词：左翼党　左翼政治　联邦德国　欧洲政治　社会主义

作者简介：格雷戈尔·居西（Gregor Gysi），联邦德国政党“左翼党”（*Die Linke*）的主要领袖之一，现任联邦德国议会下院“左翼党”党团主席。

译者简介：郇庆治，北京大学马克思主义学院教授，博士生导师。

或许有必要首先介绍一下我所在的“左翼党”的主要特点，因为西欧和北欧也有类似的政党。南欧的形势有些看不透，而东欧则很难找到作为这样一种政治力量稳定存在的相似结构。

* 本文是2014年4月25日格雷戈尔·居西应邀在北京大学马克思主义学院演讲的修改稿。

一 “左翼党”与“左翼社会主义”

目前，欧洲政治学家使用“左翼社会主义”一词时，主要是指一个政党家族，但仔细观察就会发现，该政党家族的成员包括截然不同的政党。这些政党的共同之处在于，它们都是比社会民主党更左的政党，但这并不意味着它们不会与社会民主党结盟。尽管苏联式国家社会主义已经失败，但比社会民主党更左的政党仍有一席之地，这与资本主义在冷战结束后的发展有关。在冷战时期，西方资本主义（美国和西欧）进行了颇为成功的尝试，即通过制定吸引人的社会纲领迫使苏联及其盟友进行防守，并最终使其解体。其基本做法是，利用资本主义经济增长不断提高下层民众特别是工人阶级的生活水平，同时又通过由此带来的大众化消费为资本主义增长提供一种消费结构。如此一来，资本主义制度便能够在苏联及其盟友面前显示其制度优越性，因为它能够提供更多的财富和民主。

不过，我想强调一点：西方资本主义同时也是被迫走向这条道路，即把资本主义经济增长与不断增加的普遍富裕相结合，因为在制度竞争时期，这条道路对它来说无异于购买一份寿险。

苏联及其盟友为何未能够赢得这场竞争？我们必须换个角度来讨论这一问题：该制度为什么无法适应民众的政治共塑需求与富裕需求？为什么遇到了进一步发展上的限制？有一点是明确的：当时对“计划经济”的看法过于僵化和官僚化。这两点中的前一点妨碍了对需求满足做出适当的回应，而另一点则妨碍了政治共塑。然而，这只回答了一半，许多人认为自己知道另一半的真相，但很多时候，只不过是业已被证实的反共偏见而已。坦率地说，该社会制度尚有许多未完全明确之处，尚无法做出令人满意的解释。毋庸置疑，我们确信民主的必要性。在专制制度下，尽管落实事情的速度会快一些，但却会有陷入停滞的趋势，因为一般来说，专制制度不会进行民主转变，也几乎不会诞生新思想。此外，专制制度下往往会侵犯人权和公民权利。在已不复存在的那个德国，即德意志民主共和国，停滞明显表现在对权利的侵犯上。

让我们重新回到下述论点，即制度之争迫使西方资本主义如此发展（普遍富裕、大众民主）。倘若如此，我们便应当做出下述推断，即当苏联式的社会主义计划经济转入停滞阶段时，这种必然性将会重新消失。事实的确如此。随着这种社会形势的终结，可以放弃所有人普遍富裕的思想在德国和其他西方国家政治阶级内部便流传开来。结果是，形态各异的新自由主义遂成为主导思想。

20 世纪 90 年代，西欧掀起了第一次由保守党和自由党推进的新自由主义政策浪潮。90 年代末期，我们可以看到，（几乎同时在德国、法国和英国）民众想摆脱占据主导地位的保守思想，实行社会民主主义的政策。社会民主党人自信地认为，新的社会民主主义世纪即将来临，无论如何，当时欧盟大多数国家执政的都是社会民主党政府。但是，社会民主党已经发生变化，它们接受了新自由主义，试图改造“社会公正”等概念。许多社会民主党的选民感到失望，结果，可称之为“代表赤字”的现象产生了：许多公民认为议会制度未能反映其政治需求。

应对这一代表危机的方式有许多种。有些欧盟国家出现了右翼民粹党，有些则成立了新的政党（德国的“左翼党”和法国的“左翼党”）。金融和欧债危机的影响更是加剧了这一趋势（在希腊，激进的左翼联盟正在崛起成为最大的政党）。在斯堪的纳维亚国家，原来的共产党发展成为左翼社会主义政党。当然，也有着不尽如人意的发展：令我遗憾的是，曾经非常强大的意大利共产党遭遇了可怕的衰落。同样令人不快的是东欧各国的发展，尽管这些国家也时常有新的左翼社会主义政党成立，但就其长期立足而言，形势不容乐观。

尽管这些政党具有各自国家的特征，其诞生的历史亦各有特点，但我们可以发现，它们都具有如下共同特点：这些政党都对议会民主持积极的态度，但希望超越资本主义的束缚来扩展议会民主。此外，所有政党的目标都是最终战胜资本主义，采取生态化的生产方式以及建立实现解放的社会主义社会，不追求与资本主义实现和解，但资本主义运作良好的东西必须在转型时期予以保留。比如说，经济效率，也包括市场能够带来的经济效率。不过，市场经济不适用于公共生存保障，也就是说，不适用于卫生、教育、能源和水供应、交通以及某些文化和体育领域——必须承认，资本主义在研究、科学和文化艺术领域创造了最高成就。同样，可以但绝非必须实行政治民主结构，而在经济上则根本不可能搞民主。这些政党已经开展了多种形式的合作，有统一的“欧洲左翼党”，而在欧洲议会里也有左翼党议会党团。当然，我们也能经常清楚地看到各党之间的巨大差异。例如，法国的两大左翼政党（左翼党和共产党）与我们德国左翼党在核能的未来以及外交与安

全政策问题上的意见就大相径庭，这方面可以讨论的还有很多。

左翼社会主义政党的上述特点表明，它们不仅与社会民主党之间有着明确的界限，也与苏联特点的共产主义迥然不同。早在第一次世界大战结束之后，欧洲的左翼社会主义政党便具有这种双重不同。在德国，有德国独立社会民主党（USPD）和社会主义工人党（后来的社民党重量级政治家维利·勃兰特便来自后一个党）。在奥地利，社会民主党内部存在着颇有影响的奥地利马克思主义派，同样具有"左翼社会主义"的特点。这并不只是简单地反对共产主义，左翼社会民主党人只是意识到，苏联建立社会主义社会的努力失败了，因而必须重新思考和制定社会主义政策。

迄今为止，我谈的都是欧洲的左翼政党大家庭。正如其他左翼政党一样，德国左翼党也有它自己的特点。众所周知，现在的德意志联邦共和国的前身是两个德国。德意志民主共和国（DDR）是在苏联影响下发展起来的一个国家，而原德意志联邦共和国（BRD）的发展则是受到了美国的影响。民主德国的国家党是德国统一社会党（SED），国家社会主义终结之后，该党演变为民主社会主义党（PDS）。在原联邦德国，德国共产党（KDP）于1956年被禁止活动，极端反共的气氛决定着当时的公共生活，而德意志民主共和国及其国家党"统一社会党"对此也起了一定的推动作用。在法国或意大利，这种规模的反共很难想象。发展到后来，统一后德国的东部便成立了具有议会影响的社会主义政党，即民主社会主义党，而在原联邦德国地区，该党始终未能站稳脚跟。只是由于转向新自由主义的社会民主党令部分选民大失所望，才得以成立了一个新党，即"劳动与社会公正选举抉择党"（WASG）。若不加细分，我们可将该党看成具有左翼社会民主主义色彩的政党，但WASG仅在原联邦德国地区具有影响，在东部地区影响不大。完全可以理解的是，作为左翼社会主义政党的"民主社会主义党"和作为左翼社会民主主义政党的"劳动与社会公正选举抉择党"应当合并，而不是相互竞争。结果，2007年两党实现合并，自那时起，便有了"左翼党"。当然，合并之后的新政党总会有些摩擦和内部冲突，因为两党的政治传统、政策风格以及受传统与风格影响的人各不相同。不难理解的是，为了共同的纲领必须容忍某些东西。

既然讲到了共同纲领，下述问题或许也是大家感兴趣的：该政党还有多少东西是马克思主义的？国家社会主义崩溃造成的后果之一是，民主社会主义党摆脱了教条式的马克思主义，基本放弃以某一种理论为取向。我们对自己政党的理解是，所有认为自己是社会主义者的人都可以加入左翼党的行列一起做事，这当然也包括马克思主义者。但更为重要的是，为了分析现代资本主义社会及其阶级状况与危机，我们仍须借助卡尔·马克思和马克思主义理论。若不如此，无异于科学上的自我解除武装。在此仅提到一点：目前的金融与欧债危机再次表明，建立在资本主义基础之上的民主统治是何等脆弱。在对危机理论感兴趣的民主理论看来，马克思的有关波拿巴主义理论仍具有现实意义，欧盟危机引发的激烈争论也表明了这一点。

二　联邦德国的左翼政治

就德国的政治制度而言，全国范围内有三个政党或多或少属于“左翼”，即社会民主党、绿党和我们“左翼党”。首先，我想谈谈左翼力量为什么没有重新整合成一个政党。我认为，这与晚期资本主义社会中政治利益及其需求的不同有关。若要简短勾勒社会民主主义的特点，可以说，它诞生之时，工人阶级还是一个被剥夺了社会和政治权利的阶级。社会民主党支持该阶级争取社会与政治解放的斗争，而这场斗争日后具有了革命的形式。之后，社会民主党以改革的方式将其政治诉求重新解释为“融合”事业：其目标不再是以革命的方式消灭资本主义，而是将工人阶级融入资本主义制度中。其关键在于以下目标：工资的增长应以劳动生产率的增长为标准，增长的大众需求应成为经济持续增长及扩大就业的需求基础，国家则应通过自己的投资克服疲软景气，即自己生成需求。无疑，发展技术和社会基础设施对此再合适不过。围绕这一经济核心，还逐渐建立起了社会保障体系。若想对资本主义国民经济进行这样的宏观调控，无疑要求国家不能听任金融市场的摆布，相反，国家在很大程度上需要去规制资本主义。从某种意义上说，20世纪80年代以前，我们可以将“社会民主主义”理解为一项致力于从经济和社会政策上限制资本主义的政治事业。在这个时期，一切都是为了确保经济持续增长。为此，必须满足三个条件。首先，必须控制南半球国家，使其在结构上依赖于北半球的工业国，也就是说，国际经济关系中的剥削结构不可避免。其次，这种经济模式荒谬地认为，原材料和其他自然资源的供应将不受限制。最后，这种经济模式认为，自然环境可以承受无限的压力。套用马克思的话说，我们迄今观察的只是资本主义生产过程的“材料面”。仅此即已表明，这种形式的资本主义无法移植到全世界。

20 世纪 70 年代，人们开始意识到增长的极限以及采取保护自然与资源的其他生产方式的必要性。偏执于增长的社会民主主义不可能拥有政治未来，相应地，需要成立新的替代性政党，绿党遂应运而生。欧洲其他国家也成立了绿党，或多或少均有左翼特点。绿党被划归左翼阵营并不总是能够令人信服，这有其历史原因。绿党支持另外一种意义上的进步，这令其不仅与社会民主党发生了冲突，也与保守党发生了冲突。反对守成力量的进步派，在我们听来，总会带有些“左”的色彩。

左派阵营发生的下一次分裂，源于社会民主党人偏离了下述思想，即所有社会成员都有要求社会保障的权利。社会民主党人开始采取新自由主义路线，从而造成部分工人阶级与失业者处境恶化。这样一来，德国便有了左翼党诞生的空间。

可以看出，上述三个党所代表的政治利益与需求群体并非能够毫无矛盾地和解。因此，我们很难设想形成一个绿色——社会民主主义——左翼社会主义党，并且在可预见的未来也不可能。

但分歧远不止这些。例如，社会民主党传统上不排斥国家官僚主义，可以不无讽刺地说，社会民主党是德国真正的国家党。直至 70 年代持续运作的晚期资本主义工业国家的增长模式，强化了国家官僚主义，包括社会福利的官僚主义和基础设施规划的官僚主义。特别是在后一个方面，某些资本集团与官僚国家密不可分，由此便产生了社会民主党与国家官僚主义的密切关联。在这方面，左翼社会主义持有怀疑态度。一方面，这与国家社会主义的国家官僚主义的最终崩溃有关；另一方面，左翼社会主义强调更多的民主，以调控现代社会的发展。由于计划官僚主义与传统工业的关联，绿党对其持明确反对的态度。可以看出，德国的左翼政党在与国家官僚主义的关系方面存在分歧。

当然，还有其他分歧，如德国的外交与安全政策以及欧洲政策。就外交和安全政策而言，联邦德国自称奉行“负责任的”政策，意指重新统一之后的德意志联邦共和国必须承担更大的责任。其实，单从词语的选择便可窥见这一模糊的把戏，因为没有人会严肃地声称，原联邦德国奉行的外交安全政策不那么负责任，甚至打上了冒险的烙印。这种说法另有所指。冷战结束十年之后，北约推出了新战略文件（这期间做了进一步的修订）并进行了深刻的调整，决定将原来的防御同盟改变成干涉同盟。自那时以来，北约声称自己对全球都负有责任，无论有无联合国授权。因而就主流想法而言，所谓“负责任”的意思是：不要持批评态度，一起干就是了。但问题在于，社会民主党和绿党与北约及其政策同流合污，而北约政策事实上就是美国外交政策的延续。在德国议会即联邦议院中，左翼党是唯一拒绝该路线的力量。此外，对于“责任”所包括的内容，我们还可以从目前的乌克兰危机中看出：西方犯下了它能够犯的所有错误。

上述分析只是极不完整地概述了德国左翼政党之间进行合作的困难。当然，具体议题上情况则不尽如此，各党会努力进行合作，特别是在地方和州的层面上加强了合作。

三　左翼政治面临的突出问题

接下来，我想集中讨论一下左翼政治应当研究并克服的三个突出问题。

1. 新自由主义危机

国际金融危机使新自由主义的资本主义发展模式同样陷入了合法性危机。金融驱动的资本主义积累能够带来持久富裕和社会公正分配的指望没有实现，反而被证明是幻想。然而，这并没有让人们开始热切寻找替代性发展模式，相反，新自由主义进入了一种“僵尸”阶段：没有人想成为主张放松管制的思想家，而欧盟各国政府特别是德国政府所做的恰恰是迎合大金融业主的要求。当然，它们舍此也别无选择：在长达十余年的时间里，人们骄傲地对国家机器进行了“瘦身”，可现在，财政部却突然要指望外部专家的意见，结果是，金融业领域可以撰写法律草案。此外，德国大学的教授席位，已很少由持批评态度甚或马克思主义的经济学家担任。欧盟其他国家的情况，我无法评判。正如安德里亚斯·费舍尔－莱斯卡诺（Andreas Fischer-Lescano）辛辣指出的那样，高校机构已经变成了金融市场的军校。在此，受过经济学教育的新生力量发生了经济上的可怕变形。

克服所谓欧债危机时，我们也有同样的经历。之所以说是“所谓”，是因为欧元本身并未陷入危机，也就是说并未发生货币危机，是欧元区的一些国家出现了危机式的发展，究其原因，乃是欧元设计缺陷导致的。欧盟采取的解决方案不仅没有实现真正的问题解决，而且导致了大规模贫困，但该解决方案却使得大金融公司不必承担共同责任。

按照新自由主义模式，危机的解决是通过让全社会承担解决危机的成本来实现的，具体说来，由工人、雇员和领取养老金及社会福利者负担。

的确，持批判性态度的经济学家提出了替代性建议，也得到了左翼党等政党的支持，但由于上述知识分子和政治力量过于势单力薄，无法贯彻其建议。在此领域，我们仍可以清楚地看到曾经令社会民主党人和绿党臣服的新自由主义思想。若非如此，德意志联邦共和国本可以采取其他克服危机的方法，尤其是鉴于德国在欧盟中可观的经济分量。不过，这也表明，社会民主党和绿党能够认识到形势的严峻是何等重要。

尽管如此，我仍寄希望于德国社会民主党内再度萌生权力意愿。永远做反对派，或者在保守派政府中当小伙伴，这不是社会民主党的未来选择。若想如此，社民党就必须从思想上摆脱最近的做法，寻求与早已能够描绘左翼事业的德国知识分子建立联系。

2. 国际政治：要合作不要对抗

恰恰在国际政治领域，我认为，德国和欧盟正处于十字路口。我想借助最近发生的几次冲突对此加以说明。

先让我们从最近的例子即乌克兰危机开始。令人纠结之处在于，冲突各方都既有做对的地方，也有做错之处，否则情况不会如此复杂。

侵犯主权国家的领土完整就是侵犯国际法，这种说法完全正确。但问题是，政治从来都不仅仅是说出正确的话，说出正确话的人至少必须具有一定的可信性。在这方面，北约的处境极其不利，美国和北约经常无视现行国际法，违反国际法或者绕过它，国际法对它们来说不是什么问题。在很长一段时间里，美国和北约的行为让人感觉不必严肃对待俄罗斯这个国家的安全利益。这样做有可能导致俄罗斯对西方的态度发生变化，对此西方要么没有意识到，果真如此，实在是幼稚得令人难以置信；要么就是认识到了，于是便产生了现在的后果。西方利用冷战的终结，继续削弱和孤立俄罗斯，狂妄地认为自己是世界的主宰。现在，我们面临的是冷战时期行为与思维模式的复活。

当然，欧盟有权利深化与乌克兰的关系，乌克兰也有权利与能给自己带来最大希望的伙伴深化关系。然而，俄罗斯和欧盟却都将乌克兰逼到了必须选一边站队的境地，乌克兰内部由此爆发了冲突。事发之后感觉到出乎意料，还是说明人们要么是幼稚到了无以复加的地步，要么就是对可能造成的后果在所不惜。

那么，美国在此又扮演着怎样的角色呢？美国当然想削弱和孤立俄罗斯，但俄罗斯会在联合国安理会“找麻烦”（中国有时候也会这样），从经济上剥削这个资源丰富的国家已不再像叶利钦时代那么容易。此外，欧盟又一次未能从外交上摆脱美国以致任由北约摆布。

德国的左翼政党必须认清这一事实，但看起来唯有左翼党有此意愿，而这也严重影响到了我们同德国社民党，特别是与绿党之间的关系。

另一个例子是国家安全局丑闻。受到广泛调查的不仅是美国的敌对国家，也包括其亲密的盟友。我们还知道，政府也难免被调查。那么，德国政府做了什么呢？它什么也没有做。这样一来，联邦德国对美国的忠诚便削弱了德国的法律制度。一国若拥有主权，那么主权肯定不是在孤立于其他国家自己过日子的意义上存在。主权的核心在于人民制定法律并希望践行法律。然而，如果无法继续信任法律，主权亦将减损。因此，我们有充分的理由反思是否必须重新调整德国对美国的关系。无疑，德国“左翼党”与其他左翼政党在该问题上存在着巨大的分歧。不过，德国社民党和绿党都有可以继承的传统，这可以缩小我们之间的差距。

3. 社会公正是生态改造的前提

在这一问题上，德国左翼党的立场介于绿党和社民党之间。对工业社会进行生态改造曾是绿党的核心关切，社民党是同该事业相距最远的。左翼社会主义者能够提出自己的一系列政策观点，甚至能够加快生态改造。

首先，作为熟悉马克思、恩格斯的政党，左翼党当然认为，自己必须代表进步。这其中也包括生态改造的生产力一面，恰恰在该领域不能“踩急刹车”。而我们也知道，资本主义的利益和内在冲突恰恰能够触发这一点，即生态改造中的“制动效果”。我们关心的是，在破坏环境的生产领域工作的工人怎么办？生态改造项目难道不会危及他们及其物质收入基础吗？我们不应低估这个问题。相关资本组合和工人阶级中的某些群体会结成一种阻碍联盟，其速度要比我们想象得更快。轻视和祷告都无济于事，因此，生态改造若想取得成功，其前提条件就必须包括社会保障、工业转型以及就业保障。

其次，这就涉及另一个问题。生态改造不是某一个国家便能够实施的区域性项目，气候问题已清楚地表明了这一点。西欧和美国近一百年排放的二氧化碳不仅影响到美国和西欧，还影响到整个人类社会。然后，便来了比尔·克林顿等聪明人，告诉人们如果十亿中国人都过上普通美国人的生活，那将是一场人类灾难。这句话不仅愚蠢，而且不负责任，因为其目的在于对美国的特权加以辩护：我们想怎么生活就怎么生活，但你们不行！如果我们

认为每个人都拥有自然消耗权，同时又不想否认印度、中国以及许多其他国家的发展权，唯一可行的做法就是北方发达工业国积极支持其他国家（技术和资本转让），在新的环保技术的基础之上发展自己的国民经济。当然，这仅是平等思想的生态解释，但除了团结，我们别无选择。

对此，左翼党确实可以在绿党的现代化要求与社会民主党的惯性之间进行调和。此外，德国的左翼事业必须能够促进国际社会公正地处理生态问题。

或许你们会问，我为何经常讲到左翼党的“左翼社会主义”特点，却又没有详细论述其社会主义的目标设想。在我看来，马克思有关社会主义目标设想的著作的最明智之处在于，他拒绝描绘乌托邦。在他之前，已经有很多人这样做了。我们所继承的社会主义遗产是致力于将人从其社会束缚中解放出来。资本限制了某些自由的释放，我们正在为消除这些限制而奋斗。正如马克思、恩格斯所阐明的那样，我们的目标是建立一个没有阶级的社会，在这样一个社会里，个人自由是所有人自由的前提和条件。

这些政党都对议会民主持积极的态度，但希望超越资本主义的束缚来扩展议会民主。此外，所有政党的目标都是最终战胜资本主义，采取生态化的生产方式以及建立实现解放的社会主义社会，不追求与资本主义实现和解。

马克思演进中的价值概念与卢森堡的遗产*

〔美〕保罗·赞姆贝卡 著　薛方圆 译

摘　要：文章全面梳理马克思价值概念的发展过程。1847 年，马克思指出经济范畴是由社会决定的，随后 1859 年引入抽象劳动的概念，1867 年又引入了劳动力的概念，并认为价值是交换价值的实体但又不同于交换价值。马克思曾向恩格斯指出，价值概念预设了所有不发达的、前资本主义生产方式的解体，这些生产方式整体上不是被交换所控制的。这个预设反映在《资本论》关于充分的、完全的资本主义生产方式的构想中。然而，这种完全的资本主义构想，损害了在马克思主义中应有的对“资本积累”的理解。价值概念一定包含非资本主义生产方式的持续渗透，这正是卢森堡政治经济学遗产的核心。卢森堡在政治经济学领域的研究是对马克思工作的清晰的延续，虽然她是以不同的方式来研究这一问题的。可见，价值是马克思理解资本主义生产方式的基础，也就是说，它是《资本论》的理论核心。但是，

* 关于这一主题的工作，源于十几年前的几次会议。与本文颇有不同的早期手稿，第一次是为在日本举办的第 51 届政治经济学年会“现在的政治经济学——马克思主义再评价”准备的，2003 年 10 月 18～19 日，武藏大学，东京；以及《重新思考马克思主义》杂志所举办的第五届国际联欢会“马克思主义与世界舞台”，2003 年 11 月 6～8 日，马萨诸塞大学阿默斯特分校。随后的手稿是为“像两头烧的蜡烛：罗莎·卢森堡和政治经济学批判”会议准备的，2004 年 12 月 16～18 日，贝加莫大学，意大利。很长一段时间以后，手稿经过全面修改提交给“《资本积累论》出版 100 周年：在对帝国主义的经济解释上所做的贡献：历久弥新、发人深思的重大世纪之作”研讨会，柏林，2014 年 3 月 7～9 日。以及“罗莎·卢森堡系列讲座暑期班暨‘社会与自然’全国博士生论坛”，武汉，2014 年 7 月 1～5 日。最后一次修订是为 IIPPE 会议“危机：福利、政策、冲突与替代方案”，那不勒斯，2014 年 9 月 16～18 日。

如果我们让它蕴含着非资本主义生产方式不断解体的意义，价值概念会被“污染”吗？

关键词：价值　劳动　资本积累

作者简介：保罗·赞姆贝卡（Paul Zarembka），美国纽约州立大学布法罗分校教授。

译者简介：薛方圆，北京大学马克思主义学院博士研究生。中南财经政法大学马克思主义学院熊敏副教授校对了译文。南京财经大学崔向阳对本文翻译也做出了贡献。

在马克思生前未发表的《1844 年经济学哲学手稿》中，他毫无异议地使用了古典政治经济学家的概念。“资本、积累、竞争、劳动分工、工资、利润等等，这些都是古典政治经济学的概念，当马克思发现这些概念时便不做任何改动地直接引用，没有赋予它们任何新的内涵，也没有修改它们的理论结构。”（阿尔都塞，1974，第 109 页，脚注 4）。1845 年，马克思确实开始引入新的概念：生产方式、生产关系和生产力，但从现有的文本依据来看，至少是在 12 年以后才实现了概念范畴上的进一步拓展。在某种意义上，马克思的概念建构过程不仅仅是对 1844 年理论的阐述，也表明了一种理论关注点的转移，并在《资本论》第 1 卷时期首次达到高潮，但即便在那之后，这种转移仍在进行。

一　马克思价值概念的演进过程

我们将把注意力集中在马克思公开发表的著作，而不是那些他生前未发表的作品（尤其是《1844 年经济学哲学手稿》及《政治经济学批判大纲》）。可以看到，价值是马克思理解资本主义生产方式的基础，也就是说，它是《资本论》的理论核心。由于某一概念的演进过程对于理解这一概念是根本性的，我们将梳理“价值”概念从 19 世纪 40 年代开始的发展历程。基本上，我们不能接受 23 岁的马克思（博士论文时期）或者 26 岁的马克思（《1844 年经济学哲学手稿》时期，马克思生前未出版）与 54 岁的马克思（《资本论》第二版时期）的理论是始终如一的。因此，也不能同意

Baronian 在他的著作《马克思与活劳动》中所做出的论断，即“从 1844 年起，马克思确立了批判方法的两个任务，这两个任务显示了马克思的著作从博士论文以来的强烈的一致性”（第 6 页）。相反，随着马克思思想的成熟，他的关注重点和理论支点也发生了改变。

1.《哲学的贫困》(1847)：经济概念是由历史决定的

> 我们见解中有决定意义的论点，在我的《哲学的贫困》中第一次做了科学的、虽然只是论战性的概述。(马克思，1859，第 264 页)

正是在 1847 年，马克思发表批判普鲁东的著作即《哲学的贫困》时，他的理论创造工作才真正开始。在这部著作中，马克思没有直接批判他最尊敬的古典经济学家——大卫·李嘉图，与普鲁东的乌托邦主义不同，李嘉图的价值理论是对现实经济生活的科学描述，但马克思认为李嘉图非历史地把经济概念永恒化是错误的。在马克思 1859 年出版的作品中，他重申了《哲学的贫困》的意义（见这部分开篇引文）。只是后来在准备《剩余价值理论》时，马克思才开始更倾向于提到李嘉图的理论在科学上的“不足”。(马克思，1905b，第 164 页；《资本论》，见商品拜物教结尾部分的较长脚注，马克思，1867，第 84 ~ 87 页)。

《哲学的贫困》的突出贡献是，马克思意识到了经济学家们的范畴被永恒化了，他们认为这些范畴适用于所有生产方式：“经济学家们把分工、信用、货币等资产阶级生产关系说成是固定不变的、永恒的范畴……但是没有说明这些关系本身是怎样产生的。”“经济范畴只不过是理论表达，即生产的社会关系的抽象。”像斯密和李嘉图这样的经济学家，“他们的使命只是表明在资产阶级生产关系下如何获得财富，只是将这些关系表述为范畴和规律”并证明这些规律和范畴相对于封建社会的优越性。所有的经济学家都“把资产阶级的生产关系当作永恒范畴”。（马克思，1847，第 162、165、176、202 页）

在马克思后来的所有著作中，古典经济学家们把经济概念永恒化的缺陷都是马克思批判他们的一个基本点。在这篇文章中，我们专门考察马克思对“价值”概念的不断深化的理解，而最后达到的理解不合于古典经济学的概

念解释。①

2.《政治经济学批判》(1859):作为价值承担者的抽象劳动

经过几年的工作以及马克思在1857~1858年《政治经济学批判大纲》中的理论暗示,“抽象劳动”成为《政治经济学批判》中新的基础性概念,这一概念经常扩大为“抽象一般劳动”。马克思在《批判》中所使用的一个例子如下:

> 生产交换价值的劳动是劳动的一种特殊的社会形式。以裁缝的劳动为例,就它作为一种特殊的生产活动的物质规定性来说,它生产衣服,但不生产衣服的交换价值。它生产后者时不是作为裁缝劳动,而是作为抽象一般劳动,而抽象一般劳动属于一种社会关系,这种关系不是由裁缝缝出来的。在古代家庭工业中,妇女生产衣服,但不生产衣服的交换价值。作为物质财富的源泉之一的劳动,立法者摩西同税吏亚当·斯密同样熟悉。(马克思,1859,第278页)

Rubin(1927)早期也主张“抽象劳动”作为一个概念的重要性,此外,他还认为在《批判》中对“一般”的强调是基础性的,也是黑格尔话语的合理“残留”。不过Rubin(第119页)也注意到,在马克思《资本论》的第二版中,绝大部分黑格尔的话语已经消失了。这一观点被White

① Oishi(2001)认为《哲学的贫困》对于理解马克思批判政治经济学是根本性的,它不只是把普鲁东作为一个明确的批判对象,而且也使李嘉图成为一个隐性的批判对象。在围绕林木盗窃法案展开的诉讼中,马克思亲眼见证了私有财产的发展。所以在Oishi看来,马克思此后开始关注私有财产的本质,并彰显了他早期著作《1844年手稿》中异化劳动概念的重要性。在《哲学的贫困》中,马克思认为普鲁东像古典经济学家那样将经济范畴永恒化了,对于马克思来说,这与私有财产在当时现实地、历史地出现是相矛盾的。由于在德国目睹了私有财产的出现,马克思开始打破这种范畴的永恒化,也因此突破了古典经济学家们所使用的那种分析方法。Oishi的首要观点是马克思思想的一致性和整体性,这种一致性和整体性集中体现在异化劳动原则上,Oishi认为,苏联的马克思主义者以及他们在西方的追随者忽视了异化劳动的重要性,而对他来说,在马克思逐渐成熟的过程中,其思想本身并没有任何断裂或中断。White(1996)也与Oishi一样,认为马克思在《1844年手稿》中强调过异化劳动和私有财产之后,他的研究方案基本上没有发生任何变化。后来的“抽象劳动”只不过是异化劳动的替代,“剩余价值”则是私有财产的替代。但与Oishi不同的是,White看到了马克思后期思想发展中的一个主要转向,即远离黑格尔的转向。当我们讨论马克思思想发展过程中的主要概念变化时,我们将回到White的著作。回到Oishi的观点(第135页),他确实把异化劳动等同于受制于他人的劳动。因此如何将资本主义与奴役制区别开来,尚不明确。

(1996，第4章）所强调，他认为在所有变化中，“一般”概念的消失贯穿了马克思的大部分文本，包括“抽象一般劳动”中的“一般”。（另见，Zarembka，2014a）

黑格尔话语的消失，使得我们可以这样理解马克思的意思：商品有各种各样的使用价值，即有用性。“把那些使劳动产品成为使用价值的物质组成部分和形式抽去。它们不再是桌子、房屋、纱或别的什么有用物。它们的一切可以感觉到的属性都消失了。它们也不再是木匠劳动、瓦匠劳动、纺纱劳动，或其他某种一定的生产劳动的产品了。”（马克思，1867，第45～46页）。虽然马克思没有做类比，但这有点像物理学：各种不同形状、大小和颜色的物体被拉向更重的质量，牛顿从这些不同的性质中抽象出“重力”的概念作为事物的共性，这是我们今天仍在学习的概念。在马克思那里，一种商品有价值“只是因为抽象的人类劳动已经具体化或物化在商品里面”。抽象劳动对于资本－雇佣劳动关系是必要的。

价值是抽象劳动的对象化，它本身是资本主义的产物。用Cleaver的话来说，“从任何商品的使用价值中抽象就是从他们的特定属性中抽象。反过来，这也是从人类劳动的特殊性中抽象，正是人类劳动创造出了这些属性，并且使它们与其他商品不同。……商品具有使用价值，并且是特定形式的有用劳动所生产出来的商品，从这些物质现实中抽象出来，商品就只是呈现为从任何特殊性中抽象出来的人类劳动产品。马克思把这种商品所共有的人类劳动称为抽象劳动。作为抽象人类劳动的商品，它们在质上是等同的，马克思称之为“价值”。……抽象劳动的概念是有意义的，因为资本自身不断地使劳动满足它的需求，而资本在它与劳动的持续斗争中所创造和维持的劳动分工，是资本主义商品生产、交换和社会控制的基础”。（Cleaver，1979，第110～112页，未分段；另见Mohun 1991和Milios等人，2002，第17～21页）

因此，价值概念是从李嘉图那种具有非历史意义的用法转化而来的，以资本主义抽象劳动为基础的价值并不是超历史的，而只是一个适用于资本主义生产方式的概念。与Cleaver一样，Postone（1993）也认为：“马克思的政治经济学批判和古典政治经济学的本质区别，准确来说是对待劳动的不同态度，以及一种关于构成价值的劳动的超历史的观念，这种观念阻碍了对资本主义社会形态的充分分析。”（第54～55页）

回到《批判》的另一个方面，马克思回顾了政治经济学的发展历

史，涉及了古典经济学家尤其是李嘉图遇到的问题，即以劳动时间确定交换价值的问题，并暗示哪些观点是他自己也同意的，相关论述如下：

> 大卫·李嘉图与亚当·斯密相反，他十分清楚地做出了商品价值决定于劳动时间这一规定，并且指出，这个规律也支配着似乎同它矛盾最大的资产阶级生产关系。李嘉图的研究只限于价值量，在这方面他至少推测到这个规律的实现有赖于一定的历史前提。他说，价值量决定于劳动时间这一规定，只适用于这样的商品，“这些商品可以由工业任意增加，它们的生产受无限制竞争的支配”。（李嘉图的原话，而不是从马克思的德语重新翻译过来的）

实际上，这不过是说，价值规律的充分发展，要以大工业生产和自由竞争的社会，即现代资产阶级社会为前提。同时，李嘉图还把劳动的资产阶级形式看成社会劳动的永恒的自然形式。（马克思，1859，第300页）

马克思把经济学界的争论归纳为四个方面，而以下方面是最相关的：

> 如果一个产品的交换价值等于它所包含的劳动时间，一个劳动日的交换价值就等于一个劳动日的产品，换句话说，工资应当等同于劳动的产品。但是实际情形恰好相反，Ergo（因此），这种非难归结为这样一个问题：为什么在纯粹由劳动时间决定的交换价值的基础上进行的生产，结果竟会使劳动的交换价值小于这劳动的产品的交换价值呢？这个问题，我们在研究资本时解决。（马克思，1859，第301~302页）

马克思承诺要解决剩余价值来源的问题。他之前在笔记本上写下的个人说明表明他对自己所要提供的东西尚没有足够的自信，这些说明在他去世后发表在《政治经济学批判大纲》中。事实上，《政治经济学批判大纲》是马克思着手研究许多新的理论概念的第一部著作，这些概念后来出现在《资本论》第一卷中。然而，劳动力的概念甚至都没有被提到过。

Baronian（2013）的书以马克思的“活劳动”为主题，可能是我们论点的另一表述，正如我们都同意马克思从古典经济学中决裂了出来的观点。尽管有人强调“异化”对马克思理论具有决定性意义（脚注2已经讨论过Oishi），但政治经济学“建立在流通领域的表象上，在流通领域，经济主体只是作为商品的所有者与其他主体发生关系”（第8页）。马克思注意到，黑格尔也曾以同样的方式错误地认为“真实的生产性劳动就是政治经济学，就是异化劳动或导致这种劳动的商品”（第4页）。马克思通过专注于活劳动而克服了这个观点。

> 虽然政治经济学始终把握着商品的双重属性，即使用价值和交换价值，但它认为活劳动本身只是创造使用价值的劳动。……假如经济学家所定义的活劳动既是具体劳动又是抽象劳动，将作为商品的产品进行交换就会立即向他们呈现一种非常特别的方式，在这种方式下社会对生产者的各种活动进行协调和交换。（Baronian，2013，第7页）

在后续章节中，Baronian提出的问题包括向资本主义的过渡，李嘉图与新古典主义资本理论的剑桥之争，转型问题，包括泰勒制和认知劳动在内的劳动抽象化过程，剩余人口和工人阶级的生活困境，资本循环和凯恩斯货币理论，以及不变资本在经济危机中的作用等（这是他这本书的最后一个主题）。当Baronian首次关注到向资本主义的过渡问题，并讨论了Sweezy，Dobb，Hilton，Wood以及Brenner等人广为人知的著作后，他特别赞同Dobb和Hilton的观点。不幸的是，他没有明确揭示出为什么活劳动在一些作者那里是显而易见的，而在另一些作者那里则未被提及。至少在笔者看来，在后面的章节中出现了一个类似的问题。

Baronian的最后一章开头说，危机理论不充分的根源是未能意识到不变资本是由活劳动支持的，无论是利润率下降理论还是过度积累理论（他没有提到其他的可能性）。与亚当·斯密相反，马克思意识到不变资本是资本再生产中总产品的一个要素，Baronian（第172页）注意到了这一点并认为，只有在活劳动运转不变资本所代表的物质材料、使用价值的情况下，不变资本才能得到维持。这些价值所代表的活劳动，能够进一步在生产过程中发挥作用，否则它们将是无用的。多么仔细的观察！然而，当

Baronian 深入这个话题时，活劳动的相关性似乎不再是显而易见的，并且他对资本构成复杂性（见 Zarembka，2014b）的考虑不足也妨碍了他的讨论。

3.《资本论》(1867 年)：不同于李嘉图“劳动”的“劳动力”

> 突然传来了在疾风怒涛般的生产过程中一直沉默的工人的声音：我卖给你的商品和其他的普通商品不同，它的使用可以创造价值，而且创造的价值比它本身的价值大。正是因为这个缘故你才购买它。（马克思，1867，第 224 页）

现在的马克思主义者似乎认为“劳动力”的概念是理所当然并易于理解的。然而对马克思而言，1847 年以后发生了一些重要的理论变化，但更深刻的理论洞见还没有发生，即使当马克思 1859 年出版他的《政治经济学批判》时，也没有提到“劳动力”的概念。当 1876 年马克思将《哲学的贫困》的副本提交给 Natalia Utina 的时候，马克思动笔在下列原文中将“power”一词加到了“labor”之后（即他在书中所做出的四个改正中的第一个）：“由于劳动被买卖，因而它也和任何其他商品一样，也是一种商品，因此它也有交换价值。”（马克思，1847，第 130 页）

尽管马克思“那时还没有更充分掌握其逻辑上必然的意义”（Oakley，1984 年，第 173 页），但 Oakley 指出马克思第一次提到“劳动力”是在他 1857～1858 年写作的《政治经济学批判大纲》中，这部著作在马克思去世后半个世纪才发表（马克思，1939－1941a，第 282～283 页）。然而，《政治经济学批判大纲》后来的译本（Oakley 没有读到的）指出，《大纲》中的德语原文是“arbeitsvermoegen”或劳动能力。直到《资本论》第 1 卷，马克思才开始把它作为“arbeitskraft”即劳动力的同义词来使用（见马克思，1939－1941b，第 212、554 页，脚注 85）。虽然“劳动力”的概念尚未明确，其他概念正开始出现在《政治经济学批判大纲》中，如不变资本和可变资本、绝对剩余价值和相对剩余价值。（马克思，1939－1941a，第 389 页和第 407～408 页；另见 Oakley，第 180 页）。换言之，一项理论创造工程正在展开。

在出售商品的过程中，李嘉图式的理解认为生产商品所需的劳动时间决定商品的价值（以及交换价值）。① 如果工人直接向资本家出卖他或她的劳动，将劳动时间即价值作为商品来出售，那么剩余价值（利润等）是如何产生的呢？“既然商品的价值决定于生产该商品所耗费的劳动时间，那么在构成资本主义生产基础的、一切交换中最大的交换——资本家和雇佣工人之间的交换中，为什么这个价值规律不实现呢？为什么工人以工资形式取得的物化劳动量不等于他为换取工资而付出的直接劳动量呢？”（马克思，1910，第89页，写于1863年，评论詹姆斯·穆勒1824年《政治经济学原理》的文章）。

“劳动本身不被生产，也不被出售”，马克思正在充分理解这一事实的含义。被生产出来并构成资本家成本的是维持工人生存所需的成本。因此，马克思提出了一个新的理论概念：劳动力。资本家按照其交换价值购买劳动力，也就是生产出维持工人生存需要的产品所需的劳动时间。我们似乎得出了一个一致的理论体系：资本家在市场上遇到了劳动者，一个活生生的有着生存需要的人（相应地，需要生产）——“不是劳动，而是工人。工人出卖的是他的劳动力。当工人的劳动实际上开始了的时候，它就不再属于工人了，因而也就不再能被工人出卖了”。（马克思，1867，第503页）。在马克思的年代，Arbeitskraft 的表达在德国工人阶级中是众所周知的：Biernacki（1995，第42~43页和第272~274页）说在1848年这是常见的，这种表达或许促进了马克思的理论工作。

在适当的时候把“power”置于“labor”之后，就解决问题了吗？通过购买劳动力，资本家得到了一种非常具体、独特的使用价值：工人创造价值的能力！一个灯泡的使用价值是提供光，但对于购买劳动力的资本家来说，其使用价值是工人生产创造出来的价值（不是灯泡、牙膏和汽车等具体的物品，资本家对这些是不感兴趣的）。

> 要从商品的使用上取得价值，我们的货币所有者就必须幸运地在流通领域内即在市场上发现这样一种商品，它的使用价值本身具有成为价

① 在确定价值时，李嘉图实际上并没有涉及劳动时间，而是提到了时间和劳动：“［猎］动物的价值是确定的，不仅仅是由捕获它们所需的时间和劳动来决定的，还包括了生产狩猎人的工具所需的时间和劳动。”（李嘉图，1821，第23页）不过，在前几页中，李嘉图还援引斯密来支持自己的论点，对斯密来说，劳动时间好像是唯一的赌注：“两天或两个小时劳动的产品通常是什么，应该是一天或一小时劳动的双倍。”（第13页）应该注意到，斯密确实忽视了李嘉图所说的工具。

值源泉的特殊属性，因此，它的实际使用本身就是劳动的物化，从而是价值的创造。(马克思，1867，第164页)

货币所有者确实很幸运，对他们来说，劳动力的使用价值恰恰是它创造价值的能力。[①]

此外，劳动力所产生的价值大于它的成本。因此，我们看到：

劳动能力的使用价值对资本家本身来说，不在于它的实际使用价值，不在于某种具体劳动的效用，不在于这是纺纱者的劳动、织布者的劳动等等，正如这种劳动产品的使用价值本身并不使资本家感到兴趣一样，因为产品在他看来是商品（并且是第一形态变化之前的商品），而不是消费品。……劳动的使用价值在他看来就是：他收回的劳动时间量大于他以工资形式支付的劳动时间量。(马克思，1905a，第156页)

对资本来说，劳动能力的使用价值，在于劳动能力提供的劳动量超过物化在劳动能力本身因而为再生产劳动能力所需要的劳动量的余额。……劳动的这种使自己能表现为商品的具体性质，不是劳动对资本的特殊使用价值。对资本来说，劳动的这种特殊使用价值，在于劳动作为一般劳动所提供的劳动量，并且在于所完成的劳动量超过构成劳动报酬的劳动量的余额。[②]（同上，第400页）

马克思现在已经能够揭示出李嘉图体系的缺陷，李嘉图只说“劳动”

---

① 另见Foley（1991），他注意到劳动力“需要直接生产者与生产资料的分离，以致他们不能生产和出售自己的劳动产品”，以及“劳动力的使用价值是其创造价值的能力”（第296页）。与之相反，Sinha（1996，第207页）认为劳动力的使用价值恰恰是工作活动本身，Hunt（2002，第217页）认为劳动力的使用价值“仅仅是工作绩效——潜在劳动的现实化”。然而，由于劳动活动和劳动表现发生在所有的生产方式中，Sinha和Hunt对劳动的抽象表述并没有揭示出资本主义生产关系的属性。Sinha和Hunt的表述在马克思那里得到了支持，“工人提供给资本家的使用价值，实际上不是他的劳动力，而是劳动力的职能，即一定的有用劳动，裁缝劳动，鞋匠劳动，纺纱劳动等等”。然而，如果下一句被忽视的话，这种提法将更容易被接受，“至于这种劳动另一方面又是形成价值的一般要素，具有一种使它同一切其他商品相区别的属性，这一点却是普通意识所不能领会的”。（马克思，1867，第506页）

② 此外，马克思还有很多论述（1910）：“这个商品（劳动力）具有这样的特性：它的使用价值本身是形成交换价值的要素，因而这个商品的消费创造出比它本身所包含的更多的交换价值。”（第90页）“劳动能力的使用价值，是劳动，是创造交换价值的要素。……资本家以付给工人的工资从工人那里换得的价值，大于他为这个劳动支付的价格。”（第178页）

的价值取决于工人所需的生活资料成本，而生活资料又仅仅取决于供给和需求。但是，“李嘉图本来应该讲劳动能力，而不是讲劳动。而这样一来，资本也就会表现为那种作为独立的力量与工人对立的劳动的物质条件了。而且资本就会立刻表现为一定的社会关系了。可是，在李嘉图看来，资本仅仅是不同于‘直接劳动’的‘积累劳动’，它仅仅被当作一种纯粹物质的东西，纯粹是劳动过程的要素，而从这个劳动过程是决不可能引出劳动和资本、工资和利润的关系来的”（马克思，1905b，第 400 页）。

换句话说，李嘉图对出售“劳动”的论述跳过了这一事实，即工人在从事着生产劳动，但生产资料并不归他们所有。李嘉图的概念忽视了这一事实，工人没有劳动可供出售，这种劳动是需要生产资料的，因而工人只能出卖自己劳动的能力：

> 工人所以不是出卖商品，而是不得不把自己本身的劳动能力作为商品出卖，恰恰是因为一切生产资料，劳动的一切物的条件，以及一切生活资料，货币，生产资料和生活资料，都站在另一方面作为他人的财产同工人相对立……他的劳动条件作为他人的财产同他相对立。（马克思，1933b，第 1003 页）

总之，没有劳动和劳动力之间的区分，我们就会停留在商品交换的领域内，资本主义的阶级性、资本主义生产的社会关系就不能得到充分的理论表达。李嘉图之后的政治经济学家们一直围绕着工人出售了什么的问题争论不休。但是不区分劳动与劳动力，这个问题就永远不会得到解决。这个问题的解决不仅需要像马克思那样的智慧，也需要他献身于工人阶级事业的热情。另外一些人并没有像马克思那样致力于工人阶级的利益，有些人甚至明确地致力于资产阶级的利益。①

① E. K. Hunt（2002，第 282 页）认为，古典劳动价值论源于工业资本主义反对地主和商人的斗争，而不是资本主义自身的阶级性：商品价格（稀缺商品除外——李嘉图，1821，第 12 页）是由劳动量决定的。劳动理论中生产性和非生产性劳动的区分成为工业资本家反对地主的武器（甚至当时的制造业资本家也经常从事生产性的劳动）。随着资本主义在 19 世纪的发展，这种理论已不再适用于资产阶级的利益，因为对工人阶级的斗争越来越重要。因此，资产阶级逐利者找到了自己的解决方案：转诸劳动作为商品价值的创造者。于是我们得到了边际主义和不精确的个人主义（第 283 ~ 284 页）。我们放弃了以阶级为基础的政治经济学。李嘉图的理论已经完成了它对于资本的使命，而为了把它推向深入，需要将政治经济学的理论宗旨转移到工人阶级的利益上来。

“劳动力”概念的重要意义首先是由恩格斯提出来的。马克思去世后，恩格斯在《资本论》第2卷的前言中，将马克思发现“劳动力”与拉瓦锡发现“氧”相提并论。在提出是什么使马克思与古典经济学决裂的问题时，恩格斯首先回顾了拉瓦锡通过发现新的化学元素——氧，而在化学史上所引起的理论革命。燃素说理论家普利斯特列和舍勒析出了氧气，却不知道他们所析出的是什么。但拉瓦锡使用了新的范畴，即认为这是一种新的化学元素，这样，“他才使过去在燃素说形式上倒立着的全部化学正立过来了”。恩格斯接着说，在古典经济学方面，马克思与他的前人的关系，正如拉瓦锡与普利斯特列和舍勒的革命性关系一样。尽管在马克思以前很久，人们就已经确定剩余价值（以其他名称）的存在，但只有马克思意识到必须解释什么是剩余价值、什么是价值，必须首先批评李嘉图的价值理论。恩格斯说：“他以劳动力这一创造价值的属性代替了劳动，因而一下子就解决了使李嘉图学派破产的一个难题，也就是解决了资本和劳动的相互交换与李嘉图的劳动决定价值这一规律无法相容这个难题。”（马克思，1885，第16~17页）[①]

4.《资本论》（1867）：价值作为社会必要劳动时间，交换价值作为价值的形式

在《资本论》第1卷中，马克思强调在市场上进行交换的商品的唯一共性就是社会必要劳动时间；它并不是某一个在市场上出售的特定商品的实

① 阿尔都塞（1965）曾指出了这段话的意义，因为恩格斯描述的是马克思如何变革了古典经济学的理论对象，即以概念的形式来研究生产关系。马克思的特殊贡献“并不在于他肯定和指出了生产的支配地位（李嘉图已经以自己的方式做到了这一点），而在于他改造了生产的概念，并赋予这一概念以完全不同于旧概念所表示的对象的对象”（阿尔都塞，第170页）。马克思认为生产的物质条件这一现实属于生产的概念，进而产生出不变资本和可变资本、生产的第一部类和第二部类等概念。因此，马克思写信给恩格斯说，他不同于他的先驱者，他“赋予使用价值这个范畴以完全不同的意义”。斯密把一切财富仅仅归结为人的劳动，马克思则“同这种关于劳动的唯心主义决裂了，他思考了一切劳动过程的物质条件的概念并建立了这些物质条件的经济存在形式的概念，他作出了对于资本主义生产方式具有决定性意义的区分，即区分出不变资本和可变资本以及生产的第一部类和第二部类”（第172页）。反过来，这将导致生产的社会关系必须包括生产过程中的物质条件。劳动力作为一个概念一直受到攻击。Steedman 曾花了六页的篇幅讨论这个问题，他说引入这个概念没有使任何问题得到解决。但令人惊讶的是，他的观点只是一个断言，而没有揭示更多的内容（Steedman，1982，第149页）。工人就像土地一样，是在生产中被使用的固定资源。当工人获得他们所需的生活资料，进而允许他们维持生命并继续为资本家工作时，虽然他们也是被再生产出来的，但 Steedman 并不认为它们的繁殖（生存）需要任何生产活动。Sinha（1996，第210~213页）是他的追随者，Sinha 明确指出工人是一种固定资源，并认为“劳动力市场并不存在”（第213页）。

际生产时间。季别尔很早就看到了这一概念的重要性：

> 引入［社会必要劳动时间］这一概念一劳永逸地消除了在狭隘的、琐碎的范围内讨论价值问题的可能性，许多经济学家就是在这样的范围内讨论价值的：那些反对李嘉图的理论（Walras，Bastiat，Macleod 等）就被一次性地连根拔起了，这些人企图揭示李嘉图理论在具体交换实例中的不可行……在这里某一特定商品的价值等于平均价值……一个产品的成本可能较低，但只有当这种生产的相对廉价成为社会性的，产品的所有者才能在市场上享有一定的优势，这也没有违反平均的、社会的价值规律，因为它是一种特殊的、个别的现象。（季别尔，1871，第 32 ~ 33 页）

相对廉价的成本刺激了每一个资本家，包括在生产中寻求技术进步，马克思将其纳入相对剩余价值生产的概念中。

“价值形式”的概念——包括“相对价值形式”和“等价形式”的概念——出现在 1867 年《资本论》第一版中。[①] 根据恩格斯的建议，在该版中添加了一个特别附录即“价值形式”（马克思、恩格斯，1948，第 105 页）。马克思一定非常满意他在后续版本的附录中所使用的“非辩证”语言（并且将《资本论》中残留的黑格尔语言剔除出去，参见 White，1996，第 4 章）。第 1 章的第三部分变为“价值形式或交换价值”。虽然这部分的标题表明价值形式和交换价值是同一个概念，但对价值形式的实际解释语言却表明不是这样。[②]

---

① 在 1862 年马克思起草的《剩余价值理论》中，“李嘉图学派的解体”这一章并没有引入这个概念，因为它在文中只有一处提到：“在资本的生产过程和流通过程中，作为独立形式的价值是出发点；这个价值保存下来，得到增加，通过与其原有量的比较来衡量自己的增加程度。”（马克思，1910，第 131 页）

② Ranganayakamma（1999，第一部分第 3 章）提供了对价值形式的直接认识，他举了这样一个例子，“布料的价值是以大衣的形式体现出来的（第 81 页，注：是大衣，不是大衣的价值），在与大衣交换之前，布料的价值是体现不出来的”。马克思 1867 年的附录中也有亚麻布交换大衣的例子，“亚麻布是一种以不同于自身的商品即大衣的形式，来表现自己价值的商品”（1867，附录，第 134 页）。亚麻布的价值表现在大衣中，即亚麻布的价值见于大衣（但价值自身却不能体现出来）。在后来的版本中我们发现，考虑到价值的相对形式，某一商品的功能仅仅是作为表现第一种形态的商品的价值的载体（1867，第 55 页）。当某一商品如黄金作为普遍的一般等价物出现时，货币形式就成为价值的一般形式。（转下页注）

在 1859 年《政治经济学批判》中，马克思还没有区分价值与交换价值。

> 物化在各种商品使用价值中的劳动时间，是使使用价值成为交换价值因而成为商品的实体，同时又衡量商品的一定价值量。包含同一劳动时间的不同使用价值的相当量是等价物，换句话说，一切使用价值，在它们包含的已支出的物化劳动时间相等的比例上，都是等价物。作为交换价值，一切商品都只是一定量的凝固的劳动时间。（马克思，1859，第 272 页）

也就是说，这里还不需要使交换价值与价值区分开来。1862 年 8 月，马克思开始解决价值与价格的转化问题（例如，马克思致恩格斯的信：马克思、恩格斯，1948，第 74 ~ 78 页）：这样，价值和交换价值的区分不再被轻易忽略。价值转变为价格的问题，后来成为资产阶级批判马克思的武器。不过，此后的争论中有一部分实际上源于恩格斯在编辑出版马克思《资本论》第 3 卷时的失误，以及当时 Bortkiewicz 出于自己的目的而对文本证据所做的变动。（见 Ramos，1998 ~ 1999）

第 1 卷中夹杂了这样的评论："我们假定，生产商品的资本家按照商品的价值出售商品，而不去进一步研究资本家如何回到商品市场：既不研究资本在流通领域里所采取的那些新形式，也不研究这些形式所包含的再生产的

（接上页注①）关于价值形式的这种解释在 Arthur（2004）的著作中得到了支持。日本的宇野学派也对价值形式做出了解释，尤其是 Itoh 和 Sekine，以及 Arthur、Lapavitsas、Reuten、Smith 和 Williams 等人的著作。讨论他们的作品对于解决现在的理论问题没有任何帮助，但 Weeks（1990）的论述与本文作者的理解是一致的。即"价值规律必须源于这一洞察，资本主义首要地是商品生产社会，其次才是商品交换的社会"（第 18 页）。在第 1 卷第 1 章之后，价值形式在马克思理论中的作用似乎在下降，它没有促使马克思以英镑（即货币单位）来计量价值和剩余价值。据我们所知，价值形式地位的下降还没有被人注意到。在 Rubin 和 Dunayevskaya 以后，Kliman（2000）的文章也涉及价值形式，但有一个微妙的变化。基于马克思只使用过一次的"内在价值"概念，Kliman 说，价值是呈现在每个被交换的商品中的"第三特性"。因此，"活劳动创造价值，是形成价值的实体，而以客观形式承载这一劳动的商品，即死劳动，就是价值"。价值不是作为一个超历史的现实，"而是作为主体与客体之间的疏离和拜物教关系"（第 106 ~ 107 页）。通过这种方式将价值与交换价值区分开来，Kliman 声称，死劳动对活劳动的支配表现为，已经被活劳动创造出来的价值，包含在死的对象即商品中。类似的论证出现在 Dunayevskaya 关于资本有机构成的概念讨论中，她的论证完全集中在一点上：马克思的异化概念超越了所有对资产阶级社会的批判（见 Zarembka，2001，第 360 页）。马克思对价值形式的讨论并没有被跟进，而"内在价值"似乎成了一个替代概念。

具体条件。”（马克思，1867，第529～530页，另见第298、486页）。[①] 为了使表达绝对清楚，他说：“我们实际上已经假定价格=价值。我们在第3卷中会看到，即使拿平均价格来说，也不会这样简单地得出这个等式。”（第212页，脚注1）

随后，马克思主义政治经济学，以及资产阶级经济学，似乎一直念念不忘生产中的劳动时间与商品价格的关系问题。Sinha（2010）对马克思的广泛批评也关注了这一问题（第181～188页，第205～213页和第222～258页），并沿袭了Böhm-Bawerk的批评路径，Sinha认为，Böhm-Bawerk在1896年对马克思的著名批评，“直至今日也是最好的和最有力量的批评之一”（第205页）。这个问题甚至可以被看作Keynes在阅读了McCracken的书（1933）之后开始考虑的，反对马克思的一个重要的概念争论。Keynes致信McCracken，“我发现这本书非常有趣，尤其是关于卡尔·马克思的段落，使我从未如此熟悉马克思的理论，尽管我早就应该熟悉了”（Kates，2010年，第44页）。McCracken（1933，第53～54页）认为引入社会必要劳动时间的概念，是马克思三大缺陷中的一个，即便这对马克思而言是一个必然的提法，如果商品要按照它们的价值来进行交换的话。McCracken引导读者参阅Böhm-Bawerk在这方面所做的“令人钦佩”的论述。

假定单个商品的价格反映其价值，如马克思在《资本论》第1卷中所做的那样，这是马克思用来摆脱那个问题的方法，为的是对资本主义生产方式做出基本分析。如果要更符合马克思的这种方法，而不是符合马克思在《资本论》第3卷中的尝试，就应该只关注工人消费的商品总量，商品总量的价格要与其价值相一致。这种方法可能会带来诸多技术上的考虑，在考察个别商品的定价时，人们已经遇到了这些问题，而且还包括“联合生产”的难题。用这种方法，我们可以将剩余价值视为工人创造的总价值与他们的劳动力价值之间的差额。有人怀疑，对马克思仍然有待做进一步的批判，不过这种怀疑并不足以令人信服（也许要除开那些人之外，他们认为马克思

① 马克思甚至在第1版的第1章，即第四页就提到了：“以后我们使用价值这个词，如果没有进一步的规定，通常情况下就是指交换价值”。由于这个脚注在后续版本中遗失了，Dussel（2001，第19页）认为马克思最早在1872年区分了价值与交换价值。但Dussel是怎样理解马克思的转换问题？在某种意义上，脚注的遗失可能只是因为，那一版的附录是为下一版重新编写第1章打基础的。

必须提供所需的一切，否则他将会被淘汰）。

5. 1868 年马克思回顾价值，卢森堡参与价值问题的挑战

1868 年，莱比锡出版物关于《资本论》的评论，促使马克思给他的朋友路易斯·库格曼写信，为价值概念做激烈的辩护。他写道：

> ……即使我的书中根本没有论“价值”的一章，我对现实关系所做的分析仍然会包含对实在的价值关系的论证和说明。胡扯什么价值概念必须加以证明，只不过是由于既对所谈的东西一无所知，又对科学方法一窍不通……这种按一定比例分配社会劳动的必要性，决不可能被社会生产的一定形式所取消，这是不言而喻的……社会劳动的联系体现为个人劳动产品的私人交换，这种劳动按比例分配所借以实现的形式，正是这些产品的交换价值。（马克思、恩格斯，1948，第 148 页）

价值与劳动直接相关，这一点在马克思 1851 年给恩格斯的书信中得到了重申，“价值除了劳动本身没有其他‘质料’”（第 58 页）。更惊人的是，马克思说他的第一章即使被删掉，也不影响他的理论工作！当然，他不是说第一章应该被删除，但毕竟……

论述过价值形式以后，马克思转向了科学问题，并写道：

> 科学的任务正是在于阐明价值规律是如何实现的。所以，如果想一开头就“说明”一切表面上和规律矛盾的现象，那就必须在科学之前把科学提供出来。这恰好是李嘉图的错误。（第 148 页）

这句话可以用一个简单的例子来理解。如果我们正在研究一个坠落物体的加速度率，那么在我们确立加速度为每秒 32 英尺之前，我们是无法解释空气阻力的影响的。从另一个角度来看，我们可以理解为什么马克思在《资本论》第 1 卷中写道，“事实上我们已经假定价格 = 价值”（上面已经讨论过），以及他在 1880 年给 Domela-Nieuwenhuis 的信中说道，“价值与生产价格之间的关联问题根本就不属于价值理论本身”。（1948，第 198 页）

马克思继续解释李嘉图的错误。但我们更喜欢他在 1877 年致信恩格斯表达同样观点时所使用的语言：“李嘉图的错误，正在于他试图用与其价值理论最相矛盾的经济事实来证明自己理论的正确性，这使得他的理论从一开始就难以被人接受。”（第 187 页）

卢森堡中断了《国民经济学入门》的写作，开始写作并出版《资本积累论》。卢森堡在书中关于价值的论述主要是讨论马克思对亚当·斯密的修正，即商品的价值必须不仅包括活劳动，也包括体现在不变资本中的死的劳动时间。在斯密看来，“社会每年生产的商品总额，从价值而论，可以完全分解为两个组成部分：工资和剩余价值。这里，资本这一范畴突然消失了；社会不生产别的，只生产所得，只生产为社会全部消费的消费品”（1913，第 33 页）。她继续写道：

> 马克思自己花了长时间顽强地研究这个问题，但他的“剩余价值理论”一书证明他在初期没有得到任何结果。这个事实说明这个理论性问题的确是极难解决的。但他最后得到的解决是出色而成功的，这个解决是以他的价值论为基础的。亚当·斯密认为除了劳动外，没有别的东西构成各个商品的价值，也没有别的东西构成商品总额的价值，这一点是完全对的。当他说从资本主义角度来看，所有劳动或者是有偿的——偿还工资——或者是无偿的——作为剩余价值而归入占有生产资料的各阶级手中，亚当·斯密也同样是正确的。然而他所遗忘的，或者毋宁说他所忽视的，是劳动除了创造新价值外，还能把包含在所使用的生产资料中的旧价值转移到新商品中去。（第 37 页）

对社会资本更新的理论理解面临困境。马克思对此的解决是指出，活劳动不仅创造出新的价值，而且也是将过去参与创造生产资料的劳动转移到现在的商品价值中去的源泉，即它是旧的转移价值与新的创造价值的总和。因此，斯密忘了将生产资料转移到商品价值中去，而马克思却实现了转移。并且，“在使用商品时，它本身是生产资料呢，还是消费品，却是一件极其重要事情”（第 44 页，中文版第 36 页）。对卢森堡来说，这种区别反过来又加强了马克思再生产图式的重要性，在图式中，生产资料的生产与消费资料的生产是分离的。

在卢森堡的讨论中，她意识到这是一个深层的理论问题，马克思为了能够解决它不得不殚精竭虑。事实上，精神劳动也是劳动。

6. 马克思1873年对季别尔讨论价值问题的赞赏，《资本论》第1卷第1版

> 只是很小的一步就使解决斯密－李嘉图学派问题的方法与价值主题的定义分离开来，满足了人们在清晰度、精确度和术语方面的所有期望。这项荣誉应该授予德国经济学家马克思。（季别尔，1871，第17页）
>
> 季别尔已经证明，我的价值、货币和资本的理论就其要点来说是斯密－李嘉图学说的必然的发展。使西欧读者在阅读他的这本出色的著作时感到惊异的，是纯理论观点的始终一贯。（马克思，1867，第26页，即1873年“编后记”，德文第二版）

季别尔分析了马克思在世时出版的《资本论》第1版，认为“马克思的方法是整个英国学派所使用的演绎法”（第30页）。马克思（1867年，第26页）在1873年《资本论》第2版的编后记中引用了季别尔的这句话，并且没有表示任何异议。事实上，在这句话前面的一些句子中，马克思已经提到了季别尔关于价值理论问题的著作是“杰出”的。

1874年，马克思阅读并评论了季别尔的文章“马克思的经济理论”。这篇文章在同年发表（季别尔，1874），虽然包含了对马克思的某些批评，但这些批评并没有阻止马克思认同季别尔的观点。在1881年，马克思对季别尔的著作仍然持肯定态度，甚至认为季别尔的著作可以成为他自己的著作的一个替代物：“瓦格纳先生从《资本论》和季别尔的著作（如果他懂俄文的话）中应该看到我和李嘉图之间的差别”（马克思，1930，第534页）。

季别尔清楚地认识到价值的定义是有问题的，他甚至用专门的章节来讨论这个问题：“价值究竟是什么？”（1871，第17页）。他首先对马克思的第一章进行了细致总结。然后，他着手比较马克思与李嘉图，以揭示马克思的理论是如何包含了“新的和重要的科学命题，赋予李嘉图的理论一种更全面，更完整的形式，并以新的论据保证了它的有效性”。按照季别尔的顺序，这些新的命题如下：

> 第一，劳动本身就是价值，而不只是作为交换的“调节者”。它是“发生交换行为的那些领域中唯一的社会创造者”（第31页）。劳动在

其一般形式下只存在于交换经济中（关于这一点，季别尔在前文中也有所提示，即第 24 ~ 25 页）。

第二，马克思的“社会必要劳动时间”概念澄清了站在狭隘的、个人的立场上反对李嘉图理论的那些人所提出的问题（第 32 ~ 33 页）。

第三，商品必须通过货币形式以过渡到“完全价值”的阶段（第 36 页），相反，“李嘉图本人和他的追随者，都没有关注包含在货币中的劳动与包含在其他产品中的劳动的质的差异，没有注意到只有第一种类型的劳动是直接的社会形式的劳动，因为他们只考查价值的数量和价值依赖的条件”。

马克思说：“货币形式对每一个商品来说是必不可少的，因为每个具体类型的劳动只有通过表现在货币的形式中，才可以成为社会劳动。”（第 41 ~ 42 页）继马克思在 1881 年重申对季别尔的欣赏之后，当提到“李嘉图实际上把劳动只是当作价值量的尺度来考察，因而他看不到自己的价值理论和货币的本质之间的任何联系”（马克思，1930，第 534 页）时，马克思实际上肯定了季别尔的解读。需要注意的是，早在我们上文已经讨论过的《政治经济学批判》中，马克思已经提出了同样的观点。

第四，货币不仅仅是一个便利手段（正如 J. S. Mill 所提出的那样）；相反，季别尔在阐释马克思时说，“没有货币，重大的和广泛的劳动分工是不可能的”（第 40 页）。事实上，马克思之前的经济学家忽视了“价值形式”，以及“对那些与劳动分工一起构成经济活动中货币交换的特征的，具体特殊性的测定”。（第 43 页）

一方面，在阅读季别尔的时候，人们可能会和马克思一样，欣赏季别尔理解的深度。White（2001，第 13 页）和 Smith（2001 年，第 59 页）都非常赞赏季别尔对马克思《资本论》第 1 版的理解。马克思确实没有理由像他后来评价 Rodbertus 那样来评价季别尔：“在考察和把握价值的实体方面他并不比李嘉图做得更多”（马克思，1930，第 552 页）。另一方面，尽管季别尔的用语暗示马克思的理论只是向前发展了“一小步”，但马克思主义的价值理论难道不代表自李嘉图以来的一大突破吗，不代表阶级立场变化在理论深度上所带来的突破吗？Sinha 准确地提出，“《资本论》所论述的价值

概念涉及到了它的对象，即资本主义生产方式，没有资本－工资劳动关系的引入，价值就不会成其为价值”，而这种关系在一开始讨论简单商品生产时显然是缺席的。(1990，第42页)[①]

7. 瓦格纳笔记（1881）：结局

我们已经提到，马克思在他1881年评阿道夫·瓦格纳（Adolph Wagner）的政治经济学教科书的笔记中再次赞赏了季别尔。当然，这些笔记是对瓦格纳作品的回应，但也再次确证了马克思关于价值问题的结论：

在“劳动”这一节中，瓦格纳先生没有把各种劳动的具体性质和这一切具体劳动所共有的劳动力的消耗区别开来。……

商品的这种二重存在体现着生产商品的劳动的二重性：有用劳动，即创造使用价值的劳动的具体形式，和抽象劳动，作为劳动力消耗的劳动，不管它用何种“有用的”方式消耗……（马克思，1930，第531、546页）

---

① Milios等人（2002）认为马克思的价值（以及剩余价值）是一种货币性的概念，由交换所决定。但他们也认为，价值本身在概念上是不可计量的。价值只有通过其货币形式、通过其表象被间接地衡量。因此，它与李嘉图可计量的价值是不同的。“交换价值是价值的唯一的、客观的具体化（表现形式）”（第21页）。价值产生于构成资本主义生产方式的特定社会关系，这些关系导致了市场中劳动的社会同质化。因此，抽象劳动的概念反映了这种生产方式。尽管他们没有引用，但交换价值是价值的唯一表现形式的表述已经出现在第一篇中：“交换价值是商品的价值能够表现自己或被表现的唯一形式”，马克思接着说，“我们应该不管价值的形式来考察价值的本质”（马克思，1867，第46页）。下面一段表明Milios等人并没有思考价值的计量：“那么，它的价值量是怎样计量的呢？是用它所包含的‘创造价值的实体’即劳动的量来计量。劳动本身的量是用劳动的持续时间来计量，而劳动时间又是用一定的时间单位如小时、日等作尺度。”（第46页）马克思频繁地提到了价值与劳动时间相关，几乎第一篇全篇都在论述这个问题。第二篇提到了劳动力的价值“同任何其他商品的价值一样，也是由生产从而再生产这种特殊物品所必需的劳动时间决定的”（第167页）。这一段继续说明劳动力的计量，并重复道：“每种商品的价值都是由提供标准质量的该种商品所需要的劳动时间决定的。”（第169页）在第三篇中，我们看到了“决定棉纱的价值，即生产棉纱所需要的劳动时间”（第182页）。在第四篇中，我们发现了“劳动力的价值，即生产劳动力所需要的劳动时间”（第297页），以及“价值由劳动时间决定”的规律（第302页）。在第五篇，我们看到了“一个工作日的价值随着那一工作日长度的增加而增加”（第493），等等。因此，我们不能认同Milios等人声称马克思的价值是不可计量的。他们断言，马克思在起草《资本论》第3卷时确实表现出李嘉图理论在19世纪60年代中叶不断上升的影响力，并且《资本论》第1卷的前几十页，即第1章第1节是彻头彻尾的李嘉图主义。然而，他们声称第1节之后的几百页“在理论上重铸”了前面几十页的内容（第17页）。尽管Milios等人做出了这种论断，我们还是认为，随着马克思的理论进展，他越来越批判李嘉图。马克思靠近李嘉图的显著方式，正在于他远离黑格尔的辩证法，转而采取演绎逻辑。

我的出发点是劳动产品在现代社会所表现的最简单的社会形式，这就是“商品”。我分析商品，并且最先是在它所表现的形式上加以分析。在这里我发现，一方面，商品按其自然形式是使用物，或使用价值，另一方面，是交换价值的承担者。……对后者的进一步分析向我表明，交换价值只是包含在商品中的价值的“表现形式”，独立的表达方式……把劳动产品的具体社会形式分为这两者，“商品”，一方面是使用价值，另一方面是“价值”，不是交换价值，因为单是表现形式不构成其本身的内容。(第544～545页)

在分析商品时，即使在谈它的“使用价值”时，我们也没有立即联系到“资本”的定义，当我们还在分析商品的因素的时候，就谈资本的定义，那纯粹是荒唐的事。

我的分析方法不是从人出发，而是从一定的社会经济时期出发……(第546～547页)

第一联说明了明确区分“抽象劳动”的重要性。第二个摘录强调了要穿透交换价值去发现它的实体，价值。[①] 最后一联指明，至少是含蓄地指明，《资本论》研究资本主义生产方式是从“商品”开始的，而不是从人性出发。

二　价值概念的当代思考

在考察了马克思对价值的不断发展的理解之后，我们转向这样一个问题：随着对资本主义模式的理解不断发展，如果我们将考察的理论对象扩大至包含这样的意味，即对非资本主义生产模式的不断破坏也是资本主义模式的一部分，那么价值概念是否会受到“污染”？或者换个说法，是不是必须将作为讨论的潜在对象的一部分的（资本主义向非资本主义的）渗透问题排除掉才不至于偏离主题？马克思没有看到价值概念的这个潜在问题。卢森堡没有看到这个问题。但他们都向前触碰到这个问题的边缘，而其他人从未这样做过。

① Kristjanson-Gural（2005）提出问题：对于个别商品来说，价值是否仅仅是在先于交换的生产中被定义的，或者交换是否影响价值决定？但他的问题似乎与马克思的价值概念不一致，即交换是价值的一种形式，而不是其决定因素。

1. 一个问题：伴随着资本积累的价值

马克思认为经济范畴是由社会决定的，以此展开自己的理论工作。随后，他引入了抽象劳动的概念。紧接着，他在《资本论》中又引入劳动力的概念，并认为价值是交换价值的实体，但又不同于交换价值。此后便很少再涉及“价值”概念的讨论。然而，马克思对价值概念的不断深化的理解保留了一个假设，这个假设至少可以追溯到1858年，并导致了一个问题的出现。当年马克思给恩格斯写信，概述了他当时正在准备的工作，其中包含对价值问题的重要论述：

> 价值，纯粹归结为劳动量；时间作为劳动的尺度……价值本身除了劳动本身没有别的任何“物质”……这种规定本身就已经假定：(1) 原始共产主义的解体（如印度等）；(2) 一切不发达的、资产阶级前的生产方式（在这种生产方式中，交换还没有完全占支配地位）的解体。虽然这是一种抽象，但它是历史的抽象，它只是在一定的社会经济发展的基础上才能产生出来。（马克思、恩格斯，1948年，第58页）

在《政治经济学批判大纲》中，马克思说：

> 经济概念“价值”不会发生在古代……对大部分现代经济来说，价值概念是完全特有的，因为它是资本自身以及依赖于它的生产的最抽象表达。（马克思，1939-41a，第776页）

这个假设延续到了《资本论》第1卷中。在关于资本积累的一个脚注中，马克思指出：“为了在纯粹的状态下对我们的研究对象进行考察，避免次要情况的干扰，我们在这里必须把整个贸易世界看作一个国家，并且假定资本主义生产已经到处确立并占据了一切产业部门。”（1867，第545页，脚注1）卢森堡（1913年）回顾了马克思在其他地方就此问题所做的几个论述，尤其是在第2卷中，并认为“因此毫无疑问，马克思想在一个只包括工人和资本家、资本主义生产方式占绝对统治地位的社会中揭示资本积累的过程”（第311~313页）。这一假设甚至出现在马克思1878年关于再生产图式的最后手稿中。作为一个简化的假设，谁又能指责马克思呢？特别是当我们清楚地认识到，马克思本人是知道现实世界要复杂得多的。但这个假设在马克思文本的内在逻辑中是有问题的，而且可能会动摇价值概念。①

问题来自这一事实，即单独的“资本积累”概念与完全的资本主义社会形态的假设是不一致的。尽管没有在理论上得到充分认同（见 Zarembka，2000），马克思的“资本积累”必须包含对非资本主义模式的持续渗透。正如马克思所说，“一部分年剩余劳动必须用来制造追加的生产资料和生活资料……但要使这些组成部分真正执行资本的职能，资本家阶级还需要追加劳动……因此资本积累就是无产阶级的增加”（马克思，1867，第 544 ~ 545、576 页）。虽然人口增加可能是部分因素，但这类增加不可能成为理解资本积累的基础性因素。因此，完全的资本主义世界的假设削弱了对《资本论》中“资本积累”的理解。马克思在《资本论》中关于完全资本主义世界的假设与对资本积累的理解并不相契合。

“直接生产过程的结果”，这是马克思为准备《资本论》第 1 卷而起草的，其中已经包含了问题的萌芽：

> 积累过程本身是资本主义生产过程的一个内在要素。积累过程包含着重新创造出雇佣工人……所以，资本不仅生产资本，它还生产不断增长的大量工人，即这样一种材料，资本只有借助于这种材料才能作为追加资本发挥作用……。资本主义生产不仅是这种关系（资本与雇佣劳动）的再生产，而且是这种关系在日益增长的规模上的再生产……
>
> 资本的增长和无产阶级的增加表现为同一过程的互相联系的又是分裂为两极的产物。（马克思，1933，第 1061 ~ 1062 页）

在 1867 年《资本论》第 1 卷准备出版的时候，马克思拿掉了“直接生产过程的结果”这一部分，从付印的第 1 卷来看，“资本在其再生产循环中以一种日益增长的规模创造了自己的前提条件，对这一观点的论证几乎没有保留下来”（White，第 201 页）。

在《资本论》中，价值逐渐被发展成为马克思从理论上理解资本主义生产方式的基础。自《哲学的贫困》以来，经济范畴都被认为是由社会决定的。那么，什么样的相应分析对象导致了价值概念呢？仅仅是资本和雇佣劳动的关系，还是除那种关系之外还有与资本积累相对应的，对非资本主义

① 本段及下段的大部分内容摘自 Zarembka（2009，第 64 ~ 65 页）。

生产方式的渗透？根据马克思简化了的假设即“资本主义生产方式已到处建立起来”，前者已经得到普遍认定。但是如果渗透问题也必须包含在所分析的对象中，那么价值问题还会不受影响吗？[①]

2. 在资本积累扩大雇佣劳动的条件下反思价值

> 因此，资本主义积累作为一个整体，作为一个具体的历史过程来看，具备着两个不同的方面。其一是商品市场和剩余价值的生产场所——工厂、矿山及农场。……
>
> 资本积累另一方面，涉及资本主义与非资本主义的生产方式之间的关系。……在这里是完全赤裸裸的暴露出公开的暴力、欺诈、压迫和掠夺。要想从这些乱纷纷的政治上暴力和权利的掠夺中，探求出经济过程的严密规律，那是需要费一点气力的。（卢森堡，1913，第 432 页）

在《资本论》第 1 卷出版之后，马克思花了很多年研究前资本主义社会，包括阅读大量的俄语文献。准确地说，在准备出版第 1 卷之前，这项工作就已经开始了：

> 正当马克思准备出版《资本论》第一卷的德文版时，他在整理涉及资本流通的那部分文稿的过程中陷入了一些难题。直到那时，他一直认为资本将在全世界广泛传播，席卷一切，但他忽略了一个事实，甚至在他自己的故乡 Hunsruecken，尽管资本主义在发展，但较早的、集体的社会和经济制度仍然存在。显然，资本主义并不必然蚕食传统的农业社会，而是与之共存。马克思在出版《资本论》德文版时，删除了大量他早期关于资本主义发展的观点的哲学材料，并在第二版和法文版中继续删减这些论述，而且开始着手对资本如何真正开始流通进行长期的经验研究。俄国为他提供了一个很好的例子，此时的俄国在几年前废除了农奴制，刚刚走上资本主义道路。1870 年，马克思学习了俄语，并开始认真搜集俄国经济发展的材料。（White，2001，第 12～13 页，这

---

① Weeks（1982）根本不关心非资本主义生产方式的渗透问题，他认为没有生产的充分实现，马克思的价值理论一定会被拒斥。Weeks 的关注焦点是消费问题，他说：“如果假设一个纯粹的资本主义体制受到无法售出所有产品的拖累，那么马克思主义的价值概念必然会被拒斥”。（Weeks，1982：61）。Zarembka（2009，第 73～75 页）公开了 Weeks 的论证。

里概述了其1996年著作的主要结论）

马克思（1948，第165页）1870年给恩格斯的信中写道，自恩格斯的《英国工人阶级状况》出版以来，最重要的著作就是Flerovsky的《俄国工人（农民）阶级状况》（出版于1869年）。好高的推崇啊！Flerovsky的书着眼于无产阶级化过程，也论及了征税的影响："迫使工人［农民］求助于资本家的主要原因是他们需要付税"（White翻译，1996年，第249页，他还解释说按照我们的使用习惯，Flerovsky所说的"工人"实际上是"农民"）。可以说，马克思正尽力去理解资本渗透的形式和局限，这一研究持续到他生命的最后，其中包括与俄国的大量通信。[①]

思考一个后来的例子：雇佣劳动是Rhodesian金矿所期望的。这是通过英国政府1892年以后在尼亚萨兰（今马拉维）对农民土地征收高昂的税收来实现的，逼着农民的儿子离开土地，移居到金矿成为雇佣劳动者。这样的工作可以直接帮助他们支付土地税，或者给经济作物交易提供市场，交易所得用来付税（Van Onselen，1976）。尽管如此，这个过程仍导致了农民的破产，随后其他家庭成员也沦为生产粮食的资本主义大农场上的雇佣劳动者，最后的结果将是所有的自给自足的农民转化为创造价值的无产阶级。这就是清晰的资本积累过程。对于类似案例，在资本主义作为一种生产方式被建立起来之后，这样的结果是常见的，但不幸的是，误贴了"原始积累"的标签（见Zarembka，2002）。

一些农民生产经济作物，又被矿工购买，这个过程的中间步骤是什么？矿工从事着创造价值的雇佣劳动。但农民为了支付税款而出售那些经济作物，这又是什么类型的劳动呢？这一过程涉及强制，涉及国家对没有赋税的土地进行征收的权力，而与任何意义上的"自由市场"都无关。传统理论仅仅关注雇佣劳动生产者所进行的价值创造，又到哪里去发现使劳动者被迫沦为无产阶级的强制力量呢？

马克思晚年对资本渗透的兴趣找到了继承者，卢森堡同样对这个问题有兴趣，具体表现在她的《国民经济学入门》，这是她的一份草稿，在她去世后得到出版。尽管卢森堡比马克思更完整地描述了俄国公社的解体，但她所使用的材料大多是与马克思相同的。

① 前二段摘自Zarembka（2009，第66～67页），下面两段摘自第76页。

3. 难题

虽然他们的联系是很紧密的，但马克思的《资本论》和卢森堡的《国民经济学入门》却是以不同的起点展开的。马克思以“商品”开始。卢森堡（1925）进入商品这个论题，是在好几章之后，这些章节包括“什么是国民经济学?”，“社会劳动”（无现存文本），以及论“国民经济史”的两章，包括原始共产主义、封建制、中世纪城市和行会，部分章节我们已经提到。在她论“商品生产”的章节之后，是关于“雇佣劳动”的章节。对于卢森堡来说，资本主义的生产方式是在她前文提供的历史背景下产生的。

卢森堡在关于“雇佣劳动”的章节中，提出了劳动力成本和剩余价值的概念。她忽视了抽象劳动的概念，也忽视了绝对剩余价值生产、相对剩余价值生产的概念，虽然这些概念在实践中经常被明确提到。换句话说，除了劳动力、价值、剩余价值等概念，卢森堡的《国民经济学入门》没有兴趣复述马克思的概念，而是注重运用从马克思的论述中所学到的东西。

关于价值概念——它出现在有关经济史的讨论之后——我们有一个问题：卢森堡在“商品生产”这一章最后比较了马克思较之李嘉图和斯密对价值理论所做的贡献：

> 在十八世纪后半叶和十九世纪初叶，英国人亚当·斯密和大卫·李嘉图完成了巨大的发现，他们断定：商品价值不外是包含在商品中的人类劳动；从而商品的交换，也就是种种等量劳动的相互交换。此时，货币只是媒介物。……如果我说鞋匠和面包师相互交换他们的产品，那么，可知不管其使用的属性如何，交换的发生，只是因为这个产品和那个产品都费去了等量的劳动——即两者在生产上需要等量的时间——两者的价值也当然相等。这是很容易理解的事实。（第 257 页）

劳动时间决定了交换。这表明，价值概念也适用于资本主义之前的交换，尽管卢森堡还没有明确地使用“价值”一词。在《资本积累论》中有一段表达了类似的含义，那一段主要是阐明马克思的简单再生产图式是明确的，即便将价值概念与劳动力概念超历史地联系起来：

> 这里，我们确实表明了不仅作为资本主义再生产而且作为每一社会的再生产基础的价值关系。在每一进行生产的社会里，不管它的社会形

> 态如何，在巴西的 Bakiri 的原始小农村的公社也好，在雅典 Timon 的农庄及其奴隶市场也好，或者在查理大帝下的皇家农奴庄园也好，社会上可资利用的劳动力必须这样地分配，使得适当数量的生产资料和生活用品都生产出来。（第 57 页）

她主张价值概念像适用于资本主义生产方式那样，也适用于从事交易活动的前资本主义社会。

这种理论实践并不符合马克思的立场，他认为他所提出的那些概念本身只适用于正在被分析的生产方式（在他的语境下就是资本主义生产方式），而不能贯通于所有生产方式。正如我们已经指出的，马克思已在《哲学的贫困》中强调并在《政治经济学批判大纲》中重申，经济概念源于历史情境。我们没有证据表明，马克思改变了他在这个问题上的想法。[①] 因此，在深化对价值概念的理解中，卢森堡的工作本身并没有提供直接帮助。

让我们将此问题放在一边，卢森堡在她的《国民经济学入门》中继续从不同的方向来认识马克思对价值理论的贡献：

> **斯密和李嘉图的发现**
>
> 只揭明了真理的一半。其他一半真理，则在于阐释人类劳动究竟如何而且何故采取特殊的交换价值形态，甚至，那种暧昧的货币形态等问题。英国的国民经济学创始人，一次也没有提出过这样的问题……
>
> 只有马克思才第一次将今日的关系同以前其他时代的关系进行比较。于是，到此才明了，人类在几千年间，关于货币和交换的知识一点儿也没有。……因此，这种无意义的发现（货币，它本身没有什么特殊用途），乃是一个必然。没有它，恐怕交换一般就不可能，从原始共产主义解体直至

① 在马克思的作品中，有一个例子显示他可能没有在雇佣劳动的语境下，准确定义价值，虽然这一点不足以质疑马克思对价值概念的整体使用。考虑“直接生产过程的结果”中的以下内容（在第 1 卷出版前被马克思删除）：同下述情况比较一下，劳动对资本的形式上的从属的特殊性质就变得极其明显了，这种情况就是：资本已经在一定的从属的职能中存在，但还没有在它的占统治地位的、决定一般社会形式的职能中存在，还不是劳动的直接购买者和生产过程的直接占有者。例如，以货币形式向直接生产者预付原料、劳动工具或者预付这两者的高利贷资本，如在印度，情况就是这样。它所榨取的大得惊人的利息，它以这种方式从直接生产者那里榨取来的利息（撇开利息的量不谈），都不过是剩余价值的另一名称。（马克思，1933，第 1022 ~ 1023 页）

今日为止的全部人类文化史也就成为不可能。(1925，第 258 页)

这段话出现在对货币的大段讨论之后，并充满了各种可能性。卢森堡提供了对数千年人类历史的理解：人类度过了漫长的没有交易的历史。随后，她描述了交易的不断发展，并举例来说明，如皮匠生产鞋，面包师制作面包，他们每个人都需要别人的产品，因此他们进行交换。随着交换产品变得越来越丰富，那些大家普遍需求的产品是非常有用的，人们意识到如果你拥有了这个产品，你就可以用它去交换一切对自己有用的物品。这个产品就是家畜，它可以提供生活的一切所需——“肉，奶，皮，耕作服务等”（第 244 页）。家畜，“大家任何时候都期望得到的劳动产品”，变成了货币，因为它们是极其有用的。后来，“家畜越是作为普遍交换的中介，家畜就越发丧失它供给人类生活资料的直接机能”（第 246 页）。随后，金属——特别是无助于维持生活的金属——取代了家畜成为货币。她在结尾中指出“古老的罗马文 pecunia，意思是金钱，起源于 pecus，即家畜”（第 248 页）。

货币表现为财富，无论是家畜或一块冷冰冰的金属。但货币不是财富的基础，劳动才是。在马克思那里也可以看到这一观点，例如，当他提到真实的资本积累时，他说：“也可能发生这种情况，剩余价值必须被转化为货币，但在真实的资本积累、生产扩大化发生之前，这些货币囤积了很长的时间。”（马克思，1885 年，第 493 页）这个论述有可能是马克思最后一次批注《资本论》中的问题，从中可以清楚地看到，货币不是积累本身，这大概是因为货币本身并不产生任何价值。毋宁说，资本主义社会中的货币是一种保持机制，当资本家用货币来雇佣工人时，货币也就被用于价值创造。①

① Baronian（2013）认为卢森堡“忘记了货币不仅是剩余价值的实现形式，而且也是生产和再生产过程本身的起点”。Baronian 说，资本积累过程以实现“货币本身作为价值的绝对形式”为其宗旨（第 158 页）。然而，卢森堡说，剩余价值的生产实际上是马克思《资本论》第 2 卷的潜在核心：第 2 卷涉及资本流通的过程。资本流通是资本作为一个整体运动的全过程。这涵盖了原材料采购，生产资料，实际生产过程本身，以及商品销售。流通过程是资本完成的整个循环。第 1 卷涉及的是循环的中间阶段，这是决定性的、最重要的阶段，因为它揭示了剩余价值的来源。（卢森堡，2013b，第 421 页）然而马克思《资本论》第 2 卷第 3 篇的许多讨论都集中在货币资本和货币贮藏的问题上，卢森堡错了吗？Baronian 第二章讨论了马克思货币理论的必要性，却没有给出一个明确的结论。相反，Karimzadi（2013）提出了政治经济思想史中的货币起源问题，并在某种程度上批评马克思未能彻底解决这个问题。马克思强调了发生在特定历史背景下的交换的必然性，对于这一点，Karimzadi 还是比较赞同的。但他也认为，马克思还不明白，货币并不等同于一个被普遍接受的交换媒介，无论这一媒介是诸如家畜、金或银等商品，还是由国家授权发行的纸币。本文作者已经回顾过 Karimzadi 的著作（见 Zarembka，2014c）。

回到马克思未发表的《政治经济学批判大纲》，他说：

> 在社会的所有形态中有一种特定的生产方式占据统治地位，进而这种生产方式下的生产关系影响着其他的生产关系。它就像普照的光，照亮了所有别的生产关系并改变其属性。它是特别的场域，决定了每一个物化在其中的存在物的比重。（马克思，1939 - 1941a，第 106 ~ 107 页）

对于阿尔都塞（1965）来说，这是一个重要的段落，他在长篇大论之后将它用作结论部分。马克思的理论对象是资本主义生产方式，这项工作需要符合其对象的新的概念，而且为了思考“整体的结构对整体的部分的决定作用”（第 187 页），新的概念也是必要的。不过，阿尔都塞并没有意识到“资本积累”概念的困境。

不是阿尔都塞，而是卢森堡明确地使我们敢于面对理论的挑战，特别是在她的《资本积累论》中，但又不局限于《资本积累论》。其更为卓越之处在于，我们这里所提到的马克思的许多未付印的文本，卢森堡都没有接触到，但这些文本确认了卢森堡的理论建构工作与马克思在方向上的一致性。他们都不自觉地走向了一个意义非凡的理论问题，即关于价值概念的问题。

参考文献

(Citation dates are generally to first publication in any language, thus indicating initial availability, but which may be quite distinct from date written.)

Althusser, L. 1965, "The Object of *Capital*"（《〈资本论〉的对象》）, pp. 71 - 198, in L. Althusser and E. Balibar, *Reading Capital*（《读〈资本论〉》）, new and abridged edition, translated by B. Brewster, New Left Books, London, 1970.

Althusser, L. 1974, "Elements of Self-Criticism"（《自我批评的要素》）, in Louis Althusser, *Essays in Self-Criticism*（《自我批评文集》）, translated by Grahame Lock, New Left Books, London, 1976.

Arthur, C. J. 2004, "Money and the Form of Value"（《货币与价值形式》）, in *The Constitution of Capital*: *Essays on Volume I of* Capital（《资本构成：〈资本论〉第 1 卷文集》）, R. Bellofiore and N. Taylor, eds., Palgrave, Houndsmills, Basingstoke, Hampshire, and New York, pp. 35 - 62.

Baronian, L. 2013, *Marx and Living Labour*（《马克思与活劳动》）, Routledge, London

and New York.

Biernacki, R. 1995, *The Fabrication of Labor*: *Germany and Britain*, *1640 – 1914* (《劳动力的制造：1640 ~ 1914 年德国和英国的状况》), University of California Press, Berkeley.

Cleaver, H. 1979, *Reading* Capital *Politically* (《〈资本论〉的政治学解读》), 2nd edition, Anti/Theses, Leeds, and AK Press, Edinburgh and San Francisco, 2000.

Dussel, E. 2001, "The Four Drafts of *Capital*: Towards a New Interpretation of the Dialectical Thought of Marx" (《〈资本论〉的四个手稿：马克思辩证法思想的新解读》), *Rethinking Marxism* (《反思马克思》), Vol. 13, No. 1, Summer, pp. 10 – 26.

Foley, D. 1991, "Labour power" (《劳动力》), in *A Dictionary of Marxist Thought* (《马克思主义思想辞典》), 2nd edition, T. Bottomore, ed., Backwell, Oxford and Cambridge, Massachusetts, pp. 296 – 297.

Hunt, E. K. 2002, *History of Economic Thought* (《经济思想史》), University of California Press, Berkeley, Updated 2nd Edition.

Karimzadi, S., 2013, *Money and Its Origins* (《货币及其起源》), Routledge, London and New York.

Kates, S., 2010, "Influencing Keynes: The Intellectual Origins of the *General Theory*" (《凯恩斯的影响：一般理论的思想起源》), *History of Economic Ideas* (《经济思想史》), Vol. XVIII, No. 3.

Kliman, A. J. 2000, "Marx's Concept of Intrinsic Value" (《马克思内在价值的概念》), *Historical Materialism* (《历史唯物主义》), No. 6, pp. 89 – 113.

Kristjanson-Gural, D. 2005, "Exchange, Demand and the Market-Price of Production: Reconciling Traditional and Monetary Approaches to Value and Price" (《交换，需求与生产的市场价格：协调价值、价格与传统的货币理论》), in *The Capitalist State and Its Economy* (《资本主义国家和它的经济》); "Democracy in Socialism" (《社会主义中的民主》), *Research in Political Economy* (《政治经济学研究》), Volume 22, P. Zarembka, ed., JAI/Elsevier Science, Amsterdam, pp. 137 – 169.

Luxemburg, R. 1913, *The Accumulation of Capital* (《资本积累论》), translated by A. Schwarzschild with an introduction by J. Robinson, Routledge and Kegal Paul, London, 1951; citing here the Classics edition with a new introduction by T. Kowalik, Routledge, London and New York, 2003.

Luxemburg, R. 1925 (mostly written in 1909 – 10), *Introduction to Political Economy* (《国民经济学入门》), English translation in Luxemburg, 2013a, pp. 89 – 300.

Luxemburg, R. 2013a, *The Complete Works of Rosa Luxemburg*: *Volume I*: *Economic Writings* 1 (《罗莎·卢森堡全集：第一卷：经济学著作》), P. Hudis, ed., translated by D. Fernbach, J. Fracchia and G. Shriver, Verso, London and New York.

Luxembrg, R. 2013b（written about 1911）, "Practical Economics: Volume 2 of Marx's *Capital*"（《应用经济学：马克思〈资本论〉第2卷》）, English translation of transcript in German in Luxemburg, 2013a, pp. 421 – 460.

Marx, K. 1847, *The Poverty of Philosophy*（《哲学的贫困》）, in *Marx-Engels Collected Works*（《马克思恩格斯全集》）, Volume 6, International Publishers, New York, 1975, pp. 105 – 212.

Marx, K. 1859, *A Contribution to the Critique of Political Economy*（《政治经济学批判》）, in *Marx-Engels Collected Works*（《马克思恩格斯全集》）, Volume 29, 1975, International Publishers, New York, 1975, pp. 257 – 417.

Marx, K. 1867, *Capital*, *Volume I*（《资本论》第1卷）, Lawrence & Wishart, London, 1974. For the Appendix to the first edition, see "The Value-Form"（《价值形式》）, translated by M. Roth and W. Suchting, *Capital and Class*（《资本与阶级》）, Volume 4, Spring, pp. 134 – 150.

Marx, K. 1885, *Capital*, *Volume II*（《资本论》第2卷）, Lawrence & Wishart, London, 1974.

Marx, K. 1905a, *Theories of Surplus Value*, *Part I*（《剩余价值理论》第1册）, Progress Publishers, Moscow, 1963.

Marx, K. 1905b, *Theories of Surplus Value*, *Part II*（《剩余价值理论》第2册）, Progress Publishers, Moscow, 1968.

Marx, K. 1910, *Theories of Surplus Value*, *Part III*（《剩余价值理论》第3册）, Progress Publishers, Moscow, 1971.

Marx, K. 1930, " Marginal Notes on Adolph Wagner's Lehrbuch der Politischen Oekonomie"（《评阿·瓦格纳的政治经济学教科书》）, *Marx-Engels*: *Collected Works*（《马克思恩格斯全集》）, *Volume 24*, International Publishers, New York, 1989, pp. 531 – 59.

Marx, K. 1933, "Results of the Immediate Process of Production"（《直接生产过程的结果》）, translated B. Fowkes, Appendix to *Capital*, *Volume I*（《资本论》第1卷附录）, Vintage, New York, 1977, pp. 948 – 1084.

Marx, K. 1939 – 41a, *Grundrisse*（《政治经济学批判大纲》）, translated by M. Nicolaus, Vintage Books, New York and Toronto, 1973.

Marx, K. 1939 – 41b, *Grundrisse*（《政治经济学批判大纲》）, *Marx-Engels*: *Collected Works*, *Volume 28*（《马克思恩格斯全集》第28卷）, International Publishers, New York, 1986.

Marx, K. and F. Engels, 1948, *Letters on 'Capital'*（《〈资本论〉书信集》）, translated by A. Drummond, New Park Publications, London, 1983.

McCracken, H. L., 1933, *Value Theory and Business Cycles*（《价值形式与商业循

环》), Falcon Press, Binghamton, New York.

Milios, J., D. Dimoulis, G. Economakis, 2002, *Karl Marx and the Classics: An Essay on Value, Crises and the Capitalist Mode of Production* (《马克思与经典：价值、危机与资本主义生产方式》), Ashgate, Hampshire, England and Burlington, VT.

Mohun, S. 1991, "Value" ("价值"), in *A Dictionary of Marxist Thought* (《马克思主义思想辞典》), 2nd edition, T. Bottomore, ed., Backwell, Oxford and Cambridge, Massachusetts, pp. 564 – 568.

Oakley, A. 1984, *Marx's Critique of Political Economy: Intellectual Sources and Evolution* (《马克思的政治经济学批判：知识来源和演化》), *Volume I: 1844 to 1861*, Routledge & Kegan Paul, London.

Oishi, T. 2001, *The Unknown Marx: Reconstructing a Unified Perspective* (《未知的马克思：重建统一视角》), Pluto, London and Sterling, Virginia.

Postone, M. 1993, *Time, Labor and Social Domination: A Reinterpretation of Marx's Critical Theory* (《时间、劳动与社会统治：马克思批判理论的再阐释》), Cambridge University Press, Cambridge and New York.

Ramos, M. A. 1998 – 99, "Value and Price of Production: New Evidence on Marx's Transformation Procedure" (《价值与生产价格：关于马克思转型过程的新证据》), *International Journal of Political Economy* (《国际政治经济学期刊》), Vol. 28, no. 4, Winter, pp. 55 – 81.

Ranganayakamma. 1999, *An Introduction to Marx's 'Capital' (in 3 volumes)* (《马克思〈资本论〉导读》), Volume 1, Sweet Home Publications, Hyderabad.

Ricardo, D. 1821, *On the Principles of Political Economy and Taxation* (《政治经济学及赋税原理》), edited by P. Sraffa with the collaboration of M. H. Dobb, Cambridge University Press, Cambridge, 1951.

Rubin, I. I. 1927, "Abstract Labour and Value in Marx's System" (《马克思体系中的抽象劳动和价值》), translated by K. Gilbert, *Capital and Class* (《资本与阶级》), Volume 5, Summer 1978, pp. 107 – 139.

Sieber, N. I. 1871, "Marx's Theory of Value and Money" (《马克思的价值与货币理论》), *David Ricardo's Theory of Value and Capital in Connection with the Latest Contributions and Interpretations* (《李嘉图的价值和资本理论新解》), translated by R. Mananova and J. D. White, in *Marx's Capital and Capitalism; Markets in a Socialist Alternative* (《马克思的〈资本论〉与资本主义》《另一种社会主义中的市场》), *Research in Political Economy* (《政治经济学研究》), Volume 19, P. Zarembka, ed., JAI/Elsevier Science, Amsterdam, London, and New York, 2001, pp. 17 – 45.

Sieber, N. I. 1874, "Marx's Economic Theory" (《马克思的经济学理论》), translated by

J. D. White, in *Revitalizing Marxist Theory for Today's Capitalism*（《恢复马克思主义理论在当代资本主义中的活力》）, *Research in Political Economy*（《政治经济学研究》）, Volume 27, P. Zarembka and R. Desai, eds., Emerald Group, Bingley, U. K., pp. 155 – 190.

Sinha, A. 1990, "The Concept of Value in Marx: A Reinterpretation"（《马克思的价值概念：一个再解读》）, in *Research in Political Economy*（《政治经济学研究》）, Volume 12, P. Zarembka, ed., JAI Press, Greenwich, Connecticut, pp. 41 – 79.

Sinha, A. 1996, "A Critique of Part One of *Capital* Volume One: The Value Controversy Revisited"（《〈资本论〉第一卷第一篇评论：重新审视价值争议》）, in *Recent Developments in Marxist Theory*（《马克思主义理论前沿》）, *Research in Political Economy*（《政治经济学研究》）, Volume 15, P. Zarembka and A. Sinha, eds., JAI Press, Greenwich, Connecticut, pp. 195 – 222.

Sinha, A. 2010, *Theories of Value from Adam Smith to Piero Sraffa*（《从亚当·斯密到皮耶罗·斯拉法的价值理论》）, Routledge, New Delhi.

Smith, D. N. 2001, "The Spectral Reality of Value: Sieber, Marx, and Commodity Fetishism"（《价值的谱系：季别尔、马克思与商品拜物教》）, in *Marx's* Capital *and Capitalism*（《马克思的〈资本论〉与资本主义》）; *Markets in a Socialist Alternative*（《另一种社会主义中的市场》）, *Research in Political Economy*（《政治经济学研究》）, Volume 19, P. Zarembka, ed., JAI/Elsevier Science, New York, pp. 47 – 66.

Steedman, I. 1982, "Marx on Ricardo"（《马克思论李嘉图》）, in *Classical and Marxian Political Economy: Essays in Honor of Ronald L. Meek*（《古典与马克思主义政治经济学：纪念罗纳德·米克论文集》）, I. Bradley and M. Howard, eds., Macmillan, London and Basingstoke, pp. 115 – 156.

van Onselen, C. 1976, *Chibaro: African Mine labour in Southern Rhodesia*（《Chibaro：罗德西亚南部的非洲矿山劳动》）, 1900 – 1933, Pluto, London.

Weeks, J. 1982, "A Note onUnderconsumptionist Theory and the Labor Theory of Value"（《消费不足理论与劳动价值论笔记》）, *Science & Society*（《科学与社会》）, Vol. 46, No. 1, Spring, pp. 60 – 76.

Weeks, J. 1990, "Abstract Labor and Commodity Production"（《抽象劳动与商品生产》）, in *Research in Political Economy*（《政治经济学研究》）, Volume 12, P. Zarembka, ed., JAI Press, Greenwich, Connecticut, and London, pp. 3 – 19.

White, J. D. 1996, *Karl Marx and the Intellectual Origins of Dialectical Materialism*（《卡尔·马克思与辩证唯物主义的哲学起源》）, Macmillian, London.

White, J. D. 2001, "Nikolai Sieber and Karl Marx"（《尼古莱·季别尔与卡尔·马克思》）, in *Marx's* Capital *and Capitalism*（《马克思的资本论和资本主义》）; *Markets in a Socialist Alternative*（《另一种社会主义中的市场》）, *Research in Political Economy*（《政治

经济学研究》), Volume 19, P. Zarembka, ed. , JAI/Elsevier Science, New York, pp. 3 – 16.

Zarembka, P. 2000, "Accumulation of Capital, Its Definition: A Century after Lenin and Luxemburg"(《资本积累的定义：在列宁和卢森堡之后的一个世纪》), in *Value, Capitalist Dynamics and Money* (《价值、资本主义的动力与货币》), *Research in Political Economy* (《政治经济学研究》), Volume 18, P. Zarembka, ed. , JAI/Elsevier Science, New York, pp. 183 – 241

Zarembka, P. 2001, "The Declining Importance of Hegel for Marx: J. D. White's Provocative Work" (《黑格尔之于马克思的重要性的衰退：令人振奋的 J. D. White 的作品》), *Historical Materialism* (《历史唯物主义》), No. 8, Summer, pp. 355 – 365.

Zarembka, P. 2002, "Primitive Accumulation in Marxism, Historical or Trans-historical Separation from Means of Production?" (《马克思主义的原始积累，与生产资料的历史的或超历史的分离?》), *The Commoner, A Web Journal for Other Values* (Debate: on Primitive Accumulation at http: //www. commoner. org. uk) . Reprinted as amended in *Subverting the Present, Imagining the Future* (《颠覆现在、畅想未来》), W. Bonefeld, ed. , Autonomedia,. Brooklyn, 2008, pp. 67 – 75.

Zarembka, P. 2009, "Late Marx and Luxemburg: Opening a Development within Political Economy" (《晚年马克思与卢森堡：政治经济学的新发展》), in *Rosa Luxemburg and the Critique of Political Economy* (《罗莎·卢森堡与政治经济学批判》), R. Bellofiore, ed. , Routledge, Milton Park, Abingdon, pp. 64 – 80.

Zarembka, P. 2014a, "Marxist Political Economy without Hegel: Contrasting Marx and Luxemburg to Plekhanov and Lenin" (《远离黑格尔的马克思主义政治经济学：对比马克思、卢森堡与普列汉诺夫、列宁》), in *Legacy of Rosa Luxemburg* (《罗莎·卢森堡的遗产》), *Oskar Lange and Michal Kalecki: Essays in Honour of Tadeusz Kowalik* (《兰格和米哈尔·卡莱茨基：纪念 Tadeusz Kowalik 论文集》), J. Toporowski, E. Karwowski and R. Bellofiore, eds. , Palgrave Macmillan, Houndmills, Basingstoke, Hampshire, and New York, pp. 58 – 77.

Zarembka, P. 2014b, "Materialized Composition of Capital and its Stability in the United States: Findings Stimulated by Paitaridis and Tsoulfidis (2012)" (《资本的物化构成与它在美国的稳定性：Paitaridis 和 Tsoulfidis (2012 年) 所推动的发现》), *Review of Radical Political Economy* (《激进政治经济学评论》), forthcoming.

Zarembka, P. 2014c, "Review of S. Karimzadi, 'Money and Its Origins'" (《重温 S. Karimzadi 的〈货币及其起源〉》), *Review of Keynesian Economics* (《重温凯恩斯主义经济学》), forthcoming.

编后记

党的十八大以来，以习近平为总书记的党中央带领全国各族人民，在全面建成小康社会和实现中华民族伟大复兴的历史征程中不懈奋斗，阔步前行。伟大的实践孕育科学的理论，科学的理论指导伟大的实践。在建设中国特色社会主义的伟大实践中，习近平总书记发表一系列重要讲话，提出了许多新的重要思想，形成了治国理政的科学思想体系。其中，特别提出并形成了全面建成小康社会、全面深化改革、全面依法治国、全面从严治党的战略布局。

"四个全面"战略布局，是我们党站在新的历史起点，对我们党治国理政实践经验的新总结和新发展，确立了续写中国特色社会主义新篇章的全新战略和宏大布局。如何深入理解"四个全面"战略的时代背景和历史意义？如何全面把握"四个全面"战略的丰富内涵和内在逻辑？如何自觉运用"四个全面"战略统一思想和指导实践？这些都需要我们理论工作者结合中国特色社会主义建设的伟大实践，进行深入研究，做出认真回答。

2015 年 5 月 25 日，北京大学马克思主义学院、北京大学"中国道路与中国化马克思主义协同创新中心"举办了主题为"'四个全面'与中国道路"的学术研讨会，来自高校、党校和社科院等部门的理论工作者提交了研究成果。在此基础上，我们编辑了"四个全面"和中国道路专辑。此外，2015 年 10 月 10 日至 11 日由北京大学主办、北京大学马克思主义学院和"中国道路与中国化马克思主义协同创新中心"承办的首届"世界马克思主义大会"上，我们设置了两个分论坛："习近平治国理政思想与中国马克思主义的发展"和"中国道路与中国话语体系"。国内外的一些学者提交了相关学术研究论文，并进行了学术研讨。我们从中挑选了一部分与"四个全面"和中国道路这一主题相关的论文和发言，编入了这一专辑。

为了体现中国道路与中国化马克思主义协同创新中心的研究成果和实践创新，我们在专辑中收录了今年暑期我院师生在甘肃陇南实践基地考察的报告。另外，为推进协同创新中心各协同单位的共同发展，我们还约请了一些协同单位结合地方发展特点撰写了研究报告，一并收入“一带一路与区域发展”专栏。

我们感谢学界同仁对我们工作的支持！也要感谢社会科学文献出版社对专辑的编辑和出版所付出的辛劳！众人拾柴火焰高。希望我们的共同努力，能为推进中国特色社会主义建设和中华民族现代复兴的伟大事业聊尽绵薄之力。

编者

2015 年 11 月 1 日

图书在版编目(CIP)数据

北大马克思主义研究．总第 4 辑/顾海良主编．—
北京：社会科学文献出版社，2015.12
ISBN 978 - 7 - 5097 - 8563 - 8

Ⅰ.①北…　Ⅱ.①顾…　Ⅲ.①马克思主义 - 研究
Ⅳ.①A81

中国版本图书馆 CIP 数据核字（2015）第 312098 号

北大马克思主义研究（总第四辑）

主　　编／顾海良
副 主 编／程美东

出 版 人／谢寿光
项目统筹／宋月华　袁卫华
责任编辑／袁卫华

出　　版／社会科学文献出版社 · 人文分社（010）59367215
地址：北京市北三环中路甲 29 号院华龙大厦　邮编：100029
网址：www. ssap. com. cn
发　　行／市场营销中心（010）59367081　59367018
印　　装／三河市尚艺印装有限公司

规　　格／开　本：787mm × 1092mm　1/16
印　张：20.75　字　数：362 千字
版　　次／2015 年 12 月第 1 版　2015 年 12 月第 1 次印刷
书　　号／ISBN 978 - 7 - 5097 - 8563 - 8
定　　价／59.00 元